21 世纪高职高专规划教材 ◆ **工商管理系列**

组织行为学

（第三版）

ZUZHI XINGWEIXUE

顾培忠　任岫林　编著

中国人民大学出版社

·北京·

第三版前言

“组织行为学”作为各管理专业的核心课程，日益受到管理学界与业界的共同重视，甚至有取代“管理学”的趋势，具有不可替代的重要性。

组织行为学内容丰富，涵盖了组织中的各个层次与方面，无论是广度还是深度，均超过了管理专业中的其他课程，尤具综合性（理论基础涉及心理学、社会学、政治学、文化学、伦理学等诸多学科）、系统性（观察问题、分析问题与解决问题角度更加多维与深入）、实践性（学科是从管理实践中建立又在管理过程中发展，与管理操作关系密切）、开放性（不断与时俱进，汲取学界的前沿理论与业界的最新案例；针对复杂多变的组织内外状况，权变地解决所面临的问题）。

已经公开出版的国内高校组织行为学教材有相当一部分不同程度存在不足：或内容条目庞多而表述过简；或堆砌理论材料，缺乏内在逻辑性；或案例脱离国情实际，阐述简单化；或表达提纲化，分析展开不够。这些现象势必加大阅读理解的难度。而大学专科教材需要突出应用性，试想理论若没弄清何谈应用？另一通病是理论应用与能力训练的指导和设置均强度不够。

作为高职高专层次工商管理系列教材，本书着眼于通俗简明地介绍组织行为学的基本内容，采用重点突出与一般概述相结合，对学科重点问题力求讲解清楚，对概述部分点到为止——使读者对学科概念与要点、全貌与展望有一明确的认识，做到基本入门，为学习者进一步研习运用夯实基础，“领进门”之谓也。理论应用与能力训练方面，重在指明思路，稍举样例、辅作提示、提供线索、明确操作程序，力求使学习者在方法论上有初步的领悟与自觉，进而固化为正确的思维习惯与行为习惯，“授之渔”之谓也。学科理论方面，在重点介绍的基础上注意汲取最新研究成果、介绍前沿发展；案例遴选方面以正面为主，以国内企业为主，力求西方先进管理理论与中国实际相结合，有时代感，“取法乎上”之谓也。

高等教育的内在核心实际上是结合所学专业对学生进行高级思维训练。作为刚进入大学阶段学习的管理专业的学生，知识诚可贵，思路更重要。一切能力（素质）中，思维能力是根本，应该强化提高思维能力的自觉性！而人的素质之王者是思想素质，其要件有二：一是人格，包括独立与伦理；二是“创新”，包含自由与立异（注意本书导论的展开阐述）。坚持系统的思考、坚守伦理的底线，是阅读本书应该时刻铭记的。

对读者而言，仅靠本书陈述对于深入研究组织行为学是不够的。为此，书后提供了最低限度读书篇目和一些重点网站，以备不时之需；同样，仅靠本书训练对于提高相应能力也是不够的，读者如能依照本书介绍的思路与程序，加大实践的强度，自我训练、提高自我，自觉地运用所学理论去分析解决所在组织面临的实际问题，真正改变思维模式与行为模式，量的积累必将导致能力质的提升！

本书内容具有普遍意义，对所有的读者会有用。理由是任何规律上升到哲学高度都是一样的；管理学百分之九十五的内容对所有行业都是一样的，只有百分之五的内容有专指性；另外，组织行为学的核心主题是“人”，为人成事的基本技能是人际关系技能，“组织”亦是人的行事形式，荀子云：“力不若牛，走不若马，而牛马为用，何也？曰：人能群，彼不能群也。”（人类的力气比不上牛，跑起来比不上马，而牛和马却被人所驱使，为什么呢？答案是：人类能够自觉抱团互助成群体，动物却是不能够的。）这又是所有读者都无法回避的一个话题。比如本书强调的团队精神的核心价值观是“生死关头我们相互支撑”，对所有人的心灵都会有所触动。

这次修订，全书的基本框架没变，在保持初版的脚踏中国实际且信息量大的特点的基础上，在内容的逻辑性和表达的鲜明性上继续做了努力，并同步了业界前沿最新动态与一些热点内容，以保持全书的时代感；全书各章的引例和章后案例及“资料链接”第二版修订时曾做了较大调整与更新，以展现组织行为学源于生活、贴近实践的开放性，本次修订只做了局部改动，调换了个别案例。如第五章新加案例“胖东来董事长于东来：你给员工吃肉，将迎来一群狼！”，展现了于东来与员工分享财富“安心-操心”的领导模式，也涉及了国内很多企业领导与员工关系不佳的根本症结所在：“君（国君）以国士待我，我当以国士报之！君以路人待我，我以路人报之！君以草芥待我，我当以仇寇报之！”诚如斯言！若说员工不敬业，其原因很可能是雇主最不敬业。值得深思。同时也感慨中国古代典籍实在博大精深，很多民主性精华和超前性智慧等待着组织行为学去深入开掘。

案例应该是工商管理教程的半壁江山。如果说理论是灰色的，那鲜活的案例可以使她生命之树保持常青。本书已经在允许的范围内尽可能加大了案例的信息量，以体现理论与实践的结合，提高教材的应用性。

需要说明的是，全书所有的案例与资料链接并非只是针对所在章节要点，在学习其他章节时也可用来思考和比对；除了对正文的补充与支撑之外，笔者的良苦用心是为了给读者提供一个“向成功者学习”的榜样和线索。仔细阅读、浸淫其中，如同与成功者一起体味历练的艰辛与挫折、同享成功的豁然与快感。人的一生所得经验、本领，95%甚至更多都来自间接经验，古人云“君子性非异也，善假于物也”，假者，借助也，人不可能事事亲为，要学会使用案例这种间接经验，这也是一种“自我训练”。从一定意义上讲，案例也是操作性的示范，在从业思考与管理实践中可做参考，其中的具体操作手法甚至可以直接拿来使用。

还有一点，就是本书无论理论与案例，内容上均可能出现些许相互抵牾，这并非疏忽，而正体现了组织行为学的题中应有之意，现实世界是复杂的，途径是多样的，相关内容可参看本书第1章第3节。本书每章的管理技能实训，务请引起重视。比如第4章结尾的“管理技能实训”提供的哈佛大学教授 Nicholas Christakis 对人际关系的最新认识——人际关系的本质是与善良相关联的，揭示了人际关系的本质及潜在影响，解释了人以群分的真实意义，不同亲疏关系与人生、状态、际遇的关系。这需要学习者观看视频，概括出内容要点，进行思考与讨论，最后成文，走一个完整的自学过程。期待对读者开阔视野、举一反三、提高概念技能与动手能力有所帮助。“概念技能”是高级经理人才必须具备的一种技能，实际是一种战略思考及执行的能力。其重要性在于管理者可能在技术能力和人际技能方面都很出色，但若不能理性地加工和解释信息，他照样会失败。详见第1章第2节。

诺贝尔奖得主杨振宁教授曾对中国大学生说过：“希望寄托在你们年轻人的身上——寄托在脚踏实地的、有思想的、经过训练的年轻人身上。”在这里转赠读者。特别敬请注意的是他话中提到的“脚踏实地”“有思想”“经过训练”，即能够被寄予“希望”者的缺一不可的三个必备条件。

本书编写过程中，借鉴了海内外大家著作，限于篇幅未在文内一一注明，仅在书后“主要参考文献”一并列出。如有不周，恭请海涵！另外，本书力求结合现实倡导应用，本意是引发思考、提升思维，所列案例评述提示均非终极答案，如有不妥，敬请雅正。

顾培忠　谨识

2018年5月

目 录

第1章　导　论

本章提要

本章是全书的概念部分，回答的是何谓组织行为学，要使读者形成一个鲜明的组织行为学概念，包括相关的定义、理论的演进、学科的形成、特征的实质、研究的目的、学习的意义、学习的原则、全书的结构、应用的思路、方法的举例、前沿的挑战、道德的思考等，一句话，是全书的缩影与引子。接下来的各章按组织行为的三个子系统依次展开。明确研究组织行为学的目的是要了解、预测和控制（塑造）员工的行为，提高人际交往技能，进而通过人的行为与组织结构的改变，来提高组织绩效。对我国企业而言，则要尽快提高核心能力与执行力，从实际出发，自觉提高思想素质与方法论水平，固化以人为本的价值观。

学习目标

1. 深入理解组织、行为、组织行为三个重要概念，认识、掌握组织系统的各种特征；
2. 了解组织行为学的概念、学科的由来、发展历史及与其他学科的关系；
3. 理解人性的假设及相关的管理对策；
4. 充分认识学习组织行为学的目的和意义；
5. 掌握组织行为学的学科体系构成（包含的主要知识领域）和学科特点；
6. 认识、掌握组织行为学的各种研究方法；
7. 了解组织行为学面临的机会和挑战。

引例

帮助员工成功

外部经济大环境不好时，员工最担心公司裁员降薪，主动要求与公司共患难的很少。2008 年年底金融风暴袭来，三一集团却有 8 000 多名员工主动提出降薪、降福利的申请。公司的回应是：不降薪、不裁员，也不接受普通员工的自愿降薪。

三一集团是成立于 1989 年的民营企业，这么强劲的凝聚力和向心力来自哪里？副总经理张解说，一是公司发展快，给员工提供了充分成长的平台；二是公司敢于在研发和培训上投入，敢于重奖员工；三是公司盛行人文关怀，提倡“三一永远是员工的家”。

三一集团以装备制造为主业，2003 年上市后，公司销售额每年以 60%的速度增长，2010 年集团销售规模突破 500 亿元，利税突破 100 亿元。公司人力资源工作的核心是“帮助员工成功”，这是公司三大核心经营理念之一。“帮助员工成功”是指帮助员工从能力、职业生涯和事业上获取成功；帮助员工从品格、胸怀、理念上获得成功；帮助员工从经济和家庭上获得成功。

近几年三一集团员工增长速度非常快，拥有员工6万余人。三一集团能够吸引人才，源于公司的高速发展能为员工带来广阔的机会。三一集团每年都敢于并乐于提拔大量年轻人到重要的技术和管理岗位锻炼，这对职场新人是一笔宝贵财富，使他们快速成长。

三一集团每年的研发投入占总销售收入的5%～7%。董事长梁稳根说，要在公司体现“一流的人才做研发，二流的人才当董事长”。在三一集团，有经验和技术的人才不会遇到所谓的“职业天花板”。三一集团有健全的内部职业发展通道。技术人员评上职称，能力待遇会得到大幅提高，一个高级职称的研发工程师，待遇甚至超过高级管理者。

打造学习型组织曾是一些企业管理者嘴中最热门的词汇之一，可在实际操作上却未必如此。但在三一集团，不管是新员工还是老员工，不管是工人还是技术人员、管理人员，都把学习当成一件大事。为了帮助员工实现梦想，三一集团建立了分类分层的培训体系，培养自己的经理人，让员工找到与自己匹配的学习坐标。为了帮助新员工入职前了解公司，全面学习业务，新进公司的员工要进行6个月的岗前培训，包括车间实习、售后实习等环节。新员工入职后，公司会确定一名专业强、资格老的“导师”，帮助其学习、成长。“导师”手把手将徒弟“带上岗，带成器”。此外，公司还落实“导师月度津贴”“优秀导师奖”等措施来强化这种帮学关系。

中高层管理人员起着承上启下的作用，是三一集团培训的重点。2010年，集团实施了“S1000人才工程”，从内部挑出有潜力的优秀员工脱产成班，学习三个月，帮助他们快速成长为合格的后备干部。公司还在开发一系列新的领导力培训项目，进一步加速优秀员工素质提升。

三一集团的各事业部或子公司每月开展的培训均达到30多场，有的高达60多场。2011年上半年，“现代营销学之父”菲利普·科特勒、世界精益大师詹姆斯·沃麦克、德鲁克管理思想研究大师那国毅等专家均来三一集团访问讲学。

三一集团打造了一个完整的在线学习平台，将丰富的学习资源以文字、图片、视频等形式全部放在网上，员工能随时找到自己需要的课程，根据兴趣自主学习。

在三一集团，有两项费用是上不封顶的：一是研发，二是培训。公司管理层认为培训和研发不是成本，而是投资，投入就会有产出。三一集团投资3.5亿元建立了自己的大学——三一工学院，每年还选派大量优秀员工到中欧国际工商学院、清华大学接受培训和学历教育。2011年，三一集团启动了“世界顶级大学培养学习”计划，从集团的制造、工艺体系中选取有潜力的员工，送到世界顶级大学培养。

三一集团的薪酬水平在国内同行业中保持领先。公司还承诺：“今后，随着员工劳动生产率和人均利润水平的不断提高，薪酬还要向同行业顶尖的跨国公司看齐，甚至超过它们。”同时，集团切实关心员工家庭冷暖。公司每年开展四期“家庭开放日”活动，邀请员工家属来公司参观、旅游，食、住、行费用由集团报销，赢得了员工家人的理解与支持。公司承诺妥善解决员工子女入托、入学问题，解决其后顾之忧；还为家庭困难员工建立档案，设立帮扶基金……公司所做的一切，都是让员工能在这里感受到“家”的温暖。

员工冯唐华在国企、外企、其他民营企业都工作过，他最大的感受是三一集团对员工无微不至的关怀。公司内部有个三一员工购物网，所售商品五花八门，种类繁多。许多商品都由公司从厂家直接拿货，价格比其他购物网站都便宜。另外，员工在公司洗车厂可以免费洗车，在健身房可以免费健身。在食品安全问题不断出现的今天，员工食堂用的蔬菜是自己种的，猪是自己养的，所有食材力求安全可靠，让员工在饮食方面安心和放心。

三一集团对员工的细致关怀，基于对员工的切实需求的掌握。集团倡导打破层级进行沟通，员工可通过公司高管座谈会，当面与高层管理者沟通，也可以到员工服务中心寻求职业规划指导和心理辅导，还可随时通过董事长信箱、员工论坛向公司反映问题、投诉和发表建议。每条意见高层管理者都能看到，相关部门会第一时间处理。意见提得好，公司立即现金奖励，通报表扬。此外，人力资源部门还通过每季度一次的员工座谈会、每年一度的员工满意度调查，及时了解员工的愿望和心声，并有针对性地采取措施改进。2010年，三一集团共从各类渠道接收到员工正式意见和合理化建议2万多条，为公司带来了上亿元的经济效益。

案例展现了三一集团帮助员工成功的景象，在这种氛围中组织也实现了理想的效益，这正是研究组织行为学要达到的目的。案例中涉及的文化含义、人际关系技能、凝聚力、向心力、团队协同工作、薪酬方案、人才选拔、领导模式、人力资源、工作满意度、管理流程、员工培训、组织学习等，都是本书要讨论的问题。

1.1 组织行为学的基本概念

认识事物首先要掌握它的概念，学习组织行为学也是如此。任何事物其概念都是客观存在的，具有唯一性；但研究者都有自己的认识角度，于是对同一个事物下的定义就呈现出多样性。大学教材中概念的诠释往往有多个表述就是这个道理，这也体现了人类对某个事物的认识过程和认识模式。

1.1.1 组织行为的概念

为了更好地理解组织行为的概念，首先需要把握组织和行为两个概念。

1. 组织

组织理论学家巴纳德认为，人们单独行动会受到主观和客观条件的限制，为了冲破这种限制，以达到个人所不能达到的目的，需要两个或更多人的合作，这就产生了组织。因此，组织是“两人以上有意识地协调力量和活动的合作系统”。本书将组织定义为：组织是在特定社会文化环境中，为了达到一定目标，由两个以上的人组成，在一个相对连续的基础上运作，以达到共同目标的社会单元。

组织可以分为正式组织和非正式组织。正式组织是指从法律意义上正式确立的组织，如正式注册登记的公司；而非正式组织则是在社会中因各种原因而形成的群体，如民间交流团体、地下金融组织等，其中，有些组织是合法的，有些是非法的。组织还可以分为营利性组织和非营利性组织，企业等属于营利性组织，政府、基金会、协会等属于非营利性组织。组织还可以分为政府组织和非政府组织，各级政府机构属于政府组织，而民间组织和团体则属于非政府组织。

各种类型的组织都是组织行为学研究的对象，但工商管理专业侧重于营利性组织的研究，本书以企业为主进行讨论，兼顾其他；而公共管理、行政管理专业则更侧重于非营利性组织的研究。

组织的三要素是人、组织目标和组织结构。组织有两种基本作用，即人力汇集作用和人力放大作用。人力汇集是一种组织行为，是指借助组织体系把分散的个人汇集成为集体，统筹安排人力做更大的事情，同时在组织运作中实现个人存在的价值；人力放大，是指社会组织具有一种放大人力的作用，组织体系里汇集起来的个体力量的放大，是人力分工协作的结果，这种现象即亚里士多德所谓的“整体大于各个部分的总和”。

2. 组织的特征

美国组织理论学家薛恩指出，组织就是“为了达到某一特定的共同目标，通过各部门劳动和职务的分工合作和不同等级的权力与责任的制度化，有计划地协调一群人的活动”。归纳起来组织有如下特征：

第一，任何组织都有自己的目标。这是组织存在的根本理由，是组织的第一特征。组织只有建立了明确的、符合社会需要的目标，才能确保其生存的基础和价值，也才有可能保持其持续发展的方向和动力。比如，学校要培养高素质的人才；政府必须维护社会正常秩序，为公众服务；企业要为社会提供高质量的产品和服务并获取利润。管理大师德鲁克指出，企业首先要问自己一个问题：企业为什么而存在？他又说：“管理就是界定企业的使命，并激励和组织人力资源来实现这个使命。”这个使命就是组织目标，是组织的首要问题。

第二，组织都有相应的结构系统。有序的结构系统是达成组织目标的必要保证，必须建立不同层次的责权利规范，将组织里所有人的努力有机地整合起来。这其中比较重要的是目标结构系统，以解决人们在组织系统中工作的动力问题（提供适当的报酬）；还有分工协作系统，以解决工作方式问题，包括：（1）进行工作分工和专业化；（2）部门化；（3）建立不同的组织层次；（4）建立流程、制度和标准。

第三，组织都处于一定的社会环境之中，是一个开放的系统。组织与所处环境有着物质、人才、信息的交换，有所投入并产出产品和服务。组织生存的重要条件就是要能与环境保持适合的、相互需要的关系，组织的形态、功能、结构、管理活动都受到环境的制约，有时是决定性的影响。

第四，组织是由个体的人组成的一个社会技术系统。社会系统包括各项社会性因素，作为组织主体的人（人才）是决定性因素，还有人与人之间、个人与组织之间的关系以及组织中的人所具有的价值观、意识形态、习俗礼仪、行为习惯等。技术系统则包括所有的技术性因素，如各种物质、设备、技术、操作流程和工艺等。这里涵盖了一个组织软硬两方面的实力因素，两者互相补充和协调，组织才能更好地运行。

第五，组织是一个有生命力的有机体，也有产生、成熟、衰亡的发展阶段。组织管理与环境诸因素的状态，对组织的生存和发展影响重大。应该针对组织所处的阶段和环境采用相应的管理策略。下文介绍的权变理论即涉及了相应的讨论。

3. 行为

动物和人都有行为。行为（Behavior）是机体种种外显动作和活动的总和。广义的行为还包括内隐的心理活动。人的各种形体动作、喜怒哀乐、各种操作，人与人之间的沟通交流，组织中部门间的沟通交流、矛盾和冲突，组织中的各种仪式、活动，组织与外部组织的合作交流等，都是组织行为学要研究的行为。人的行为的特点是：

（1）具有适应性，即人的行为反应既要符合环境的要求，又要满足本身的需要；

（2）具有多样性，即不同的人在不同的时间、地点、条件下会作出多种多样的行为反应；

（3）具有动态性，即人的行为会随时间、地点的变化而不断发展变化；

（4）具有可控性，即人可以通过各种措施，包括制度、培训、教育等，消除消极行为，诱导和发挥积极行为。

人们可以通过自己的感觉器官或仪器观测到他人的行为和表现，进而加以解释和预测。被称为“实验社会心理学之父”的美国心理学家勒温认为，人的行为是个性变量和环境变量二者的函数，用公式表示为：

$$B=f(P, E)$$

其中，B 为行为（Behavior）；P 为个性（Personality）变量（如遗传、能力、健康状况等）；E 为环境（Environment）变量（如是否有别人在场、个体的行动目标是否受到阻碍等）；f 为函数关系。也就是说，掌握了行为、个体特征、环境特征之间的函数关系，就可以根据当时的个体特征和环境特征变量来预测人的行为。

影响组织中人的行为的因素细分为：主观内在影响因素，包括生理、心理、文化、经济四方面的因素；客观外在环境因素，包括组织内部环境因素和组织外部环境因素。

4. 组织行为

组织行为学将组织行为（Organizational Behavior）作为研究的对象。组织行为是指人们作为组织成员时表现出来的，体现在个体、群体、组织三个层面上的行为。

（1）个体的行为（Behavior of Individual），指人作为个体表现出来的行为，如人的正常工作行为、知觉行为、归因行为、学习行为、决策行为等。

（2）群体的行为（Behavior of Group），指人们作为群体成员整体表现出来的行为，如群体的正常工作行为，群体中的人际互动行为（包括沟通、谈判、冲突处理、领导），群体压力导致的从众行为，群体之间的沟通交流、谈判和冲突处理等。

（3）组织的行为（Behavior of Organization），指人们作为组织成员整体表现出来的行为，如组织的正常运作，组织中的信息流动，组织决策，组织中的政治行为，组织学习，组织发展，组织变革，组织之间的交流、合作、谈判和冲突处理等。

1.1.2 组织行为学的概念

1. 行为科学的含义

要界定组织行为学的内涵，首先要了解行为科学的概念。1949 年在芝加哥举行的一次跨学科会议讨论了用现存知识来发展一种关于行为的一般性理论，第一次决定用“行为科学”（Behavior Sciences）来命名这种学科。1953 年美国福特基金会邀请一些大学的著名学者研讨后，将之正式定名为“行为科学”。关于行为科学的定义，各种文献中有不同的说法，下面简要列几种：

（1）美国《管理百科全书》（1982 年版）的定义为：“行为科学包括类似运用自然科学的实验和观察方法，研究在自然和社会环境中人（和低等动物）的行为的任何科学。已经公认的学科有心理学、社会学、社会人类学和其他学科中类似的观点和方法。”

（2）美国《国际社会科学百科全书》则把行为科学的研究对象局限于人的行为，排除了其他动物的行为。在内容上包括：社会学、人类学、心理学以及生物学、经济学、地理学、法学、精神病学和政治科学中有关行为的部分。

（3）美国组织行为学家罗素则把行为科学看成是社会科学的一个分支，而行为科学就是社会科学（包含政治学、经济学、历史学、心理学、社会学、文化人类学）中后三种学科（即心理学、社会学、文化人类学）的统称。

（4）美国《国际管理词典》（1980年英文版）则把行为科学看成是一门管理学科，定义是："有关对工作环境中个人和群体的行为进行分析和解释的心理学和社会学学说……它强调的是试图创造出一种最优的工作环境，以便每个人既能为实现公司目标，又能为实现个人目标有效地作出贡献。"

我国学者比较倾向于认为行为科学和人文科学、自然科学、社会科学一样，是一个学科群的总称。也就是说，行为科学是由研究与行为有关的学科组成的学科群。本书认同这一说法。

2. 组织行为学的定义

组织行为学（Organizational Behavior）是行为科学的一个分支，主要是研究组织环境中人的行为，重点是企业中人的行为。其总体特征是既注意人的因素，又注意组织的因素。在一定意义上，它是人际关系学说和组织理论的综合。国内外研究者提出了不同的组织行为学的定义。

我国学者徐联仓等对组织行为学的定义是：组织行为学是依据实证科学的分析方法，综合运用心理学、社会学、文化人类学、政治学等学科中有关的知识，系统地研究各种组织中人的心理和行为的科学。

我国学者卢盛忠、余凯成等对组织行为学的定义是：组织行为学是综合运用各种与人的行为有关的知识，研究各类工作组织中人的工作行为规律的学科。

美国学者安德鲁·杜布林在他的著作《组织行为学原理》中，对组织行为学的定义为："组织行为学是系统研究组织环境中所有成员的行为，以成员个人、群体、整个组织及其外部环境的相互作用所形成的行为作为研究对象的一门科学。"

著名学者罗宾斯在其所著的《组织行为学》一书中，对组织行为学的定义为："组织行为学是一个研究领域，它研究个体、群体以及结构对组织内部行为的影响规律，以便应用这些知识来提高组织的效能。"

综合考虑上述说法，本书对组织行为学的定义是：组织行为学是一个研究领域，综合运用与人有关的各种知识，采用系统分析和实证科学的研究方法，研究在个体、群体和组织层面上人的行为规律，从而提高各级主管人员对人的行为的预测和引导能力，以有效地提高组织的绩效。

该定义包含四个要点：

（1）组织行为学是一个博大精深的研究领域。它从不同学科中吸收有关人的行为方面的研究成果，形成了自己的学科体系。比如，研究企业文化，需要用到文化人类学方面的理论；研究组织中权力和利益的分配、矛盾和冲突处理，需要用到政治学的理论；研究企业中组织结构的建立、信息的流动方式、组织系统的变革，需要用到工程科学、信息科学和系统科学的理论。

(2) 组织行为学深入不同层次研究人的行为。即组织行为学的关注点是变化的，既关注微观组织行为，也关注宏观组织行为。领导者熟练掌握了组织行为学三个层次的行为规律，及时准确地判断组织目前存在的问题，就可以根据管理的实际需要，在三个不同层次运用所涉及的理论、方法和工具，解决相关问题。

(3) 组织行为学是一种实证研究。这包括两个含义：首先，组织行为学中的理论都是人们基于对人的行为和组织现象的观察而提出的假设，然后经过更广泛的证明和实践检验成为理论，写进文献；其次，“表明它是一个具有大量普通知识的独立的技能领域。它研究组织中行为的决定因素：个体、群体和结构”(罗宾斯)，具备实证经济学的本质特征。

(4) 组织行为学研究的目的，是“把研究个体、群体和结构对行为的影响所获得的知识用到实际中，使组织的运作更有效”。组织类型不同、所处的环境不同、所处的发展阶段不同，组织所需要解决的问题和要达到的目的也是不同的。管理者学习和研究组织行为学的目的，就是要解决特定问题，实现不同情况下的组织目标。

3. 组织行为学的特点

(1) 综合性。理论基础涉及心理学、社会学、政治学、文化学、伦理学等诸多学科，并吸收、借鉴上述多门学科的概念、理论和方法来解决组织行为的实际问题。

(2) 系统性。现代组织行为学运用科学的、系统的方法进行研究，观察问题、分析问题与解决问题的角度更加全面与深入。组织行为学科通常分为三个层次，形成内部互相关联、具有诸多可变因素的脉络体系。

(3) 实践性。学科是从管理实验中建立又在管理实践中发展，与管理操作关系密切，尤其是基于观察和推理提出假设，运用客观案例和数据进行论证，还要经得起实践的检验，以保证其研究结论的可靠性和可信性，而不是靠一般性的经验、直觉和臆断得出结论。组织行为学的教学更加强调理论联系实际。

(4) 权变性。组织行为学反映了它所研究的客观事物本身的特性。人是错综复杂的，解释人的活动的理论也应该是复杂的。不可能有通用的最佳模式，应该针对复杂多变的组织内外实际情境，采用不同的理论，权变地解决面临的问题。在组织行为学的研究中，没有绝对真理，也没有“包治百病”的方法。

(5) 开放性。组织行为学是“与时与地俱进”的学科，从它产生之日起就不断汲取学界的前沿理论与业界的最新案例。我们不能完全照搬西方组织行为学中的结论，而是要根据中国文化特点合理地加以借鉴和补充，并吸纳中国传统的管理思想与哲学理论，最终建立起中国的组织行为学理论体系。

1.1.3 组织行为学与其他学科的关系

为了更好地把握组织行为学的概念，我们将其与相近或易混淆的学科作以比较。有比较才能有鉴别，才能更深入地理解概念的本质属性。

1. 组织行为学与管理学

管理学是管理学科群中的基础学科。它系统地研究管理活动的普遍规律、基本原理和一般方法，属于应用性理论学科，具体探讨组织及组织内资源(人、财、物与信息)配置的构造和过程。

组织行为学从行为科学中独立出来，是行为科学在管理领域中的应用。它从个体、群体和组织三个层面研究如何对组织进行有效管理，激励人的积极性，协调人际关系，创造良好的工作环境，使组织成员发挥潜能，既实现组织目标，也兼顾个人目标。

内容上两者的主要区别是：管理学主要包括计划、组织、领导与控制，而组织行为学则包括个体、群体和组织三部分，其中包含了领导，虽然也讲控制，但侧重对人的行为的控制。因此，这两门学科在组织和领导方面是重叠的，但也有相互不包含的部分。

2. 组织行为学与人力资源管理

人力资源管理是组织利用现代科学技术和管理理论，通过不断地获得人力资源，对所获得的人力资源进行整合、调控、开发利用并给予报偿，从而实现组织的目标。人力资源管理有自己独特的内容体系，是实现组织目标的一种手段。

两者的联系在于都与人有关。人力资源工作是与人打交道，组织行为学则是研究组织中人的行为规律。可见，组织行为学是人力资源管理的理论基础。两者的区别在于它们并不属于同一个领域，如组织行为学和人力资源管理都非常重视激励，前者是从一般角度来研究激励的理论和规律，而后者则是从具体角度出发的，强调应该采用哪些措施来调动员工的积极性、如何具体设计薪酬制度等，是在运用组织行为学中的激励理论。总之，组织行为学强调研究理论和个人的行为技能，是任何一个管理者都应掌握的工商管理学科中的基础学科。人力资源管理则强调应用，属于职能管理方面的学科。

3. 组织行为学与管理心理学

管理心理学主要研究伴随管理活动而产生的有关心理活动的规律，是一门应用理论科学，是心理学的一个分支。它研究的重点是企业管理中具体的社会心理现象，以及个体、群体、领导、组织中的具体心理活动的规律性。组织行为学则侧重研究组织中人的行为的规律，它以人的外部表现、行为变化等作为主要研究对象，致力于探索人的心理活动的外在表现。可见组织行为学与管理心理学有着非常密切的联系。两者的主要区别在于：

（1）管理心理学主要以心理学为基础，而组织行为学则从多种学科汲取营养；

（2）管理心理学主要关注组织中的个体和人际行为，如人的知觉和决策、个性、价值观、激励、沟通、领导、冲突等，而组织行为学除了关注个体和人际行为以外，还特别关注将组织作为一个系统来考虑的各种问题；

（3）管理心理学的研究着重于企业管理中的内环境系统，而当代组织行为学研究范围已经扩展到组织外部环境。

资料链接：黑格尔说人性恶是一种伟大的思想

社会学告诉我们，经济社会全部的前进动力都是基于人类的欲望，人类行为的根本动力源于满足不断增长的需要。换句话说，就是因为人有了“欲望”，或者说“需要”，才会为了满足需要而进行生产和劳动，而生产和劳动则推动了社会前进。“欲望”或“需要”的正当性正在于此。就研究人的行为规律而言，这一认识是首要之点。人的行为的深层原因就在于人性。

中国传统的主流观念认为，人性的本源是“善”，“人之初，性本善”，只是因为后天的环境才使得人“性相近，习相远”；在非主流认识中，荀子认为人性是恶的，要想善必须经过后天的磨炼。而在西方的主流观念中，人生来是有罪的，即基督教所谓的“原罪”，人性是“恶”的，所以需要用强制性的规范来加以约束，来“管”、来防范。从管理的角度，不管口头如何说，实际上认为人性是恶的。国人历来认为，凡事要向最好处努力、向最坏处着想；与人打交道，要先小人后君子。所以组织订立规章、处理事务必须以人性本恶为出发点。黑格尔说人性恶是一种伟大的思想。恩格斯也强调，人来源于动物界这一事实已经决定人永远不能摆脱兽性，所以问题永远只能在于摆脱得多些或少些，在于兽性或人性程度上的差异。组织行为是建立在人的行为的基础上的，所以，组织行为的依据也在于此。

1.1.4 人性的假设

人性是指人的本性，含自然属性和社会属性两个方面，它决定着人的行为动机。所谓“假设”是西方科学研究的一种方式，即先根据自己对客观事物的研究与认识设置一种说法，然后用实践加以证明或取得大家的公认，作为进一步推演的前提。人性假设，有性本善和性本恶之分。不管哪种说法，都是为了在了解人性的基础上，依据其所处需求层次更有针对性地对员工进行激励与管理。唯有了解了人性，才能更有效地激励员工、带领员工实现组织目标。

组织理论学家薛恩在《组织心理学》中将以往西方管理学人性方面的假设归为四类，它们分别是西方企业组织中不同发展阶段管理的理论前提，反映了对组织中人性的认识过程。

1. “经济人”的假设与管理

“经济人”又称“实利人”或“唯利人”。这种假设始于亚当·斯密，他认为人的行为动机源于经济诱因，人都要争取最大的经济利益，工作就是为了取得经济报酬。薛恩称之为“理性经济人”假设。

泰勒的观点是经济人观点的典型代表。“任务管理”就是在经济人理论下提出的，这种管理方法在劳动仍是人们的谋生手段及社会化大生产条件下是适宜的，是早期资本主义企业管理的理论。

（1）基本观点。

1）多数人天生是懒惰的，他们都尽量逃避工作。

2）多数人都不愿承担责任，他们心甘情愿听人指导。

3）多数人所追求的个人目标与组织目标都是相矛盾的，必须用强制办法，才能迫使其为组织目标去工作。

4）多数人工作都是为了满足其生理与安全需要，只有用金钱和地位才能刺激他们努力工作。

5）人分为两类，多数人如上所述，只有少数人能自我控制，他们将承担管理责任。

（2）管理对策。由上述假设引发出来的管理方式应是：以经济报酬来收买员工的效力和服从，并应以权力与控制体系来保护本身。这就是我们平常所说的“胡萝卜加大棒”的管理方式。具体的管理对策是：

1）管理主要是抓生产，完成组织任务，不必关心员工的情感。这可称为任务式管理。

2）管理是少数管理人员管理多数工人。

3）管理手段一是金钱刺激，二是严厉惩罚。

2. “社会人”的假设与管理

“社会人”又称为“社交人”，意为人们有想被自己的同事所接受和喜爱的需要，这种需要比管理部门提供的经济性刺激物更为重要。这一假设来自霍桑实验。1924 年开始的霍桑实验在一系列重大问题上否定了传统管理，因而否定了“经济人”的假设。美国哈佛大学心理学家梅奥根据霍桑实验的结果，提出了“社会人”的假设。

（1）基本观点。

1）人基本上是由社会需求引起工作动机，并且通过与同事的关系而获得认同感。

2）工业改革与工作合理化的结果使工作本身失去了意义，因此，只能从工作上的社会关系中去寻找意义。

3）同事之间的社会影响力要比管理者所给予的经济诱因及控制更值得重视。

4）工人的工作效率随着上司能满足他们的社会需求的程度而改变。

（2）管理对策。由此假设所得出的管理方式与“经济人”假设的管理方式完全不同。依据“社会人”的假设，在管理上的相应对策包括：

1）管理人员不能只注意完成生产任务，而应把重点放在关心人和满足人的需要上。

2）管理人员不能只注意传统的管理职能，更应该重视人际关系，要培养和形成职工的归属感和整体感。

3）主张集体奖，不主张个人奖。

4）管理人员应在员工及管理当局间起沟通联络作用。

5）实行“参与式管理”，即吸引员工在不同程度上参与企业决策的制定。

3. “自我实现人”的假设与管理

人的自我实现是心理学家马斯洛提出来的。在他的需要层次理论中，自我实现是最高层次的需要。所谓“自我实现”，是指人都需要发挥自己的潜力，表现自己的才能，只有这样，人才会感到满足。马斯洛认为“每个人都必须成为自己所希望成为的那种人”。麦格雷戈把传统的管理观点叫做 X 理论，并反其道而行归纳出一个新的 Y 理论，对“自我实现人”的假设作了概括。

（1）基本观点。

1）一般人本性都是勤奋的。

2）人们能够进行自我指导与控制，因而强制与惩罚并不是实现组织目标的唯一办法。

3）正常情况下，人们不仅愿意承担责任，而且会主动寻求责任。

4）人群中蕴藏着想象力、智谋及解决组织中问题的创造性。

5）在现代工业条件下，一般人的潜力只发挥了一部分。

可见，Y 理论与 X 理论是完全对立的。麦格雷戈本人倾向于否定 X 理论，赞成 Y 理论。

（2）管理对策。由此假设所引发出来的管理方式是尽量把工作安排得富有意义，对工人来说具有挑战性，使工人工作之后能够引以为豪，自尊心得到满足。根据这一理论，主要有以下相应的管理对策：

1）管理重点既不是工作任务，也不是人际关系，而是创造一个适宜人们发挥潜力、表现自己才能的工作环境条件。

2）管理人员扮演的角色，既不是生产指导者，也不是人际关系调节者，而是一个采访者，了解和帮助人们创造条件、消除障碍。

3）在激励方面，不是强调物质刺激及人际关系的外在激励，而是强调内在激励，即人们通过工作可以自我实现和增长才干。

4）管理制度不是强调专业人员制定制度、多数人去执行，而是把权力下放给执行者，由他们决定自己的工作制度。

4.“复杂人”的假设与管理

20世纪80年代，摩斯与洛斯奇两位学者通过实验认识到X理论与Y理论是共存的、互相补充的，在此基础上提出超Y理论，对人性有了更全面的认识。

薛恩所归纳的第四种人性假设是“复杂人”，它不仅包含了超Y理论，而且进一步发展了超Y理论。“复杂人”假设认为一个人不只是单纯的经济人，也不完全是社会人，更不可能是纯粹的自我实现人，而应该是根据不同年龄阶段、不同时间、不同地点和不同情况采取适当反应的复杂人。

（1）基本观点。客观生活表明，不管在什么时代，所有人的最大需求不可能完全一样。表面上看来，受到同一诱因激励的人其心理需求状态可能是不同的。“复杂人”假设的要点是：

1）每个人都有许多需求和具体不同的能力，人不但是复杂的，而且变动性很大。

2）人在同一时间内会有多种需要和动机，相互结合形成复杂的动机模式。

3）人在某一时期的动机模式，是其内部需要与外部环境相互作用的结果。

4）一个人在不同单位或不同部门工作，会产生不同需要，也会出现不同的需要满足情况。

5）人可以依自己的需求、能力，对不同的管理方式作出不同的反应。因此，没有一套能适合于任何时代、任何国家、任何人的、万能的管理方法。

（2）管理对策。复杂人的假设并没有否定上述三种人性假设及其管理方式，因为前三种假设对某些人在某些场合确实是很适合的。这里所要强调的管理对策主要是：

1）不能把所有的人视为同一类，以某一固定的模式加以管理。

2）管理人员不仅必须具备洞察员工个别差异的能力，同时还要具有能够随时采取必要行动的应变能力与弹性。

伴随着人性假设的变化，管理观念也经历了从“以物为中心”到“以人为中心”的管理过程。今天，“以人为本”的管理方式即人本管理模式越来越受到人们的重视。人本管理的本质是人的全面解放，它要求在管理的一切活动中，始终把人放在中心位置，充分调动所有员工的积极性，做好人力资源的优化配置，保证组织在竞争中取胜。

1.2 组织行为学的产生、发展及学科体系的形成

1.2.1 组织行为学的产生与发展

组织行为学来源于西方，其发展与“人性的假设”趋势是一致的，反映了西方管理学

界对组织中的人的管理的思考过程，了解它的发展历史有助于我们更准确地把握其本质属性。

1. 古典管理理论

（1）科学管理理论。组织行为学是在管理学科的基础上产生的，而管理真正成为一门科学始于 19 世纪末 20 世纪初，这一时期被称为科学管理时期，代表人物是美国古典管理学家泰勒，他是科学管理的创始人，被誉为“科学管理之父”。泰勒提出的一系列方法，倡导用讲究效率、技术、方法的规范管理来代替凭个人经验办事的随意管理，使得管理达到了科学的层面，进而达到谋求最高效率的根本目的。他认为劳资双方追求的都是物质利益，只有金钱、物质利益才能刺激工人的生产积极性，而最高工作效率是雇主和雇员达到共同富裕的基础。他的局限在于把工人当做机器看待，忽略了人的社会性本质。科学管理理论同下文提及的经典组织理论都是基于经济人、理性人的人性假设。

资料链接：泰勒制及其普遍意义

泰勒在其著作《科学管理原理》（1911 年）和《科学管理》（1912 年）中，全面地阐述了他的理论：将劳动方法标准化，制定科学的工艺规程，将工具、材料、作业环境等标准化，并用文件的形式固定下来；科学地利用工时，通过对个人的工作时间和动作的研究，去掉多余的消耗时间的动作，改善必要动作，规定每个单位操作的标准时间，制定出劳动定额；对工人进行科学的选拔和培训，将适当的人放在适当的位置上；实行“定额加奖励”的计件工资报酬制度；在工人和管理者之间进行明确的分工，同时注重管理者和劳动者在工作中的密切合作。之前，泰勒运用时间、动作分析进行了大量的实验研究。他提出的劳动定额、工时定额、工作流程图、计件工资制等一系列方法，沿用至今。泰勒的科学管理产生了神奇的功效，列宁称泰勒制是体现当时资本主义进步的最新发明，是资产阶级剥削的最巧妙的残酷手段。

泰勒制的理论和方法具备有效管理的特征，是西方精细文化的反映，具有管理界里程碑的地位，至今还是企业管理的基本架构，具有普遍的意义。

（2）经典组织理论。经典组织理论与科学管理理论同时产生。当时，企业正处于从小规模向大规模专业管理转变时期，一大批心理学家、社会学家和管理学家开始认识到组织管理与劳动管理的区别，在组织心理与行为的研究基础上提出了管理的原则和职能。代表人物是法国的亨利・法约尔和德国的马克斯・韦伯。

法约尔在其 1916 年出版的《一般管理与工业管理》一书中，比较完整地阐述了经典组织理论的基本内容。他将管理的职能概括为五个方面，即计划、组织、指挥、协调、控制。他提出了 14 条组织管理原则，即劳动分工、权力与责任、纪律、统一指挥、统一领导、个别利益服从集体利益、报酬、集权化、等级制、秩序、公平、人员的稳定、主动性、集体精神。这些原则对后来组织结构和模式的发展产生了深刻影响。

被誉为“组织理论之父”的德国社会学家韦伯在 1910 年创立了行政组织理论，强调组织结构的规范，就是能够“既合法又合理”地行使职权，这就是影响至今的所谓“科层制”。他认为行政组织具有如下特点：

1）建立权威与职权等级制度；

2）专业化强，分工明确；

3）规章制度明确；

4）有处理工作情况的程序系统；

5）人与人之间关系的非人格化；

6）把技术能力作为挑选和提升组织成员的根据和标准，并主张行政组织中的组织成员应具有终身制职业的忠诚。

经典组织理论描述的组织具有“理性组织”的特点，强调稳定、严格、精确、有序，它比较机械，不考虑组织中的人的心理、个性与情感。

2. 人际关系学派

古典管理理论强调管理的科学性、合理性和纪律性，不重视人的因素，到了20世纪20年代，在管理实践中遇到了很多困惑。美国哈佛大学心理学家梅奥等人进行了著名的霍桑实验，创立了人际关系学派。从1924年到1932年，梅奥与其助手在霍桑工厂中进行了历时8年的实验，主要包括照明实验、福利实验、访谈实验和群体实验。霍桑实验的初衷是试图找到通过改善生产条件和外部环境提高生产率的途径，但实验结果却出乎意料，无论工作条件（如照明、温度、休息时间长短等）改善还是取消改善，实验组和非实验组的产量都在不断上升，并且发现了群体动力对产量的影响。梅奥根据实验结果得出结论：影响生产效率的根本原因不是工作条件，而是工人自身；在决定工作效率的因素中，工人被团体所接受的融洽性和安全感比奖励性的工资更为重要。人际关系学派对人性的假设是社会人而不是经济人，强调人的社会心理需要，即追求友情、安全感、归属感和受人尊重等，人际关系学派还非常强调非正式组织在企业中所起的重要作用，强调新型领导者应该注意倾听和沟通员工的意见，提高员工满意度等。

3. 人力资源学派

伴随着美国20世纪50年代后期出现的经济衰退，人际关系学派片面强调人与人之间好的人际关系的观点受到质疑，并因此发展出人力资源学派，其核心思想是企业中种种问题的根源在于未能发挥员工的潜力。这个学派的重要代表人物阿吉里斯和麦格雷戈都强调应该让员工承担更多的责任，发挥他们的潜力，满足员工的成就感，这样才能调动员工的积极性。对这一学派的理论起到重大作用的是“自我实现人”假设。自我实现的需要是指人们追求实现自己的能力或潜能，并使之完善的需要。该假设认为人具有内在的追求更高成就的需要，人是可以进行自我管理的，人们在做自己愿意做的工作时，无须别人控制和监督，管理者的任务主要是改善组织条件和工作方法，使人们更好地达到自己的目标。

4. 权变理论

经济人、社会人和自我实现人的假设分别能够解释不同条件下人的行为，但是都很难完整地解释各种情境下人的行为，20世纪60年代末70年代初，美国麻省理工学院教授薛恩提出了“复杂人”的假设，认为人的需要是多种多样的，而且会随着人的发展和环境条件的变化而变化；人在同一时间内会有多种需要和动机，相互结合形成复杂的动机模式；人在某一时期的动机模式，是其内部需要与外部环境相互作用的结果；一个人在不同单位或部门工作，会出现不同需要，也会出现不同的需要满足情况；人们对不同的管理方式会作出不同的反应。因此，管理者不能将所有的人视为一样，用一个固定的模式进行管理，而是要根据不同人的特点采取不同的管理方法。

权变理论逐渐进入管理领域，对组织行为学的形成起了重要作用。人们认识到管理对象和环境变化多端，简单普适的方案并不存在，必须按照对象和具体情境，选择具体的对策，具体问题具体分析。

资料链接：罗伯特·卡茨提出管理者必须具备的三种基本技能

技术技能（Technical Skills）包括应用专门知识或技能的能力。所有工作都需要一些专门的才能。专业技术人员的技术技能最受关注。他们通过正规教育掌握专门技术技能，但许多人的技术技能是在工作中形成的。对于基层管理者来说，技术技能是重要的，他们要直接处理员工所从事的工作。

人际技能（Human Skills）是指与人共事、理解别人、激励别人的能力。许多人在技术上是出色的，但在人际技能方面却有些欠缺。例如，他们可能不善于倾听，不善于理解别人的需要，或者在处理冲突时有一定的困难。由于管理者是通过别人来做事，因而只有具有良好的人际技能，才能实现有效的沟通、激励和授权。各个层次的管理者都必须具备人际技能。

概念技能（Conceptual Skills）是管理者对复杂情况分析和诊断、进行抽象和概念化的技能。例如，作决策需要管理者看准问题，找出可以改正问题的替代方案，评价这些方案，选择一项最好的方案。概念技能是高级经理人员最迫切需要的技能，实质上是一种战略思考及执行的能力。管理者可能在技术和人际技能方面都很出色，但若不能理性地加工和解释信息，他照样会失败。

1.2.2 组织行为学科体系的最终形成

上面我们主要从西方学者对人性的不同假设及相关管理方法的角度阐述了西方组织行为学的发展过程。行为科学的产生和发展促成了行为科学学派的形成。20 世纪 60 年代之后，行为科学进入到组织行为的研究阶段，60 年代末开始形成组织行为学（进入 80 年代，组织行为学又分为宏观组织行为学和微观组织行为学）。组织行为学对各种学派兼收并蓄，把关于人的管理思想推进到了一个新的阶段，最终形成了组织行为学科的综合性知识体系。

1. 20 世纪新管理理论

在过去近百年的历史中，领导理论、决策理论、系统管理理论的建立大大地丰富了西方组织行为学理论。

（1）领导理论。很多西方学者对组织中的领导方式进行了研究。较具代表性的有：斯多迪尔和沙特尔的二维模型，利克特的四种领导类型，布莱克和莫顿的管理方格理论，费德勒的领导权变理论和认知资源理论，何塞和布兰卡的领导生命周期理论，罗伯特·豪斯的路径-目标理论，卢姆、叶顿和亚戈的领导者参与模型，豪斯和康格尔的魅力型领导理论，巴斯的交易型和变革型领导理论，格林和德塞的领导者成员交换理论等。

（2）决策理论。代表人物是美国卡内基-梅隆大学的教授赫伯特·西蒙和马奇等人。赫伯特·西蒙等人认为，决策贯穿于管理的全过程，管理就是决策。组织是由作为决策者的个人所组成的系统。他们还对决策的过程、决策的准则、程序化的决策和非程序化的决策、组织机构的建立与决策过程的联系等作了分析。赫伯特·西蒙由于提出了决策的有限理性理论获得了1978年诺贝尔经济学奖。认知决策学家卡纳曼和特维斯基后来提出了判断经验与偏差模型，认为决策者主要是依靠启发法即简化的策略或经验原则来进行决策。他们因此获得了2002年度诺贝尔经济学奖。

（3）系统管理理论。系统管理理论对于组织中人的管理也具有重要指导意义。社会系统学派的代表人物巴纳德认为任何组织都是一个协作的系统，人们形成组织的目的是达到单个人所不能达到的目标。协作系统有三个要素：协作的意愿、共同的目标、信息联系。其中非正式组织也起着重要的作用，它同正式组织互相创造条件，在某些方面对正式组织产生积极的影响。组织中管理人员的作用，就是作为相互联系的中心，对协作的努力进行协调，以维持组织的运转。要想真正理解人的行为，不能仅靠随意的或常识性的知识。系统管理理论揭示了重要的事实及其内部关系，为我们提供一个更准确的解释行为、预测行为的基础。

2. 行为科学的基础学科

组织行为学还大量吸收、借鉴了多门学科中的概念、理论、知识和方法，形成了一个综合性的知识体系，把关于人的管理思想推进到了一个新的阶段，形成了组织行为学中三个大的知识体系：个体层次行为理论和知识体系、群体层次行为理论和知识体系、组织层次行为理论和知识体系，组织行为学的学科体系最终形成。组织行为学还在不断针对组织中出现的新现象、新问题和新趋势开展研究，提炼出新的知识，同时继续吸收其他学科的研究成果，完善和丰富自己的知识体系。

（1）心理学。心理学主要是研究人的心理规律，包括心理活动的规律和心理特征的规律两部分。心理活动是内在的，行为是外显的，心理活动和心理特征是人类行为的重要原因和内在动力。要研究组织中人的行为的规律性，必须以心理学作为基础。心理学分为不同学派，如构造主义心理学派、机能主义心理学派、行为主义心理学派、精神分析心理学派、人本主义心理学派。这些理论是组织行为学中个体行为部分知识最重要的来源，如人的行为产生的原因和动机、人的个体特征（个性、能力、价值观、态度等）、人的心理过程（知觉、归因、学习、决策）、个体因素和环境因素对人的行为的影响、遗传和环境对人的个性的影响与塑造、个体差异对人的行为和工作绩效的影响等。近期的研究已经扩展到培训、员工选聘、工作设计和工作压力等方面。

（2）社会学。社会学主要研究人在社会、组织和群体中的社会行为，内容包括社会劳动分工、社会角色和地位、社会结构、社会中各种群体、宗教、反社会行为、自杀等。社会学揭示了人的本质是其社会性，人的行为动力是需求，人的行为形式是社会交往。组织行为学中与群体有关的知识很多来源于社会学。如群体的形成，群体中成员的角色及关系、人际关系，群体的信念、价值观、目标、规范和规章制度，群体的权威和权力，婚姻制度和关系等。社会学中的需要理论更是组织行为学讨论激励问题的重要依据。

（3）人类学。人类学主要研究人类本身的发展进化过程、特点及规律，具体包括：研究人猿如何进化为现代人以及人类如何适应不同的环境而形成不同的种族；研究不同社会中人类的不同生活方式和文化特征。组织行为学中有关组织文化和跨文化的很多知识来源于人类学。把握组织文化是提高组织效率的重要手段，在各个层面从文化的角度分析组织行为，已经成为组织行为学最新的重要视角。

（4）社会心理学。社会心理学属于心理学的领域，但它是心理学和社会学结合的产物，是主要研究社会环境中人与人行为之间相互影响的学科。它关注在复杂的社会结构及过程中人的思想、情感和活动如何与别人的信念、动机及行为相互作用。这方面的研究包括：人的社会行为和社会态度，社会群体的形成过程和规律，群体中成员的态度、士气、领袖、宣传、信息沟通、组织管理、经济行为和人际关系，人在社会群体中的攻击心理、助人心理、对权威的服从、对群体规范的顺从，群体内外的冲突等。社会心理学家研究较多的一个领域是变革——怎样实施变革及如何减少变革的阻力。组织行为学中有关群体、沟通、价值观、态度、组织文化、组织变革等内容都与社会心理学的内容密切相关。

（5）政治学。政治学理论和知识对研究组织行为学有着重要作用。政治学研究政治环境中个体和群体的行为，具体的研究内容包括权力的获得和使用、组织政治、冲突与合作等。现在，很多学者认为，组织（企业）是一个充满政治的实体，要想准确地解释和预测组织中人的行为，就必须在研究和分析中引入政治学的观点。

（6）伦理学。伦理学是哲学的一个古老而又重要的分支学科，它以道德问题和道德判断作为研究对象，是一门研究价值和价值观的学科，它所涉及的是“应该”“不应该”的问题，而不研究“是”“不是”的问题。比如研究道德规则与功利主义原则的关系，如何用道德规则来判断，如何选择和遵守伦理规则等。组织行为学发展到今天更加重视从道德层面来审视组织行为，具体包括组织对内的管理伦理与对外的社会责任，可见，是否实行人性化管理的实质是个伦理问题，而组织决策亦进入了道德决策的层面。

除了上述六个学科以外，组织行为学还从很多学科中汲取知识，比如，组织行为学中有关人的理性行为方面的知识有些来源于经济学，关于人的行为规律方面的知识有些来自历史学，关于组织系统的设计和变革可以借鉴工程学、信息科学、系统科学中的相关理论和知识。

组织行为学的学科体系如图 1-1 所示。

1.2.3　本书的结构

做学问要从目录学入手，学习组织行为学也要先弄清楚问题的全部内容结构及其关系，在头脑中建立该问题的整体观念，从总体上把握问题，高屋建瓴地去分析问题、解决问题。

1. 本书纲要

本书采用六章的格局，依次是导论、个体（行为）、激励（理论与实践）、群体（行为）、领导（行为）、组织（行为与管理），以求用简明的格局，扼要地介绍组织行为学的基本问题和理论观点，提示工商管理专业学生应该掌握的基本知识、方法、能力，职业经理人应具备的头脑与视野。

六章的顺序依然是组织行为的三个层面，只是在其中加进了两个联系，个体与群体要靠“激励”联系，群体与组织之间则要用“领导”来维系，从而使之成为一个完整的系统，故将“领导”放在“群体”与“组织”之间，单列一章；而“激励”与个体行为、群体行为、组织行为都有联系，但与“个体”关系稍近，故排其后，单列一章。

第 1 章是全书的概念部分，回答的是何谓组织行为学，使读者形成一个鲜明的概念，包括相关的定义、理论的演进、学科的形成、特征的实质、研究的目的、学习的意义、学

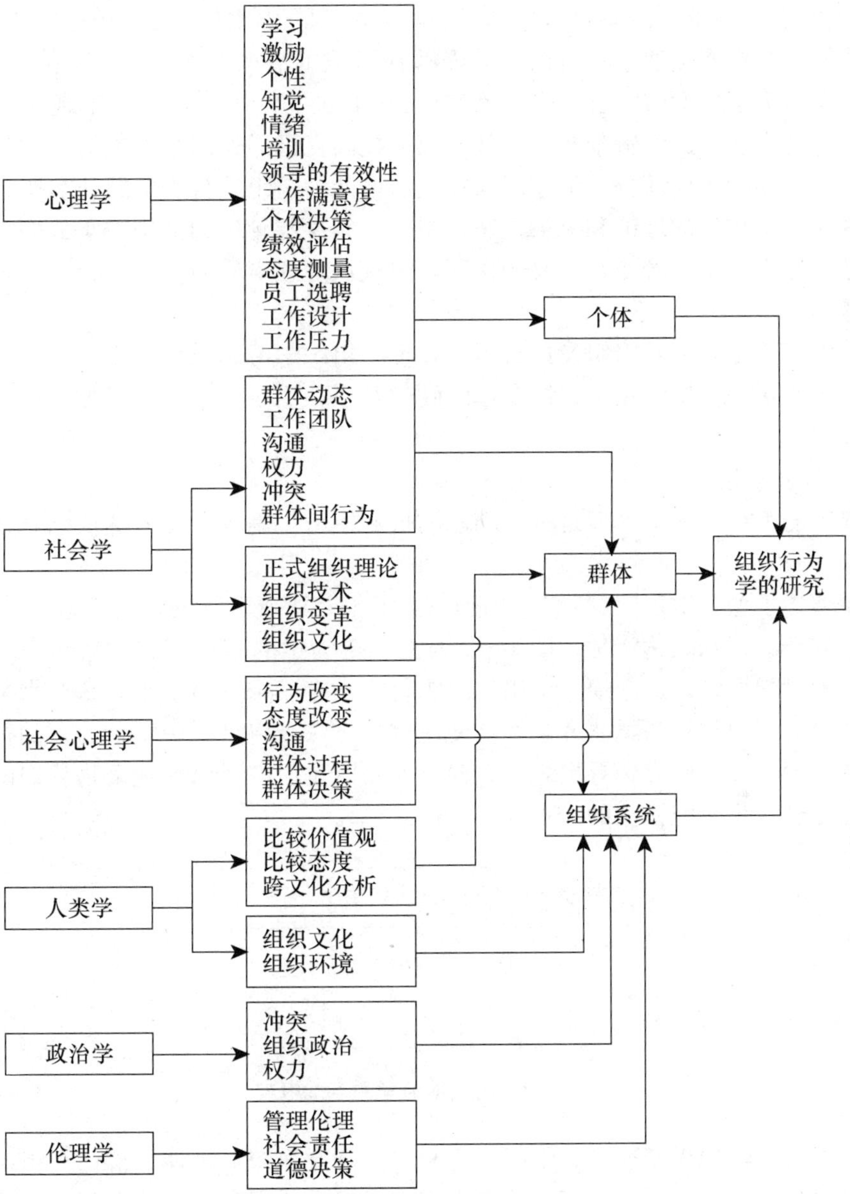

图 1-1 组织行为学的学科体系

习的原则、全书的结构、应用的思路、方法的举例、前沿的挑战、道德的思考，是全书的缩影与引子。接下去各章依次展开。

第 2 章主要阐述了人类行为的心理依据、个性与认知。掌握个人行为，首先要解决认识自己、认识别人——认识“人”的问题；接着要想管理好“人”，就要改变自己、改变别人；最根本的是要改变“人”的思维模式与行为模式——改变态度与价值观。应该重视情商理论，它有助于个人的成功。

第 3 章是组织行为学的核心问题，也是微观组织行为学研究的重点内容，要从理论和实践的角度认识激励行为。

第 4 章介绍了人际交往与群体动力，这章的重点是“团队”与“沟通”，两者都体现为一种技能。团队模式创造了一种潜力，能够在组织不增加投入的情况下提高产出水平。这体现了组织行为学的真谛，正是组织结构在其中起了作用，得以产生组织增效放大作用，组织的威力也在于此。每个职业经理人都要提高自己运作团队的能力。沟通能力实际上是人际关系技能的重要部分，沟通能力加上协调能力是组织行为学的基本技能。

第 5 章介绍了相应的理论和决策程序，明确了领导与管理的区别在于战略把握与创新责任，领导者在组织中起着非常重要的作用，建议从加强素质与提升执行力入手来实现领导的有效性。

第 6 章内容较多，涉及组织设计、组织环境、组织学习和组织变革与发展，重点是工作设计与组织文化，这里涉及了组织变革的硬软两手，用以应对变化了的组织环境，提高组织绩效。

2. 组织行为学模型

这里展示的组织行为学模型是一个动态的权变模型，是本书结构的依据，也是组织行为学的全景。

（1）模型。模型是对现实的抽象概括，是对真实复杂事物的简化表现。通过建立模型，可以把复杂的事物表达清楚。图 1－2 为组织行为学的基本框架，它代表了我们用来建构组织行为学的模型。这个模型提出，组织行为学有三个分析水平，每个水平都建立在前一个水平之上。组织行为学研究中经常使用这种方法来将组织中复杂的人的行为用简明的方式表现清楚，以便研究，寻出规律。模型本身既是研究者对客观事物认识的阶段性成果，同时又是进一步研究原型的起点。

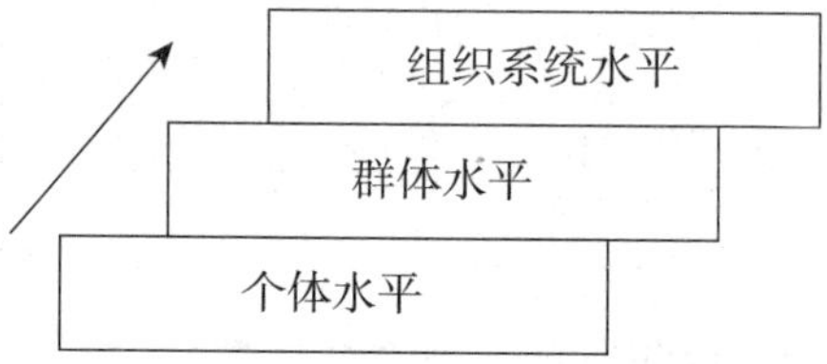

图 1－2　组织行为学的基本框架

（2）组织行为学的权变模型。组织行为是一个动态系统，个体、群体和组织的心理和行为的结果总是通过特定的外部有效性表现出来，显示心理和行为的自变量与行为有效性的因变量之间有着某种因果关系，自变量有时通过中介变量影响因变量。中介变量又称干扰变量，它会削弱自变量对因变量的影响。自变量和因变量是组织行为的有机组成部分。它们之间的关系如图 1－3 所示。

1）因变量。因变量是我们要解释和预测的关键因素。一般认为组织行为学中主要的因变量是生产率、缺勤率、离职率和工作满意度。这 4 个因素是组织中人力资源效果的关键变量。

生产率直接关系到组织目标的实现，提高生产率必须以最低的成本完成输入和输出的转换。生产率意味着对效果和效率两方面的关注，提高效果要求做正确的事，而提高效率是要求正确地做事。

缺勤率超出正常范围会对组织效率产生直接影响。美国公司每年因缺勤导致的花费为

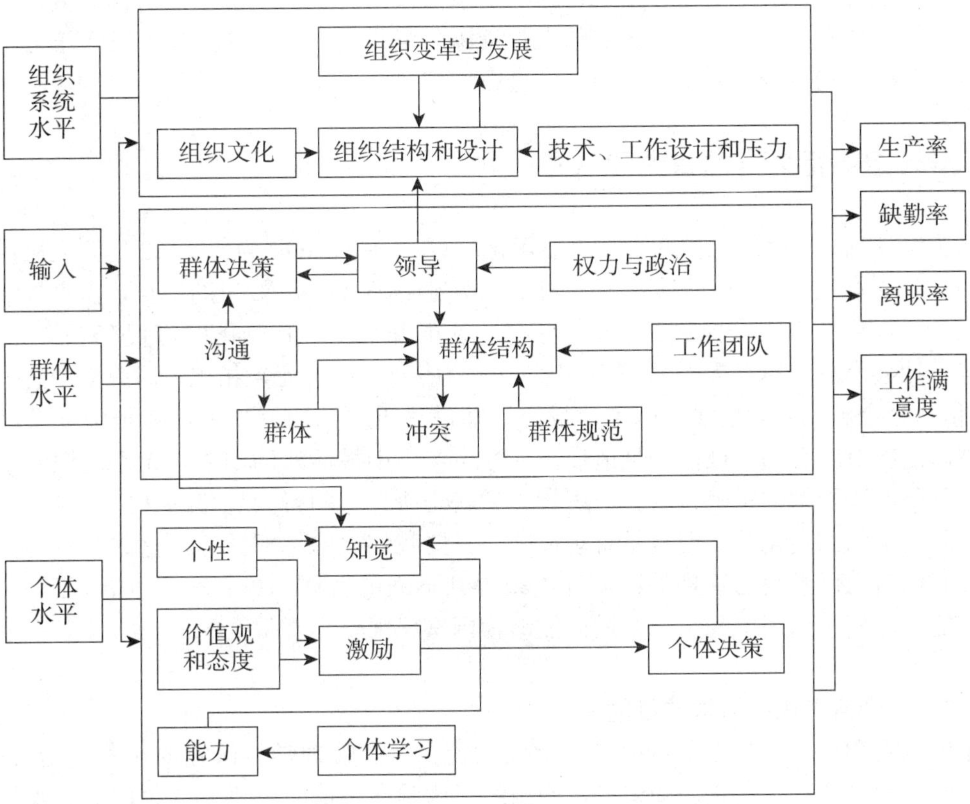

图1-3　组织行为学的权变模型

400亿美元，加拿大的公司每年为120亿美元。警觉性要求较高的岗位，则要禁止状态不好的员工上班，如世界各大航空公司对飞机驾驶员能否上机都有严格限制。

组织中离职率高意味着招聘和培训费用提高，离职也意味着组织的有效运作要受到影响。没用或不胜任的人离开可能是好事，但当流动过度或流失优秀员工则会成为破坏因素。

工作满意度是员工希望得到的报酬与他们实际得到的报酬之间的差距，它代表的是态度而不是行为，是与绩效有关的重要因素。工作满意度与缺勤率和离职率是反比例关系。组织有责任为员工提供富有挑战性的工作，使其从中获得满足。

2）自变量。自变量是影响因变量的变量。决定四个因变量的自变量分三个层次。

• 个体水平的自变量。当个体进入职场时，年龄、性别、婚姻状况、人格特征、价值观与态度、基本能力水平这些特征基本上是完整的，其中的大部分是很难改变的。这些自变量对员工的行为会有非常大的影响。另外4个个体水平的自变量，即知觉、个体决策、学习和动机，也会影响员工的行为，这些将在本书第2章讨论。

• 群体水平的自变量。人在群体中的行为远比个人单独活动的总和要复杂，模型就变得更加复杂了。讨论群体动力学的内容在第4章，包括：群体中的个体如何受到别人期望他表现出来的行为模式的影响，群体认为可接受的行为标准是什么，群体成员相互吸引的程度，有效工作团队的设计，沟通模式，群体间关系和冲突水平如何影响群体行为。

• 组织系统水平的自变量。组织行为的复杂性最高。组织系统水平的自变量，如正式组织的设计、技术和工作过程、组织的人力资源政策和实践、内部文化、工作压力水平等都对因变量有影响。这些因素将在第 6 章进行详细讨论。

1.3 学习组织行为学的目的和意义

国家统计局 2018 年 2 月 28 日公报显示，2017 年中国 GDP 为 827 122 亿元人民币，约为 127 126.32 亿美元，居世界第二位。中国经济继续保持平稳较快的增长，占世界经济的比重从 2006 年的 5.5% 提高到 15%左右。改革开放 40 年来我国国民经济年均增长 9.51%，社会事业快速发展，与 1978 年（GDP 为 1 600 亿美元）相比，国内生产总值增长了 79 倍，综合国力大大增强。国家建设突飞猛进最重要的原因之一，就是中国人民这些年表现出了前所未有的积极性和创造性。人是生产力中最活跃的因素，无论组织或个人的成功，都要取决于人的正确行为。组织行为学就是研究人的行为规律的一门学科。尽管人的行为是复杂的和变化的，但也是有规律的。只要我们能够掌握并运用这些基本规律，就能够使我们自己以及自己管理的团队和组织得到不断的发展和成长——由能管理好自己，发展到能管理好一个团队和组织，进而能够为国富民强作出贡献。

1.3.1 学习组织行为学的目的

组织行为学在工商管理学科中占有重要位置。工商管理学科研究的对象包括人、财、物、技术、运作流程、信息、知识等，而组织行为学研究的对象则是人。因此，组织行为学是工商管理学科的重要组成部分，已被教育部列为 MBA 教育的核心课程。工商管理教育的课程分为两大类：一是针对组织中专业部门的管理课程（如生产运作管理、财务管理、基础会计、信息知识管理等）；二是综合性的、任何管理者都需要的课程（如组织行为学和管理经济学等）。任何方面和层次的管理者，工作中都要与人打交道，因此都应该掌握组织行为学方面的基本知识和技能。

随着中国企业和管理教育的发展，组织行为学越来越引起管理学界和业界的重视。学习组织行为学的最终目的就是要提升管理者驾驭人的行为的能力，使个人、群体和组织都获得成功。

组织行为学是研究组织中人的行为规律的学科。对规律的描述就是理论，好的理论要具备“三力”——解释力、预测力、执行力，读者在学习过程中要自觉地从这三方面去把握教材介绍的理论。具体而言，学习组织行为学的目的就是要理解、掌握和应用这些理论和相关知识，提高了解、预测和控制或塑造员工行为的能力，改善人际交往技能，提高管理的有效性，完成组织目标。

行为一般是可以预测的，这是因为人的行为不是随机的，行为是由某种原因引起的，所有人的行为中存在一些基本的一致性，找到这些一致性，并加以修正以反映个体间的差异。在这个基础上建立的系统研究（Systematic Study）可以对行为作出合理准确的预测。系统研究是指考察事物间重要的事实与关系，解释其原因和结果，把结论建立在科学的论据之上，即所获得的数据是在控制条件下获取并且用合理严谨的方式证明和解释过的。

改善人际交往技能和提高管理的有效性之间有着某种因果关系。专家提示，为什么管理者会失败？最大的原因就是缺乏人际交往技能。而一半以上的经理和30%的高级经理都存在人际交往的困难。本书的目的之一就是要帮助他们开发人际交往能力。

1.3.2 学习与应用组织行为学的意义

学习组织行为学有助于加强以人为中心的管理，充分调动人的积极性、主动性和创造性；有助于知人善任，合理地使用人才；有助于改善人际关系，增强群体的凝聚力和向心力，促进社会的和谐发展；有助于提高领导水平，改善领导者和被领导者的关系；有助于组织变革和组织发展。从宏观与现实的角度看，组织行为学可以满足当今中国组织与职业经理人多层次与多方面的实际需要。

1. 中国企业的现实需要

资料链接：市场新进入者的后发优势

国内技术专利申请排名第一的华为公司在国际专利申请方面早已进入了全球领先水平。近期欧洲专利局公布，华为2016年的专利数量已升至第二位，仅次于飞利浦。2000年行业世界巨头爱立信合同收入约是华为的10倍，仅用7年，华为合同收入便与之几乎持平。更难能可贵的是，华为公司最近5年海外市场收入占其总收入的60%以上。2016年华为公司销售收入5 216亿元，相当于2012年2 202亿元的2.37倍。

将阿尔卡特朗讯与华为对比，前者需要三个月完成的研发流程，华为基本一个月内就可以成型。华为显示了一种在短时间内根据运营商需求拿出定制化产品的能力。专业电信咨询公司（BDA）首席分析师方美琴认为，华为身上充分体现了一个市场新进入者的后发优势，那就是用低价、良好的客户服务和高效研发快速占领市场。

该资料展示了事关核心竞争力的两项关键内容：技术专利和产品研发快速且准确的执行能力。前者展示了华为的创新能力，后者则展现了其组织效率和管理水平。类似的中国企业还有占领全球70%市场份额的振华重工等。它们都以惊人的速度，讲述了中国崛起的故事。据全国工商联组编的《中国民营经济发展报告》统计，2007年内资民营经济在GDP中已占六成比重，如果加上外商和港澳台投资，私有制经济将占七成比重。民营企业数量占全国企业总数的70%以上，提供的就业岗位占全社会的80%以上。私营工业企业的利润大幅度增加。据国家统计局统计，2007年1～11月，规模以上私营工业利润总额为4 000亿元，同比增长50.9%。据国家工商总局数据，2016年年初以来中国私营企业已达2 000多万家，跨国公司和民营企业面临巨大的历史发展机遇，但有自主知识产权和管理较好的企业还不够多。

与此同时，大多数民营企业劳动关系存在问题，如中小企业劳动合同签订率不高，执行不到位；部分企业仍然未真正执行最低工资标准，农民工欠薪问题仍然突出，工资集体协商制度覆盖面不大；工会有名无实，企业员工参保比例不高；社保关系转移困难，劳动争议案件数量不断上升等。在这种组织环境中生存，员工能心情愉快吗？无良雇主的存在有损和谐社会的大局。民营企业中，制造业领域企业最多，占74%，90%左右以家族形式经营，相当多的企业管理混乱，领导方式专制，决策方式风险较大，属于罗宾斯所说的“领导者一次心脏病发作就足以颠覆”的组织。很多企业内部的薪酬方案、管理方式、员工流失率、工作满意度、管理流程、员工培训等方面均需改善。国有企业在整个经济生活中仍然举足轻重，作出了巨大贡献，但严重存在效率不高、体制僵化等问题，2008 年特大铁路交通事故“4·28 惨剧”，造成 71 人死亡，是典型的人为责任事故，暴露出国有企业存在的一些弊端。事故原因有管理混乱的因素，更有人为的事故责任，这些亟待在改革深化中解决。上述组织中，“人”的问题相当突出。种种情况表明中国企业的现实需要先进的组织行为学的帮助。

2. 增强组织核心能力的需要

尽管中国已经成了“世界工厂”，然而，在国际产业链中，境外企业控制了高端。它们耗费的资源少，人工成本低，利润稳定而丰厚。中国台湾成为跨国品牌的设计中心，印度凭借高素质、低价格人才和语言优势成为美国 IT 业外包基地……中国相当多的企业只能分工在最低端，牺牲了环境，耗费了大量的水、电、煤等资源，收益微薄却时常受到倾销指责。

我国民营企业有 300 多万家，据调查，经营 10 年以上的企业仅有 10%。世界 500 强企业的平均寿命为 40 岁，跨国公司为 12 岁。而中国企业平均寿命为 7.5 岁，其中民营企业平均寿命仅为 2.9 岁，表现出“高死亡、短寿命”的特征。据研究，死亡更容易发生在创业成功进入成长阶段的企业。我国民营企业原始积累的过程虽相对较快（比照国外几代积累成富而言），然而一旦步入成长阶段，因为经营粗放、管理不善、道德缺失，“升得高跌得重”，大都难以为继。

据分析，我国民营企业寿命短的原因主要是没有独立开发技术和产品的能力，不考虑企业的长期利益，或着重于价格竞争，一味追求眼前利益，或盲目扩张互相倾轧；另外，管理混乱、内讧也是原因之一。

可见，“无技术的工业化”正面临着一个结构性的调整，如不及时转型升级，将无法再支撑劳动密集型加工业规模与利润的同步增长。所以，我国企业必须加快从粗放型增长向集约型增长转变，区域竞争重点从以廉价资源为基础的比较优势转向以技术创新为中心的竞争优势来主导，产业从加工制造业向装备制造业等资金与技术含量更高的产业方向转移。“中国制造”的产业升级和自主创新，事关企业核心竞争力，是我国下一轮经济大发展的关键所在，这些均涉及组织行为学中“组织变革”研究的范畴。

资料链接：小公司效应

如果一个行业中，公司的核心能力主要存在于个人而不是组织，这一行业就将是小公司的天下；或者，这一行业的比较竞争优势很容易战胜核心能力优势，导致行业领导主要是拥有比较竞争优势，而不是核心能力，那么行业就存在“小公司效应”：在这一行业，小公司将比大公司有优势，小公司能打败大公司。

比如饮食业，饭馆的核心能力主要是在大厨身上，所以，饭馆就很难做大。若大厨一撂挑子，后果就很难预料。咨询业与律师、会计等行业一样，公司能力主要存在于某几个优秀专家身上。

房地产是另一种小公司效应的典型。公司好坏一大半由土地因素决定。土地控制者是政府，当地小房地产商轻易就获得了比较竞争优势。中国若干竞争性行业如计算机、家电、服装、饮料等，存在本土公司发展到一定程度，就出现停滞或倒退的现象，这本质上也是小公司效应在起作用。价格战的胜利是比较竞争优势的外在规模优势的胜利，不是核心能力的胜利，结果是永远有打不死的后起之秀，用价格手段异军突起，使目前的大公司难以更大！

任何存在"小公司效应"的行业中，企业要想成为500强那样的巨人，都必须出现革命性的创新，才有可能改变"小公司打败大公司"的局面。

麦当劳的出现就是这种革命性创新的结果。麦当劳首先将"大厨"彻底从餐厅剥离，取而代之的是标准化的原料供给与标准化的制作。在这一基础上，将餐厅选址这一重要的资源要素，转化为麦当劳公司的"选地能力"，并建立起公司整体的品牌传播能力与服务体系。这种革命性的创新，使麦当劳可以打败若干小餐厅成为世界500强之一。

全球经营的世界上最优秀的咨询公司麦肯锡之所以进不了500强，本质上也是"小公司效应"在起作用。这一行业中，公司的核心能力主要是存在于个人而不是组织。这些应该对国内企业有所启迪。

3. 尽快提升组织执行力的需要

近年来加工制造业企业的日子越来越难过，接连遭遇"劳工荒""电荒""油荒"，土地、劳动力、能源价格都出现大幅上涨，人民币升值导致一些国家实施贸易保护，企业竞争力受到严峻挑战。2012年初"用工荒"已从沿海地区扩展到内陆地区。有识之士指出，"整体上来讲，珠三角地区不缺民工，而是缺掌握熟练技术的民工，缺产业工人，说到底，我们缺的是实现民工向现代产业工人转化的制度"，这里谈的又是本书的主题——"人"的问题。有关人员转化的问题，本书第6章将进行讨论。近年来的重大责任事故都证明，凡是安全事故都与"人"有关，这些企业都有看似完整的规章制度，包括岗位责任与监督制度，但其领导者及操作人员责任意识淡漠、有章不循、有责不为、失职渎职、伦理缺失，最终酿成大祸。目标、责任与监测形同虚设，是组织行为学所谓的"命令链（指挥链）含监督链隐性整体性脱落"。从技术上看是整体组织执行力出了问题。在如此严峻的组织环境下，要想力挽狂澜，现实的做法是提升组织的执行力。执行力的内涵包括用人、战略、流程三个因素，本书第5章将进行介绍。如何提升组织的执行力？本书第6章介绍的软硬两手即"组织文化"与"企业再造"可作参考。一句话，尽快提升组织执行力，需要学习与运用组织行为学的基本理论。

1.3.3 怎样学好组织行为学

学习运用组织行为学须结合国情实际，要有权变思想。中国的情况是复杂的，简言之，即东西南北发展不平衡，在东南沿海出现的经济现象经过一段时间差之后，才能出现在北方或中西部，这个时间差甚至长到以年为单位，而且各地区或组织都有发展阶段，现状参差不齐，条件各有不同。另外，理论与方法本身的适用性也各不相同。所以，必须从权变观点出发，具体问题具体分析。

1. 从组织所处发展阶段的实际出发

有人不加选择地提倡学习世界最先进的管理手段和技术，他们忽略了一个重要前提，即目前国内的企业很多处于现代企业组织的前夜。首先要改变的是基本观念的建设，而不是采用流于形式的花架子。我国相当多的组织还处于"科学管理"阶段的初级水平，需要的是组织基本流程的优化，是“泰勒制”式的常规工作设计。从劳动者待遇来说，相当数量还处在起步阶段，需要的是有效的劳动合同与基本的劳动保险。管理上踏踏实实从最基本的工作做起，尽快越过开创阶段，采用与之相适应的管理方式和领导方式，条件成熟就可以迎头进入发展阶段。这部分具体理论介绍在本书后半部分。但在对待人的问题上，不能停留在“经济人”或“社会人”的地步，要牢记“以人为本”不能停留在“人力不是成本，是资源”的水平上。从根本意义上讲，“以人为本”是一种价值取向，强调尊重人、解放人、依靠人和为了人。在今天这种社会氛围里要做到“以人为本”是极不容易的。作为管理者要承担自己的道德责任，作为员工要学会维护自己的权益。

对于管理模式，企业不一定要采用最新模式，关键要抓住提高绩效达到组织目标，抓住德鲁克关于“组织三大任务”的理论要点，兼顾利润、用户、社会与个人。模式是完成目的的手段，模式新旧跟绩效大小不一定成正比，例如，麦当劳至今还在采用传统的科层制结构，仍然生意兴隆。

资料链接：三种类型的企业

三种类型的企业包括流程卓越型、产品领先型和客户至上型。前者如 Dell、沃尔玛——做同样的东西，总比别人的成本更低；第二种如苹果、微软、Intel——我有世界上独一无二的东西，不管多贵，只要你需要就得向我买；第三种如德勤、麦肯锡——综合专业知识和经验，为客户提供长期稳定的服务，赚取客户身上的长期价值。显然，三种不同类型的企业在管理上、财务战略上和企业文化的方方面面都有非常大的差异。

比如，产品领先型企业需要浓厚的创新文化，进而在管理上可能采取弹性工作时间；而客户至上型公司则强调客户服务的满意度，对于有发展潜力的客户，开始的时候可以赔本做生意；而流程卓越型企业则需要处处精打细算，有限的投资一定要“好钢用到刀刃上”。关键是，任何一个成功的企业都必须创立自己独有的经营哲学。从某种意义上说，企业表面上进行的是业务结构的调整，实际上更要完成经营哲学的确立或转变。

任何一家企业，都要从组织的实际出发，自觉定位自己的经营哲学模式。现在倡导学习型组织，不少企业热衷于引进工具方法，最终却是成效有限。究其原因，那些企业最高主管到基层员工，大多未能在基本思想与行为规范上着力，结果成了“东施效颦”。读者学习时，首先，要从掌握组织行为学的基本思想入手，在此基础上分析自身或所在企业的情况与存在的问题，绘出问题图，分清重要程度，抓住主要矛盾作出决定。其次，要从一开始就注意在行为规范上的问题，对组织而言则应在旧有流程图的改善与操作规范设计的具体改变上用心。一句话，学了就要做，做就要在根本上着力。

2. 从提高个体基本素质出发

资料链接：彼得·德鲁克认为卓有成效的管理者具有的 6 个特征

（1）重视目标和绩效；只做正确的事情。

（2）一次只做一件事情，并只做最重要的事情；他极为审慎地设定任务的优先顺序，随时进行必要的检讨，毅然抛弃那些过时的任务，或者推迟做那些次要的任务；他知道时间是他最为珍贵的资源，必须极为仔细地使用它。

（3）作为一名知识工作者，他知道自己所能作出的贡献在于：创造新思想、远景和理念；他经常问自己：我能做哪些贡献？为了达成整体目标，我如何激励他人作出自己的贡献？他的目标在于提高整体的绩效。

（4）在选用高层管理者时，他注重的是出色的绩效和正直的品格。他能敏锐地感觉到为一个关键职务选用人才是一项非常艰巨的任务。卓有成效的管理者也知道，还没有人能永无过失。他知道人无完人。即使是最有能力的人也有弱点。他关心的是一个人能做什么，而不是他不能做什么。他致力于充分集中人员的知识和技能，利用这些优势达成组织的目标。

（5）他知道增进沟通的重要性；他有选择性地搜集所需要的信息；他知道有些事物不能被量化，而过多的信息会导致混淆和混乱。

（6）他只做有效的决策。

要成为卓有成效的管理者必须具备良好的素质，上面的资料里已经点出了这些素质，需要指出的是，诸多素质里最重要和最基本的是人的思想素质。思想素质包括两个意识，一是人格意识，二是创新意识。人格意识就是要有独立的人格，要有尊严，不能有奴才思想，不搞人身依附，待人不卑不亢。独立人格是自由思想的前提，有人格的人才有上进心，才敢创新，才敢为人先。同时还要求有正直的品格。管理者仁义，企业才有信义，企业也是“仁者寿”，有信用的企业胜出的机会就大。随着全国范围信用体系的建立，诚信更是进入市场经济的通行证。创新有两个层次，一是与众不同，二是前无古人。做到前无古人不容易，相比之下，做到出众还是可能的。做企业也是这样，振华港机（现更名为“振华重工”）就是由一位思想素质过人的长者，带领十余人以100万美元起家，7年时间先做到与众不同，再做到前无古人，继而连续9年成为世界港机行业的绝对龙头，2017年年初振华重工总市值约合33.38亿美元，证明了成功学泰斗拿破仑·希尔“思考致富”（Think and Grow Rich）的观点，以及“正确的思想方法再加上积极进取的精神，可以使一个人获得伟大成就”的公式。要想学好组织行为学就要从提高思想素质入手，进而提高整体素质，为成功创造条件。

3. 从提高方法论水平与价值观出发

学习组织行为学要摆脱一般人的简单直觉思维方式，进入高级思维的层次。比如，中学学的三角形内角之和是180°，到了大学就发现答案不一定是180°。原来180°在阿基米德几何学就正确，非阿基米德几何学则不然。这就告诉我们，在中学认为是天经地义的事情，到了大学却“不一定”。世界上的事物是复杂的，答案必然也是复杂的，要用复杂思维来对待。组织行为学反映了它所研究的客观事物本身的特性。人是错综复杂的，解释人的活动的理论应用也不会是简单的。所以，罗宾斯强调在组织行为学中没有绝对真理。阅读本书，会看到大量关于人的行为的理论研究，但在许多问题之间很难找到直接的因果关系。几乎没有简单的和万能的原理来解释组织行为，甚至在同一个问题上组织行为学领域会存在截然相反的观点。比如“企业再造”在“分工”问题上与传统组织理论有巨大分歧；“团队”成员的“通才”条件与传统的“专才”之间的区别也是如此。这里并没有简单的对错之分。其实这些观点的并存可以强化一个事实：在组织行为学领域中，人们对许多问题的看法还存在分歧。通过互相矛盾的正论和反论的思考，我们会有机会探讨不同的观点，了解不同观点如何互相补充，从争论和思辨中获得灵感。这本来就是组织行为学题中应有之义。

前面关于人性的探讨也说明了这一点，人们的认识由简单趋向复杂。比如世界上的人，绝对的好人是少数，坏人也是少数，大部分人是亦好亦坏、这面好那面坏、有时好有时坏，表现为一种动态，但也有规律，比如“人无完人”，所以“水至清则无鱼，人至察则无徒”，这是东方式的结论，典雅而疏阔，属于“定性”式的。西方的思维方式则要求再精确些，要“定量”，如罗宾斯表述：只在 Z（权变变量）所限定的条件下，X 导致 Y。即在组织行为学概念或理论中必须反映情境或权变条件，才可以对人类行为提出合理而准确的解释或作出有效的预测。组织行为学是通过把一般的概念和理论加以调整后再应用到特定的情境中而发展起来的。所以，要避免这样的说法：有效的领导在作决策之前应该征求下属的意见和看法。有些情境下，参与式的风格确实有其优越性，相反，在有些情境下，专制的决策风格更有效。比如，乔布斯是苹果公司的独裁者，所有关键决策以及很多看上去无关紧要的决策都是他作出的，这并不妨碍苹果公司富可敌国。所以组织行为学家应该说，一种领导风格的有效性随着实施这种风格的情境的不同而不同。学习组织行为学一定要自觉地引发方法论与价值观的转变，避免片面性与绝对化，达到思维的质的飞跃。价值观的具体问题可参看第 2 章。

1.4 组织行为学的研究方法

1.4.1 组织行为学研究的一般性问题

1. 研究的原则与程序

依据经验和逻辑思辨一直是管理学界形成理论的两种传统方法。在现代组织行为学中，人们开始采用一种类似自然科学的研究方法来建立理论，即通过系统的实验和调查方法收集数据，采用科学的分析方法来界定和解决问题，并上升到理论。因此，将这三者有机地结合起来，提高研究和应用的水平，是组织行为学选用研究方法的原则。

研究程序即研究基本步骤大体是：第一，确定问题；第二，探索选用有关理论和适用模式；第三，形成假设；第四，选择适当的研究方法；第五，通过观察、测试、实验，进行论证，得出结论；第六，总结与反馈。图 1-4 是这个步骤的路径图。

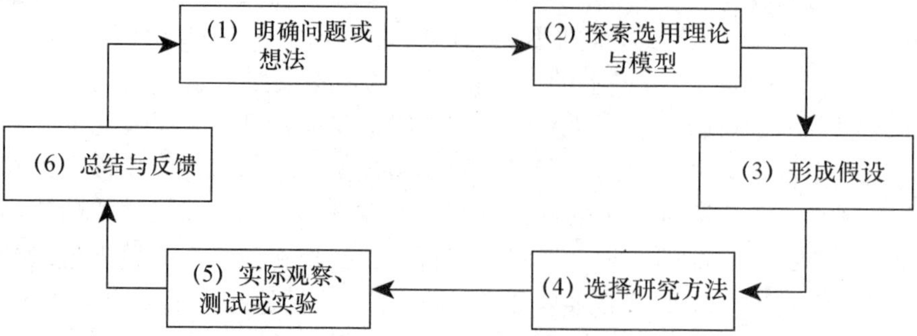

图 1-4 组织行为学的研究路径图

其中，所谓“假设”是一种实验性的阐述和解决问题的方式，其作用在于指导问题的解决。

能否正确地“确定问题”是成功研究的基础。好的问题应该具备下述条件：(1) 具有理论价值或现实价值，即研究成果具有理论创新或是能够解决急需解决的实际问题；(2) 需要对前人的研究充分了解；(3) 研究者本人有兴趣、有能力、有资源可以完成该项研究。

2. 研究的分类

组织行为学的研究可以从研究目标、应用深度和研究变量的可控性程度三个方面进行分类。

根据研究目标的不同，组织行为学的研究可以分为基础理论研究、应用基础研究和具体问题研究。

基础理论研究的重点在于发现规律，建立理论，如麦格雷戈提出关于人性假设的 X 理论和 Y 理论、马斯洛提出人的需要层次论等。应用基础研究是为了解决某类组织中现实普遍存在问题的研究，强调研究结果的潜在应用价值。如哈佛大学商学院教授约翰·科特长期研究组织变革的成败经验，并对企业提出促进变革的建议。具体问题研究指针对某个特定现实问题，提出具体解释和解决方案的研究，最需强调的就是要解决问题，产生效益。如咨询人员接受企业的邀请，帮助其解决组织结构设计、组织沟通或者员工态度方面存在的现实问题。研究者进行调查分析、找出问题的原因、提出具体可操作的解决方案。对组织行为学学习者或职业经理人员而言，应该着重于这种研究，应该强调理论与应用的密切结合。

我国许多管理者往往缺乏将实践上升到理论、将经验转化成规律的自觉性，更应关注具体问题研究。这种业界前沿的研究既能为企业提供具体的解决方案，也能为基础理论研究提供依据和样本。具体问题研究的结果也可以形成规范（成为应用基础研究），比如，海尔公司对“砸冰箱”“大地瓜洗衣机”“冰箱说明书”等实际问题的研究，形成了 OEC 管理法（Overall Every Control and Clear），其中归纳出的规律则可以用来解释、预测组织中不同员工的工作表现。

另外，根据应用深度的不同，可以分为描述性研究、关系性研究和预测性研究，具体见表 1-1。

表 1-1　描述性研究、关系性研究和预测性研究的比较

研究分类	目标深度	应用内容
描述性研究	说明客观事物的状况特点和出现频率。一般只反映组织行为的现实，不涉及事物之间的联系，即只回答“是什么”，不回答“为什么”，也不讨论具体干预措施	组织中经常采用的人员基本情况调查、职工态度调查、心理挫折的各种表现调查、职工的绩效考核
关系性研究	要求弄清楚各个因素之间的相互关系及发展趋势，回答“为什么”	工作绩效、工作满意度、工作总结、事故分析
预测性研究	根据对客观规律的认识预先考虑今后可能发生的情况，用以有计划地控制人的行为和绩效	经理人对下属的行为、工作成效及整个组织总目标的完成情况作出预测，制定单位时间的绩效目标

从表 1－1 可以看出，这三类研究是与组织管理常规密切相关的，是业界合格经理人日常必做的功课，与行为学家研究的区别只是学术色彩程度不同而已。这正体现了组织行为学实践性的特征。相当多的管理学大师都有着资深的组织管理背景，如巴纳德有着 28 年管理大公司的经验和教训，所著《经理人员的职能》一书使他成为社会系统学派的开山祖师，开创了管理学的新时代。以管理者的身份做此类研究本身亦是一种组织行为，学习者在实习阶段应该有所练习。

另外，根据研究变量的可控性程度的不同，可以分为文献研究、案例研究、实际调查研究和实验研究等。

资料链接：查兰博士的研究

拉姆·查兰在 2004 年美国《商业周刊》评选的“全球管理大师排行榜”中荣登第二，以为企业和董事会提供务实的解决方案而闻名。他曾为包括通用电气、福特汽车、杜邦公司、弗莱森电信等世界 500 强公司提供咨询服务。他的著作《转型：用对策略，做对事》《执行：如何完成任务的学问》在中国热销几十万册，受到业内人士的追捧和称赞。在其著作《Know How：卓越领导者的 8 项技能》中，查兰博士通过解析通用电气、惠普、杜邦、IBM、戴尔电脑、福特汽车等众多全球 500 强企业的经典案例，研究了如何让企业在新的竞争环境中立于不败之地。他以大胆、新鲜的洞察力为我们吹散了迷雾，揭开了卓越领导者的“神秘面纱”，给未来的卓越领导者传授了 8 项必备的管理技能：（1）作出准确的市场定位；（2）预见并积极应对外部环境变化；（3）改善公司的组织系统，让员工齐心协力；（4）识人、选人、育人；（5）塑造管理团队；（6）设定正确的目标；（7）制定不可动摇的工作重点；（8）正确处理“市场以外”的力量。这本书最具开拓意义之处，是它提出要将领导者必备的 8 项商业技能与其个性和心理因素相结合。

这些也许并不新鲜，关键还在于真正执行。最值得推荐的还是作者拉姆·查兰本人，他有 40 多年的实践经验，在圈内享有很高的声誉。和前几本书一样，看咨询大师信手拈来公司案例、细节描述，论证自己的观点，会发现伟大的咨询师其高人一等之处不仅仅表现在理论上的高度，或是博览群书，学习别人的经验，更重要的是行万里路，以及他纯熟运用的研究方法。

1.4.2 基本研究方法

目前，组织行为学的研究更加强调现实意义，除了实验室实验或现场实验等传统方法外，还广泛采用了直接与现实组织相联系的概念模型和研究方法。考虑到大专学生和其他初学者的情况，本书仅作重点介绍。

1. 文献研究法

文献研究法是通过查阅已经发表的文献资料，并对其进行分析、综合，得出结论的方法。这分为两种情况：第一，理论综述，即通过定性的方式对文献进行分析、总结，得出综合性和评价性的结论。第二，元分析，即对原有研究结果的总体进一步分析，或称“总分析”。这种方法的优点是简便易行，不受时空控制，成本低。其缺点是仅依据现有文献资料，对研究和变量都无法控制。对于初学者，首先应该学会理论综述，学会搜集检索相关文献，学会系统阅读和思考分析，学会依据能够找到的文献研究得出相应结论。大学专科学生尤其应该将此法作为方法练习的首选。

2. 归纳总结法

归纳总结法是根据他人或自己的实际经验，运用相应的理论知识，进行归纳分析总结的方法。这是管理学界经常采用的方法，即所谓实证经济学方法。比如上面提到的查兰博士就是运用这种方法归纳分析了企业的经典案例，总结出自己的观点。

我国改革开放以来涌现了一批优秀企业家，他们有着非常宝贵的管理实践，迫切需要将经验上升到理论，总结推广，可用此法。这种研究对象也可以是负面的，如北京大学管理案例研究中心客座研究员吴晓波对2000年到2007年工商界大败局的研究。需要注意的是，归纳法的成功关键在于归纳项数目的相对充分，这就需要研究者的耐心与沉稳。比如美国行为学家约翰·P. 斯特研究“领导行为”，曾对众多成功总经理的行为进行了20年的观察与归纳。美国著名的管理学家迈克尔·哈默与詹姆斯·钱皮总结了过去几十年来世界成功企业的经验，于1993年发表《企业再造工程》一书，完整提出了“企业再造”(Business Reengineering) 理论。

3. 观察法

观察法是在日常生活条件下，观察者以眼、耳等直接观察他人的行为，并把结果按时间次序作系统记录的研究方法。在现代研究中也常采用录像机、录音机等工具协助观察。按所处情境特点分为自然观察与控制观察两种。自然观察中被观察者一般并不知道自己正处于被观察之中，控制观察则不一定。例如，泰勒为了进行“时间-动作分析”研究，使用了控制观察系统地观察工人的操作方式，并用摄像机摄下每一道工序要多少时间、多少动作，以及总共要多少时间等。此外，还可按观察者是否参与其中，分为参与观察与非参与观察。观察法目的明确，使用方便，所得材料比较系统、真实、自然，方法简单、易行，已在研究中广泛使用。但单用此法只能了解表面现象，很难进一步了解其本质特征，做出“为什么”的回答，局限比较明显，需要由表及里、去粗取精，在观察的基础上深入研究。此法有时会带有主观性，最好能与他法合用。

4. 实地调查法

实地调查法是采用一定的方法对一定规模的样本对象（可以是个体、群体或组织）进行全面调查、收集和分析数据，从而得出结论的方法。这种研究对变量能进行一定的控制。要运用好此法，首先，必须选择好调查对象，调查对象应有代表性并具一定规模；其次，要设计好调查的主题和收集数据的方法、工具（如设计调查问卷），要力求数据的真实可靠；最后，所用资料（包括调查对象的行为观察记录、填写的问卷、谈话记录或录音、书面文件、产量和质量报表等）力求充分。这种方法的缺点是不够深入，很多干扰变量无法控制。其优点是样本量大，采用统计学方法进行数据处理后，得出的结论更具有普遍意义。

5. 案例研究法

案例研究法是对个体、群体或组织整体的情况进行深入调查而得出结论的方法。这种研究对变量能进行一定的控制。要做一个好的案例研究，首先必须选择好案例，具体体现在两个方面：第一，该案例必须“典型”，即能有代表性，通过解剖这个案例，可以了解到其他同类对象的状况，研究上很有推广价值。第二，该案例要反映时代发展趋势，能够代表新潮流和趋势，研究它可以得出面向未来的、有价值的建议。在研究中，必须尽可能地通过各种方式获得反映个案的各个角度、各个层次和各个时间阶段的信息和资料，最好是第一手资料，这样才能使研究者在分析过程中易于发现案例背后所隐含的道理。此法有广泛的实用价值，学习者需要进一步提高时应该掌握这种方法。

6. 量表测试法

量表测试法是采用标准化的心理量表研究组织行为规律的一种方法，量表可用于每一被观察单位的测量系统。根据行为变量研究的任务不同，量表测试中有关变量的精确程度也各不相同。一般把量表分为名称量表、等级量表、等距量表、比率量表四种类型。从目前国际流行的实证研究方法来看，许多变量需要通过具有一定信度（指测量的稳定性和可靠性）和效度（指行为测量的有效性）的量表加以测量。

以上方法在具体使用时不一定只用某种，会有交叉运用。随着实践的发展，又出现了一些新的研究方法，被称为组织行为学的当代方法。随着管理理论的发展，大多数研究者认为很少有适用于各类组织的普遍原则，这与传统的管理观点大不一样，对不同的变动要素要采用不同的行为。不存在最佳的方法，必须仔细地分析各种情况，使用不同的方法，于是就出现了组织行为学的权变方法。为了提高效能，权变方法要求在行动之前分析情况，同时反对依据关于人的普遍性假设所采取的习惯性做法。权变方法比传统方法跨越了更多学科，更富于系统性与探索性，有助于用更恰当的方法来运用所有最新知识。这种方法也称因势制宜的方法。此外还有交叉学科方法、人力资源方法、系统方法等。

1.5 组织行为学面临的新问题

国内外环境的变化给组织行为学的发展带来了机会和挑战。罗宾斯描述了组织面临的各种挑战，诸如“越来越多的妇女和非白人出现在工作场所；公司重组和削减成本严重削弱了忠诚性的纽带，全球性的竞争要求员工变得更加灵活，学会适应迅速变革和不断革新的环境”。这些现象在中国也出现了。例如，珠三角劳动力市场“民工荒”始于 2004 年，媒体惊呼中国劳动力“无限供给”的神话破灭了；打火机案、木地板案、半导体照明器件案等迫使中国企业组织进行变革；特别是 2007 年美国次贷危机的蝴蝶效应，对中国企业产生了巨大的心理与实际冲击，遭受国际欠账而发生巨大损失的出口企业从 2008 年开始越来越多；全球一体化的影响已经深入到中国经济的基层，巨大的变化使国内企业管理者前所未有地需要学习和掌握组织行为学理论，组织行为学的实践性和开放性也得以体现。这里我们有选择地展望组织面临的一些关键问题，组织行为学能够为解决这些问题提供有意义的启示和方案。

1.5.1 改善质量和生产率

面对全球的激烈竞争，一个组织为了生存，不得不进行变革来提高生产率，改善质量。而任何提高质量和生产率的努力要想成功，都离不开员工的参与。员工将不再只是执行变革的主要力量，而且会越来越主动地参与变革计划的制订过程。其中重要的是推行全面质量管理和企业再造方案，同时要密切关注出现的新事物。

1. 全面质量管理

全面质量管理（Total Quality Management，TQM）是由 20 世纪 60 年代初美国的非

根鲍姆首先提出来的，后在一些工业发达国家开始推行。60 年代后期，该理论在日本又有了新的发展，认为成本控制是一个永无止境的连续循环过程。其基本核心是强调提高人的工作质量，保证和提高产品的质量，达到全面提高企业和社会经济效益的目的。

（1）全面质量管理的含义。所谓全面质量管理，就是运用系统的观点和方法，企业全体人员及有关部门同心协力，把专业技术、经营管理、数理统计和思想教育结合起来，建立起产品的研究设计、生产制造、售后服务等活动全过程的质量保证体系，从而用最经济的手段，生产出用户满意的产品。

质量管理大致经过三个阶段：第一阶段为事后质量检验阶段，由检验员把关质量；第二阶段为统计质量控制阶段，利用数理统计原理找到产生问题的因素，在生产工序中通过管理进行质量控制预防；第三阶段即全面质量管理阶段。

（2）全面质量管理的特点。基本特点是从过去的事后检验和把关为主转变为预防和改进为主；从管结果变为管因素，把影响质量的诸因素查出来，抓住主要矛盾，动员全部门参加，依靠科学管理的理论、程序和方法，使生产的全过程都处于受控状态。

全面质量管理是一种预先控制和全面控制制度。它的主要特点就在于“全”字，包含三层含义：一是管理对象是全面的，这是就横向而言；二是管理范围是全面的，这是就纵向而言；三是参与管理人员是全面的。范围是产品质量产生、形成和实现的全过程，是整个企业的质量管理，所采用的管理方法应是多种多样的。

（3）基本工作程序。PDCA 管理循环是全面质量管理最基本的工作程序，即计划—执行—检查—处理。这是美国统计学家戴明发明的，故称之为戴明环。4 个阶段大体可分为 8 个步骤，如图 1－5 所示。

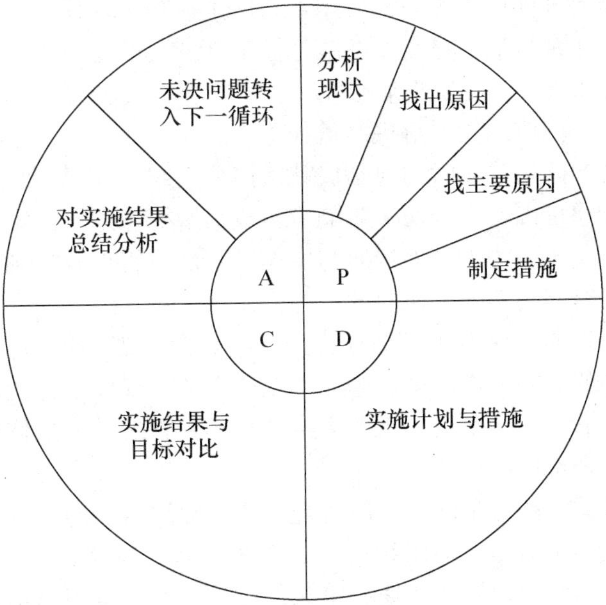

图 1－5 PDCA 管理循环

PDCA 循环管理的特点有：

1）PDCA 管理循环工作程序的 4 个阶段顺序进行，组成一个大圈；

2）每个部门、小组都有自己的 PDCA 循环，并都成为企业大循环中的小循环；

3）阶梯式上升，循环前进，即不断根据处理情况或利用新信息重新开始循环改进过程；

4）任何提高质量和生产率的努力要想成功都离不开员工的参与。

2. 企业再造（又称业务流程重组）

时代在剧烈变革，为了改善质量和提高生产率，产生了企业再造工程。它要求管理者重新思考：如果是重新开始的话，工作应该如何做？组织结构应该如何设置？这部分内容详见第 6 章。

3. 动态的敏捷型组织

从现代企业的管理角度来看，在延伸型企业、协同商务等新管理概念的背后，有一个非常重要的特点，即随着社会分工的发展，一个业务流程往往是跨组织、跨地区的，一个项目会由各个不同的部门，甚至是多个企业来共同完成。团队与流程的性质已经发生了很大变化，动态团队是其重要特征。

动态团队由过去的组织内协同改为跨组织、跨地区的协同，由紧密型组织变为松散型、流动型的组织，从固定的工作流程变成随需而变的流程，这就是新经济条件下企业产生的三大矛盾，解决的途径则是敏捷型企业组织，这是动态团队管理的目标。

以手机生产为例，厂商通过设计好的模型，在业内寻找关键技术与部件最适合的供应商，依靠产业分工营造一个产业链，依靠合作伙伴、供应商、销售商与客户组成完整的体系，延伸服务与营销，迅速满足市场需求。典型的案例就是苹果公司在 iPhone 与 iPad 的成功，实现了财富的急剧聚集。国内华为手机及华为通信设备的研发与制造更是延续了这一思路，整合了全球各种优质资源为我所用，走向了成功！现代企业谈核心竞争力，单靠某项技术的竞争门槛越来越低，更需要及时把握不断变化的客户需求，对动态的市场竞争做出反应，这种企业敏捷度也是提升管理水平与竞争力的需要。动态团队要想成为敏捷型组织，应该如何实现协同应用呢？解决之道如下：

（1）完善的动态团队运作实时沟通是成就敏捷型组织的前提。目前通过互联网与移动技术，各种信息的传递可以实现全面实时响应。成为敏捷型组织的第一步是，员工无论身处何地，都可以在一个统一的平台上沟通与协作。团队将管理延伸到办公室以外，解决松散组织、移动办公、跨部门跨地区协同的问题。

（2）动态团队管理要实现延伸，要与供应链上下游实现联动。这种联动可以为敏捷型组织构建企业内外部的协同运作环境。企业不是孤立的，仅仅是企业自己实现了敏捷是没有意义的，要使供应商、销售渠道、服务商协调运作，管理就要延伸到跨企业的虚拟组织管理，这样才能够实现价值的传递。

（3）具备快速的适应能力是动态团队管理成为敏捷型组织的关键。业务扩张中的组织结构、流程是非正式、半开放的，组织机构、管理流程、策略、模式应该是应时而变的、动态的。如因某种市场原因，企业快速决策，形成一个新的组织结构，可能是临时的、非正式的。这种半正式的组织管理如果依赖传统的模式是无法实现的。

企业面对高速发展的趋势，需要结合自身业务需求，加快工作的流转速度，充分发挥现有资源的作用，实现协同自动化、管理现代化、决策科学化、服务信息化的敏捷系统。新经济时代里，动态团队成就企业管理的敏捷化，已经成为管理者不可避免的全新课题。

1.5.2 其他挑战概述

1. 劳动力多元化

劳动力多元化指组织在性别、种族、国籍方面的构成正在变得越来越多样化，组织的成员来自不同的国家、地区和民族，并且包括了各种各样的人，如妇女、残疾人和老年人。国内企业比较突出的是“农民工”问题和女工问题。不同程度上存在流动性大、地区偏见、性别歧视、收入低下、缺乏福利、生活单调、长期分居等现象，以及连带产生的子女教育问题、老人赡养问题、治安犯罪问题。不签合同、超时工作、拖欠工资、不上保险、缺乏劳动保护等违反劳动法的现象也很普遍。

随着我国企业海外投资的增多，多元文化员工管理也提上日程。2009 年上海汽车集团收购韩国双龙汽车，由于忽视当地工会文化，遭遇员工不合作，最终失败，成为中国汽车企业首个海外收购不成功案例，尤为典型，教训惨痛！

管理者需要改变经营哲学，把员工作为平等的人来对待，保证员工稳定和提高生产率。同时，不要有任何歧视。管理得当、多元化会提高组织的创造性和革新精神，改善决策质量；如果管理不当，就可能出现流动率高、沟通困难和更多的人际冲突。

2. 员工的忠诚性减弱

随着经济体制改革的推进、市场经济的发展，铁饭碗被打破了，减员增效使一部分人面临下岗的命运。这些在发达资本主义国家早就出现了，从 20 世纪 80 年代开始，为了适应全球性的竞争和不友好的接管、收购、兼并等，许多公司通过关闭工厂、把生产转移到劳动力成本低廉的国家、卖掉或关闭不盈利的企业、减少管理层次等措施，适应竞争的环境，这些变化导致了员工的忠诚性急剧下降。组织行为学所面临的一个重要的挑战，就是为管理者设计出能够调动忠诚性不高的员工的积极性的策略，同时又能维持组织在全球竞争中的能力。找到规律就可以预见未来，从而有可能事先采取有效措施来预防消极行为，引导积极行为的发生。

资料链接：雇员承诺度

华信惠悦咨询公司就雇员承诺度课题进行的全球调研发现：那些能让雇员认同公司的愿景、价值观和目标的公司获得的财务收益，是其他公司的三倍；那些通过为雇员提供足够的工具、资源和培训而使雇员有良好工作表现的公司获得的财务收益，是其他公司的两倍；而那些拥有高承诺度雇员的公司获得的财务收益是其他公司的六倍。

忠诚的员工为在公司工作而感到骄傲，他们会推荐其他人才来公司工作，还愿意付出更多努力帮助公司成功。这种承诺度提高了生产力，会转变为公司的对外服务价值。最终成果是忠诚的客户和收益的提高。

3. 员工参与

美国一个对 98 个员工高度参与的企业组织的调查显示，75%的被调查公司感觉它们的绩效与竞争对手相比，在工作质量、顾客服务、生产力、产品质量及抱怨率方面要好于平均水平，自愿离职率只有 2%，与全美平均水平的 13.2%有实质上的距离，投资回报率几乎要比产业平均水平高 4 倍，销售利润率在 5 倍以上。另一个研究显示，那些成功占据市场领导地位、盈利较高的企业更为突出地依赖雇员参与实践来获取竞争优势。20 世纪

50年代我国就有著名的“鞍钢宪法”（两参一改三结合），即干部参加劳动、工人参加管理，技术革新与技术改造，工人、技术人员、领导干部三结合。但这一尝试当时并没有广泛推广。现在，许多企业应该在更高水平上借鉴传统。

上述信息表明，管理者应该学会给员工授权，他们应把员工完成工作的责任交给员工自己承担。要实现这个目标，管理者需要学会如何放弃控制，员工需要学会如何对自己所做的工作承担责任及如何恰当地决策。本书在后面的内容中将讨论授权如何改变领导风格、权威关系、工作设计及组织结构的设计。如何使企业员工积极有效地参与到实现企业目标上来，是组织行为学研究的重点之一。

4. 剧烈的组织变革

原IBM公司CEO郭士纳认为：“没有人喜欢变革，不论你是高级管理者，还是刚进入企业的新雇员，变革代表着不确定，还有潜在的伤痛。”员工是组织变革的动力，但是又可能成为组织变革的阻力。只有在全体员工意识到企业必须变革时，才有可能获得最大的变革效果。

员工在企业变革中的心理感受如何？会出现哪些情绪问题？对组织产生何种影响？本身压力重重、满怀焦虑的员工会以何种心态和行为评判和参与组织变革？集结或放大的这些危机会对企业带来多大程度的创伤？这一切都要求组织成员学会应付临时性工作，学会在充满灵活性、自发性和不可预测的环境中生活。组织行为学能帮助人们更好地理解不断变革的工作环境，使人们能够克服变革的阻力，创造一种积极的组织文化，在变革中求得繁荣。

1.5.3 最大的挑战：改善道德问题

今天的企业界讨论得最多、最复杂的问题之一就是道德和伦理问题。

1. 企业社会责任缺失的普遍性

偷税漏税、不正当竞争、乱砍滥伐、污染环境、合同欺诈、虚假广告、制假售假等均是企业背弃社会责任的直观表现。2007年的“黑劳工”事件触目惊心，2008年开始关于“血汗工厂”的报道，接着是三聚氰胺导致三鹿集团的垮塌和中国乳业整体地震，直至2011年的双汇瘦肉精事件，2015年大众汽车尾气检测造假事件，2017年西安地铁3号线“问题电缆”偷工减料、以次充好事件，还有大量揭露出来的毒胶囊、毒跑道、毒果汁、毒家具、地沟油……这些背弃社会责任的恶劣行为，不仅对企业的经营活动秩序造成了巨大的破坏甚至是灾难性的打击，而且给国家形象和利益相关者也构成了威胁和危害。其原因在于一些企业主只顾利润最大化和所有者利益至上，将伦理作为门面，完全抛弃了企业社会责任。

组织的伦理问题是组织行为学关注的核心问题之一，在企业生存发展的道路上存在许许多多道德陷阱和圈套，缺失伦理者已经或终将受到惩罚！企业的经营者必须加强自身的道德伦理建设，而良好的伦理道德有助于增加企业的盈利和员工的福利。

2. 改善道德决策

道德应该是组织决策中的一项重要指标。有三种道德标准：第一种是功利主义标准，即决策完全根据结果来进行；第二种是人权标准，要求决策重视人权，尊重和保护个体的基础权利；第三种标准是公正标准，要求公正无偏地执行规则，平等分配企业效益和损失。

功利主义标准以维护组织和董事会的最大利益作为原则，来对有争议的活动作出裁决。随着社会对人权和社会公正越来越多的关注，管理者也需要提高非功利方面的道德标准。今天的管理者面对强大的挑战，在使用人权和社会公正等标准进行决策时，远不如运用功利主义标准（效率和效益）那么明确，因此，越来越多管理者的决策招致批评和指责，如随意提价、出售不利于顾客健康的产品、关闭工厂、大量裁员等。一项好的决策不能仅使用一种标准。

组织中为什么会有不道德行为？事实表明，个体活动是否道德在很大程度上受到个性特点以及他所处的工作环境两方面的影响。一个人道德水平越高，则越少受到外界环境的影响，在决策时也更倾向于采取道德的行为。

通过改善和培育组织环境，如对道德的书面界定、高层管理者的高尚道德行为、符合实际的绩效期望、绩效评估时不但评估结果而且评估手段、认可和奖励作出高尚道德行为的个体、惩罚不道德行为者等措施，可以培养较高的道德决策水平。

总之，一个缺乏高尚道德观念的人，如果处在抵制不道德行为的组织环境中，会较少作出不道德的决策；相反，一个非常有正义感的人在允许或鼓励不道德活动的组织中，同样也会受到侵蚀。

本章小结

组织是在特定社会文化环境中，为了达到一定目标，由两个以上的人组成，在一个相对连续的基础上运作，以达到共同目标的社会单元。组织在人类社会活动中发挥着重要的作用。组织行为学是综合运用与人有关的各种知识，采用系统分析的方法研究一定组织中人的行为规律的一个研究领域。组织行为学具有综合性、系统性、实践性、权变性、开放性等特点。

人性的假设是管理理论的依据。了解人性，可以更有针对性地对员工进行激励与管理。

学习组织行为学的目的，就是要理解、掌握和应用这些理论和相关知识，提高了解、预测、控制、塑造员工行为的能力，改善人际交往技能和提高管理的有效性，完成组织目标。

学习运用组织行为学是中国企业的现实需要，是增强组织核心能力的需要，是尽快提升组织执行力的需要。要从组织实际、从提高个体基本素质、从提高方法论与价值观出发学习组织行为学。

心理学、社会学、人类学等构成了组织行为学的理论基础。学科体系包括个体行为、群体行为、组织行为三个层面，激励是学科的核心问题，领导行为连接群体与组织。

组织行为学的研究有基础理论研究、应用基础研究、具体问题研究，基本研究方法主要有文献研究法、归纳总结法、观察法、实地调查法、案例研究法、量表测试法等。

组织行为学也面临着重大的机遇和严峻的挑战。

【案例分析与思考】

企业的成败大都是因为人

2010年，京东商城董事局主席兼CEO刘强东做了一个决定：从这一年起，公司斥资

6 000 万元，陆续将中高管送到学校里读 EMBA 课程。

一年后，刘强东表示自己仍不知道这个决定对公司的未来是对还是错。

“至少在商学院读 EMBA 的两年里，我自己学到了很多的东西。”刘强东说。在他看来，京东商城的管理层多出身于基层，长于流程和细节把控，但对公司的管理和更宏观层面的判断和掌握有很多欠缺。

“在这方面，他们一直只能靠个人的聪明领悟和摸索。”刘强东认为，随着京东商城的规模越来越大，这对公司来说会成为越来越危险的问题。因此，改变已迫不及待。

此前，刘强东自己就读的是中欧国际商学院 EMBA 班，该班的学费目前已涨到近 50 万元。总计 6 000 万元的成本，并不是刘强东担心的问题。他所担心的是这一批放出去学习的人或许会受到更多的诱惑，因为 EMBA 班里能够接触到更多的企业家，丰富的同学关系本身就是很多人就读的原因。为此，刘强东甚至做好 30%管理层可能回不来的准备。

实际上，在员工培训成为京东商城人力资源工作重要内容的同时，这家公司也正在成长为令市场尊敬的卓越雇主之一。对员工进行充分的培训，提供广阔的成长空间，毫无疑问是其中的关键因素。

刘强东深知，企业的成功与失败大都是因为人。他说：“我想不到第二个因素。”

这正是京东商城目前面临的最大挑战。只要团队得力，刘强东甚至认为企业能解决所有的难题。在解决人的问题上，它的章法和策略至少可以用高效来评价。

所谓章法和策略，无外乎人所共知的三大环节：招人，培训，留人。

但企业间的不同之处，恰恰在于舍得用多大的本钱来做这些事。

招人，是京东商城现阶段面临的最大考验。公司的高速扩张需要大量普通员工，主管人力资源的副总裁关有民 2009 年接下的任务是：招收 5 000 名新员工。2010 年，任务量翻倍还打不住，要再招进 12 000 名新员工。

除了与其他公司相同的招聘渠道，京东商城欢迎自己的员工推荐亲戚、朋友、老乡到公司来工作。“我们认为，员工如果对公司认可的话，他们的口碑传播比任何宣传都管用。”关有民说。而他的底气是，京东有足够的留人能力。

除普通员工之外，未来巨大的管理人员缺口也是京东商城必须解决的问题。在这方面，五年前刘强东一手打造的管培生项目已经在发挥作用。

很难找到像京东这样看重应届高校毕业生的公司——年薪 10 万元，有股权，前半年无任何工作任务。到公司后就一件事：先接受培训。培训资源方面有外聘讲师，还包括刘强东自己。

培训结束后，管培生们开始在京东商城每个部门不断轮岗。轮岗结束后，他们可以忽略掉自己原来的专业，自由选择喜欢的岗位，半年后再进行第二次选择，工作满两年还可以进行第三次选择。

刘强东不仅亲自上培训课，还带着这些管培生在实际工作中摸爬滚打。“甚至坐在饭桌前该怎么做，怎么敬人家酒，这些基本的我都会跟他们讲。”

目前，以往培养的管培生已经成为京东商城重要的管理力量。优秀的人才仅大学毕业 4 年就已经成为京东商城华中大区总经理。手机、小家电等 4 个年销售额超过 20 亿元的部门的业务总监也出身于管培生。2010 年招进的管培生达到 101 人，他们是从 6 000 多名应聘者当中层层选拔出来的。

除了管培生培训和高管 EBMA 培训，京东商城内部还有“站长培训计划”和“管理干部培训班”等项目。对于有升职潜力的员工，京东商城把他们集中起来，进行三个月全脱产培训。

更关键的是要让公司为之付出心血的员工留得下来。为此，京东商城拿出了超过行业平均水平的待遇。向员工赠送股权，是其一大特色。而赠送股权的特点之一，是股权直接赠送，不需要员工花钱以行权价认购；特点之二是覆盖面广，20%～30%的核心员工都可以获得赠股；特点之三是这些股份权力充足，不但有分红权，还拥有投票权。“任何互联网企业都做不到这些。”

最让刘强东和京东商城骄傲的一件事是公司员工流失率很低，倾注了心血的管培生们五年来无一人离开，而京东商城增长迅猛。《财富》杂志评论道：“全球投资者排着队等着给它投资，它有点像亚马逊（Amazon）和新鲜直送（Fresh Direct）的混搭版。”

但投行数据显示，京东商城 2011 年全年实际交易额为 210 亿元人民币，较此前对外宣称的 309 亿元低不少，显示京东 200% 的增长目标未实现，实际数值为 105%。高增长看来不易，业内对京东已有警示。而最新财报显示，京东 2018 年第一季度净营收为人民币 1 001 亿元（约合 160 亿美元），较去年同期增长 33.1%。净服务营收为人民币 86 亿元（约合 14 亿美元），较去年同期增长 60.0%。实现了连续八个季度的盈利。

2010 年 4 月 1 日，刘强东在出席博鳌亚洲论坛青年领袖圆桌会议时表示，京东商城每年员工工资的上涨幅度永远都会超过物价上涨的幅度，保证员工每年的实际可支配收入获得上涨，这是京东商城十年前定下的规矩。由此员工安全感比较强，这也是京东商城获得“最佳雇主”的主要因素。

思考：

1. 你愿意为京东商城工作吗？为什么？
2. 为什么说企业的成功与成败大都是因为人？
3. 你认为京东商城员工流失率低的深层原因是什么？

（提示：第 1 题从员工个体角度考虑，第 2 题从组织层面考虑，第 3 题从经理人角度考虑。）

【复习思考题】

1. 试述组织及其特征。
2. 什么是组织行为学？有何特点？
3. 试述组织行为学的产生与发展过程。
4. 学习和应用组织行为学有何重要意义？
5. 学习组织行为学应遵循哪些原则？
6. 试分析组织行为学的权变观点。

【管理技能实训】

电视剧《士兵突击》讲述的是一个普通士兵许三多的成长故事，他用他的尊严、信念、执着、真诚与天真感动着身边的每一个战友，在英雄连队和老班长“不抛弃、不放弃”精神的磨炼、感召和熏陶下，由最初的一个拖全军后腿的兵变成全军战士终极梦想的“兵王”！钢七连是个理想化的团队，如果企业每位成员能够秉承同样的有利于企业发展的文化，其企业将是一个梦幻的企业。士兵成才也是剧中主人公，他军事技术拔尖、头脑冷静、毅力过人，但思维方式和行为方式与许三多有所不同。

许三多的个性特征：简单主义，做事第一，执拗而执着，希望所有人是朋友。

成才的个性特征：目标明确，聪明而善变，把所有人当对手。

仔细阅读上面的文字（有条件的先上网看一下该电视剧），请讨论：

假设现在有两个员工来应聘，一个是许三多，一个是成才，如果你是雇主，什么样的人才是你最渴望、最想要得到的？他身上必须具备什么样的素质？你的标准是什么？

（提示：职场专家认为，许三多和成才实际上反映了一个人人性中的两面。其实我们每个人都能够在他们身上找到自己的影子。许三多有了技能成了成才，成才也需要有许三多的精神才会成为“兵王”。）

第2章 个体行为

本章提要

个体行为是组织行为学研究的基础，人的个性是个体行为的依据。本章讲述了个体行为的类型、特征及影响因素；介绍了个性理论、个性的差异特点，以及个性结构中的气质、能力、性格及在管理中的运用，分析了价值观和态度、情绪与情感等人类心理活动的规律及在个体上的差异，讨论了情商理论及其在组织管理中的运用。

学习目标

1. 了解个体知觉的特征和社会知觉偏差的概念；
2. 理解个体行为的类型、特征及影响因素；
3. 掌握个性理论，了解影响个性形成的因素；
4. 掌握个性差异特点在能力、气质、性格上的表现及在管理中的运用；
5. 掌握改变态度与价值观的途径；
6. 了解情绪情感对人的行为的影响及进行情绪管理的方法；
7. 认识情商在企业管理中的重要性。

引例

柳传志提携千里马 杨元庆做跟别人不同的事

2011年年底，联想集团创建人柳传志，经过了11年的扶持和考验，最终将帅印交给了杨元庆。而五年以后，杨元庆成为美国《财富》杂志评出的2017中国最具影响力50位商界领袖之第17位。

柳传志和中国科学院的几名同事靠20万元起家创办了联想，最初的业务是“倒卖”计算机。后来，柳传志将联想刚刚起步的PC业务交给了当年只有29岁的杨元庆。柳传志称，杨元庆非常优秀，有一件事给他留下了非常深刻的印象。1990年，杨元庆没有去夏威夷参加一次意义不大的会议，而是派一名下属去参加了这次会议。柳传志说，当时，出国对每一个中国人来说都是梦寐以求的。

1988年5月，杨元庆被联想录用做普通销售人员，第一单生意就遭遇失败，让他体会到了“价格的力量”。默默无闻三年后杨元庆有了机会。1992年4月，柳传志任命杨元庆为公司CAD部总经理，代理分销惠普的绘图仪。杨元庆身先士卒、挨家挨户递名片解释什么叫“代理”……当年该部门业绩增加一倍，两年后他离开时，该部门销售额从3千万元增加到3亿元。1994年3月，柳传志硬劝住想“出国深造”的杨元庆，由他负责刚成立的联想微机事业部，把相关的研发、生产、销售、物流供应和财务运作大权全部交给了他……

现在的杨元庆待人显得温文尔雅，但他也曾“眼睛里容不下沙子”，认定有理时，天大的压力也不肯妥协，以致与联想老一代创业者发生激烈冲突。夹在其中的柳传志，决定让杨元庆学会妥协。1996 年年初柳传志劈头盖脸一通斥责泼向杨元庆，说得他当众失声痛哭，彻夜未眠。八年后他满怀感激地说：“如果当初只有我那种年轻气盛的做法，没有柳总的那种妥协，联想可能就没有今天了。”

20 世纪 90 年代末，王志东、张朝阳、丁磊及互联网企业赚足眼球，杨元庆也不甘落后。2000 年 4 月 18 日，他全力推出 FM365 网络项目，不料国际市场“. com”热退潮，项目发布前 4 天，纳斯达克指数一天内狂跌 355.49 点，给杨元庆上了最惨痛的一课。事后他说：“我在这段时间里学到的东西，比过去十几年里学到的东西加在一起都要多。什么东西能做，什么东西不能做，什么东西虽然很好但是不能现在做，现在已经学会把它们分清楚。”失败导致联想第一次大规模裁减本土员工。几百名员工辛苦 20 个月，联想花费 2 500 万美元，换来一个深刻的教训。

性格使他愈挫愈奋。杨元庆接受 CCTV 采访时曾说，要“踏踏实实把该做的事情做好，哪怕扫地也要扫得最好”。杨元庆是个非常自信的人。这种自信既是与生俱来，也源自他带领联想将 PC 业务从一个微不足道的市场地位做到全国第一，多年来不断创造新的销售纪录的能力。也正是这种自信，让杨元庆在面对董事会全体董事集体反对时，力持己见，最终说服他们批准了收购 IBM 公司 PC 业务的决议。柳传志事后评价：杨元庆率先走国际化这条路，是大智大勇。没有大的决心，大的智慧，是很难做到的。

杨元庆注重细节，比如，他亲自修改新闻稿，跑到厕所里抓偷偷吸烟的违纪员工……对细节的关注逐渐培养起联想严明、务实、追求完美的作风。永不言败也是杨元庆个性中闪光的一面。他极强的目标推进能力和雷厉风行的办事风格为人熟知，有制度就坚决执行，有目标就一定要达到，没有制度和目标就想办法去制定，然后全力推进，正是这一点成就了联想今天在 PC 业务上的霸业。柳传志也曾形容，如果前面有一堵墙挡道，杨元庆是绝对不会绕道的，他宁可将墙打穿也要冲过去。

2012 年，联想再次跻身《财富》世界 500 强公司，在全球 PC 产业增长几乎停滞的情况下，联想集团收入却创历史新高，达到 216 亿美元，比三年前增长了 28.6%。《财富》杂志 2012 年 2 月发文认为：杨元庆是“未来 15 年可能影响中国商业进程的 5 位人士”之一。

效率与创新是杨元庆一直强调的两个关键指标。所谓的效率，可理解为成本优势。像 PC 业务，在 IBM 手里即使有 20%多的毛利仍然会亏损，而联想并购 IBM 公司 PC 业务之前虽然只有 15%左右的毛利，但仍然可以有 5%～6%的盈利，这就是效率。关于创新，杨元庆与比尔·盖茨一起出席一个抵制吸烟的午宴时，盖茨提到他听微软研究与战略执行官克雷格·蒙迪提到联想有一款有趣的产品，是平板与笔记本电脑的混合，杨元庆立即向他展示了自己的助理随身携带的这款产品 Ideapad U1，给盖茨留下了非常深刻的印象。

随着苹果异军突起，从小喜欢与众不同的杨元庆认为全球 IT 业正处在十字路口，技术本身处于一个百花齐放的阶段。联想的策略是把握机遇，做跟别人不同的事情。

近几年，越来越多的组织在招聘、选拔员工特别是遴选最高掌门人时，对人的潜在能力、人格特点、思想风格、工作动机、态度、人品等“软件”条件更加看重，甚至将它们看得比知识、经验、技术等更为重要。杨元庆从一个普通销售人员成长为“影响中国商业进程”人士的过程生动地证明了这一点。他的哪些个性特色打动了柳传志？联想的两个关键指标效率与创新，与杨元庆的性格有什么关系？柳传志又是根据什么选中了杨元庆？尽管这种“伯乐相马”的方式充满了中国色彩，但还是能够引发我们深刻的思考，特别是说明个体的心理特征与行为不仅影响到他们如何完成自己的工作，而且还会影响组织的绩效和组织气氛。因此，个性的心理特征与行为是管理者在考虑组织管理问题时格外关注的内容。组织行为离不开组织中每个人的行为，管理者需要了解组织中每个人的心理过程是怎样的，组织中的个体有怎样的差异，这些差异会产生怎样的影响等。这些就是本章要介绍的内容。

2.1 知觉与行为

2.1.1 知觉及其特性

1. 知觉的含义

知觉是当前直接作用于感觉器官的整个客观事物在大脑中的反映。当一个客观事物的某一属性对有关的感觉器官发生作用时，传导神经将这些感觉信息传入大脑的感觉中枢，引起相关的感觉信息组合，进而得以反映当前该事物的整个存在。

知觉和感觉有相同之处，都是对当前客观现实的直接反映，是社会实践活动的具体产物。但知觉是对客观事物的整体反映，而感觉是对客观事物个别属性（如颜色、声音、气味等）的反映。由于每个人的意识、观念以及所处的环境不同，即使对同一事物，其知觉也会存在差异，而这种知觉上的差异又会直接影响行为上的差异。

罗宾斯对知觉的解释是：“我们并不是看到现实，而是对自己看到的东西做出解释并称它为现实。”可见，知觉是在感觉的基础上，借助于已有的知识和经验，经过大脑的加工（选择、组织和解释），对客观对象整体属性的反映。也可以把知觉定义为：知觉是个体通过感官对自己所处环境进行认识和评价的过程。这个世界是人通过知觉而认识的世界，人的行为是以他们对现实的知觉为基础的，而不是以现实本身为基础。因此，探讨知觉的概念有利于管理者更客观地了解员工的行为。

2. 知觉的基本特性

人能够迅速、清晰地感知客观事物，是与知觉所具有的基本特性分不开的。知觉的基本特性有选择性、整体性、理解性和恒常性四种。

（1）知觉的选择性。客观事物是丰富多彩的。在每一时刻里，人的感觉器官感受到的刺激非常多，但人不可能同时对作用于他的刺激全部清楚地感知到，也不可能对所有的刺激都作出相同的反应。人总是对少数刺激格外清楚，而对其他刺激比较模糊，人的这种有选择地感觉刺激的特性就叫做知觉的选择性。比如人们去书店，喜好文学的人往往只关注文学书籍，理工出身的人可能会对理科专业的书籍感兴趣，而从事医护职业的人比别人更容易注意到医药卫生方面的书。这种在同样的环境中所表现出来的个体差异就是知觉的选择性在发挥作用。当然，在知觉中，对象和背景并不是一成不变的，两者可以互相转换。

当人们的需要、偏好等发生变化时，知觉对象的选择也会随之变化。

（2）知觉的整体性。所谓知觉的整体性，是指人在知觉时能把由许多部分或属性组成的对象作为具有一定结构的统一整体来反映的特性。这是知觉最显著的特点，也是区别于感觉的标志。知觉的整体性在人们的生活中不乏体验，比如走进教室，人们不是先感知桌椅，后感知黑板、窗户……而是同时完整地感知它们。我们对音乐的理解也是一样，即感知它的整体旋律，而不是专注于某个音符。所以当人们听到某句熟悉的旋律时，大脑中反应的是整首歌。

（3）知觉的理解性。知觉的理解性表现为人在感知事物时，总是根据过去的知识和经验来进行解释和判断，把它归入一定的事物系统之中，从而能够更深刻地感知事物，这就是知觉的理解性。许多资料证明，知觉主体感知的情况不是瞬间感觉的总和，它往往包含一些当时并未出现在视网膜里的细节，这些细节是人们通过过去的经验看到的。例如，机械工程师在检查机器时，就要比普通工人看到的细节多。又如，当听到一首会唱的歌时，放一个片段人们就会知道是哪首歌，并知道后面的旋律是什么。由于各人的经验见识不同，因而在实际生活中人们对知觉对象的完整性和深刻性的理解程度也不同。

（4）知觉的恒常性。知觉的恒常性是指人在知觉中，当知觉的条件在一定范围内发生变化时，而知觉映象保持相对不变。这种恒常性具体表现为形状的恒常性、大小的恒常性、颜色的恒常性、明度的恒常性等。比如对于熟悉的人，无论距离远近，无论发型、服装是否改变，人们对他的知觉总是一样的；一个圆盘无论如何旋转，人们都会将其当作圆盘。知觉是一种特殊的自我调节活动，具有反馈机制，能纠正由于周围客体世界存在条件的无限多样性而造成的不可避免的错误，并形成确切的知觉映象。在知觉活动过程中形成的恒常性，是人们生活的必备条件，否则人们就不能在不断变化的世界中确定方向。

知觉的恒常性在生活中有很大作用，它可以使人们在不同情况下，按照事物的实际面貌反映事物，从而能根据对象的实际意义去适应环境。

2.1.2 影响知觉的因素

影响知觉的因素很多，主要有客观因素和主观因素两个方面。

1. 客观因素

影响知觉的客观因素有以下几个方面：

（1）知觉对象的本身特点。在知觉过程中，刺激强烈且突出的事物容易引起人们的注意，并成为知觉的对象。如色彩鲜明、闪动的事物特别容易成为关注的对象。在组织管理中，应当将有关的重要信息，通过增强强度来提高吸引力。而对于干扰与影响个体行为的刺激，应尽量降低其强度，减少消极影响。

（2）知觉对象与背景的差别。外界环境是丰富多彩的，通过对比可以加强印象。对象与背景之间的差别越大，人们就越容易从背景中把对象分离出来；反之，如果对象与背景之间没有明确的差别，人们的知觉就容易产生模糊和混乱。在军事中正是应用知觉的模糊性，采用“迷彩”的方式，达到掩蔽的目的。但当需要清楚的知觉时，应该强化事物之间的对比性，以便对知觉对象有更清楚、更准确的认识。

（3）知觉对象的组合。知觉的整体性特点，决定了知觉的对象不是单一的刺激，人们总是将若干事物组合成一个整体作为知觉的对象。因此，按照一定的组合原则会产生有利于知觉（或不利于知觉）的效果。比如，在空间上接近的事物，容易被感知为一个整体。

2. 主观因素

人的知觉具有个体差异性，这主要是受个人主观因素的影响。比如领导讲话，每个人听到的是同样的声音、语调，看到的是同样的表情、姿势、动作，但每个人的知觉并不完全一样。这是因为人的知觉受到主观因素的影响。这些因素主要包括以下几种：

（1）兴趣。人们的兴趣不尽相同。兴趣的差异往往决定知觉的选择性。例如，一位整容外科医生比其他人更容易注意到一个不美观的鼻子；一位酷爱文艺的学生可能很难专注于一本物理书。这表明人们注意的中心受兴趣的影响。因此，有人说知觉就像美丽，它取决于“情人的眼睛”。

（2）需要和动机。一般而言，能够满足人们需要、符合人们动机的事物，通常会成为知觉的对象和注意的中心。例如，一个饥饿的人最注意的东西是食物，而对其他事物视而不见。

（3）气质与性格。气质对知觉的影响主要表现在知觉的方式上，如灵活性、速度、广度和数量等。而性格主要影响个体知觉的心情以及知觉活动中的情绪体验。人们对人与对事的敏感程度不同，对自尊与竞争性的认识也不同，这些特点都决定于个体的性格特征。

（4）过去的经验。经验对知觉的影响主要体现在，个体过去通过认知积累的经验知识，以信息的形式储存于大脑中并形成信息系统。当知觉发生时，信息使人们更容易将熟悉的事物从环境中区分出来，成为知觉的对象。比如在集会的场合，人们首先感知到的往往是熟人。经验对知觉的这种影响力就构成知觉的理解性。

（5）情绪状态。情绪状态是指知觉客体对象时个人的主观态度和精神状态。它在很大程度上影响人的知觉水平。人在心情开朗、精神愉快时，其知觉无论敏感度还是广度都会比一般情况下强；反之，知觉水平就会大大降低，出现“视而不见，充耳不闻”的现象。

总之，一个人的知觉受到多种因素的共同影响，是主客观因素和外部环境因素相互作用、相互影响的结果。由于客观环境错综复杂、千变万化，人的主观因素又各不相同，因此，人们的知觉往往各异。即使对于同一事物，不同的人也会产生不同的知觉结果。

2.1.3　社会知觉

1. 社会知觉的含义

“社会知觉”这一概念，是1947年美国心理学家布鲁纳首先提出来的，其目的在于说明知觉的社会决定性，即知觉不仅决定于知觉对象的特点，也决定于知觉者自身的目的、动机、情感、态度以及过去的经验等主观因素。但是，后来这个概念在社会心理学中有了新的含义，人们认为社会知觉是对社会对象的知觉、对社会群体的知觉，归根结底是对人的知觉，只不过把人归入某一个群体，作为群体的一个成员来知觉罢了。因此，社会知觉实质上就是对人的知觉。对人的知觉不同于对无生命物体的知觉，对无生命物体的知觉直接诉诸对象的具体特征。对人的知觉不仅仅涉及人的各种外在特性，尤其以人的行为为主要内容。要认识人的行为，其根本是要了解行为的原因。因此，说明行为与人的内在心态的关系和原因，是研究社会知觉的核心。

社会知觉包括对他人、对自己和对群体的知觉。从知觉客体来看，它不仅指个人对个人的知觉，也包括群体对群体的知觉。从知觉主体来看，不仅个体，而且群体也可以被视为知觉主体，如群体对其成员的知觉，群体对其他群体的知觉，群体对其他群体成员的知觉，群体对自身的知觉等。对他人的群体知觉是人际知觉，对自己的知觉是自我知觉。此外，对行为原因的认知也属于社会知觉的范围。

2. 社会知觉的类型

根据社会知觉的概念可知，社会对象主要包括个人、群体和人际关系。社会群体实质上是个人的集合，因此对它的知觉归根结底还是对他人的知觉，这其中又包含了一个特殊的成分——自我。对自我的知觉与对他人的知觉是有所不同的，由此可将社会知觉细分为对他人的知觉、人际知觉、角色知觉和自我知觉四类。

（1）对他人的知觉。对他人的知觉，是指通过对他人的外部形态和行为特征的知觉，了解其心理活动。一个人的特征，包括面貌、仪表、风度、言谈、举止等，都是直接的知觉对象，通过大脑得到客观的映象。这种映象与当前有关的知觉相结合，反映对象的心理活动。但由于主体的动机、感情、兴趣、观点等心理因素可能渗透到思维活动中，而使对他人的知觉带有某些主观色彩。因此，对他人的知觉除了客观的一面以外，还可能有主观的、不切实际的一面。知觉中的主观面所占分量可能很小，但所起作用很大，甚至会使对他人的知觉完全改观。

（2）人际知觉。人际知觉是指对人与人之间关系的知觉。这种知觉主要是在人际交往中发生的，以各种交际行为为知觉对象。交际行为指人们在交往中相互接触和交换的言语、态度与动作，包括礼节、交谈、表情以及援助、侵犯等行为。

人际关系的状况既是一种客观存在，又是一种主观判断。这种推测与判断主要表现在人际交往过程中个人对心理状态、活动、行为动机、行为意向等的认知。人们不仅相互感知，而且会彼此产生各种感情。不同的人际关系，对人的发展和工作会产生不同的影响。因此，形成正确的人际知觉，无论对人的发展还是对工作的发展，都是至关重要的。

（3）角色知觉。角色知觉是指对人们所表现的角色行为的知觉。每个人在社会中都充当某些角色，如家庭关系中的角色、性别角色、职业角色、群体角色等，而每一种角色都有其特定的行为标准，对角色行为标准的不同认识会影响到一个人在社会上采取不同的角色行为。管理人员应当通过一定方式，特别是以身作则，加强角色意识，从而更好地带动员工发挥其自身角色的作用。

在角色知觉中，角色的社会地位、身份是客观存在的，不依个体的主观意志为转移。在社会实践中，任何人都无法自行创造角色和担任角色，也就是说，不是想当什么社会角色就能成为什么角色。例如，丈夫和妻子、医生和病人、教师和学生，都是相互对应而又客观存在的角色，是不依个人的主观意志为转移的。

（4）自我知觉。俗话说“人贵有自知之明”，一个人能正确认识并判断自己的状态不是一件很容易的事。当一个人意识清醒时，应该对自己的状态、角色、与他人的关系以及自身应该具有的行为表现等有一个基本正确的判断，当发现行为与环境不匹配时，会进行适当的调整，这种自我的调整是应对与造就外界环境的需要。其实，个体也有一个自己对人生发展目标的认识，通常，一个自我效能较强的人，能够较为正确地分析自己的能力优势，判断环境特点，并选择一个有利于自己成功的途径，保证个体的顺利发展，实现自己的目标。

3. 社会知觉偏差

在个体对客观事物的知觉过程中，由于观察的角度不同或得到的信息不够全面，会使知觉出现个人的主观印象与客观现实不符的情况，即社会知觉的偏差。这里所讨论的社会知觉的偏差是剔除了主观态度的影响，仅指在社会知觉过程中因心理规律的作用而导致的某些偏差。它所包括的内容主要有以下几个方面：

（1）首因效应和近因效应。首因效应是指人们在对他人总体印象的形成过程中，最初获得的信息比后来获得的信息影响更大的现象，因此又称第一印象效应，也就是我们平常所说的“先入为主”。如某人在初次会面时给人留下了良好的印象，这种印象就会左右人们对他以后一系列行为的解释，尽管这些印象有时是不全面的和不真实的。

近因效应是指在总体印象形成过程中新近获得的信息比原来获得的信息影响更大的现象。在印象形成过程中，当不断有足够引人注意的新信息，或者原来的印象已经淡忘时，新近获得的信息作用较大，就会发生近因效应。

（2）晕轮效应。晕轮效应是指在知觉活动中只注意到某个事物或个人比较突出的特征，并用这个特征代表其整体的性质。与明亮的月光会使周围的星星黯然失色一样，一个突出的特征往往容易掩盖其他特征，如“一好百好”等。由此可见，晕轮现象以点带面，容易造成错误的判断与决策。

资料链接：凯利的晕轮实验

美国社会心理学家凯利曾做过如下实验：请一位研究生代老师给麻省理工学院经济系的大学生上课。课前将两份书面介绍材料分别发给两组被试学生。

一份材料上写着：“此人是本校经济学研究所研究生，今年26岁，有一年半教学经验，服过兵役，已婚。熟悉他的人都说他是一个热情、勤奋、讲求实际而又果断的人。”另一份材料除了用“冷漠”一词代替“热情”外，其余完全一样。研究生上完课后，实验主持者要求学生填写问卷，说出对该代课教师的印象。结果是，看到印有“热情”字样材料的学生较之看到“冷漠”字样的学生对代课教师有更好的印象。许多人认为他“是一个能体谅他人、不拘小节、幽默、脾气好的人”。

晕轮实验表明，“热情”与“冷漠”两种品质所产生的晕轮效应，影响了人们对一个人的总体印象。

（3）投射效应。投射效应是指在知觉活动中感知他人时，以为他人也具备与自己相似的特性，这种把自己的特点归因到他人身上的倾向称为投射效应。人们常说的“推己及人”就是这种现象，尤其当对方的特征（如年龄、职业、籍贯、性别、社会地位等）与自己相同时，投射效应更容易发生。投射效应使人们倾向于按照自己的特征去感知别人，而不是感知对象的真实情况。

（4）刻板效应。刻板效应是指对某个群体形成一种概括而固定的看法后，据此去推断这个群体的每一个成员的特征。生活在同一地域或同一文化背景下的人，常常表现出许多相似性，如同一民族、同一职业、同一年龄的人，在思想行为上也往往会比较接近。比如，人们认为医生是人道的、商人是精明的、推销员是能说会道的、山东人是豪爽的、上海人是精打细算的等。这些特点被概括化、固定化以后，就产生了刻板印象。刻板印象有时与事实并不完全相符，但它在社会认知过程中也有积极的一面，它能够帮助人们提取信息，加快信息加工的速度，提高解决问题的效率。

知觉误区不仅存在于生活中，而且在管理实践中也会极大地影响管理者的判断力和评价的公平性，特别是在招聘面试、绩效考评等方面。因此，管理者应当了解知觉的概念和规律，尽可能地避免知觉误区，提高管理的效率。

2.2 个性理论及其应用

组织行为学研究个性，有助于管理者更加合理地招聘、选拔、培训和使用员工，更加有效地开发人力资源，使组织或群体更具有凝聚力和战斗力。

2.2.1 个性及其特征

1. 个性的含义

“个性”一词源于拉丁语，是指舞台上演员戴的面具。后来心理学家借用这个术语，用来说明每个人在人生舞台上各自扮演的角色及其不同于他人的精神面貌。

究竟什么是个性？学者对于个性的定义很多，至今仍没有一个公认的结论。心理学中的个性，是指一种个体特有的、经常性的、稳定性的心理特征的总和。从基本的要素分析，个性应该是既包括一个人的身体特征，也包括个体的心理特点，并在这些特点的基础上，在个体行为过程中反映出个体的观察、思考、行为、情感等方面的综合倾向。

个性心理作为整体结构，可划分为个性倾向性（动力结构）和个性心理特征（特征结构）两个系统。个性倾向性是决定个性发展方向的潜在力量，包括需要、动机、兴趣、理想、信念与世界观。在个性倾向中，需要是个性积极的源泉，信念和世界观决定着一个人的心理倾向。个性心理特征是个体心理差异的集中表征，它表明一个人的典型心理活动和行为，包括能力、气质和性格。个性倾向性和个性心理特征相互联系、相互制约，从而构成一个有机的整体。个性对心理活动有积极的引导作用，使心理活动有目的、有选择地对客观现实进行反映。个性是有差异的，个性差异常常是指个性倾向性和个性心理特征的差异。

2. 个性的特征

尽管不同的个体在个性特征上带有不同的色彩，但从人群的总体上分析，可以对个性现象总结出一定的规律性，即个性的特征。一般来说，这些特征包括以下几个方面：

（1）倾向性。个体在形成个性的过程中，总带有个体的主观意识成分，如朝着什么方向发展，并维持怎样的类型特点，特别是在个性中反映需要、动机、兴趣、理想和价值观等核心成分上，更是代表了个体的倾向性，从而发展为各自的态度体系和内心环境，形成了个体对人、对事、对己的独特的行为方式和个性倾向。

资料链接：特尔曼的智力测试

美国心理学家特尔曼对800个男性被试者中成就最大的20%与成就最小的20%进行了比较，结果发现两组人在智力方面没有显著差别，导致他们成就不同的是个性差异。成就最大的这一组人的个性是有理想、有进取心、自信、有毅力等。

这个资料启示我们：对于每个人来说，个性虽很难改变，但管理者可以充分运用个体的倾向性，因势利导，使之朝良好的方向转化，这样才能发掘每个人的潜能。

（2）社会性。人生下来只是一个自然人，只具备人的素质，还不是一个真正的社会人。社会性是在后天的社会化过程中逐渐发展起来的。如果一个人离开了社会环境，就不能成为正常的人，更谈不上个性的发展。生物因素只给个性发展提供可能性，社会因素才能使这种可能性转化为现实。而个性作为一个整体、一个系统，是由社会生活条件决定的。

（3）独特性。每个人的个性都具有独特性。个性是对个体之间差异性的主要体现。正如人们的相貌不存在完全相同的特征一样，个体的个性特征也具有差异性、独特性。即使是同卵双生子，他们在遗传方面可能是相同的，但个性品质也会有所不同。因为个性是在遗传、环境、成熟和教育等诸多因素影响下发展起来的，这些因素之间的关系不可能完全相同。所以，每个人都具有自己的个性和独特性。共性与个性的差异是人们区分不同个体行为活动特点的基础，也使人们的行为产生多样化表现。

（4）稳定性。个性不仅表现出一定的差异性，还带有一定的稳定性。只有在个体身上表现出的一贯的、持久存在的心理特征，才被看作是一个人的性格特征的表现，也才能称作个体的个性。一些特殊的情境作用，导致在个体身上偶尔出现的、波动性较大的心理行为特点，并不是一个人的稳定个性特征。当然，稳定性的特点与个性的改造并不矛盾。当生活的环境发生变化的时候，通过个体主观的努力，也可以对其已经形成的稳定个性特点进行改造。

（5）整体性。如前所说，个性是一个完整的统一体。一个人的各种个性倾向、心理过程和个性心理特征都是在其标准比较一致的基础上有机地结合在一起的，绝不是偶然性的随机凑合。人是作为整体来认识世界并改造世界的。这个整体的各个成分相互作用、相互影响、相互依存，如果其中一部分发生变化，其他部分也将发生相应变化。

（6）积极性。个性不是被客观环境任意摆布的消极个体。个性具有积极性、能动性，并统率全部心理活动去改造客观世界和主观世界。一个人的个性心理受外在客观条件的制约，有其客观性的一面，这就为研究人的个性提供了可能性，并成为研究个性应该遵循的原则。掌握个性的这些特点，将有利于人们更好地认识与分析个体的行为表现。一方面可以帮助人们分析个体适宜从事的工作活动，使个体的特长在工作岗位上有更好的发挥；另一方面，人们也可以判断在职业活动和组织环境中个体的潜在发展空间，对个体开展有针对性的培养工作。

2.2.2 个性理论

个性理论主要有两种类型：一是个性的特质理论，二是个性的类型理论。

1. 个性的特质理论

个性的特质理论由个人在一定程度上具有的稳定的特质所决定。特质是指个人有别于他人的特性，这些特性是较为长久一致的。这里以卡特尔的16种人格特质为例加以说明。

美国心理学家卡特尔认为，特质就是在不同时期和情境中都保持的行为形式的一致性，主张人格的基本结构的元素是特质。卡特尔与其他特质理论的研究者所使用的最主要方法就是词汇学研究方法。词汇学的基本假设是，在各种文化下，自然语言中都包含了所有的能够描述人格的词汇，也就是说，所有的人格特质都被包含到自然语言中去。卡特尔通过对描述人格的词汇进行分析，得出了 35 个特质群，他将这些特质群称为表面特质。他又将这些表面特质进行因素分析，得到 16 个根源物质，他认为根源物质是构成人格的基本要素。卡特尔所提出的人格特质如表 2－1 所示。这些特质可以在他所编制的人格测验中得到测量。

表 2－1　　卡特尔的 16 种人格特质

人格特质名称	低分者特征	高分者特征
开朗性	缄默、孤独	合群、外向
聪慧性	迟钝、学识浅薄	智慧、富有才识
稳定性	情绪激动	情绪稳定
支配性	谦虚、顺从	好强、固执
兴奋性	严肃、谨慎	轻松、兴奋
有恒性	权宜、敷衍	有恒、负责
勇敢性	畏缩、退却	冒险、敢为
敏感性	理智、着重实际	敏感、感情用事
怀疑性	依赖、随和	怀疑、刚愎
幻想性	现实、合乎成规	幻想、狂放不羁
机敏性	坦白直率、天真	精明能干、世故
忧虑性	安详沉着、有自信心	忧虑抑郁、烦恼多端
实验性	保守、服从传统	自由、批评激进
独立性	依赖、合群	自主、当机立断
自律性	矛盾冲突、不明大体	知彼知己、自律谨严
紧张性	心平气和	紧张、困扰

卡特尔编制的 16 种人格因素问卷被认为是最典型的因素分析个性问卷，在临床、工商业、政府部门及教育方面有着广泛的应用，特别是在人才选拔、就业指导及心理咨询方面有较高的使用价值。

2. 个性的类型理论

个性的类型理论将人的个性加以类型化。如四种气质类型、内向性格和外向性格以及 A 型性格和 B 型性格就是典型的个性的类型理论。

（1）四种气质类型。沿用古希腊医生希波克拉底的划分方法，可将气质分为多血质、胆汁质、黏液质和抑郁质四种基本类型。它们的具体特点如下：

1）多血质：感受性低而耐受性较高，不随意的反应性低；具有可塑性和外倾性；情绪兴奋性高，外部表露明显，反应速度快而灵活。

2）胆汁质：感受性低而耐受性较高，不随意的反应性高，反应的不随意性占优势，外倾性明显，情绪兴奋性高，抑制能力差；反应速度快，但不灵活。

3）黏液质：感受性低而耐受性高，不随意的反应性和情绪兴奋性都低；内倾性明显，外部表现少；反应速度慢，具有稳定性。

4）抑郁质：感受性高而耐受性低，不随意的反应性低；严重内倾；情绪兴奋性高而体验深，反应速度慢；具有刻板性，不灵活。

在现实生活中，具备某种典型气质类型的人只占少数，多数人往往是以某种气质类型为主，兼具其他某种气质特点。

（2）内向性格和外向性格。个性通常分为内向和外向两个类型，内向人的性格特点是：害羞、喜欢独自工作，在情绪上受到压力与内心冲突时，容易反躬自省，责备自己。外向型的类型则相反，他们的特点是好与人做伴，善交际，喜欢选择可以和别人直接接触与交流的工作。但后来的研究指出，个性类型的绝对内外向划分是缺乏依据的。在现实中，典型的内外型类型较少存在，大多数人的性格是介乎两种类型之间的。尽管生活中人的个性可能同时具有两种或两种以上的类型特点，但其表现出的主要特征总是属于某个类型的。内外向是个体先天具有的特点，它决定了个体行为的倾向性，或行动的能量投射的方向的不同。但个体在应对外界压力时，在试图减少压力产生的忧虑带来的痛苦时，也会逐渐发展形成与环境相适应的各种行为方式。因此，可以将个性分为外向-高忧虑、外向-低忧虑、内向-高忧虑、内向-低忧虑这四种类型，其特征分别表现为：

外向-高忧虑：紧张、激动、情绪不稳定、爱社交、依赖。

外向-低忧虑：镇静、有信心、信任人、适应、热情、爱社交、依赖。

内向-高忧虑：紧张、激动、情绪稳定、害羞。

内向-低忧虑：镇静、有信心、信任人、适应、温和、冷淡、害羞。

（3）A 型性格和 B 型性格。有些人总愿意从事高强度的竞争活动，并长期有时间紧迫感，这些人就有 A 型性格特征。A 型性格者总是不断驱使自己在最短的时间里做最多的事，并对阻碍自己努力的其他人或事进行攻击。

A 型性格表现为：

1）运动、走路和吃饭的节奏很快。

2）对很多事情的进展速度不耐烦。

3）总是试图同时做两件以上的事情。

4）无法处理休闲时光。

5）着迷于数字，他们的成功是以每件事中自己获益多少来衡量的。

A 型性格的人常常处于中度或高度的焦虑状态中。他们不断给自己施加压力，总为自己制定最后期限。这些特点导致了一些具体的行为结果。比如，A 型性格的人多为速度很快的人，他们对数量的要求高于对质量的要求。从管理角度来看，A 型性格的人愿意长时间从事工作，他们的决策欠佳绝非偶然，因为他们做得太快了。由于 A 型性格的人着重关注的是数量和速度，常常依赖过去的经验解决当前面对的问题，因此很少有创造性。

与 A 型性格相对照的是 B 型性格，B 型性格很少因为要从事不断增多的工作或要无休止地提高工作效率而感到焦虑。

B 型性格表现为：

1）从来不曾有时间紧迫感以及其他类似的不适感。

2）认为没有必要表现或讨论自己的成就和业绩，除非环境如此。

3）充分享受娱乐和休闲，而不是不惜一切代价实现自己的最佳水平。

4）充分放松而不感到内疚。

2.2.3 个性理论的应用

一个个性理论对于组织是否有应用价值，主要看它能否帮助说明、预测和控制一个人的行为与工作绩效。一个有成效的组织，为了最大限度地调整组织内大多数员工与组织之间的关系，就应该尽量适应这些不同个性的需求。事实证明，在影响个体的工作成就、健康水平和管理水平上，个性都发挥着很重要的作用。

1. 个性与管理

管理者在组织工作中，应该考虑到个体的个性心理特征问题。不同的工作对个体的个性心理特征的要求也是不同的。相对来说，越是高级的职业，对个性的要求也越高，在这些岗位上，要求个体不仅具有完成工作任务必需的知识、能力，而且具备理智、独立的品质，还要善于思考，具有解决问题和与人交往的能力，以及决策果断、对组织高度负责的能力。特别在选拔、培养技术人员方面，更应该充分考虑这些人的心理个性品质的差异，这样才能更有利于发挥他们的特长，提高组织选拔与培养工作的绩效。另外，当管理者试图预测员工行为时，认识个性特征也可以给其带来极大的帮助。比如：有德者不看重金钱，用物利很难引诱他，可以让他管理财政；勇敢者蔑视困难，用艰险很难吓倒他，可以让他处理紧急事务；睿智者通达礼数、明于事理，很难欺骗他，可以让他负责要事；贪图钱财者容易被引诱，不可管理财政；重情者容易变换观念，不可让其做决策者等。

2. 个性与工作成就

在管理过程中，根据员工个性特点的要求，在人员安置上，以个性特征为基础进行岗位与个性的配合，保证人尽其才，这就是通过运用个性知识提高工作成就的基本要求，也是现代人力资源管理的基本原则之一。美国心理学家特尔曼从1921年开始，对1 528名智力超常儿童进行了长达几十年的追踪研究，结果表明智力因素并不是一个人取得成就的充分必要条件，对其成就起重大作用的主要是其所表现出来的个性差异。

研究证明，个性与成就的关系要高于智力与成就的关系。有相同智力条件的个体，并非能达到相同水平的成就，并且，这种个体之间的差异主要是个性上的差异。这说明，智力虽然与成就有很大的关系，但个性与成就的关系更为密切。

因此，一个人如果希望在工作中取得更大的成就，或者在管理工作中激励其他人实现更大成就，就应该注重培养坚定、自信的个性心理品质，在环境中培养与改造个性特征，充分发挥每个员工的潜能，提高员工的工作效率。

2.3 个性差异与管理

人的个性是个体行为中的一个重要内容。人与人之间在个性心理特征上的差别是形成个体差异的一个主要方面。现代组织的管理者只有根据员工的个性特点进行管理，才能充分开发人力资源，最大限度地调动人的积极性，做到用其所长、避其所短，实现人尽其才、才尽其用。本节主要介绍个性心理特征的三个主要组成部分——气质、能力和性格方面的差异及在管理中的应用。

2.3.1　气质差异与管理

每个员工都有自己独特的个性优势，如何发现并发挥他们的优势，并将他们的优势变为企业的绩效，这是每个管理者的责任。

1. 气质的含义

气质是一种心理活动的动力性特点，与日常生活中提到的“脾气”“秉性”有很多相似之处。所谓动力性特点，是说明气质只是一种反映个体行为的方式、强度等特点的心理品质，比如，行为的强度、行为类型间转换的灵活性、行为的持久性程度等，它与个体行为的内容、动机、目的等没有关系。人们通常所说的气质是指一个人的风格或气度。而作为个性心理的特征成分之一的气质，则可以理解为人的“脾气”“秉性”“性情”，它受遗传影响很大。人的个性就是在此基础之上，依赖于客观世界的影响，依赖于个人的主观能动性而逐渐形成的。现代心理学认为，气质是指一个人先天的、稳定的、典型的反映个体心理活动全部动力特征的心理特点的总和。人的心理活动的动力特征主要包括心理过程的强度、心理过程的速度与稳定性以及心理过程的指向性。

2. 气质的类型及特征

（1）气质的类型。气质是一个很重要的心理特征，尤其是在描述个体的差异性上，这个概念代表了最明显的个体差异。

苏联生理学家巴甫洛夫从高级神经活动的类型出发，认为人的气质与人的高级神经活动类型密切相关，高级神经活动类型是气质的生理基础，气质的差异由高级神经活动类型所决定，受人的意识状态所制约。这一观点得到了目前大多数学者的认同。现将四种基本气质类型与巴甫洛夫的四种高级神经活动类型作一对照，以进一步考察它们之间的关系，如表 2-2 所示。

表 2-2　　高级神经活动类型与气质类型对比表

神经过程的基本特性			高级神经活动类型	气质类型
强度	平衡性	灵活性		
强	不平衡		兴奋型（不可遏制型）	胆汁质
强	平衡	灵活	活泼型（灵活型）	多血质
强	平衡	不灵活	安静型（不灵活型）	黏液质
弱	不平衡		抑制型（抑郁型）	抑郁质

（2）气质的特征。

1）具有天赋性。气质是由生理机制决定的，一个人从一出生就有了与众不同的气质特点。比如，有的新生儿喜欢吵闹、好动、不认生；有的较安静、害怕生人等。

2）没有好坏之分。气质不能决定一个人的社会价值和成就的高低。气质极不相同的人都有可能成为高尚而卓越的人。而气质相同的人，其社会价值和成就高低也可以有天壤之别。决定一个人对社会贡献的大小，不在于其具有哪种气质特征，而在于其对不同的气质特征如何做到扬长避短，发扬自己气质特征积极的一面，克服消极的一面。

3）具有稳定性。气质稳定性只反映一个人的情感与活动，不涉及情绪和活动的动机与内容。例如，有的员工受到批评时，当场与对方吵起来，并说出一些难听的话，根本不考虑后果。像这样并不涉及情绪和活动的动机与内容而表现的气质，就是气质的稳定性。

4）具有可塑性。气质具有可塑性，是指在环境和教育的影响下，人的气质在一定程度上是可以改变和发展的。气质的先天优势可以通过教育与环境的影响而发扬光大，气质的弱势又可以通过教育与环境的影响得到弥补。在影响气质变化的诸多因素中，人的主观世界对气质的自然表露有重要影响。比如，不管一个人的气质如何，当他以积极的态度从事工作和生活时，都会表现出饱满的热情和充足的干劲。

3. 气质差异在管理中的应用

气质对人的实践活动有一定的影响。了解和认识气质特点，把握不同人的气质类型，对提高组织的运行效率具有十分重要的意义。

（1）根据员工的气质类型，安排适当的工作。实践证明，影响员工工作效率的因素主要是思想觉悟、工作热情、文化技术水平、实际工作经验等。气质在人的实践活动中不起决定作用，但能影响活动进行的方式，不同气质的人都有其最适应的工作，如果工作中能够做到因人而异，将员工安排到适合其气质的工作岗位，就能更好地提高其工作效率和心理健康水平。不同气质的人工作效率有明显的差异。例如，《水浒传》里的黑旋风李逵脾气暴躁，为人耿直，是典型的胆汁质类型的人；而《红楼梦》里的林黛玉则多愁善感，柔弱孤僻，其气质类型是典型的抑郁质。如果让李逵去卖肉，对他而言是轻而易举的事情，而让林黛玉去卖肉则是强人所难；反之，让林黛玉去绣花，恰如其分，让李逵去绣花则是故意刁难了。

在组织管理中，要重视人的气质类型与工作特点的关系，尽量做到二者相适应。这样做的益处是：员工心理负担轻，能量消耗少，工作得心应手，工作效率较高。如果人的气质类型与所从事的工作特点相距较远，虽然不一定做不好本职工作，但需要用很大的毅力控制、压抑、调节自己的气质特点，努力去适应工作的要求，心理负担很重，心理能量被浪费。因此，任何组织管理者在对员工进行职业道德和职业技术教育时，应在可能的条件下依据员工的气质特点安排工作，这有利于发掘员工的心理能量，充分调动他们的工作积极性。

（2）不同气质类型的人组成群体，有助于协调人际关系，增加群体的战斗力。人际关系是组织管理中的一个重要课题，是决定一个企业整体效能发挥的重要条件。而人际关系的协调往往受多种因素的制约，气质类型就是其中的一个因素。研究与实践表明，外向型气质的人活泼开朗、善于社交，适应环境的能力较强；内向型气质的人胆怯、羞涩、好独处，适应性较弱。一般来说，气质类型相同的人容易有共同语言，交往可能协调，但也可能出现针锋相对、无休止的矛盾摩擦。不同气质类型的人组成一个群体，如一个班组、一个部门、一个领导班子，应在综合考虑成员思想素质、业务水平等各方面条件的同时，也考虑各自的气质类型，形成气质“互补”的组合，这样可以起到克服气质的消极影响、发挥气质的积极作用的效果，从而形成一种合作的气氛，达到增强群体凝聚力、战斗力的目的。例如，企业的领导集体如果由不同气质类型的人组成，就可产生互补作用，外向型领导可以多抓宣传，内向型领导可以多抓生产，脾气温和者唱白脸，脾气暴躁者唱红脸，各自扬长避短，彼此互相补台。从单个人来看虽各有长短，但从整体上看却不失为一个团结协作的班子。

(3) 根据员工气质类型特点采用适宜的教育方法，有助于做好思想政治工作。气质可以影响人的情感和行为，管理人员要注意针对不同气质类型的员工，施以不同的教育方法。胆汁质的人易于冲动，脾气暴躁难以自制。与他们谈话，应该冷静理智，努力使他们心平气和，如果一开始就形成剑拔弩张之势就很难收场了。多血质的人反应敏捷、活泼多变，但有时较为轻浮，似乎对什么都无所谓。对他们有时不妨敲一下警钟，因为如果只是随便打个哈哈，他可能根本没往心里去。黏液质的人外柔内刚，情绪较为含蓄，有话爱闷在心里。对他们有时不妨稍微刺激一下，给他们倾吐的空间。抑郁质的人敏感多疑，自尊心极强，稍有不慎，损伤了他的自尊或委屈了他，他就可能从此对你闭上心扉。然而正因为他们羞怯内向，不善言谈，所以当你能处处表现出对他们的理解、同情和尊重时，他们就会把你当成知己，你的话就可能具有极大的影响力。

2.3.2 能力差异与管理

能力是大家都比较熟悉的概念，但在心理学研究中的能力概念与人们日常生活中的能力概念有很大差别。

1. 能力的内涵

(1) 能力的概念。能力是指直接影响活动的效率，一个人顺利完成任务所必须具备的那些个性心理特征。

从中可以看出，能力为个体完成某种活动所必备的基本心理素质，同时也是基本的心理特征之一。

能力与知识、技能的主要区别是：知识、技能也是完成任务应该具备的素质或条件，但这种素质或条件并不是个体先天获得的，而是后天学习训练的结果。首先，知识是对社会累积的经验的反映。个体通过学习获得与某种活动领域相关的知识。随着实践活动的深入，这些知识也在随着人们经验的丰富而更完善。所以，知识是后天学习获得的一种素质。其次，严格来说，技能是通过对具体动作的反映而形成的。当个体通过训练，熟练地掌握了与某个具体的工作任务相关的一套动作，并在记忆中将这套动作完整、准确地保持下来时，可以认为其已经具有完成这个任务所需的技能。所以，不论是知识也好，技能也好，它们都是经过学习与训练，使个体得到的一种经验。

(2) 能力差异的表现。人的能力存在明显的个性差异，具体表现为：能力发展水平的差异、能力类型的差异、能力表现早晚与不同年龄的差异等几方面。

1) 能力发展水平的差异。人们的能力发展水平有差异，有的人能力水平高，有的人能力平平，有的人则较低。通常，人们是以个体在智力测验中再现的成绩高低划分能力强弱的等级的。智力测验是一种标准的对个体能力进行检测的工具，比较有影响力的工具类型包括：比纳智力量表、韦克斯勒智力量表（儿童版、成人版）、瑞文推理测验等。在智力量表的测验分数上，100分作为正常的智力标准，高于这个标准者，被定义为具有较高才能，表现非常高者，则被定义为“天才”；相反，低于100分者，被看作智力低下，分数极低者被定义为“白痴”。

2）能力类型的差异。个体在能力差异上的另一个表现，就是能力的类型不同，认识这一点对于组织管理工作非常重要。因为能力类型的差异决定了个体从事工作时的适宜程度不同，它将影响到个体的工作积极性及个体的成就水平。高工作绩效对个体的心理能力品质以及生理体质特征都有更高的要求，这是由工作任务特点所决定的。如飞行员需要更强的空间视觉能力，建筑工人需要较强的平衡能力，而记者应该有较强的推理能力等。

管理在组织中是一个比较重要的工作，能否在管理岗位上表现出更优异的绩效，取决于个体是否具备相应的能力结构。一般来说，管理活动对技术技能、人事技能、概念技能有一定要求，它们在总体上表现为管理者的胜任力。尽管这些技能通过培训可以提高和加强，但对于不同的个体，被培养与造就的程度是不同的。

3）能力表现早晚与不同年龄的差异。能力最初仅是人的一种潜能，这种潜能是在人生的旅途中逐渐显现出来的。人的能力表现早晚是各不相同的。考察古今中外，有的人在儿童时期就表现出某方面的优异能力，称为“早慧儿童”；也有的人表现得较晚，俗称“大器晚成”。但就大多数人来说，成才的最佳年龄是在成年或中年时期。

2. 影响能力发展的因素

一个人能力的发展要受很多因素的影响。归结起来，大致有以下几个方面：

（1）素质。素质是有机体天生具有的某些解剖和生理的特征，主要是神经系统、脑的特性以及感官和运动器官的特性。素质是能力发展的自然前提，离开素质基础就谈不上能力的发展，但素质不是能力本身，只有通过社会实践，素质才能逐渐形成。

（2）教育。教育是掌握知识和技能的具体途径与方法。教育不仅在儿童和青少年的智力发展中起着主导作用，而且对能力的发展也同样起着主导作用。教育不但使人们掌握知识和技能，而且通过知识和技能的传授促进心理能力的发展。

（3）社会实践。能力是在人改造客观世界的实践活动中形成和发展起来的。离开社会实践，就谈不上能力的发展。

（4）勤奋。勤奋是获得成功的必由之路，要使能力获得较快和较大的增长，没有主观的勤奋努力是根本不可能的。

此外，身体状况、个人的兴趣爱好等对能力的发展也有重要的影响。

3. 能力差异在管理中的应用

在组织中，人们时常会遇到职务晋升或工作安排上的一些不公正问题，如有能力的人没有得到重用，能力不大的人反而被委以重任。要想避免这样的事情，就必须遵循组织活动中能力差异管理的应用原则。其中，个体能力与工作要求相匹配，是现代人力资源管理的基本原则。

（1）能力与职业匹配原则。每一工作和职业均有一定的能力范围。在员工的选拔和安置上，应使员工的能力水平保持在其工作的能力范围之内，这样，不仅能提高工作效率，而且能提高员工对工作的满意感，增加员工的工作热情。员工能力过高或过低均不利于搞好本职工作。如果人的能力水平超过实际工作的要求，不仅是一种人才浪费，而且也会因大材小用而使人产生消极情绪，有压抑和挫折感，导致消极怠工，甚至离职。相反，如果能力水平低于实际工作要求，会使其无法胜任而感到压力很大，产生高度紧张和焦虑，进而厌烦工作，效率更差。

一个好的管理者，不仅仅要招揽优秀人才，更重要的是要能合理地组织和使用优秀人才。“量才为用”是自古以来的用人思想，更是现代组织管理的核心。实际工作中，要根据每个员工的能力特点与差异，扬长避短，尽量把员工安排在有利于发挥其能力特长的岗位上，科学安排工作任务，使员工的能力特点与岗位的能力要求相匹配。

（2）能力合理安排原则。在工作岗位的安置上，除需要考虑能力匹配原则外，也要根据个人的兴趣与特长，进行合理的安排，这就是能力合理安排原则的要求。个人的兴趣与特长，既取决于个人的基本需求、能力特点，也取决于个人的目标志向以及成就抱负水平。遵循能力合理安排原则，可以有效激发个体的积极性，使其在工作中能够产生内在的工作驱动力，这不仅有利于工作任务的顺利完成，也有利于促进个人“自我实现”需求的满足。个体的兴趣与特长是不断变化的，在管理上采用积极的奖励、教育、培训等措施，将有利于促进个体使自己的兴趣朝向组织目标转化。

（3）能力互补原则。能力互补是从群体角度考虑问题。由于个体能力的差异，在工作安排上应该取长补短，使不同能力特长的个体在能力上能够互补，这样可以帮助群体提高工作效率。

对不同工作岗位的员工，应有不同能力的要求。组织中的各行各业都有自己相对独立的任职能力要求。职业与工作岗位不同，其工作内容、特性和要求必然不同。例如，对刺绣和雕刻工人以及钟表和无线电修理工来说，手指灵巧能力是一个重要因素；对染色工来说，颜色辨别能力极其重要；而对于汽车司机而言，更需要的是快速反应能力。因此，管理者应正确确定本企业或本部门所需要的能力，制定选人和用人的标准，据此谋求符合该组织能力标准的人才。只有这样，才能既不浪费人才，又能提高工作效率。

2.3.3 性格差异与管理

资料链接：性格是成功的金钥匙

美国成功学心理学家希尔博士曾经说过：“播下一个行为，就会收获一个习惯；播下一个习惯，就会收获一种性格；播下一种性格，就会收获一种命运。”行为、习惯、性格是成功的金钥匙，而不良的行为、习惯和性格，则是通向失败的大门。

希尔讲出了性格与人的行为、性格与人的行为习惯的关系。西方谚语“性格即人”“性格决定命运”，可见性格之重要。

1. 性格的含义

如果说气质是神经类型的反映，是先天决定的因素，性格则基本是受后天环境因素影响形成的。性格是一个人对现实的态度和与之相对应的习惯了的行为方式所表现出来的较稳定的个性特征。性格是人的个性中最稳定的心理特征。

通常，心理学家将性格看作个体的态度体系，包括个体如何认识与处理自己与外界的关系，以及对待客观事物的态度、对待生活的态度、对待劳动的态度、对待他人的态度等。由于这些态度都存在积极、消极，强烈、平和的差异，性格也就带有强度与方向的特征。从强度上看，性格在表现程度上有温和与爆发的差异；从方向上看，则表现出积极或消极的倾向。在组织管理中，应该注重改造个体的性格，使个体的性格表现符合组织的目标与利益。

2. 性格的类型

德国哲学家斯普兰格从社会价值类型的角度将个体的性格分为六种类型：经济型、理论型、宗教型、审美型、权力型、社会型。大多数心理学家认为，这种划分应该是与个体的社会活动以及职业发展有密切关系的，于是便出现了不同的划分方法和相应的性格类型。

按照心理机能占优势的划分方法，将性格类型分为善于思考问题的理智型、情绪容易波动的情绪型、目标明确的意志型、没有明确优势机能倾向的中间型。根据心理活动倾向性的类型划分方法，将性格类型确定为外倾型和内倾型，前者善于表露情感，与人交往开朗而活跃，后者不善于表露情感，与人交往显得沉静而孤僻。按照思想行为独立性特点的划分方法，将性格类型分为顺从型和独立型，前者独立性差，易受暗示，容易在紧急情况下表露出惊慌失措，而独立型则善于思考与解决问题，不受外来影响干扰，能镇定自若，积极发挥自己的作用。

以上这些性格类型的划分法，都是从某个方面反映性格现象的差异，并不是完全、准确地对性格现象进行整体反映。这也说明了性格现象的复杂性，以及认识和把握它的困难。因此，在学习与实践中，不能简单地认识问题，而要结合不同的观点对性格现象进行综合的分析判断。

3. 性格的形成与发展

性格的形成与发展，是一个有序的、渐进连贯的过程，包括生理状况的改变与心理状况的改变。在这个过程中，有许多因素起作用，但总的来看，影响人的性格形成与发展的因素主要是生理因素和环境因素。

（1）生理因素。遗传、体格与体形、性别等生理性因素对一个人的性格有较大的影响。如体格健壮者通常性格较外向。

（2）环境因素。后天环境对性格的影响往往具有决定性的作用。家庭、学校、社会文化、职业等环境因素无不影响着人的性格的形成和发展。

4. 性格差异在管理中的应用

性格对员工的行为往往能起主导作用。实践证明，员工性格的好坏不仅能影响组织的运行和效率，而且对员工个人成才有着举足轻重的作用。因此，现代组织中的管理者必须深入了解员工的性格特点，根据员工的性格特点优化管理，并在管理过程中培养员工良好的性格。

（1）了解和熟悉员工的不同性格，因人而异地安排工作。如让思维严密、办事果断的员工担任管理工作，让办事细心谨慎的员工从事财务工作，把独立性过强的员工从协作要求高、配合要求严的岗位调离等。在人员选拔中，对性格特征方面要着重考核思想品质，如工作态度、责任心、价值观、世界观等。对管理人员特别是高层次领导人的选拔，更应重视性格特征的考核。管理者应为员工们发展各种兴趣和才能积极创造条件，使员工们在各自适合的工作岗位上“八仙过海，各显其能”，最大限度地发挥作用。

（2）注意不同性格特征之间的互补作用。由于性格会影响到人际关系和团体气氛，所以，在组织工作团队时，应考虑到其成员的性格特征。对于具有不同性格的员工，既要注意他们之间在性格上的相容性，又要有意识地考虑性格类型的差异和合理搭配。这样可以更好地集中各类性格的优点，发挥他们各自的性格特长，克服他们各自性格中的消极方面，使他们互相促进、互相鞭策、互相弥补，从而避免矛盾，增强战斗力。

(3) 根据员工的性格特点，有针对性地采取教育方法。管理者要掌握和了解员工的性格差异，因材施教，有针对性地对不同性格特征的员工采取不同的教育方式。例如：对于理智型的员工，应"晓之以理"，可以主动向其提供信息，让其自己通过判断思考改变认识；对于情绪型的员工，应注意用典型的事例，"动之以情"地感化他，使其改变态度；对于独立型的员工，要允许他独立思考，"以柔克刚"，切忌施加压力，强制其接受什么观点，以免引起逆反心理；对于经济型员工，要着重从价值观分析问题，并触及个人利益，从而推动有关态度的改变和发展。管理者应不断加强员工优良性格的培养，使之有助于组织文化的建设，有利于企业的发展。

(4) 通过掌握员工的性格类型来预测行为。应当切实掌握员工的性格类型，借以推测他们可能表现的态度及有关的行为方式，以便合理地安排和分配其工作任务。对独立型员工，相信其在紧急和困难的情况下能镇静自如地处理问题；对情绪型员工，要知道让其完成与交际有关的任务是有困难的。对员工性格的预测，还有助于必要时在工作中采取预防性措施，使工作免于遭受损失，得以顺利进行。

2.4　价值观与态度

资料链接：工人专家许振超

"地中海洛丽塔号"等三艘国外巨轮同时停靠青岛港。桥吊队长许振超带领队员一夜鏖战，三艘货物全部卸完。意大利籍船长感叹道："10小时完成装卸，不可思议的装卸效率！我到过欧洲许多大港口，这里的工人是最优秀的。"

许振超在"文化大革命"期间只上过一年半初中，普通的岗位——吊车司机，单调的工作——吊装货物。然而他在这普通岗位上创出了不普通的业绩：一年内两次刷新了世界集装箱装卸纪录，创造了扬名国际航运界的"振超效率"。

卓越的业绩来源于坚定的信念和30年的勤奋。刚参加工作时他就说过，"当不了科学家，但可以做个能工巧匠"，"我可以没有文凭，但不能没有知识"。许振超坚持30年业余自学，刻苦钻研，孜孜不倦，读过2 000多册各类书籍，撰写了近80万字的读书笔记。他开大吊车，勤学苦练，对技术精益求精，练就了一身高强的本领，做到"一钩准""一钩清"，实现"无声响操作"，干出来的都是绝活。最令许振超自豪的是，青岛港几乎不用请外人帮助修理桥吊设备故障，他们自己有能力排除，许振超说："这是对我最好的奖赏。"

凭着干一行、爱一行、精一行的韧劲，许振超学得真功，从工人迈进了技术主管的行列。他还带出了一支技术精、作风硬的优秀团队，创造出了世界一流的工作效率。

"当不了科学家，但可以做个能工巧匠"——一个正确的认识引发了正确的行为。许振超的事迹令人敬佩，许振超30年如一日的韧劲更令人赞叹。用个性理论来看许振超其人其事，不难发现，拥有正确的价值观，平凡能够成就伟大；只要树立坚定的信仰，就能为社会作出贡献。

2.4.1 价值观及其分类

价值观作为人类行为的心理基础，对个人行为的决定性影响是显而易见的。而企业的价值观既有个人的价值观，又有群体的价值观，企业文化的核心就是价值观，所以价值观对于企业管理的作用不可忽视。

1. 价值观的含义

价值观是指一个人对周围的客观事物（包括人、物、事）的意义、重要性的总评价和总看法，是一个人基本的信念和判断。一个人认为最有意义的、最重要的客观事物，就是最有价值的东西；反之，就是最无价值的东西。价值观是指导人们行为的准则，人们在采取行动之前受到原有观念或思想约束，它直接产生推动或抑制的作用。比如，有人把权力看得很重，有人认为金钱最重要，有人把对国家的贡献看得最有价值等。这种对于各个事物的看法和评价在心目中的主次轻重的排列次序，就是价值观体系。价值观和价值观体系是决定人的行为的心理基础。

人的价值观从何而来？从社会历史来看，人类文化中有些价值观历经千百年的磨炼被证明是合理而有用的，它们在文明中沉淀下来，代代相传。诸如和平、自由、民主、权益、尊严、荣誉、诚实、正直、道义、公正、平等、合作、快乐等，都是文化中被肯定的价值观。它们相对稳定，即使变动，也极其缓慢。从个体看，一个人出生后，就在现实社会中接受文化的洗礼，在社会规范的作用下，塑造和构建自己的行为风格。在这一过程中，人们所处的社会生产方式及其经济地位，对其价值观的形成有决定性的影响。人的早期经验也起着举足轻重的作用。家庭、教育、团体、社会舆论、大众传媒及其他社会因素在价值观的形成中扮演了重要的角色，最终，人们学会判断是非、善恶、美丑、优劣，懂得诚实、合作、正直、进取。

价值观既有相对的稳定性和持久性，又处在发展变化之中。在特定的时间、地点、条件下，人的价值观总是相对稳定和持久的。但是，随着人们经济地位的改变以及人生观和世界观的改变，这种价值观也会随之改变。价值观影响个人行为、群体行为和整个组织行为，进而影响组织的效率和效能。

2. 价值观的分类

价值观是由人生观和世界观所决定的，不同阶级、不同地域的个体、群体和组织的价值观是不完全相同的。

德国心理学家斯普兰格最早对人的价值观进行归类，他将价值观分为六类：

（1）理性价值观。以知识和真理为中心，强调通过批判的方式发现真理。

（2）唯美价值观。以协调、匀称为中心，强调对美的追求。

（3）政治性价值观。以权力和地位为中心，强调权力的获取和影响力。

（4）社会性价值观。以群体和他人为中心，强调人与人之间的友好、博爱。

（5）经济性价值观。以效率、实惠为中心，强调功利性和实务性，追求经济利益。

（6）宗教性价值观。以信仰为中心，强调经验的一致性及对宇宙和自身的了解。

一个人并不是只具有一种类型的价值观。根据调查，美国人更重视上述第三类和第五类价值观。这六类中哪一类或哪几类更重要，目前看法并不一致，需要进一步讨论和论证。

组织行为学家格雷夫斯在对企业组织内各种人员所表现的行为方式作调查的基础上，

将价值观归纳为以下七种：

（1）反应型。持这种价值观的人只对自己基本的生理需要作出反应，而不考虑其他条件，类似婴儿或脑神经受伤的人，这类人在企业中很少见。

（2）忠诚型。持这种价值观的人从父母和上级身上学到价值观，其忠诚带有一定的封建色彩。这类人喜欢按部就班地看问题，做工作依赖成性，服从习惯与权势，喜欢有一个友好而专制的监督者和家庭似的和睦的集体。

（3）自我中心型。持这种价值观的人性格粗犷，富有闯劲，为了取得自己希望的奖励、酬劳，愿做任何工作，尊敬严格要求的上级领导。

（4）顺从型。持这种价值观的人具有传统的忠诚、努力和尽职的性格，勤勤恳恳、谨小慎微，喜欢任务明确的工作，重视安全和公平的监督方式。

（5）权术型。持这种价值观的人重视现实，好活动、有目标，喜欢成就和进展，喜欢玩弄权术，乐于奉承"有奔头"的上级。

（6）社交中心型。持这种价值观的人重视工作集体气氛的和谐，喜欢友谊和人与人之间的平等关系，把善于与人相处和被人喜爱看得比自己的发展还重要。

（7）存在主义型。持这种价值观的人喜欢自由和具有创造性、灵活性的工作，重视具有挑战性的工作和学习成长的机会，把金钱和晋升作为次要的因素。

2.4.2 态度

资料链接：第一个被录取的人

某大公司招聘人才，应聘者云集，其中多为高学历、持多个证书和有相关经验的人。经过三轮淘汰，还剩下11人，最终将录用6人。因此，第四轮总裁亲自面试。

奇怪的是，面试出现了12人。总裁问："谁不是应聘者？"坐在最右边的一个男子站起来说："先生，我第一轮就被淘汰了，但我想参加一下面试。"在场的人都笑了，包括站在门口的老头。总裁饶有兴趣地问："你第一关都过不了，来这儿有什么意义呢？"男子说："我有11年工作经验，曾在18家公司任过职……"总裁打断他："工作11年倒不错，但先后跳槽18家公司，太令人吃惊了，我不欣赏。"男子站起身："先生，我没有跳槽，而是那18家公司倒闭了。"在场的人又一次笑了。一个应聘者说："你真倒霉！"男子也笑了："相反，我认为这是成功的财富！我不倒霉，我只有31岁。"

这时，站在门口的老头走进来，给总裁倒茶。男子继续说："我很了解那18家公司，我曾和大伙努力挽救那些公司，虽然不成功，但我从那些公司的错误和失败中学到了许多东西。很多人只是追求成功的经验，而我，有更多经验避免错误与失败！"男子离开座位，一边转身一边说："我深知，成功经验大抵相似，而失败的原因各不相同。这11年经历的18家公司，培养、锻炼了我对人、对事、对未来的敏锐洞察力，举个小例子吧，真正的考官，不是您，而是这位倒茶的老人。"

全场哗然，大家都惊讶地盯着倒茶的老头。那老头笑了："很好！你第一个被录取了，但是我急于知道，我的表演为何失败？"

上面的故事告诉我们：在不同态度的作用下，对待错误和失败，不同的人便会产生不同的行为。当你以积极的态度去面对一切，你便会得到许多成功的机会，即成功取决于态度。

1. 态度的含义及特性

（1）态度的含义。态度是个人对某一特定对象的心理倾向。现代心理学家经过严格的科学实验，认为态度是一种确实存在的心理状态，是个人在经验基础上形成的、对某一特定对象的反应倾向。如对关于喜欢或不喜欢的客观事物、人的评价性陈述，就反映了一个人是如何感受某些事物的。

一个人可以有数千种态度，但是组织行为学所指的态度仅局限于那些非常有限的、与工作相关的态度。这些态度包括工作满意度、工作参与（一个人认可他的工作并积极参与的程度）、组织承诺（对组织的忠诚度及参与程度的指标）。毫无疑问，工作满意度在此得到了较高的重视。

态度不是指行为本身，只是一种心理和行为倾向。态度由三种因素所构成，即认知、情感和（行为）意向。认知规定了态度的对象，对它加以评价，并使主体表现相应的行为，从中获得情感体验，如喜欢-厌恶、尊敬-轻视、热爱-仇恨、同情-冷漠等，同时激励着主体的行为表现。意向指主体作用于态度对象的行为准备状态。其实这主要是情感的激励作用，即按照情感的方向，激励着主体采取一定的行为作用于对象。态度的这三种因素相互联系、相互制约、相互协调，形成一个相对稳定的统一体。如对工作的重要意义认知清楚，则情感上会热爱工作，表现在行为上是专心一致、认真负责，甚至废寝忘食。但三种成分也可能不一致，如有人说："某领导在工作上是称职的，但感情上我不喜欢他""理智地说，某一制度（政策）是正确的，但感情上我难以接受，因而行动就有抵触"。这就表明了三者的不协调。人的态度构成有时是单一的情感成分，有时是情感、认知两种成分，多数情况下是认知、情感和（行为）意向三种成分。

（2）态度的特性。

1）社会性：是指人的态度产生于社会中，并指向和作用于社会。没有一种不带社会性的态度。

2）针对性：指任何一种态度都有其相对应的特定对象。

3）协调性：指构成一种态度的各个因素是协调一致的。在认知的基础上产生相应的情感，而在情感的激励下产生相应的意向，它们之间在彼此相对稳定的条件下不发生矛盾。

4）稳定性：指态度一旦形成，将持续一段时间而不轻易改变。如客观因素已经改变了，但情感还在左右为难，这显示了态度的相对稳定性。

5）两极性：指对事物往往有两种相互对立的极端态度。态度的两极性与情感的两极性是相联系的，在态度的形成中可能存在一种"中性态度"，但它是短暂的，终究会向态度的两极发展。

6）间接性：是指态度而不是行为本身，它只是行为表现前的心理状态，即行为准备状态，是行为产生前的一种心理倾向，但可以间接地从其语言及所表现出来的动作行为中推测而知。

2. 态度改变的理论

态度形成之后具有稳定性，但也不是一成不变的，它会随着主体内外条件的变化而变化，从而形成新的态度。

究竟态度的改变是怎样发生的呢？社会心理学家对此进行了许多研究，下面简单介绍几种理论。

（1）凯尔曼的态度转变三阶段论。1961 年，社会心理学家凯尔曼描述了价值内化的三个阶段：顺从、认同、内化。

1）顺从阶段。这是从表面上转变自己观点和态度的时期，是态度转变的第一阶段。一般来说，这时人们会表现出一些顺从的行为，但这仅仅是被动的。比如，某青年员工只考虑到奖励和惩罚的利益关系，才在行为上表现出服从的样子。

2）认同阶段。这一阶段表现为不是被迫而是自愿接受他人的观点、信念、态度与行为，并使自己的态度与他人的态度接近。同样可用上面的例子，该员工在组织和其他员工的教育和帮助下，意识到作为青年员工应该自觉地遵守纪律，从而把遵守劳动纪律真正当作一种信念和观点。显然，这一阶段已不同于顺从阶段，它不是在外界压力下转变态度，而是自愿地进行的。

3）内化阶段。真正从内心深处相信并接受他人的观点，从而彻底地转变自己的态度。在这一阶段中，一个人真正相信了新观点和新思想，并将其融进了自己的价值观，成为自己态度体系中的一个有机组成部分，从而成为一个自觉接受企业的价值观，为企业默默奉献的人，这时就真正到了内化阶段。

（2）海德的认知平衡理论。美国心理学家海德于 1958 年提出认知平衡理论。他认为，认知对象包括世界上各种人、物、事、概念等，这些对象有的互不相关，有的互相联结。将构成一体的两个对象关系称为单元关系。这种关系是由它们之间的类似、接近、相属而形成。人对每种认知对象都有喜恶、赞成、反对的情感与评价，海德将其称为感情关系。海德认为个体对单元中两个对象的态度一般是属于同一方向的。例如，人们对某企业的评价很高，而对该企业的员工也会产生或多或少的好感。又如，对某人如果没有好感，对他的朋友也可能感到讨厌。人们的认知系统中存在使某些情感或评价趋向于一致的心理压力，因而在同一个整体内相互联系的对象之间，可能发生态度同化现象。当个体对单元的认知与对单元内两个对象的感情关系相调和时，其认知系统便呈现平衡状态，反之，当个体对单元的认知与对单元内两个对象的感情关系相矛盾时，其认知系统便呈现不平衡状态。这种不平衡状态会引起个体心理紧张，产生不满的情绪。人们总是试图消除这种不平衡状态，以恢复一定的平衡状态，海德从这个观点出发提出了“平衡理论”。

平衡理论的用途在于使人们以“最小努力原则”来预计不平衡所产生的效应，使个体尽可能地改变情感关系，以恢复平衡结构。然而这一理论也存在一个主要缺陷，即把复杂的态度改变问题过于简单化，忽视了态度改变的内在过程。

（3）费斯廷格的认知失调理论。社会心理学家费斯廷格于 1957 年提出认知失调理论。他认为，态度与行为之间可能是不一致、不和谐的，而认知失调正是指个体所能感受到的不同态度之间或者他的行为与态度之间的不和谐。即每个人都努力使自己的认知因素之间保持和谐一致的关系，当认知因素之间出现了不和谐时，就会引起个体内心的不自在，例如感觉紧张、有压力，于是便出现了“认知失调”状况。

认知失调理论的意义在于，它有助于预测员工态度和行为改变的倾向性，即在什么情况下员工会有改变自己态度或行为的压力。尽管具体情形是复杂的，但是至少可以肯定，认知失调程度越深，压力就越大，想消除这种不平衡的动力就越大。

3. 改变态度与价值观的途径

一个人的态度和价值观一旦形成即成为个体人格的一部分，要想改变它们的确不容易，有时通过新的学习过程，一时改变了态度中的认知成分（如看法与信念），但由于没改变情感与行为的倾向，一段时间后，它们还会再恢复到原来的状态。

（1）态度改变的形式。态度的改变包括方向与强度两方面。方向的改变又称为不一致性的改变，它是以一种新的态度来取代旧的态度，或是将本来反对的变为赞成，或是将本来喜欢的变为不喜欢，也就是改变了新态度的方向与已有态度方向的一致性。强度的改变也可称为一致性的改变，如原来赞成，现在仍是赞成，原来否定，现在仍是否定，只是态度表现的强度不同了，使原有的积极态度变成更强烈的肯定，或使原有的消极态度变成更强烈的反对。

价值观的改变则比态度更难一些，通常要经历较长一段时间，或要与生活中发生的某件重大事件联系在一起才可能实现。从个人来讲，社会的动荡、生活环境的变迁、家庭的变更、接受新的训练和增加工作等因素，都将影响到个体对事物的是非、对错、公正及不公正的评判，进而影响到人的价值观的变化。

（2）影响态度与价值观转变的因素。态度的转变是许多因素作用的结果，它涉及信息传送者和信息接收者之间的关系。每个人都企图从自己的思想和行为出发去操纵和控制别人，同时，人们又在抗拒外来的改变自己观点的意图，以求得自己态度和价值观的稳定。

1）信息传达者。如果新的信息是由地位显赫、声望很高的人物提供的，人们就更容易接受这些意见，并作出改变自己的举动。这也就是为什么电视广告往往找一些“名人”来代言的原因。

2）信息的特点。如果信息是接受者在无意中得到，并且在不同的场合下被不断重复，人们就更愿意了解并理解这种信息。比如，人们对电视中看到专题节目的印象往往远比刻意安排的政治学习或教育活动深刻。

3）信息接收者。对于需要改变态度的主体来说，如果能在接收者态度尚未改变时就改变他的行为，便容易改变其态度；或诱使其采取和现在的态度不一致的行为方式，有利于改变其态度。

（3）改变态度的措施。要转变一个人的态度，必须引导他参与有关活动，通过活动，了解情况，增进理解，发生兴趣，进而转变态度。改变态度的具体方法列举如下。

1）宣传法，是指借助媒体、网络、讲座等手段，把信息传递给员工，改变他们原有态度并形成新态度的方法。宣传分为单向宣传和双向宣传两种。单向宣传是只讲事情的有利或不利的一面；双向宣传是指从利弊两面进行讲解。后者往往被视为更公正，更具说服力。此外，适当恐吓有助于改变员工的态度，如新加坡采用“恐吓法”帮助戒烟，张贴吸烟者肺内肿瘤的图片，让烟民目睹吸烟对身体带来的伤害，从而排斥吸烟。

2）员工参与法，是指员工通过参与活动与他人进行交往，并在交往中得到别人的启发和教育，从而转变自己的态度的方法。

3）鼓励法，又称“预言的实现”法，即别人的称赞、鼓励和预言，以及因此而采用的对待方式会影响一个人的心理，诱发其一种向上推动的动力，激励人们根据预示去发展，导致其态度转变的方法。例如，流传于美国的“斯尼奈奇迹”就是这样。斯尼奈原是某一计算机中心的扫地工，中心负责人预言他将来会成为计算机专家，并把预言告诉了他本人，对他多方鼓励，结果斯尼奈后来真正成了计算机专家，实现了中心负责人的预言。

4）组织规范法，是利用群体规范的强制力和约束力，或者采用一定的行政手段、经济手段和规章制度，迫使员工了解管理者发出的信息，促使其逐步改变态度。

这些方法都建立在对态度三因素理解的基础之上，从认知、情感或行为任一角度入手都可以改变态度。比如，宣传法侧重从“认知”入手，而规范法则侧重从“行为”入手。但在实际操作中一般是三者综合应用，有所侧重。比如，员工培训就是全方位运用以“行为”为主的方法，即最终要落实到行为规范上。懂得了这一点，才能自觉运用这些方法。

2.4.3　工作满意度与工作绩效

资料链接：如何计算高福利这本账

一些传统加工贸易企业认为，2008年开始生效的《中华人民共和国劳动合同法》规定要给工人交养老保险、失业保险、医疗保险和住房公积金，把企业最后一点利润也挤走了。事实真是如此吗？我们来看一看广州宝洁有限公司的做法。

广州宝洁的最新福利是在公司里开设了按摩室，员工可以在上班时间来做个按摩。对公司附近的小型水果铺，公司有补贴，员工随时都能在这里享用低价新鲜的水果。一些员工在练习瑜伽，教练也是公司给聘请的。非生产部门的员工可以享受每周在家办公一天，不需要解释理由。女员工如果哪天早上起来感觉自己的宝宝身体不舒服，就可以在家工作。

宝洁员工的工资比同行业平均薪酬高50%，高额的住房公积金和住房补贴大幅降低了员工的住房压力，凭着公司的福利，员工能在广州实现安居。员工享受着包括社会医疗保险、商业医疗保险以及公司的重大疾病支持项目在内的三重医疗保障，有的保障甚至还覆盖了员工的直系亲属。

让宝洁员工过上高品质的生活，是公司薪酬和福利的标准之一。专职福利官每天的工作就是保证宝洁的福利和工资不能比竞争对手低，同时还要不断地跟员工沟通，看他们对什么样的福利更感兴趣。

广州宝洁有限公司员工福利经理说：“我们非常重视我们的员工，员工是我们最重要的资源，这样，我们公司才能成功。”“我们要确定员工能够休息好、生活好。”

宝洁还给员工提供了每年10～20个工作日的员工假、17～29个工作日的探亲假、4天的公司假，以及春节、圣诞假期各延长2天的福利。宝洁马上就要推出的新福利名叫“员工长期储蓄计划”，会让宝洁的中国员工第一次成为股东。过去的20年里宝洁的股票涨了20倍。

“企业照顾好自己的员工，员工自然会照顾好生意”，为此，宝洁还聘请了一家专业的咨询公司，免费为员工提供心理咨询、投资、法律、婚姻和家庭等方面的服务，让员工在专家的指导下迅速解决身边的难题。对于诸多福利，员工表示“还是挺温暖的”。

宝洁还花了不菲的代价对员工进行很多培训，宝洁在日本进行的一场费用昂贵的培训，内容却是跟工作无关的吃饭和生活。据说，它可以使工作和生活更加平衡，促进生产力的提高。

某顾问公司经理龚炳然解释说：“企业投入1美元在员工福利方案上，就可以帮助企业省去其他方面的一些费用，这些费用差不多有2～3美元。”

2008年年初，我国南方遇到了罕见的雪灾，宝洁立即发出通知，“天气恶劣可以不用上班，你的安全和健康比生意更重要”。武汉一些商场宝洁产品断货，交通瘫痪，宝洁的一名员工竟步行3个小时赶去送货，结果，不光那批货送到了，而且还因此获得了新生意。

和宝洁的高福利对应的是，中国的7 000多名宝洁员工每年都创造了10%以上的增长，2007年宝洁在中国的销售额也达到26亿美元。

可见，《劳动合同法》规范用人单位的用工行为，更好地保护员工的合法权益，不仅有利于构建和谐稳定的劳动关系，而且会降低企业的用工成本。

宝洁公司员工的工作满意度直接关系到工作绩效的提高。作为本土企业的广州视源、广州好迪也做到了高工资、高福利和三重医疗保障。

一般来说，积极的工作态度对工作的知觉、判断、学习、忍耐力等能发挥积极的影响，因而能提高工作绩效。积极的工作态度与生产率之间有着一致性的关系。但是，有些持消极工作态度的人，由于要取得很高的工作报酬，也可能有积极的工作行为，取得良好的工作绩效。由于中介因素的影响，工作态度与生产率的关系十分复杂。研究者发现满意度与离职率有关，高的工作满意度本身不一定保证低的离职率；但是高的工作不满意度，则可能有高的离职率。研究还发现工作满意度与缺勤率之间有关系。另外，高度满意的员工一般会有较健康的体魄，能更快地学会新的工作任务，工作抱怨较少，出现事故也较少。我们应该高度重视这个问题。

1. 工作满意度的含义

所谓工作满意度，是指个人对他所从事的工作的一般态度，即对所从事的工作持有的评价与行为倾向。工作满意度表现在两个维度上：第一，工作满意度是对于工作情境的一种情绪反应，人们无法观察到它，只能推断得到；第二，工作满意度经常是由结果在多大程度上符合或者超出期望来决定的。工作态度作为内在的心理动力，引发相应的工作行为。

决定工作满意度的根本因素是人们的各种需要和价值观。一般认为下列各种因素会对工作满意度产生主要影响：

(1) 挑战性的工作。员工喜欢挑选具有挑战性的工作，以发挥自己的能力和技能。如果能够向他们提供各种各样的任务，有一定的自由度，并能根据他们工作质量的好坏予以反馈，就能使工作更富有挑战性。挑战性低的工作使人感到厌烦，挑战性太高的工作则容易使人产生失败感。挑战性适中的工作，将会使大多数员工体会到愉快和满意。

（2）公平的薪酬。员工希望分配制度能够公平、明确，并与其期望一致。当薪酬公平地建立在工作要求、个人技能、地区工资标准的基础上时，员工就会对工作满意。

（3）适宜的工作环境。员工对工作环境的关心既是为了个人的舒适，也是为了更好地完成工作。一般来讲，员工都希望拥有安全、舒适、干净和干扰小的工作环境。

（4）融洽的同事关系。对于员工个体而言，友好合作的同事关系能够为其提供支持、安慰、建议和帮助，这是工作满意度的必要条件。否则，这个因素对于工作满意度就会起负面作用。

（5）管理者。相当多的经验性证据表明，员工辞职的主要原因之一是得不到上级的关心，或是管理者工作能力不够。

（6）员工的个性与工作的匹配度。当人们的性格特征与所从事的工作岗位一致时，就会发现自己有合适的才能来满足工作的要求，在这样的工作中就更有可能获得成功，获得较高的满意度。

2. 工作满意度的调查

对工作满意度进行调查有以下作用：可以诊断组织中出现的或潜在的问题，及时采取措施予以纠正，从而避免员工工资过低、管理不善、晋升渠道不畅等问题；可以促进组织与员工之间的沟通和交流，促进信息向上和向下顺畅流通；可以培养员工对组织的认同感、归属感，不断增强组织的凝聚力。员工工作满意度调查活动可以使员工在民主管理的基础上树立起以组织为中心的群体意识，从而使整个组织产生强大的向心力。

工作满意度的调查一般采用问卷法，包括选择型问卷、是非型问卷、序数型问卷和描述型问卷等。下面介绍两种较为著名的问卷测量方法，即工作描述指标问卷（Job Descriptive Index，JDI）和明尼苏达工作满意度问卷（Minnesota Satisfaction Questionnaire，MSQ）作为参考。

（1）工作描述指标问卷。工作描述指标问卷是工作满意度测量中最有名和使用最普遍的问卷。该问卷将工作分为五个基本维度：工作本身、报酬、提升、管理及同事（状况）。每一个维度各用一些形容词来描述，被调查者用“Y”（是）、“N”（不是）或“?”（无法确定）来回答问卷，如表 2－3 所示。

表 2－3　　工作描述指标问卷

思考一下你当前的工作。大多数情况是什么样子？在下面所给的每一个词的旁边的空格中填入： (是) 它描述了你的工作。 (不是) 它没有描述出你的工作。 (?) 你不能确定。	考虑一下你现在所得的报酬。下面的词如何描述了你现在的报酬，在每一个词旁边的空格里填入： (是) 它说明了你的报酬。 (不是) 它没有说明你的报酬。 (?) 你不能确定。	想一想你现在所有的提升机会。下面的词如何描述出你的提升机会？在每一个词旁边的空格里填入： (是) 它描述出了你的晋升机会。 (不是) 它没有描述出你的提升机会。 (?) 你不能确定。

<table>
<tr><td colspan="2">现在的工作状况</td><td colspan="2">当前的报酬</td><td colspan="2">提升机会</td></tr>
<tr><td colspan="2">____日常性的
____令人满意的
____良好的
____独立性强的</td><td colspan="2">____满足正常收入开支
____不稳定的
____少于应得的
____付酬高的</td><td colspan="2">____凭能力提升到了顶点的工作
____不公平提升方针
____按规定提升</td></tr>
<tr><td colspan="3">想一想你工作中所接受的管理。下面的词描述了管理情况吗？在每个词旁边的空格中填入：
(是) 它描述了你的工作中所受的管理监督。
(不是) 它没有描述出。
(?) 你无法确定。</td><td colspan="3">想一想你在工作中所遇到的或与你在一起工作的大多数人的情况。在下面每一词旁边的空格中填入：
(是) 它描述了与你一起工作的人。
(不是) 它没有描述出。
(?) 你无法肯定。</td></tr>
<tr><td colspan="3">现在工作中的管理</td><td colspan="3">同事（状况）</td></tr>
<tr><td colspan="3">____不礼貌
____表扬好的工作
____有影响力
____监督管理不善</td><td colspan="3">____乏味、讨厌
____负责
____聪明
____话太多</td></tr>
</table>

工作描述指标问卷通用性强，可用于各种形式的组织，也可用于不同文化程度、不同收入水平、不同工作种类的员工的调查。

（2）明尼苏达工作满意度问卷。明尼苏达工作满意度问卷共有 100 项，分 20 个因素，每一个因素有 5 项。这 20 个因素分别是：能力的发挥；成就；能动性；自我发展；权力；公司政策及其实施；报酬；同事；创造力；独立性；道德标准；认可；责任；安全；社会服务；社会地位；管理-人际关系；管理-技术；多样性；工作条件。每一个因素所分的 5 项是：很满意；满意；不确定；不满意；很不满意。明尼苏达工作满意度调查问卷如表 2-4 所示。

表 2-4　明尼苏达工作满意度问卷

<table>
<tr><td colspan="6">问你自己：我对自己工作的这些方面满意程度如何？
很满意：表示我对工作中的这些方面非常满意。
满意：表示我对工作中的某一方面满意。
不确定：表示我不能确定满意还是不满意。
不满意：表示我对工作中的某一方面不满意。
很不满意：表示我对工作中的某一方面非常不满意。</td></tr>
<tr><td>你对现在的工作感觉如何？</td><td>很满意</td><td>满意</td><td>不确定</td><td>不满意</td><td>很不满意</td></tr>
<tr><td>1. 能够使自己始终很忙</td><td>(　)</td><td>(　)</td><td>(　)</td><td>(　)</td><td>(　)</td></tr>
<tr><td>2. 独立工作的机会</td><td>(　)</td><td>(　)</td><td>(　)</td><td>(　)</td><td>(　)</td></tr>
<tr><td>3. 时常有做不同事情的机会</td><td>(　)</td><td>(　)</td><td>(　)</td><td>(　)</td><td>(　)</td></tr>
<tr><td>4. 成为团体中的一员的机会</td><td>(　)</td><td>(　)</td><td>(　)</td><td>(　)</td><td>(　)</td></tr>
</table>

5. 上级对待职员的方式	（　）	（　）	（　）	（　）	（　）
6. 管理者的决策胜任力	（　）	（　）	（　）	（　）	（　）
7. 能够做不违背自己良心的事	（　）	（　）	（　）	（　）	（　）
8. 工作所提供的稳定就业的方式	（　）	（　）	（　）	（　）	（　）
9. 为别人做事的机会	（　）	（　）	（　）	（　）	（　）
10. 让别人做事的机会	（　）	（　）	（　）	（　）	（　）
11. 做发挥自己能力的工作的机会	（　）	（　）	（　）	（　）	（　）
12. 公司政策付之于实践的方式	（　）	（　）	（　）	（　）	（　）
13. 自己的报酬与所做的工作量	（　）	（　）	（　）	（　）	（　）
14. 该工作的提升机会	（　）	（　）	（　）	（　）	（　）
15. 使用自己判断的机会	（　）	（　）	（　）	（　）	（　）
16. 按自己的方式做工作的机会	（　）	（　）	（　）	（　）	（　）
17. 工作条件	（　）	（　）	（　）	（　）	（　）
18. 同事间相处的方式	（　）	（　）	（　）	（　）	（　）
19. 做好工作所得的赞扬	（　）	（　）	（　）	（　）	（　）
20. 从工作中所得的成就感	（　）	（　）	（　）	（　）	（　）

注：明尼苏达工作满意度调查问卷共有 20 个因素，总的满意度可通过 20 类全部得分而获得。此表为简单形式。

3. 提高工作满意度的方法

提高员工工作满意度是一项系统工程，同时也是组织的中心任务和关键目标之一，企业只有综合运用多种措施才能真正做到提高员工的满意度，尤其需要注意以下几方面：

（1）把员工的需要同企业的目标有机地结合起来，尽量满足员工多方面的需要。

（2）让员工参与企业的决策，使其有主人翁责任感及对企业的归属感。

（3）鼓励员工提出合理化建议，并帮助其实现，以满足员工的自我成就感。

（4）使工作变得有趣，从兴趣和机能的角度把人和工作匹配起来。

（5）给予公平的报酬、福利和晋升的机会，特别要关注薪酬发放过程的公平性。

（6）实施工作轮换，避免单调。

（7）实行弹性工时制可以提高 10%左右的工作效率，还可以提高员工的满意水平。

2.5　情绪、情感与情商

事实证明，今天的企业，唯有成功激发员工的工作热情，才能使企业不断突破与成长。我们认为，没有情绪的企业，是平庸的企业；弃绝情绪的企业，是悲哀的企业；扼杀情绪的企业，是残酷的企业。

2.5.1　情绪与情感概述

1. 情绪与情感的含义

情绪和情感是对客观事物是否符合人们需要而产生的主观体验。众所周知，每个人都有自己的主观世界，当外界事物作用于人时，人对外界事物就会产生一种态度，它可能是肯定的态度，也可能是否定的态度，这种态度可能影响到人的情绪或情感。情感是一个广泛的概念，泛指人的内心感受，其内容包括情绪和心情。当某人高兴或生气或害怕时，都会引起情绪的变化。在日常生活中，情绪与情感常常混用，或者把它们看作是同义词。但在心理学中，情绪被看作是与生理的需要满足与否相联系的心理活动。情绪和情感是既有区别又有联系的两个概念。

情绪和情感的区别主要表现在两个方面。第一，情绪具有较大的情景性、激动性和暂时性，它往往随着情境的改变和需要的满足而减弱或消失；情感则具有较大的稳定性、深刻性和持久性，是对人对事稳定态度的反映，因而情感是个性结构或道德品质中的重要成分之一。第二，情绪是情感的表现形式，通常具有明显的冲动性和外部表现，如高兴时手舞足蹈，愤怒时暴跳如雷等。情感通常以内心体验的形式存在，比较内隐，如深沉的爱、殷切的期望、痛苦的思虑等。情感往往深深地埋在心底，不轻易外露。

情绪和情感的联系非常密切，在具体个体上很难作出明确区分。情绪和情感彼此依存，交融为一体。情感不能离开情绪而单独存在，稳定的情感是在情绪的基础上形成的，同时又通过情绪形式表达出来，情绪的变化往往反映在情感的尝试过程中，因此，情感离不开情绪，情绪也离不开情感，二者是不可分割的两个概念。

2. 情绪与情感的种类

（1）情绪的状态。要清楚情绪和情感的种类，首先要了解情绪的状态。情绪的状态是指人在某种事件或情景影响下，一定时间内所产生的心理活动的状态。情绪状态在一个人的生活中有着很大的意义。一般情况下，人的一切活动都带有情绪的色彩，而且以不同的强度、速度、持续时间和外部表现体现出来。情绪状态按体现层次一般分为心境、激情和应激三种情况。

1）心境。心境是一个比较持久而微弱的影响人的整个精神活动的情绪状态，并具有弥漫性，它不是对某一事物的特定体验，而是以同样的情绪状态体验、对待一切事物。例如，一个人在学习、工作劳动中获得某种成就时，他就产生愉快喜悦的体验，这种体验使他的一切活动都会较长时间地感染上一种满意和愉快的情绪色彩。在这种情绪状态下，他周围的花草鸟虫都变得更加可爱了，这种情绪状态就是心境。

2）激情。激情是一种强烈而短暂的、爆发式的情绪状态。这种情绪状态的出现，通常是由对人们生活有重大意义的事件引起的。如重大成功之后的狂喜，惨遭失败时的绝望，亲人猝死引起的极度悲痛，以及危险所带来的异常恐惧等，这些都是激情状态。

3）应激。应激是人们在出乎意料的紧急情况下所产生的情绪状态。例如，司机在驾驶过程中突然出现危险情景时，人们在遇到巨大自然灾害（如地震发生）时，必须迅速地判断情况并在瞬间作出决定。这种情况会使人做出平时所不能做出的大胆勇敢的行动，有时也会使人认识狭隘，作出不适当的反应。如果一个人长时间处于应激状态，对健康很不利，甚至是很危险的。

（2）基本情绪类型。基本情绪类型大体有六种，即生气、害怕、悲伤、高兴、厌恶和惊奇。六种类型之间的关系形成情绪轴，如图 2－1 所示：每个点代表一种情绪类型，六种类型排列成一个封闭数轴上连续的节点，邻近两点代表的类型容易使人混淆，而距离远者就容易分清。如人们常混淆“高兴”与“惊奇”的情绪，而极少混淆“高兴”与“厌恶”的情绪。

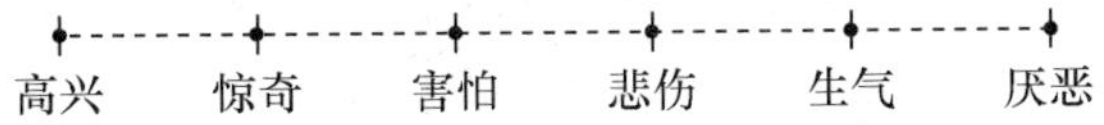

图 2-1 情绪轴

人们在工作和生活中常会出现这六种情绪，如因自己工作表现得不到合理评判而生气，因担心被公司裁员而害怕，因亲人离别而悲伤，因被选为先进工作者而高兴，因上司对待女士的暧昧态度而厌恶，因得知管理层要完全推翻原有退休制度而感到惊奇等。

（3）基本情感类型。情感按内容性质不同，可以分为道德感、理智感和美感三种基本类型。

1）道德感。道德感是关于人的行为、举止、思想、意图是否符合社会道德行为准则所产生的主观体验，它是由那些能满足人的社会道德行为准则的需要而产生的。道德感按其内容可以分为不同的感受，如对祖国的自豪和尊严感，对国家和民族敌人的仇恨感，对社会劳动和公共义务的义务、责任感，对集体主义的荣誉感，对朋友的友谊感等。

2）理智感。理智感是人在智力活动过程中，认识和评价事物时所产生的情感体验。例如，人们探索未知事件时表现出来的求知欲望，在解决问题过程中出现的迟疑、惊讶、焦躁，问题解决后的喜悦、快慰以及在评价事物时坚持己见的热情等。

3）美感。美感是人根据某种审美需要，对一定的客观事物进行评价时所产生的情感。美感不仅由客观事物本身的特点所决定，而且取决于人对美的需求以及人的审美能力。美感和道德感一样，也受社会生活条件制约。一个人对美感的需要，反映了一定社会的审美标准。不同的社会历史阶段、不同的社会制度和不同的风俗习惯，都影响着审美标准。对于外国的健康美感我们应当借鉴，但这种借鉴应当符合中国的民情和习惯，符合中国人的民族风格和民族形式，符合中国现代社会的道德规范。

3. 情绪与情感对行为的影响

心理学家通过实验证明，人在不同的情况下可以产生两种不同性质的情绪，即正性情绪和负性情绪，二者可以对人们行为的交互作用产生不同性质的影响。同一行为可以表现出不同的情绪，而相同的情绪又能导致不同的行为。

（1）情绪与情感对认知过程的影响。情绪与情感可以影响和调节人的知觉、记忆和思维等认知过程。研究表明，轻松、乐观、愉快的情绪可以使人肌肉放松、心情平静、精力集中、记忆力强、思维敏捷而活跃，可以保持大脑活动的高效率。情绪不愉快可以引起心率加快、紊乱，使人垂头丧气，注意力难以集中，从而干扰整个认知过程，降低智力活动水平。

（2）情绪与情感对工作效率的影响。愉快而热烈的情绪，能使人的大脑处于最佳状态。人在愉快的心情下学习与工作，精力集中，记忆效果好，学习和工作效率高；相反，在痛苦、烦躁不安的心情下学习与工作，注意力涣散，记忆效果差，效率下降。

（3）情绪与情感对健康的影响。乐观、愉快的情绪对身体健康十分有利，情绪不好、心情不佳、悲伤、焦虑、恐惧、愤怒、暴躁等都可能是产生疾病的原因。精神病专家认为，任何情绪情感的变化，都是人体的最高司令部大脑在调兵遣将，因而会影响到人的身体与心理的健康水平。现实生活中常有这样的例子：经常处于悲伤、焦虑、恐惧等状态的人，就容易患上抑郁症甚至出现自杀现象。因此，对情绪进行自我控制、引导、调节和适当的发泄，既有利于人们适应当今复杂的社会生活，也有利于身心健康。

2.5.2 情绪的调适与情感的应用

1. 情绪的调节与控制

调节与控制情绪的主要方法包括以下几个方面：

（1）保持情绪状态。控制情绪或化解不良情绪是情绪调节与控制的有效方法。要做到这一点，首先要了解自己情绪状态的特点，进而适当调节情绪的紧张度，并学会按自己的意愿形成适宜的情绪状态。大家都知道，林则徐曾将“制怒”二字挂在墙上以控制自己的情绪，这是用词语来防止或缓和不当情绪的一种办法；还可以利用体育活动如散步、打球、骑自行车等，来缓解因用脑过度引起的情绪紧张，达到神经平衡；也可用理智控制自己情绪发生的强度，或用注意转移来引导情绪或情感发生的方向，这些方法都有助于保持适宜的情绪状态。

（2）丰富情绪经验。不适宜的情绪，往往是由于缺乏一定的情绪经验引起的。例如，参加比赛时的惊慌，参加考试时的怯场，上岗操作时的紧张等大都如此。运动心理学的一些研究指出，为了提高运动员参加比赛时情绪的稳定性，克服惊慌情绪，可以将运动员从不太紧张的训练环境过渡到较为紧张的比赛环境，再过渡到更高一级的紧张的比赛环境，直到运动员学会借助自控能力适应“引起最大惊慌和恐惧”的环境为止，这就是丰富运动员参加体育比赛时的情绪经验的做法。

（3）引导情感方向。人们对事物的观察和体验，对生活中的问题与挫折，倘若只从一个角度来看，可能引起不安，造成终日苦闷和烦恼。如果更换一个角度，重新审视这些现象，可能会是另一个结果，会使消极的情绪或情感转化为积极的情绪或情感。例如，在培训中，有些新人常常由于某一部分技能难学而产生对上岗信心的缺乏，培训师就要帮助、引导员工提高认识、增加自信，引导他们的情绪和情感向正确的方向发展。

2. 情感的培养

情感的丰富与否可以通过培养改善。

（1）树立高尚积极的人生观和世界观。一个人的情感是和他的意识倾向相联系的，而人生观和世界观又是意识倾向的核心成分。因此，只有树立正确的人生观和世界观，才能培养人们高尚的情操、深刻而鲜明的情感、热忱和乐观的精神。

（2）丰富情感体验。职场热身和实习是丰富情感经验的有效手段。操作时，首先，可以通过提高人们的思想认识和觉悟，不断丰富人们的情感观念；其次，可充分利用文艺作品和各种丰富多彩的活动对人们进行教育，激发人们情感上的共鸣；最后，应努力引导人们从学习和个人成长上获得满足，增加愉快的情感体验。

（3）培养幽默感。幽默是一个有助于个人适应的工具。它可以使本来紧张的情绪得以松弛，使窘迫的场面在笑声中变得轻松，增添自己工作生活的乐趣。学会从光明的一面看事物，就能发现其积极面。我们应培养员工成为逆境之中不忘欢笑、困厄之下不改其志，从不悲观、永不丧气，总是充满信心、奋力向前的一代新人。

3. 情感在管理中的应用

情感管理就是管理者以其真挚的情感，增加管理者与员工之间的情感联系与思想沟通，满足员工的心理需要，形成和谐融洽的工作与学习气氛的一种管理方式。能否将情感融入组织的管理工作中，是判断管理者能否成为一名成功情感型领导的重要标志。

（1）了解、预见并控制人的行为。每个人都有自己的行为方式，组织行为学要求管理者学会理解员工的行为方式，并影响和控制员工的行为，让员工做管理者想做的事，这是管理的艺术。要掌握这种艺术，管理者必须了解员工的行为。要识别一个人并不需要成为心理学家，但是首先必须对人的基本行为方式有一个全面的了解，只有这样，管理者才能有效地实施情感管理，向员工传达关爱，并从中获得最大效益；其次，管理者要了解员工的需要，不仅仅是物质上的需要，还有精神上的需要，因为这些需要都是员工行为的根源。

（2）重视每个人。心理学家威廉·詹姆斯说："人性的第一原则是渴望得到赞赏。"记住，这是人际交往的根本秘诀。任何人都渴望得到别人的注意，渴望被重视、受赏识与被赞扬。重视员工，员工就会比以前更加努力地做事。表扬和认可已成为一种新的沟通方式，可用来向员工传达公司关注的重点和要求。从某种意义上说，对一名员工的最大伤害，莫过于对他置之不理。因此，管理者应注意三个问题：1）让员工知道你不仅需要他，而且离不开他，以确立他渴望的特殊的身份；2）鼓励员工谈论自己和自己的兴趣；3）用心去呵护员工，防止造成伤害，如有伤害就应尽力去弥补。

（3）做好精神和思想上的引导。管理者在与员工进行情感沟通的时候，采取什么方式是非常重要的。管理者与员工相互关系的质量和深度对员工的去留起着决定性的影响。作为管理者，还要学会随时唤起员工的工作热情。很多情况下，人们的行为是由激情来支配的，而不是靠逻辑和因果。先以情感人，再以理服人，才是比较有效的管理方法。没有"情"的"理"是难以让人服从的。如果你想改变别人的看法，首先要弄清楚对方的真实想法，弄清楚问题的根源，然后用建议的方式，而不是用命令去尝试唤起对方按自己的思维来办事的热情，最后再向他灌输事情的"逻辑"，才比较容易达到预期的目的。

以情感激发员工的积极性，日本的一些企业家为现代管理者提供了非常成功的经验。他们根据员工的心理需求和生活需要，制定了一系列行之有效的措施，有效地激发了员工的积极性，可资借鉴。

资料链接：日本企业的员工管理

1. 让员工参加管理

日本企业特别强调宣传企业的发展与员工的关系，以命运共同体的形式调动员工参与管理活动的积极性，定期调查青年员工的思想动态，应用行为科学鼓励他们参与企业的生产经营活动。

员工参加管理不是走形式，而要发挥每个人的积极性，尊重每个人的个性与特长，从而形成企业既有共性又有各自特点的特性，员工参加管理采用的是结合实际的多样化形式。

2. 终身雇佣制

终身雇佣制是日本企业维持其高效管理的一大支柱，它在防止员工盲目流动、抑制员工的短期行为、增强企业的凝聚力和员工对企业的认同感方面，起了积极的作用。

日本企业家一致认为员工稳定是办好企业的首要条件，员工一旦加入某个企业，企业就应该永远把他作为自己人，在一般情况下，日本企业的员工也不愿意流动。他们认为，一旦加入某企业就应该忠于该企业，对其尽心尽责，与之休戚与共。为个人利益而随意流往其他企业，往往被视为背叛。

3. 人员培训和使用

日本大企业的新员工都要经过培训才能正式走上工作岗位。例如，在松下集团工作的20多万雇员，所有专业人员都要经受从基本业务开始的为期6个月的内容丰富的训练。

日本企业注重知人善任。新员工进厂后，10年内基本上不为其安排固定的工作，而是让其到各主要部门和分支机构去锻炼，并进行年度考核评定。10年以后，根据员工在不同工作岗位上的能力表现进行全面评估，而后再按其所长安排相应的固定的工作。

4. 年功序列工资制

在日本企业中，员工的收入分为工资和红利两部分，工资是固定的，红利则随企业收入的多少而上下浮动，日本企业员工的工资差别不大，日本企业家认为，工资收入差别过大，不利于内部团结，不利于员工之间的友好合作，会影响士气，降低生产效率。日本企业家坚信内部的团结与亲密无间会创造出奇迹。

日本企业界的做法有其文化特色，其中“员工收入差别过大，不利于内部团结”的观点，切中中国国企之时弊。当今企业管理越来越向解放人的个性和富有人情味的方向发展。而且，社会越发展，经济和文化带来的全面发展和充分尊重个体的需求就越强烈，情感因素在调动员工积极性中的作用就会越大。

2.5.3 情商的理论研究及其应用

1. 情商的含义

1995年，美国哈佛大学心理学教授丹尼尔·戈尔曼提出了“情商”的概念，他对情商的定义是：情商是指人们对自己的情感、情绪的控制管理能力和在社会人际关系中的交往、调节能力，相对于智力而言，它更能决定人的成功和命运。

丹尼尔·戈尔曼在其所著的《情感智商》一书中指出：“情商高者，能清醒了解并把握自己的情感，敏锐感受并有效反馈他人情绪变化的人，能在生活的各个层面占尽优势。情商决定了我们怎样才能充分而又完善地发挥我们所拥有的各种能力，包括我们的天赋能力。”可见丹尼尔·戈尔曼的观点偏重的是人们在日常生活中的自知、自控、热情、坚持、社交技巧等心理品质。他将情商的内涵概括为以下5个层面：

（1）认知自我情绪。认识情绪的本质是发表意见的基石，这种随时随地认识感觉的能力，对了解自己非常重要。不了解自身真实感受的人势必沦为情绪的奴隶，反之，掌握情绪才能成为生活的主宰，而对各种抉择方能妥善处理。

（2）自我管理情绪。自我管理情绪是建立在了解自我的基础之上，调控自我情绪，使之适时、适地、适度的过程。一个人的情绪不能一味地压抑，也不能一味地放纵，情绪的良性调整对身心健康和人际关系都有重要的作用。

（3）自我激励。保持高度热忱是一切成功的动力。能够自我激励的人做任何事情都具有较高的效率。内心涌动着激情，方能坚持不懈并高效地成就自己的事业；对于领导者而言，善于自我激励并保持高度热忱能够使员工满怀信心地工作。

（4）认知他人情绪。这是最基本的人际关系能力，也是在自我认识的基础上发展起来的。有的人看什么都熟视无睹，麻木不仁；而另一些人则总能和别人分享快乐、分担痛苦，把自己的感情融入对方，把对方的感情引向自身。在人际交往中，认知他人的情绪并顺应他人的情绪有着至关重要的作用。换位思考、感情移入是认知他人情绪的常用技巧。

（5）人际关系管理。人际关系管理是管理他人情绪的艺术。它要求人们能在认知他人情绪的基础上采取相应措施，与他人建立并维持良好关系。一个人的人缘、领导能力、人际关系、和谐程度都与这项能力有关，充分掌握这项能力的人常常能成为社会上的佼佼者。

2. 情商的训练

情商的高低对事业成功起着至关重要的作用。人们无法预定智商，却可以提高情商，一个杰出的人未必有着高智商，却一定有着高情商。提高情商其实有着简便易行的方法，重要的在于坚持。

（1）学会划分心理界限。这点在人们交往中十分必要。也许有人认为与他人界限不明是一件好事，人们之间就不会发生争吵。其实它的不利之处在于，别人经常伤害你的感情而你却不知，界限能力差的人易患病态恐惧症，所以心理界限清晰对大家都有好处。

（2）学会使自己平静。学会在情绪快要失控时，找个适合的方法使自己平静下来，这对提高情商很有帮助。控制情绪有很多策略，其一是注意心律，它是衡量情绪的精确尺子。当你的心跳快至每分钟100次以上时，整顿情绪至关重要。可以选用以下方法让心情平静：1）深呼吸，直至冷静下来；2）自言自语，比如说“我正在冷静”；3）水疗法，洗个热水浴，会让你的怒气和焦虑随沐浴露的泡沫一起消失；4）尝试美国心理学家唐纳·艾登的方法：想着不愉快的事，同时把你的指尖放在额头上，大拇指按着太阳穴深吸气。只要这样做几分钟，血液就会重回大脑皮层，你就能更冷静地思考了。

（3）学会自问。当你想抱怨时，先停下来自问一下：“我是想继续忍受这看起来无法改变的情形呢，还是想改变它呢?”没完没了的抱怨只会消耗力气而不会有任何结果。压力有时也并不是个坏事，它可以促使你进行改变，因为一旦压力减轻，人就容易维持现状。因此，当你准备抱怨时，先自问一下：我是想减轻压力保持现状呢，还是想让压力持续下去促使我改变这一切呢？如果是前者，那就通过抱怨把压力赶走。

（4）学会摒弃浪费精力的事物。什么是不利于人们提高情商的力量？就是一切浪费精力的事物。许多人的神经系统就像老人的手一样长了厚厚的老茧，已经习惯并意识不到精力的消耗。比如墙角有块毯子，你每次看到它，都会想到自己可能会被它绊倒。这本不是什么大不了的问题，但它分散了人的精力。可见，人们需要从缓慢地浪费精力的东西中解脱出来，以集中精力。具体可以尝试以下方法：1）列出经常消耗你的精力的事情。2）系统地分析一下名单，并分成两部分：A. 可以有所作为的；B. 不可改变的。3）逐一解决A名单中的问题。4）再看一下B名单中的问题，有没有把其中一些移到A名单加以解决的可能？5）放弃B名单中的问题。

（5）学会找榜样。你心目中的榜样不一定非是人人敬仰的大英雄，他可以是你的朋友、同学、同事。这个人看起来聪明、有趣、大方、快乐、能干。将他作为你的榜样，可以想：他所能做的我也可以，但我们的风格迥异，我不可能以他的方式完成他所做的事，但我会模仿他做的一些事。你会在模仿的过程中自然而然地提高自己的情商。

（6）学会从难以相处的人身上学东西。人们周围有许多难以相处的人，人们多么希望这些人能从自己的生活中消失，因为他们会让人生气、绝望甚至发狂。然而，这些人正是提高情商的帮手。你可以从多嘴多舌的人身上学会沉默，从脾气暴躁的人身上学会忍耐，从恶人身上学到善良，而且，你不用对这些“老师”表示感谢。

（7）学会不断尝试新的行为方式。首先，要了解自己的性格特征。你是一个性格开朗外向的人，还是性格内向的人？你喜欢提前计划好每一天，还是毫无计划？如果可以的话，每个人都会选择自己偏爱的方式。然而，打破常规，尝试截然相反的行动会更有助于人们的成长。

3. 情商在组织管理中的运用

情商管理是对以往的管理观念和管理方式的一种挑战。在对待人的问题上，过去的管理理论关注的是抽象的人性。从X理论到Y理论以及超Y理论等都是如此，管理学家们一直对人的需要和工作动机争论不休。虽然现在人们在某种程度上注意到了情商对工作的影响，但认识十分肤浅。

近20年来，有关团队精神和企业文化的研究发展很快，相比之下，管理者忽略了企业中情商的因素。正是意识到这点，过去的几年中在发达国家特别是在美国，人们逐渐把情商运用到企业管理中，用到招聘、培训、人员安排、绩效评估等各个具体工作环节上。

（1）在招聘中的应用。越来越多的组织在员工招聘时开始注重情商因素。考察的主要方法是观察应聘者的一些外在特征来评价其情商高低。如在面试时，通过观察应聘者的站姿或坐势，看其意志、毅力等控制力；让应聘者模拟情景，从语言、表情中判断其个性、心态等情绪控制力等。

（2）在组织培训中的应用。在组织的培训学习中，培训的目标和方法不仅仅要考虑组织的技能等目标需求，更重要的还要考虑员工的情商因素。如在培训内容、培训方法的设计和选择上，要事先征求员工的意见，了解员工的动机和需求后才能确定，否则会影响培训成效。

（3）在人员安排中的应用。组织为了充分发挥人的作用，挖掘人的潜力，真正做到“人尽其才”，就要在人员安排上根据岗位特点，充分考虑性格、气质、情绪控制力等情商因素，做到因人择事。

（4）在员工的绩效评估中的应用。在绩效评估中，管理者除了要注意员工的绩效、能力以及组织的内外环境外，还应注意组织成员的个人感情、人际关系以及言谈举止等各种因素。随着“以人为本”的管理思想的深入，在绩效评估中，组织管理者应将考核重点放在目标制定、考核方法、考核手段和考核结果的反馈上，这样才能消除员工对评估结果的猜疑，调动员工积极性，达到绩效评估的真正目的。

目前国内企业在组织管理中运用情商理论尚处在起步阶段，很多问题需要深入研究。但是，大多数企业也已经认识到情商理论在如下方面可以发挥重要作用：

（1）激发员工的热情，减少员工情绪压力。由于现代社会是一个科技发展迅猛、竞争异常激烈的社会，对在新体制、新观念、新知识下工作的人们提出了更高的要求。与以往相比，工作中遇到的各种压力更多、更大，由焦虑、压抑、挫折感引起的思维障碍和情绪不适往往导致紧张工作的人们注意力分散、频频失误和攻击行为增加，给企业和个人的发展造成不必要的麻烦。情商管理从情商的角度激励其成员，引导员工积极正确评价自我，勇敢坦然地面对困难，控制自己，满腔热情地努力进取。在这种气氛下，员工的进取心、毅力和创造性都可以得到最佳发挥，企业的发展后劲就有了最好的保证。另外，情商管理可以提高员工认知和调控情绪的能力，以便使员工以更理想的情绪状态投入工作，并且在急剧变化的社会里，可以提高企业和员工的适应性，以积极灵活的姿态接受并推动组织的变革和发展。

（2）增强合作精神，提升企业竞争力。21世纪，管理者面对的是高度专业化和知识化的员工，工作的基本单元是工作中相互依赖的群体而非个人，所以企业的生产力将取决于他们之间的协作和配合。如果企业内部矛盾重重，纷争不断，那么组织即使拥有再雄厚的资金和技术实力，也很难发挥出应有的能量，无法面对外部的挑战。针对这些情况，情商管理不仅要着力于员工的社会情感学习和人际关系能力的提高，而且要对管理制度、领导艺术、环境等与情商有关的各方面进行综合管理，改进人们在一起工作的方式，让员工们在互相帮助、互相鼓励的环境中尽情发挥其才干和创造性。不仅如此，情商管理还能够塑造高情商的团队，这对增强组织的外部市场竞争力是极为重要的。

（3）获得直接和间接的经济效益。实验发现，经济效益比较好的企业中的员工通常有机会、有渠道向他们的上司提出意见，这些企业定期召开员工代表大会与座谈会，收集员工的意见并形成制度。虽然有些意见并不一定是正确的，但这缓解了员工的不满情绪，引导大家达成共识，有利于最大限度地发挥员工的才能，减少内耗，从而提高劳动生产率。同时，由于集思广益，可以避免企业犯重大的决策错误。此外，研究还发现经培训的员工其健康状况也有所改善，公司的医疗支出也随之降低了。可见，高情商、低内耗带来的经济效益十分明显，其潜在的效益更是无法估量。

本章小结

学习本章，应对组织中的个体行为有一个基本认识。个体心理特征是决定个体行为的基本因素，心理特征是影响行为的原因，个体表现是行为的结果。

知觉是当前直接作用于感觉器官的整个客观事物在大脑中的反映。知觉具有选择性、整体性、理解性和恒常性。

价值观是一个人对周围的客观事物的意义、重要性的总评价和总看法，它影响个体对他人的看法和人际关系。不同个体的价值观不尽相同，同一时代人的价值观有其相似性。当员工的价值观与组织的价值观相匹配时，绩效和满意程度可能会高一些。不同文化背景下的价值观会发生冲突。

态度是个人对某一特定对象的心理倾向。态度由认知、情感和（行为）意向三种因素构成。凯尔曼认为态度的形成要经过顺从、认同和内化三个阶段，这三个阶段对把握态度特征非常重要。

工作满意度是个人对他所从事的工作的一般态度，即员工完成工作所获得的满足程度。高工作满意度不一定导致高绩效水平，而工作不满意则可能导致离职、缺勤、迟到等行为发生。

情绪、情感是对客观事物是否符合人的需要而产生的主观体验；情商是发掘情感潜能，运用情感能力影响生活的关键品质因素。情商高低可以决定一个人的事业能否成功。

【案例分析与思考】

别了，牛根生的“蒙牛模式”

1958年，尚未满月的他被父母以50元卖给牛姓养牛人，养大成人后取名为牛根生。他从小生活困难，尝尽世间冷暖。牛根生后来说：“（养）母亲嘱咐的两句话让我终生难忘，一句是‘要想知道，打个颠倒’，另一句是‘吃亏是福，占便宜是祸’。十几岁时养父母去世，我差点饿死冻死。”复杂经历造就了他的性格：容忍、刚强、独立、不屈不挠。1983年，牛根生进入伊利前身厂，从洗瓶工、班组长做到副总裁。八年时间牛根生让伊利雪糕销售额由15万元增长到7亿元，成为中国冰激凌第一品牌。1999年，牛根生卖掉在伊利的股份，用100多万元注册蒙牛，拉了同样在伊利郁郁不得志的兄弟们凑了1 000多万元，从国企体制中挣脱出来，闯荡江湖。牛根生常说：“城市多喝一杯奶，农村致富一家人。”截至2007年蒙牛每年向养牛奶农发放奶款数十亿元，牛根生在伊利期间，拿公司给他买车的钱为每个部下买了辆面包车，曾将108万元年薪分给大家。创办蒙牛后，他把每年红利大半用来奖励员工和经销商。2005年1月，牛根生又捐出价值10亿元的全部股份，成立“老牛专项基金”。老牛捐款总额居2007年胡润慈善榜前三名。

然而这几年蒙牛花在经营销售策略上的精力远远超过对牛奶品质的探求。公司用资助“超级女声”之类的活动来聚集人气，认为只要明星们踊跃推荐就能得到市场认同，忽略了产品研发与监管品质，结果出现不少损害消费者权益的案例。

牛根生曾说：“蒙牛有一个飞船定律，不是在高速中成长，就是在高速中毁灭。如果达不到环绕速度，那么只能掉下来；只有超越环绕速度，企业才能永续发展。”结果，一头牛跑出了火箭速度。仅用短短8年时间，蒙牛成为全球液态奶销售冠军、中国乳业销售总冠军。蒙牛集团被视作中国企业顽强崛起的标杆，“蒙牛现象”成为经济界最热门的专有名词之一……2007年蒙牛营业收入达213亿元，净利润9.36亿元，成为国内首个销售破200亿元的乳品企业，一时成为传奇。

但这种调整扩张同时给企业带来了负面效应。媒体报道过，有私营牧场主曾透露，蒙牛进入一个城市后，由于缺乏奶源，便通过降低检验标准来解决该问题，还和当地的企业抢奶源。

2008年蒙牛噩梦降临。牛根生3月在哈佛大学演讲时谈“大品牌就得负大责任”，而仅半年后，蒙牛与伊利、光明等国内标杆乳企同遭三聚氰胺事件重创，三巨头总共亏损近30亿元。三聚氰胺事件让蒙牛发展的火箭速度戛然而止。

“粗放式的扩张病”恶性发作，近年来蒙牛出现过特仑苏事件、三聚氰胺事件、陕西学生喝蒙牛牛奶集体中毒事件、蒙牛雪糕“细菌门”……问题产品频出，还陷入了“诽谤门”“公关门”，蒙牛的企业形象一落千丈。中粮集团2009年入股蒙牛公司后，扩张的步伐更大。无疑，一味扩张而不顾及自己管理能力的话，迟早是要出大问题的。

2011年6月10日，在毫无征兆的情况下蒙牛乳业对外宣布，其创始人牛根生辞去董事会主席一职，同时宣布委任董事局副主席、中粮集团董事长宁高宁为主席。蒙牛最终被国企收购。从此，自三聚氰胺事件后就很少在媒体面前露脸的牛根生，淡出了公共视野。

乳业专家王丁棉认为，对于蒙牛，牛根生的功过应为六四开，六分功四分过，因为是他使蒙牛从无到有，成为行业龙头。但从国内整个乳业看，他的功过比例则应倒过来，四分功六分过，因为他激进的策略，使乳业摊子铺得过大，导致奶源供应不足，引发整个行业哄抢奶源——这也间接导致三聚氰胺事件的发生……

三聚氰胺事件后，牛根生"养牛"的愿望变得强烈——他创立"现代牧业公司"，"得奶源者得天下"正成为蒙牛如今追求的目标。如果没有三聚氰胺事件和其他复杂情况，牛根生不会将大笔资金花在这种见效慢、费用高的经营上。某种意义上说，放弃"飞船定律"，就是告别"蒙牛模式"。

该案例给我们的启迪是多方面的，突出的一点是：性格决定命运，态度限定行为，有什么样的价值观成就什么样的事业、导致什么样的命运。人们在从事其选择的职业时，决定性的因素是因其出生环境、教育状况而形成的不同个性。从个性之间的差异入手，探讨有关个性、个性差异对个体行为的影响，说明管理者应更系统深入地了解有关个体行为，增强预见和影响他人行为的能力。

思考：

1. 依据有关个性理论，对牛根生的能力、气质、性格进行分析，探讨个体差异与个体行为的关系。

2. 结合本章内容回答牛根生人生的几个阶段给了你什么启迪。

【复习思考题】

1. 怎样理解"我们看到的并不是现实，而是对自己看到的东西作出解释并称它为现实"这句话？
2. 知觉的含义及特性是什么？
3. 社会知觉偏差表现在哪几个方面？
4. 个性具有哪些特征？
5. 分析气质差异、能力差异及性格差异在管理中的应用。
6. 改变态度与价值观的途径有哪些？
7. 什么是工作满意度？员工出勤率高意味着员工满意度高吗？请分析说明。
8. 如何调整情绪和情感？情绪与情感对人的行为有哪些影响？
9. 如何提高情感管理水平？
10. 什么是情商？如何进行情商训练？

【管理技能实训】

1. 结合本章所学理论，结合本章开头与结尾的案例，对照自己的经历，找出自己最突出的情商缺陷，以小组为单位讨论如何改进自己的情商。请认真思考后写出自己的改进计划并马上付诸行动。

2. 分析自己的个性，结合所学的知识考虑一下适合自己的职业，并为自己的职业生涯做一个规划。

第 3 章　激励理论与实践

本章提要

管理的主要对象是人，在组织中如何激励员工，提高工作绩效，从而高效地实现组织目标是管理的一个永恒的主题。本章从需要、动机、行为的相互关系出发，讲述了激励的概念及过程，介绍了内容型激励理论、过程型激励理论和行为改造型激励理论，同时介绍了综合激励模型。在此基础上，分析了各种激励理论对管理实践的启示及指导意义，并且讨论了提高激励水平的原则与方法。

学习目标

1. 理解激励的概念和激励过程；
2. 了解需要、动机与行为之间的关系；
3. 掌握内容型激励理论、过程型激励理论和行为改造型激励理论的主要内容；
4. 领会综合激励模式的基本内容及启示；
5. 能够运用各种激励理论分析解决实际问题。

引例

西南航空公司成功的奥秘

美国西南航空公司是世界上最知名的公司之一，它取得成功的重要原因之一是这个公司的飞机从到达机场那一刻至起飞，通常只需 15 分钟的周转时间，远低于同行业其他航空公司的 35 分钟。为什么西南航空公司能够创造这宝贵的 20 分钟的优势？与其他航空公司的飞行员大多等待起飞命令不同，西南航空公司的飞行员帮助打扫客舱并在登机口协助乘客登机，可以说西南航空公司的空服人员、地勤人员齐心协力完成了飞机地面周转的工作，大大缩短了飞机的周转时间。

也许有人认为，西南航空公司的飞行员一定会有额外的补助，或者他们拿到了高薪。然而，数据显示，西南航空公司的空服人员每小时收入为 18 美元，美国的大陆航空公司为 20 美元，美国航空公司为 23 美元。可见，西南航空公司的薪酬并不高，甚至低于市场的平均水平，但西南航空公司的员工流失率非常低，很多跳槽到西南航空公司的飞行员甚至拒绝了两倍于西南航空公司起薪的公司，这些跳槽的员工说：有竞争力的薪酬很多时候远远不如付出得到及时的认可更吸引人。

西南航空公司成功的奥秘在哪里？关键在于一直很好地把握了员工激励模式的变化。

3.1 激励概述

一个组织要达到其目标，关键的依靠力量是员工，而发挥员工作用的一个重要手段是激励。激励（Motivation）是组织行为学的核心问题，从 20 世纪 60 年代至今，激励一直是企业管理研究的热点。美国通用食品公司前总裁弗朗克斯曾说："你可以买到一个人的时间，你可以雇用一个人到指定岗位去工作，你甚至可以买到按时或按日计算的技术操作，但你买不到热情，你买不到主动性，你买不到全身心的投入，而你又不得不设法争取这些。"这句话形象地道出了企业管理所面临的重点和难点问题。现代管理是以人为中心的管理，激励是以人为中心管理的核心，只有掌握和运用正确的激励手段，不断探索新的激励方式，充分发挥激励的作用，才能成为高效的管理者。

3.1.1 激励的含义

什么是激励？美国管理学家贝雷尔森和斯坦尼尔认为："一切内心要争取的条件、希望、愿望、动力都构成了对人的激励。它是人类活动的一种内心状态。"在组织行为学中，激励主要是指激发员工的工作动机，使员工有一股内在的动力，朝着所期望的目标前进的心理活动和行为过程。激励是对人的一种刺激，是促进和改变人的行动的一种有效手段，它对人的行为起着激发、加强和推动作用。激励的过程，就是领导者或管理人员引导并促进员工产生有利于管理目标行为的过程。

激励在管理实践中就是人们通常所说的调动人的积极性。激励具有以下几个特点：（1）有被激励的对象；（2）被激励者有想从事某种活动的内在愿望；（3）被激励者积极性的高低是人内在的一种可变量；（4）人的积极性只能通过观察其行为表现和工作绩效来判断。管理者的一项主要职能，就是要考虑用什么方法激励和怎样激励，使人们努力实现组织确定的目标。

激励的三要素是：强度、取向与持久。因此，从组织的角度至少要考虑：（1）人的行为动力从何而来；（2）人的行为如何被导向组织的目标；（3）这些行为如何能保持与延续。

组织中的人受到高度激励会产生三种表现：一是努力，即行为的强度大，如尽职尽责，积极主动；二是持久，即长期保持努力状态；三是朝向组织目标，即会产生有利于组织目标的优势动机并按组织需要行动。

一般来讲，在目标一致、客观条件基本相同的情况下，一个人的工作绩效与能力和受到的激励水平之间的关系，可以用公式表示为：

$$工作绩效=f(能力\times激励)$$

这个公式表明，人的工作绩效取决于他的能力和激励水平（工作积极性的高低）。能力固然是取得绩效的基本保证，但不管一个人的能力有多强，如果他的工作积极性不高（激励水平低），终究还是做不出好成绩的。而且，在一定的时间内，一个人的能力是基本稳定的，这样，员工绩效的大小，就主要取决于激励水平的高低。

有关的实验和实践活动表明，受到激励的行为与未经激励的行为，其效果是大不相同的。

资料链接：奥格登的警觉性实验

行为学家做过许多实验，证明经过激励的行为与没有经过激励的行为，其效果大不相同。美国心理学家奥格登于 1963 年进行的警觉性实验就是一个例证。实验材料是用一种光源在暗室内随机调节其发光强度，要求被试者加以判断，实验者记录判断正确与错误的次数，以测试其警觉性。实验者把被试者分为对照组、个人竞赛组、团体竞赛组和奖惩组 4 个组，给予各个组相同的时间和不同的激励语言，然后观察其判断结果，实验结果如表 3－1 所示。

表 3－1　　警觉性实验结果

组别	激励条件	错误次数	结果比较
对照组	不做任何激励	24	最差
个人竞赛组	你们这个组的成员是经过挑选的，你们每个人的注意力、觉察力都很强，现在这个实验就是要比一下谁的觉察力最强	8	最好
团体竞赛组	你们这个组要同另一个组比赛，看哪个组的成绩好	14	较差
奖惩组	判断正确予以奖励，判断错误予以惩罚	11	较好

从表 3－1 的结果比较可见，在实验中，个人竞赛组成绩最好，对照组没有任何激励方式，成绩最差，团体竞赛组和奖惩组的成绩虽不如个人竞赛组，但优于对照组。这一结果说明，人是否得到激励以及受到激励的程度对工作成绩有非常重要的影响。

3.1.2　激励的过程

激励是一个极其复杂的过程，它从人的需要出发，到实现目标和满足需要而结束，中间涉及许多因素。从大的方面看，激励过程主要有三个部分：需要、动机和行为。对人的行为过程可以作如下表述：个体产生需要，需要引起动机，动机支配行为，行为带来结果，结果导致需要的满足，行为结束，产生新的需要，如此周而复始。这是人类心理与行为的一般规律，也是激励赖以发生作用的机制。

1. 需要

需要是指人在生存与发展的过程中，感到欠缺某种条件而又力求满足时的一种心理状态。需要反映的是人对客观条件的一种依赖关系，是在人与客观环境相互作用的过程中产生的。人之所以产生某种需要，一是感到缺乏什么，有不足之感；二是期望得到什么，有求足之愿。需要就是这两种状态组成的一种心理现象。简单地说，需要就是个人对某种目标的渴求和欲望。人的一生是一个不断产生需要、不断满足需要、再产生新的需要的运动过程。

需要可以从不同的角度进行分类。

（1）按需要的起源划分，可以分为自然需要和社会需要。自然需要是指那些天然性、生物性、原始性的需要，这类需要反映了人们对于维持、延续与发展自己生命所必需的资源与客观条件的需求与欲望，如对空气、水、食物、睡眠、性、安全等的需要。自然需要是人类生活最原始、最基本的需要。一般情况下，人只有在自然需要得到满足后，才能进行正常的工作和学习。

社会需要是从社会要求转化而来的，是人们在后天的社会生活、生产和交往中产生的。在社会生活中，社会不断地向人们提出各种要求，当人们认识到接受这些要求的必要性时，社会的要求就会转化为个体的需要。如对知识、道德、劳动、社交、审美、社会赞誉、成就等的需要。如果这些需要得不到满足，人就会陷入一种内在的紧张、焦虑不安甚至痛苦的状态。

（2）按需要的对象划分，可以分为物质需要和精神需要。物质需要是人们对生存和发展所必需的物质生活方面的需要，是人们对衣食住行等有关物品、工资奖金、劳动工具、文化用品等物品的需要。物质需要是人们其他一切需要的基础，必须用物质性的资源来满足。精神需要是人们对生存和发展所必需的精神生活的需要，包括人们自由施展自己的创造才能和对社会各种精神产品的需要，如对荣誉、地位、尊重、成就等的需要。精神需要反映了社会时代的要求，随着社会的进步和生产力的发展，人类的精神需要也将不断发展。

此外，需要按作用可以分为生存需要和发展需要；按需要获得满足的来源可以分为外在需要和内在需要；按范围可以分为个人需要和整体需要（集体的、国家的、公共的需要）；从医学的角度可以分为生理需要和心理需要等。

2. 动机

需要是动机产生的基础或内在条件，动机是行为的直接推动力。人主观上有某种强烈的需要，当客观环境具备了一定满足需要的条件（诱因）时，就会产生追求实现某一目标的驱动力，即动机。心理学上把能激发人的行为并引起行动来满足某种需要的欲望、愿望、念头、理想、信念等主观心理因素统称为动机。当人有了动机以后，大脑就会驱使人去寻找和选择满足需要的目标，如饥饿时，大脑会支配人去寻找食物。当目标找到后，就可能进行满足需要的活动，即行为，最后使需要得到满足。也就是说，动机引起行为、维持该行为并导向某一目标来满足需要。

动机的产生除了需要外，外部诱因的存在也是一个重要条件。诱因是指能够激起人的定向行为并能满足某种需要的外部条件或刺激物，如闻到食物的香味可使人觉得饥饿。动机中，需要比较内在、隐蔽，是支配人活动的内在原因；诱因是与需要相联系的外界刺激物，它吸引了人的活动，并使需要有可能得到满足。在实际生活中，人的行为往往取决于需要与诱因的相互作用。但是外因是变化的条件，内因才是变化的根据，外因要通过内因而起作用。如果一个人已经吃得很饱了，食物的香味再大也不可能引起他的食欲了。总之，产生动机的根本原因是人自身的生理和心理的需要。

动机具有始发功能、指向功能和强化功能。始发功能又称驱动功能，是指动机唤起或引发行为，驱使人们采取行动。动机是行为的真正起点，有动机才有行为。指向功能是指动机使人的行为朝着特定的方向、预期的目标前进。任何动机都指向某种事物，如食物、知识、工作等。某种事物动机一旦发挥作用，它就引导人的行为向着满足其需要的方向发展，使行为具有一定的强度和持久性。强化功能又称调节功能，当动机发起行为并取得良好的结果时，它会继续发起和强化这一行为，当行为的结果不好时，它会终止或弱化这一行为。

3. 需要、动机与行为的关系

（1）需要与动机。需要与动机是两个密不可分又并非等同的概念。需要是内心体验到的某种重要事物的匮缺或不足，动机则是一种期望、意图，它直接导致人为满足一定需要而采取行动，表现出某种行为。需要是动机的源泉、基础和始发点；动机才是人行动的直接动力和原因。有需要不一定有动机，需要只有与不同的目标相结合才会产生不同的动机，并在适当的条件下显现为外在的可见行为。例如，当人饥饿的时候，就会产生进食的需要。这时如果他在家，而且家中有米、面、菜等原料，他可能产生自己动手做饭的动机。而如果某人被困在阴暗的矿井下，井下根本没有食物，这个人即使十分饥饿，也不会有寻找食物的动机，因为无谓的行动不可能满足他的需要。

从一定意义上讲，人是一种需要的动物，永远在不断出现的、未获满足的需要的推动下，去从事新的追求、活动、探索和创造。某种需要一经满足，便失去了作为动机源泉的功能，动机活力即消失，行为也就终止了，新行为的产生需待新需要的出现。需要的不满足是激励的根源。

（2）动机与行为。动机是个体行为的内部动力，动机导致行为。行为是人在社会生活中一切动作的统称，是人与环境交互作用的产物和表现，是可观察和记录的。行为的构成要素可分为内在和外在因素。内在因素包括人的身体、情绪、气质、性格、兴趣、经历等个性品质；外在因素包括自然环境和社会环境，如家庭、组织、社会、国家等环境性、文化性因素。尽管人的内在因素与所处环境的差别可能导致行为方式表现多样，但有共同点，即任何行为的产生都是有原因的，是在动机的引发与维持下进行的，因此可以通过观察个体的行为来逆向推测其动机的性质和水平。

实际上，动机与行为的关系非常复杂，两者之间并非总是对应关系，主要表现在以下几点：

1）不同的行为可能有同一个或相似的动机。如致富可采取合法手段，也有采取非法手段的。

2）同一行为中可能有不同的动机。即推动行为的动机是不同的，但表现出的行为却是一致的。如员工努力工作，有的是为了多拿奖金，有的是为了晋升，有的是为了实现自己的理想与抱负。

3）某一行为可能受多种动机的共同支配。人的活动往往不是受单一动机驱使的，多种动机并存构成了一个人的动机结构。其中，最重要、最强烈、对人的影响最大的动机是主导动机，而次要动机则可能隐藏不露。

4）良好的动机不一定产生良好效果。常有“好心办坏事”的情况发生，如因为“打抱不平”而触犯了法律等。

5）外表合理合法的行为可能源于错误的甚至不合法的动机。

6）动机的社会意义与动机的强度有直接关系。如能让员工明白自己承担的工作对组织发展的价值，他们就可能会做出更好的成绩。

因为一个人的内在动机与其外在的行为之间并不一定存在一致性，所以，管理人员不能简单地根据员工的行为来推断其动机，也不能绝对地由员工的动机来推测其未来的行为。

（3）需要、动机与行为三者的关系。一般来说，当个体产生某种需要而又未得到满足时，就会引起内心的不平衡，即产生一种不安和紧张的心理状态。在遇到能够满足需要的目标时，这种紧张的心理状态就转化为动机，推动人们去从事某种活动，向目标前进。个体达到目标时，需要得到满足，紧张的心理状态就会消除。然后，个体又会产生新的需要。这是一个不断循环往复的过程，使人不断向新的目标前进。这一过程如图 3－1 所示。

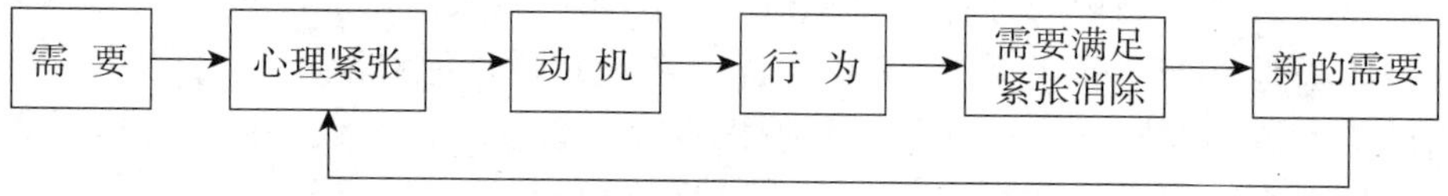

图 3－1　需要、动机、行为关系模型

这是人类心理与行为的一般规律，也是激励赖以发生作用的机制。

4. *激励的基本过程*

激励的过程就是根据人的心理与行为规律，满足人的需要的过程。在管理中对过程的不同阶段施以各种诱因、设立条件，可以使员工处于激活与兴奋状态，引起他们积极的行为反应，实现组织目标，提高工作绩效，达到有效激励的目的。激励的基本过程如图 3－2 所示。

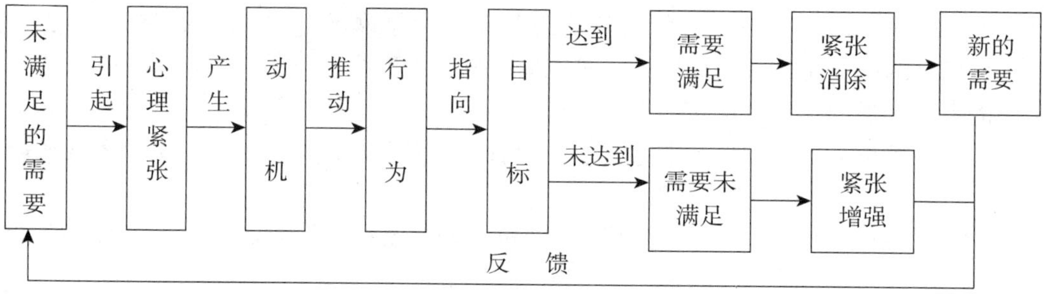

图 3－2　激励过程示意图

员工的需要没有得到满足，引起内心的不平衡，这种心理的不平衡造成员工心理紧张和生理紧张。在管理过程中，激励开始于管理者了解与把握员工未满足的需要，管理者根据员工的需要创造满足需要的条件（设置诱因），员工看到需要满足的可能性，就会产生满足需要的念头，即产生工作动机。动机推动员工采取行动，行动的方向是组织既定的目标。实现目标的结果可能有两种情况：一是达到了目标，需要得到了满足，员工原来的紧张心理就会解除，又会产生新的需要，新的需要又成为未满足的需要，新一轮的激励过程开始。二是没有达到目标，需要没有得到满足，员工原来的紧张心理状态就会增强，也进入下一轮的激励过程。

可见，对员工的激励是指通过满足个人的某些需要，调动员工付出高水平的努力以实现组织的目标。激励的实质在于通过有效的外在刺激来引发内在动机，达到激发潜能、发挥能力、努力工作、实现组织目标的目的。总之，激励是在个人需要和组织目标整合的基础上，形成强烈的实现目标的意愿，并促使其付出努力行为的整个过程。

3.1.3 激励在管理中的作用

激励的最终目标是提高员工和组织的绩效，促进员工成长，增强组织的生存发展能力，从而实现组织目标。激励在管理中的具体作用体现如下：

第一，激励可以把组织所需要的人吸引进来，并留得住。激励可以使员工自愿参加组织，忠于组织目标，为实现组织目标效力，增强组织的凝聚力和向心力。

第二，激励可以进一步调动员工工作的主动性和创造性，从而提高组织的绩效水平。每个人体内都蕴藏着极大的能量，但其在一般情况下发挥不出来，这被称为潜能。有效的激励不仅能使人积极行动，而且能使人积极思考，充分发挥其主动性和创造性，从而爆发出极大的能量，创造出奇迹。例如，日本丰田汽车公司采取合理化建议奖（包括物质奖和荣誉奖）的办法鼓励职工给公司提建议，不管这些建议是否被采纳，均会受到奖励和尊重。如果建议被采纳并取得经济效益，那么奖励将更多更重。结果仅一年，该公司职工就提出165万条建设性建议，平均每人提了31条。这给公司带来了900亿日元利润，相当于该公司全年利润的18%。

第三，激励可以促进员工最充分地发挥自己的能力，有利于组织目标的实现。管理是通过他人达到目标的行为。管理者可以通过激励使员工出色地完成本职工作，大幅提高生产效率。美国哈佛大学教授威廉·詹姆斯在对员工激励的研究中发现，按时计酬的分配制度仅能让员工发挥20%～30%的潜力，如果受到充分激励，员工的潜力可以发挥出80%～90%，两种情况之间的差距就是激励的效果。也就是说，个人平常表现的能力水平与经过激励可达到的能力水平之间存在大约60%的差距！可见激励功能之显著。

资料链接：三一重工敢于重奖的薪酬方案

三一集团把薪酬承诺数量化，在研发体系推出3136、6131、1132公开承诺。“3136”即本科生3 000元起薪，根据年度绩效每年调整10%～30%，入公司3年后，年薪不低于6万元。“6131”即硕士生6 000元起薪，根据年度绩效每年调整10%～30%，入公司3年后年薪不低于10万元。这些做法，让员工对自己的薪酬有明确的预期，也能长期地吸引人才。

在短期激励方面，三一集团也有大手笔。为保证激励的及时性，公司将30%的工资作为浮动工资，实现考核当期兑现绩效奖金。同时，为鼓励工作优异的员工还进行现金奖励，少则几百元，多则上万元。每笔奖励，公司都以积分形式计入员工档案，一直累积下去，给员工留下值得骄傲的一笔。

在中期激励上，每年1月和7月，公司根据半年度和年度绩效考核结果，对优秀员工落实晋升、调薪、送读、培训等激励。

在长期激励上，公司的中高层核心员工与公司签订3～5年的中长期绩效合约及年度绩效合约，到期后进行股权、现金等激励。2010年，根据中长期绩效合约，集团重点奖励了完成中长期工作任务的核心员工。

三一集团一线工人目前工资水平普遍达到了每年5万多元。公司不是单纯地给他们加工资，而是通过一整套科学完善的技术等级认证系统，让他们通过技术水平的提升享受更好的待遇，引导他们形成“要想富，学技术”的价值观念。现在，许多评上高级技师的员工月收入都能超过万元。

三一集团对核心员工进行股权激励，核心员工中每年都产生大量百万、千万甚至亿万富翁。为鼓励研发人员持续创新，三一集团设计了“积分制”，将研发人员的工作成果按标准换算成积分，累积到相应的数值时，就可以兑现成房子、汽车或现金。

2008年，三一集团销售收入过百亿元时，拿出了20亿元现金及股权激励核心管理和技术团队。企业的发展与员工的贡献分不开。三一集团的薪酬水平在国内同行业保持领先。公司承诺：“今后，随着员工劳动生产率和人均利润水平的不断提高，薪酬还要向同行业顶尖的跨国公司看齐，甚至超过它们。”

3.2 内容型激励

内容型激励理论着重研究激发人们行为动机的各种因素。由于需要是人类行为的原动力，因此，内容型激励理论实际上是围绕如何满足人的各种需要来进行研究的。主要包括马斯洛的需要层次理论、赫茨伯格的双因素理论、麦克利兰的成就需要理论和阿尔德弗的ERG理论等。

3.2.1 需要层次理论

需要层次理论是美国心理学家亚伯拉罕·马斯洛在1943年出版的《人类动机理论》中提出的。这一理论多年来流行甚广，影响深远。

1. 需要层次理论的基本内容

（1）人生来固有五个层次的需要。马斯洛提出了“需要等级”的概念，并指出了五个需要层次，如图3-3所示。

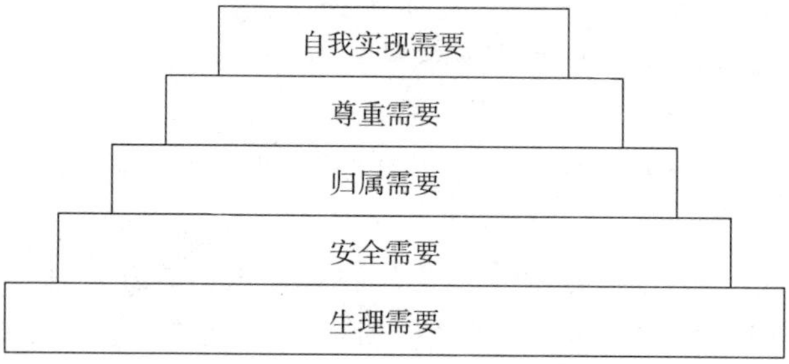

图3-3 马斯洛的需要层次

1）生理需要。生理需要是人类为了生存而必不可少的原始需要，如对食物、水、空气、衣服、休息的需要均属此类。这类需要处于需要层次结构的最低层，这是推动人们行动的第一推动力。马斯洛认为，生理需要在人类各种需要中占有最强的优势。如果一个人为生理需要控制时，其他的需要均会被推到次要的地位。例如，一个饥肠辘辘的人，通常只会想到如何消除饥饿，而不会对交响乐或学科研究有兴趣。

2）安全需要。当一个人的生理需要得到满足后，就想满足安全的需要。安全需要主要指人们希望摆脱对生病、失业、财产损失、意外事故、养老等问题的担心，也包括要求避免职业危害、渴望解除严酷的监督和威胁等。安全需要的满足，能够保证人们生活在一个免遭危险的、稳定的社会环境之中。

3）归属需要，也称社交需要。当上述需要获得满足之后，人就会产生进一步的社会性需要，即归属需要。马斯洛的归属需要包含两方面内容：一是爱的需要，即人都希望伙伴之间、同事之间的关系融洽或保持友谊和忠诚，希望得到爱的情感，人人都希望爱别人，也渴望接受别人的爱。二是归属的需要，即人渴望依附于一定的组织或团体，被团体接纳，成为其中的一员并得到关心和照顾。归属需要和一个人的心理特征、社会经历、文化素养、社会信仰等都有一定的关系，这种需要的满足，可以消除人们的孤独感、疏远感和寂寞感。

4）尊重需要。尊重需要是指人希望获得成就感以及他人对自身价值的承认与尊重。尊重需要可以分为内部尊重和外部尊重。内部尊重是指一个人希望在种种不同的情境中，自己有实力，能胜任，充满信心，能独立自主，有自尊心。外部尊重指一个人希望自己有地位、有威望，能够受到别人的关注、认可、赏识、尊重、信赖以及高度评价等。马斯洛认为，尊重需要得到满足，能使人对自己充满信心，对社会充满热情，体会到自己生活在世界上的价值。如果这类需要得到满足，就能使人奋发图强，积极上进；相反，若它得不到满足，就会使人产生失落感、自卑感或软弱感，从而丧失自信心。

5）自我实现需要。自我实现需要处于需要层次结构的最高层，主要是指最大限度地发挥自己的潜能，以实现个人的理想和抱负。在现实生活中，人都希望不断自我完善，并充分发挥个人的聪明才智，干出一番事业，取得成就，实现自我价值。对此，马斯洛有过一段精彩的描述："音乐家必须演奏音乐，画家必须绘画，诗人必须写诗，这样才能使他们感到最大的快乐。什么样的角色就应该做什么样的事。我们把这种需要叫做自我实现。"当前四种需要均基本上得到满足时，自我实现的需要就变得突出起来，当人的需要进入到这个层次时，都会表现出强烈的成就感和事业心。但这种需要的实现要比任何其他需要的实现程度小得多，因为要满足这种需要牵涉的因素多、难度大。

（2）五种需要像阶梯一样从低到高，按层次逐级递升。生理需要和安全需要属于较低层次的需要，这些需要通过外部条件就可以使人得到满足；归属需要、尊重需要和自我实现需要属于较高层次的需要，它们是通过内部因素使人得到满足的。人一般都是顺着需要层次的阶梯从低到高不断前进的，但这种顺序不是完全固定的，也会有例外。

（3）主导需要对人的行为起决定作用。一个人在同一时期可能同时存在几种需要，但任何一种需要都不会因为更高层次需要的出现和发展而消失，各层次需要之间是相互依赖并以重叠波浪式演进的。高层次的需要发展后，低层次的需要仍然存在，只是对行为的影响程度大大减小。在每一时期总有一种需要占支配地位，这种占支配地位的需要称为主导需要或优势需要，它对人的行为起决定作用。马斯洛认为，若主导需要长期得不到满足，就会引起人的一系列无理行为或导致个性缺陷。只有满足人的主导需要，才能形成最大的激励。

（4）当一种需要基本上得到满足后，追求高一层次的需要就成为驱动行为的动力。一般来说，当某一层次的需要得到基本满足时，其激发动机的作用就随之减弱或消失，就是说任何一种需要一旦得到满足，就不再是行为的动力，或者说不再是行为的主要动力。这时高一层次的需要就成为主导需要，追求主导需要的满足就成为新的激励因素。

2. 需要层次理论与管理实践

马斯洛的需要层次理论是组织行为学中激励理论的基石，得到了广泛的认可。他所提出的观点揭示了人们需要的基本层次和需要结构，使人们对人的行为的认识更加深化，他所提出的人类需要自低级到高级逐步满足的次序也大体上符合人的本性。需要层次理论最大的意义在于它指出了人都有需要，并为认识人们的不同需要提供了理论基础。

需要层次理论给予我们许多启示，并在管理实践中起到了很好的指导作用。

（1）贯彻以人为本的管理思想。马斯洛的需要层次理论告诉我们：每个人都有需要，而且需要是多方面的，他们关心的不仅仅是提高自己的经济收入，所以，仅靠金钱刺激和严格的管理制度并不能充分调动他们的积极性。管理人员必须建立以人为本的思想，即从关心员工的需要出发，切实为他们解决生活和工作方面的实际问题，给他们提供发展和成才的机会，以最大限度地调动其工作的积极性和创造性，为实现组织目标服务。

（2）要真正了解员工的需要。这是应用需要层次理论对员工进行激励的重要前提。管理者只有了解员工的需要，才能知晓其行为动力，进而设计有效的激励手段。因此，管理者应该经常用各种方式进行调研，善于发现每个员工的需要，没有得到满足的需要是什么，并根据员工需要结构的变化采取相应的措施去满足这些需要。

管理者还要特别了解和掌握员工在某一时期的主导需要，建立有针对性的激励机制。不同员工的职业、年龄、个性、物质条件、社会地位等均不相同，他们需要层次的排列及需要特点也各有差异而且经常变化。管理者应当因人而异，根据员工最迫切的需要采取有针对性的激励手段。例如，如果员工还在为生理需要而奔波，他们就无法专心于本职工作，所以管理者可以用增加工资、提高福利待遇等办法来激励员工；如果员工存在强烈的不安全感，就不要鼓励他们标新立异、冒风险，尽量为他们提供安全、有保障、能长期从事的工作；如果员工的自我实现需要很强烈，管理人员应很好地利用他们的创新精神和能力，吸引他们参与决策，为他们提供发挥才能的空间。随着社会的发展和人们生活水平的提高，人们更多关注的将是精神的、内在的需要，因此，满足较高层次的需要将更具激励作用。

（3）要注意满足员工不同层次的需要。管理实践经验表明，有效的管理者应根据不同的激励因素采取不同的措施，以满足员工不同层次的需要（见表 3－2），从而引导和控制员工的行为，实现组织目标。

表 3－2　　需要层次与激励、组织管理措施的关系

需要层次	激励（追求的目标）	组织管理措施
生理需要	工资和奖金、健康的工作环境、各种福利	工资和奖金制度、医疗保健制度、工作时间（休息）、健康工作环境、住宅设施、福利设备
安全需要	职业职位保障、意外事故的防止	雇佣保证、退休养老金制度、健康保险和意外保险制度、失业金制度
社交需要	友谊（良好的人际关系）、团体的接纳、组织的认同	协调制度、利润分配制度、互助金制度、团体活动制度、娱乐制度、教育培训制度
尊重需要	名誉、地位、权利与责任、自尊与被人尊重、与他人薪水之相对高低	人事考核制度、晋升制度、表彰制度、选拔进修制度、委员会参与制度
自我实现需要	能发挥自己特长的组织环境、承担有挑战性的工作	决策参与制度、提案制度、发动职工研究发展规划

（4）满足需要与引导需要相结合。要引导员工追求正当、合理的需要的满足，尤其是

引导员工追求对工作有益的需要的满足。如果员工的需要是正当的、合理的，企业也有条件实现，管理人员就应当采取各种措施满足他们的需要，一时难以满足的也应说明实际情况及存在的困难，讲清道理。同时，也要教育、说服员工放弃不正当、不合理或不切实际的需要。

3.2.2　双因素理论

双因素理论是“激励-保健因素理论”的简称，是美国心理学家赫茨伯格于 1959 年提出来的。

1. 双因素理论的基本内容

20 世纪 50 年代后期，赫茨伯格和他的助手在美国宾西法尼亚州匹兹堡地区的 11 个工商业机构中，采用“关键事件法”对 200 多名工程师和会计师做过一次大规模的调查和访谈。他们设计了许多问题，例如，“什么时候你对工作感到特别满意?”“什么时候你对工作感到特别不满意?”“原因是什么?”等，请被访者回答，赫茨伯格将调查获得的资料按满意与不满意因素作了综合分析。

调查中发现，造成员工不满意的因素往往是外界的工作环境产生的，主要是企业政策、行政管理、工资报酬、工作环境、劳保福利、地位、安全、监督以及人际关系等方面的因素。这些因素即使改善了，也不能使员工变得非常满意，不能充分激发其积极性，而只能消除员工的不满。赫茨伯格将这类因素称为“保健因素”。之所以称为保健因素，是因为这些因素的满足对员工产生的效果类似于卫生保健对身体健康所起的作用。卫生保健不能直接提高健康水平，但有预防疾病的效果。对保健因素处理不当，会导致员工的不满，甚至严重挫伤员工的积极性；这类因素处理得当，则能防止员工产生不满情绪，起到安抚员工、维持工作现状的作用，但对人的行为没有激励作用。

调查中还发现，使员工感到非常满意的因素一般都与工作本身紧密联系在一起，主要是工作富有成就感、工作成绩能得到社会认可、工作本身具有挑战性、能发挥自己的聪明才智、工作提供了发展的机会和责任等。这类因素的改善，不仅能让员工感到满意，而且能激发员工的责任感、荣誉感和自信心，能增进员工的满意感，有助于充分、有效、持久地调动他们努力工作、积极上进，不断提高工作效率。赫茨伯格把这类因素称为“激励因素”。保健因素和激励因素如表 3-3 所示。

表 3-3　　保健因素和激励因素

保健因素	激励因素
公司政策与行政管理 监督 与上级的关系 与同级之间的关系 与下属的关系 个人生活 工作条件 薪金 职务、地位 安全	成就 认可、赏识 工作本身（挑战性、兴趣、意义等） 责任 晋升 成长

基于以上分析，赫茨伯格修正了传统的有关“满意-不满意”的观点。传统的“满意-不满意”观点认为，“满意”的对立面是“不满意”。赫茨伯格认为，满意的对立面不是不满意，不像通常人们认为的那样，消除工作中的不满意因素必然带来工作满意。他认为“满意”的对立面应是“没有满意”；“不满意”的对立面是“没有不满意”，如图 3－4 所示。

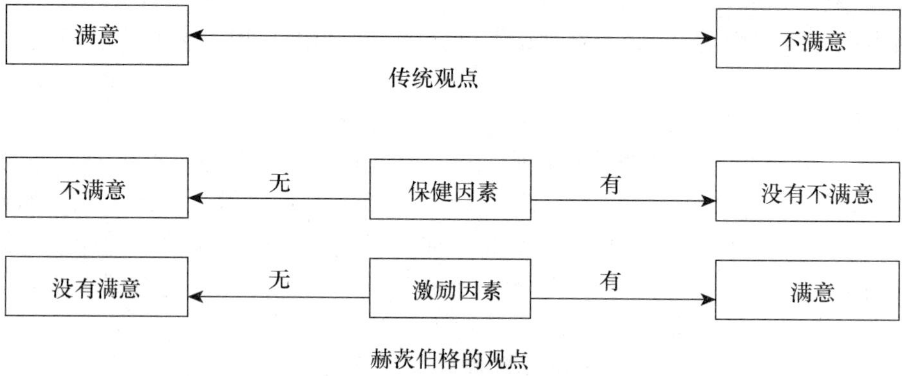

图 3－4　传统观点与赫茨伯格的观点比较

该观点认为，有了保健因素，不会“满意”，只会没有“不满意”；而没有保健因素，则会产生“不满意”。有了激励因素，就会产生满意；而没有激励因素，则没有“满意”，也没有不满意。如逢年过节，各单位发放“奖金”已成惯例。这种方式只是消除了员工在收入上的不满意因素，达到了没有不满意的状态；员工对此不会很满意，也不会因此而非常努力地工作。相反，如停发“例钱”，则走到“没有不满意”的对立面，使员工普遍不满意。

2. 双因素理论与管理实践

赫茨伯格的双因素理论在现代激励理论中占有重要的地位，特别是其所提示的内在激励的规律，为许多管理者更好地激发员工的工作动机提供了新的思路，具有重要的指导应用价值。

（1）要注意满足员工的保健因素。具备必要的保健因素，才能消除或减轻员工的不满，维持工作正常运转。处理好保健因素是进行有效管理的基础，还要建立有效的沟通渠道，让员工能够反映他们的意见和不满，以便及时化解。

（2）加强对激励因素的研究和应用。赫茨伯格的“双因素理论”提出的内在激励观点，即从工作本身或工作取得的结果激励员工的积极性，具有非常积极的意义。要认真研究内在因素在工作中的具体形式，不断发现满足内在需要的新方式和新措施。例如，关心员工成长，提供发展、晋升机会，激发成功欲望；合理安排和重新设计员工的工作，丰富工作内容，增加工作本身的吸引力、趣味性和挑战性，以避免工作单调；改革组织设置和决策程序，尽量让员工了解并参与管理和决策，增强员工的责任感和成就感；及时肯定、表扬员工的成绩，使之感到受重视和信任。用内在因素调动人的积极性，才能起到更大的激励作用并维持更长的时间。

（3）要善于把保健因素转化为激励因素。保健因素和激励因素是可以转化的。例如工资和奖金的发放，采取的方法不同，其效果也大不相同。如何使工资和奖金成为激励因素呢？首先，工资和奖金制度必须与员工的绩效挂钩，如果采用平均主义、“大锅饭”的方式，花钱再多，也起不到激励作用。其次，要使员工认识到自己与组织的发展繁荣的关系，使工资与奖金随着组织绩效的变化而变化，真正发挥激励的功效。

赫茨伯格的双因素理论同马斯洛的需要层次论既有联系又有区别。需要层次理论针对的是人类的需要和动机，而双因素理论则针对满足这些需要的目标或诱因。双因素理论中的保健因素相当于马斯洛提出的生理需要、安全需要等较低层次的需要，激励因素则相当于受人尊敬的需要、自我实现的需要等较高层次的需要。

当然，也有些人对赫茨伯格的双因素理论提出不同看法，主要是针对它运用的程序、方法和局限性。但双因素理论一直被学界和业界广泛认同。

3.2.3 成就需要理论

美国哈佛大学教授麦克利兰是研究动机的权威心理学家，他从20世纪四五十年代开始对人的需要和动机进行研究，提出了著名的“成就需要理论”。

1. 成就需要理论的基本内容

成就需要理论主要研究在人的生理需要基本得到满足的条件下，人们还有哪些需要。麦克利兰认为，人在较高层次上还有三种需要：

（1）成就需要，即追求卓越，实现目标，争取成功的内驱力。有成就需要的人具有获得成功的强烈动机，追求的是在争取成功的过程中克服困难、解决难题、努力奋斗的乐趣以及成功之后个人的成就感。他们通常具有下列特点：事业心强，乐于接受具有挑战性的工作，敢冒一定程度的风险，愿意承担责任，希望及时得到工作的反馈结果。他们善于表现自己，喜欢长时间地工作，不怕挫折，即使失败也不过分沮丧。他们追求的是个人成就而不是成功的报酬，他们希望通过自己的努力解决问题，而不是依赖他人、环境和机遇。他们不喜欢从事成功可能性很高的工作，因为他们觉得，轻而易举就取得的成功对于他们的能力不具有挑战性。

（2）权力需要，即影响他人、支配他人并不受他人控制的愿望或驱动力。不同的人对权力的渴望程度是不同的。高权力需要的人希望自己能够影响他人、控制他人，他们喜欢被置于一种“负责”的位置，善于提出问题和要求，喜欢对别人“发号施令”，乐于讲演。他们喜欢处于充满竞争和看重身份、地位的环境中，非常看重个人的声望和对别人的影响，注重争取地位和影响力。他们喜欢具有竞争性和能体现较高地位的场合或情境。他们也会追求出色的成绩，但他们这样做并非为了追求个人的成就感，而是为了获得地位和权力或是为了与自己已拥有的权力和地位相称。权力需要是管理成功的基本要素之一。

（3）亲和需要，即寻求被他人喜爱和接纳、建立友好亲密的人际关系的需要。具有高亲和动机的人喜欢与别人保持一种融洽的关系，倾向于从友爱、情谊的社交中得到欢乐和满足，他们愿意与他人进行交往，至少是为他人着想，这种交往会给他们带来愉快。高亲和需要者喜欢合作而不是竞争的工作环境，希望彼此之间能够沟通与理解，他们对环境中的人际关系更为敏感。有时，亲和需要也表现为对失去某些亲密关系的恐惧和对人际冲突的回避。

上述三种需要的思维特征和行为特征的比较如表3-4所示。

表 3-4　　三种需要的比较

类型	典型的思维特征	典型的行为特征
成就需要	经常琢磨如何把事情做好，超过别人； 经常想干些与众不同、独特的事情； 经常想要达到或超过某个标准； 经常考虑个人事业的前途、发展等问题	愿做冒险程度适中的事； 树立的目标虽较实际，但有一定难度； 想方设法了解自己的工作成绩或过程； 做事积极、主动，力求创新； 更愿与专家而非朋友共事
权力需要	经常想采取果断而有力的行动； 经常考虑帮助、支持和忠告别人； 经常考虑如何提高自己对别人的影响力及控制整个局面的能力； 经常考虑行动的后果、别人的评价或反应； 经常评价自己的社会地位、名望和名誉等	参与组织的决策制定； 搜集和炫耀带有较高地位标志的物件； 通过说服、帮助或支持来影响他人； 追求官位； 千方百计搜集、掌握并且运用那些能控制别人的材料信息
亲和需要	经常考虑如何与人建立和保持深厚、牢固的友谊； 经常考虑如何取悦别人； 视集体活动为社交的好机会； 经常担心别人与自己闹矛盾	广交朋友； 经常与人谈知心话、给人写信或打电话等； 愿与人共处而非独自一人； 更愿与朋友而非专家共事； 喜欢获得别人的表扬； 经常附和或迎合别人的需要，同时也愿给人以同情和安慰

以上三种不同的需要反映了人不同的偏好。在一个组织里，偏好任何一方面需要的人都是有价值的，应该合理地搭配、组合，力求发挥每一个人的专长，做到人尽其才。亲和需要是保持社会交往和建立良好的人际关系的重要条件，也是建立和谐组织的必备条件。亲和需要强的人有利于组织建立融洽的人际关系，有利于人们的身心健康和相互合作。少量权力需要强的人对组织也是必要的，因为组织是由很多不同的人组成的，所以必须有少数人对其他人进行有效的组织、协调和控制，使大家朝着共同的组织目标前进。麦克利兰认为，在三种需要中，成就需要处于核心地位，具有高成就需要的人，对组织有十分重要的作用。他认为，在一个企业中，成就需要强的人越多，企业的发展和成长就越有保障，劳动生产率就越高，企业就会发展很快。一个国家如果有很多这样的企业，整个国家的经济发展速度就会高于世界平均水平。他还通过系统分析发现，古希腊、中世纪的西班牙和1400—1800年的英国以及当代的一些国家，不论是资本主义国家还是社会主义国家，发达国家还是发展中国家，都是如此。同样，一个国家拥有越多成就需要强的人，就越兴旺发达。

资料链接：一句话激励了斯卡利的使命感

苹果公司创办人乔布斯在公司刚成立时，因为缺乏营销专业人才，他找上了百事可乐前总裁斯卡利。

斯卡利在百事可乐战功彪炳，他主导的营销活动曾为百事可乐抢到不少市场占有率。为了说服斯卡利，乔布斯只问他："你在剩下的人生中，是想要继续卖糖水呢？还是想和我一起改变这个世界？"这句话果然激励了斯卡利的使命感，让他愿意加入当时规模远不及百事可乐的苹果。

"对于员工的激励，不只是对于过去表现的肯定，还包括对公司未来愿景与绩效的承诺与投入。”台湾IC设计大厂董事长蔡明介在媒体上曾公开表示。华硕董事长施崇棠也说：“激励可以打造一个让员工追随的愿景。”

麦克利兰对成就需要与工作绩效的关系进行了十分有说服力的推断。首先，高成就需要者喜欢能独立负责、可以获得信息反馈和中度冒险的工作环境。他们会从这种环境中获得高度的激励。麦克利兰发现，在小企业的经理人员和在企业中独立负责一个部门的管理者中，高成就需要者往往会取得成功。其次，在大型企业或其他组织中，高成就需要者并不一定就是一个优秀的管理者，原因是高成就需要者往往只对自己的工作绩效感兴趣，并不关心如何影响别人去做好工作。再次，亲和需要和权力需要与管理的成功密切相关。麦克利兰发现，最优秀的管理者往往是权力需要很高而亲和需要很低的人。如果一个大企业经理的权力需要与责任感和自我控制相结合，那么他就很有可能成功。最后，可以对员工进行训练来激发他们的成就需要。如果某项工作要求高成就需要者，那么，管理者可以通过直接选拔的方式找到一名高成就需要者，或者通过培训的方式培养自己原有的下属。

2. 成就需要理论与管理实践

麦克利兰的成就需要理论探讨了高层次需要的内容和作用，是对需要层次理论的补充和发展。在企业管理中，该理论对于把握管理人员的高层次需要具有积极的参考意义。

（1）激励高成就需要的人做出更大成就。成就需要是一个组织发展的重要动力，如果把具有高成就需要的人置于一定难度的工作岗位上，工作的挑战性就会成为其成功的动力。因此，管理者要善于发现和利用高成就需要的人才，为他们设置难度适中的目标，安排具有一定风险的活动和具有挑战性的工作，以充分发挥他们的潜能和作用。而对于低成就需要的人，组织可以分配给他们一些例行的工作任务。

（2）努力培养更多的具有高成就需要的人才。成就需要理论认为可以通过教育和培训造就具有高成就需要的人，这就促进了理论研究与管理实践的结合，对管理者有很大的启发。高成就需要不是与生俱来的，而是在人们的实践活动中培养起来的。管理者固然要了解、尊重并设法满足员工的现实需要，但更重要的是应当按照组织目标，引导并塑造员工的需要。动机是可以训练和激发的，因此要注重成就教育，强化成就动机，为培养具有高成就需要的人创造有利的发展条件。

（3）根据需要排列层次和所占比重建立激励机制。三种需要的强度在不同人中的排列层次和所占比重是不同的，个人行为主要取决于被环境激活的那些需要。由于具有不同需要的人需要不同的激励方式，所以管理者要了解员工的需要排列层次和所占比重，以有利于建立合理的激励机制。

成就需要理论是对需要层次理论的升华，麦克利兰所列的三种需要，是在人的生理需要得到满足的基础上同时存在并同时发生的，它从需要的不同方面揭示了其对人的不同激励方向，不论这种需要是否得到满足，它都具有激励作用；而马斯洛的观点是“未满足的需要——产生激励，已满足的需要——失去激励”。成就需要理论从后天形成的社会性基础上，揭示了教育和培训对“需要培养”的重要性与可行性；而马斯洛的需要层次理论认为人的五种需要是与生俱来、自然递升的，未对需要的社会教育给予重视。

由于历史和环境的原因，麦克利兰的研究也有一定的局限性。但是，他的成就需要理论中有许多可取之处，例如，他强调了精神的作用、人才的作用、榜样的作用、价值观灌输的作用与教育培训的作用等，都是值得思考和借鉴的。

3.2.4 ERG 理论

美国耶鲁大学教授阿尔德弗根据自己对员工进行大量实验研究的结果，把马斯洛需要层次中需要的五个层次归纳为三个层次，即生存（Existence）需要、关系（Relatedness）需要和成长（Growth）需要。由于这三种需要的英文名称的第一个字母分别是 E、R、G，因此被称为 ERG 理论。

1. ERG 理论的基本内容

（1）生存需要（E）。这是指人全部的生理需要和物质需要，也是最基本的需要，包括衣、食、住以及工作组织为使其得到这些因素而提供的手段，如报酬、福利、安全条件等。这实际上相当于马斯洛需要层次理论中的生理需要和某些安全需要。

（2）关系需要（R）。这是指在工作环境中对人与人之间的相互关系和交往的需要。在人的生存需要得到满足之后，自然就会要求通过与别人分享和交流感情来满足相互关系的需要。由于别人的认可和尊重是在与他人的交往中实现的，因此，关系需要实际上包括了马斯洛需要层次理论中的部分安全需要、全部归属需要和部分尊重需要。

（3）成长需要（G）。这是指人自我发展和自我完善的需要，它反映了人要求得到提高和发展的内在愿望。这种需要通过发展个人的潜力和才能而得到满足，这相当于马斯洛需要层次理论中部分尊重需要和全部自我实现的需要。

阿尔德弗的 ERG 理论的主要论点是什么？除了以三种需要代替五种需要外，与马斯洛的需要层次理论还有哪些异同？

第一，ERG 理论认为，各个层次需要得到的满足越少，则满足这种需要的渴望就越大；较低层次需要的满足会带来较高层次需要满足的愿望。这与马斯洛的理论观点是一致的。

第二，ERG 理论并不强调需要层次的顺序。该理论认为，人的需要并不一定严格按由低到高的顺序发展，而是可以越级的。也就是说，人们可以同时存在多个层次的需要，某种需要会在一定时间内发生作用，当这种需要得到基本满足后，可能上升为更高级的需要，也可能没有这种上升趋势。例如，在一个人的关系需要没有得到满足的情况下也可以为自我发展而工作，但也有可能更加关心自己的工资、工作条件和福利待遇等。人在同一时间可能有两种或三种需要同时起作用。而马斯洛的需要层次是一个严格的阶梯式序列。

第三，ERG 理论认为，当高级的需要受到挫折时，会出现需要倒退的现象。即高层次的需要不能满足时，人们会退而求其次，对较低层次需要的渴求会变得更加强烈。例如，一个人想通过承担挑战性的工作来满足自身成长的需要，但由于领导不信任、不安排等外部原因不能如愿，那么他就会转而寻求更多的关系需要或生理需要的满足，以达到心理平衡，而不是像马斯洛所指出的那样，一个人会滞留在某一特定的需要层次直到这一需要得到满足。

第四，某种需要（尤其是关系需要和成长需要）得到满足后，其需要欲望的强烈程度不仅不会减弱，而且往往更为强化。这与马斯洛的理论观点也是不同的。

2. ERG 理论与管理实践

ERG 理论是经过对企业的大量实验研究而形成的，因而对企业管理更具有启发意义。

我国一些企业在吸引人才时提出了“待遇留人、感情留人和事业留人”，这“三留人”分别相当于生存需要、关系需要和成长需要。

（1）要充分了解、理解并认真对待员工的个人需要。阿尔德弗认为，作为企业管理者，应该切实了解员工的需要。不同文化层次、不同年龄和不同职位的员工需要的重点不一样，各人不同的需要会导致他们工作中不同的表现行为，最终决定他们不同的工作结果。管理者应当找准员工的需要点，设计有针对性的激励策略，从而满足员工最迫切的需要，实现最佳的激励效果。

（2）满足员工高层次的需要才会产生持久的激励作用。ERG 理论认为，高层次的需要得到满足后，其需要欲望的强烈程度不仅不会减弱，而且会更加强烈。所以，要尽可能地满足员工相互关系的需要与成长的需要，创造条件使员工多与外界接触、交往，营造团结向上、活泼和谐的组织氛围；要提倡民主管理，吸收员工参与决策，增强员工对组织的归属感，提高企业的向心力和凝聚力；为员工提供进修、培训的机会，给作出突出贡献的员工晋职、晋级、加薪。在知识经济时代，员工的整体素质有了进一步的提高，高层次的需要就更加突显，满足员工高层次的需要才会产生持久的激励作用。

（3）要特别注意防止“受挫-回归”现象的发生。应用 ERG 理论，一定要注意个体需要的“受挫-回归”问题。如果忽视或压抑个体高层次的合理需要，就会使其倒退回追求低层次需要的进一步满足。在我们的日常工作和生活中能举出不少的实例来说明确实存在这种倒退现象，这对我们有很大的启示。例如，下属因为工作中没有足够的个人发展机会，而使其成长需要的满足受挫，那么，管理者就应该更多地为下属提供满足其生存和关系需要的机会。

国内外的一些研究证实了 ERG 理论，但也有人怀疑这个理论的普遍性。总的来讲，阿尔德弗的 ERG 理论比马斯洛的需要层次理论更符合现实，代表了需要层次理论的一种更为有效的观点。

3.3　过程型激励

过程型激励理论着重研究从动机的产生到采取行动的心理过程，它主要说明人们在各种因素的影响下对自己行为的选择过程，即说明行为怎样产生、怎样向一定方向发展、怎样保持下去以及如何结束的整个过程，它主要是从激励过程的各个环节去探索如何调动人的积极性。过程型激励理论主要包括弗鲁姆的期望理论和亚当斯的公平理论等。

3.3.1　期望理论

期望理论是美国心理学家弗鲁姆在 1964 年出版的《工作与激励》一书中提出的。该理论一出现，就受到管理专家和实际管理工作者的普遍重视。目前，人们已经把期望理论看作是最主要的激励理论之一。

1. 期望理论的基本内容

弗鲁姆认为，人之所以愿意从事某项工作并达到组织要求，是因为通过这些工作，组织会满足自己的需要，达到自己的目标。只有当人有满足需要的目标，并且预期通过自己的努力有可能达到这一目标时，才会被充分激励起来，产生内在的激发力量。这种激发力量的大小等于该目标对人的效价与人对能达到该目标的主观估计（期望值）的乘积。用公式表示为：

$$M=V\times E$$

式中：M 表示激励力量（Motivational Force），指激励水平的高低，即被激发的工作积极性的大小。它表明人们为达到所设置的目标而努力的程度。

V 表示目标效价（Valence），是指某种目标对于满足个人需要的价值大小，即人们对目标的重视程度与评价高低，或者说是目标对人的吸引力的大小。同一种目标、同一种结果对于不同的人来说，其效用价值各不相同。有人认为该目标对自己很重要，因此效价为正值；有人认为对自己无意义，效价就为零；有人认为对自己不利，则效价为负值。只有在效价为正值时，才能对人起到激励作用，效价越高，激励作用就越大。

E 表示期望值（Expectancy），是人们根据自己的经验和能力，判断自己通过努力达到某种结果的主观概率，即个人对实现目标的可能性大小的估计。人们选择行为作出努力的时候，不仅考虑目标效价，同时还考虑目标结果获得的可能性。如果完全有把握实现目标，期望值为 1；如果毫无把握实现目标，则期望值为 0。因此，期望值通常在 0～1 之间。一般而言，期望值越高，其激励作用越大。

根据期望理论的观点，若要提高激励水平，就要相应地提高效价和期望值。就是说，目标设置应当是“所愿（效价较高）”又是“所能（期望值较高）”。如果一个人认为某种目标或某种结果对他有重要的价值，而且他估计通过自己的努力有很大把握达到这个目标，他的积极性就会受到激发，使他努力去实现这个目标。如果效价很高，但个人估计达到目标的可能性很小，或者尽管个人估计有很高的达标概率，但认为该目标对自己并无意义，在这两种情况下均不能激发起人的工作积极性。

由此可见，期望值与效价的不同结合，决定着不同的激励强度：

E(高)$\times V$(高)$=M$(强激励)

E(中)$\times V$(中)$=M$(中激励)

E(高)$\times V$(低)$=M$(弱激励)

E(低)$\times V$(高)$=M$(弱激励)

E(低)$\times V$(低)$=M$(极弱激励或无激励)

根据弗鲁姆的期望模型，要激发人的积极性，必须具备以下三个条件：

（1）必须使人相信，如果他付出了努力，他肯定可以完成该项任务；

（2）必须使人相信，当完成该项任务后，他肯定可以得到组织的某种奖酬；

（3）这种组织的奖酬必须具有足够的吸引力。

这就是说，要有效地激发人的工作动机，需要正确处理好三种关系，这三种关系可以用图 3-5 表现出来：

个人努力 —关系1→ 取得绩效 —关系2→ 获得奖酬 —关系3→ 满足个人需要

图 3-5　正确处理好三种关系

关系 1：努力与绩效的关系。人总是希望通过努力得到预想的结果，如果他认为通过努力自己有能力达到目标，即个人主观上认为达到目标的期望概率很高，就会有信心、有决心，激发出强大的力量。如果他认为目标高不可攀、可望而不可即，或者是目标太低、唾手可得，就会鼓不起干劲，失去内部的动力。可见，努力与绩效的关系取决于个人对目标的期望值。期望值受到人的知识、态度、信仰等个性倾向的影响，也受到个人的社会地位、别人对他的期望等社会因素的影响。

关系 2：绩效与奖酬的关系。人总是期望在达到预期的绩效后能得到合理的回报。这里所说的奖酬是一个广义的概念，它包括奖金、提升、表扬、赏识，也包括提高个人威信、得到同事信任等。如果只要求人们对组织作出贡献，而组织却没有行之有效的物质或精神奖励制度进行强化，时间一长，人们被激发的内部力量就会逐渐消退。

关系 3：奖酬与满足个人需要的关系。人总希望自己得到的奖酬能满足个人的某些需要，如生理需要、尊重需要、成长和发展的需要等。由于人与人之间在年龄、性别、资历、社会地位、经济条件等方面存在差别，反映在需要上也有明显的差异，因此对同一种奖励，不同的人体验到的效价不同，即它所具有的吸引力不同。所以要根据人的需要，采取多种形式的奖励，才能最大限度地挖掘人的潜力，提高工作效率。

2. 期望理论与管理实践

期望理论的基础是自我利益，它认为每一个人都在寻求获得最大程度的自我满足。它有助于管理者理解个人目标与组织目标之间的关系，对于有效地调动员工的积极性具有较好的启示。合理地运用期望理论应注意以下几方面的问题：

（1）针对员工的需要设置奖励措施，以提高效价水平。激励力度与人的需要紧密相关，不同的人有不同的价值观和不同的需要。对于同一种奖励，不同的人所体验到的效价是不同的。对一份奖金，有的人很在意，有的人却不屑一顾。对运动员来说，一块金牌远比同样价值的钞票更有意义。只有当人把目标看得很重要时，才会有积极性。管理者首先要明确员工的需要，知道什么事情对员工最具有吸引力，只有满足个人需要的奖励才能成为动力。所以要有的放矢，找到员工偏爱的诱因或报酬作为激励手段，根据员工的不同需要采取多样的奖励方式，加大目标对员工的吸引力，从而收到最大的激励效果。

（2）制定切实可行的工作目标，提高员工的期望值。首先，要根据员工的能力和外部条件，制定切实可行的工作目标。目标不宜过高也不宜过低。目标过低起不到激励作用；目标过高，尽管非常诱人，但由于员工认为其实现的可能性太小，就会放弃努力，也起不到激励作用。一般来讲，设置目标的难度要适宜且被员工认同，使其感到经过自己的努力是可以达到的。其次，员工对绩效的期望值还取决于自己的技术水平和工作能力。所以要通过指导、技术培训、进修等方式提高员工的实际工作能力，并为员工创造良好的工作条件。再次，要注意加强对员工期望心理的疏导，帮助和引导员工建立合理的期望水平。由于人们的经验、能力、意志和自信心的不同，对目标的期望概率也不一样。有的期望过高，盲目乐观，易产生挫折心理；有的缺乏自信心，期望过低，易悲观失望，放弃努力。因此，在调动积极性的时候，必须注意调整员工的期望值。对期望值太高的，帮助其分析不利因素，使其正确认识主观条件与客观环境；对期望值太低的则多给予鼓励，帮助其分析有利因素并为其创造支持的环境，以增强其实现目标的信心。

（3）建立公正有效的奖励制度，提高员工的工作热情。管理者一方面要提高员工对达到组织目标的期望值，另一方面也要提高员工对其完成组织目标后满足个人需要的期望值。只有这样，员工的积极性才会被真正调动起来。所以，应当建立公正有效的奖励制度，员工完成目标应得到公平合理的报偿，报偿一定要与个人的绩效挂钩，以提高员工的工作热情。

对于期望理论也有不同的评论，期望理论在实际应用上也受到一定的限制，但它在理论上仍有重要价值，尤其是这一理论为在它之后发展起来的一些综合性激励理论奠定了基础。

3.3.2 公平理论

公平理论又称社会比较理论，它是由美国行为科学家亚当斯于 20 世纪 60 年代在其《社会交换中的不公平》《激励与工作行为》等著作中提出来的。该理论侧重于研究工资报酬分配的合理性、公平性及对员工工作积极性的影响。

1. 公平理论的基本内容

亚当斯通过大量的研究发现，人对自己是否受到了公平的对待十分敏感。他们的工作动机不仅仅受其所得报酬的绝对值的影响，更受其相对值的影响。也就是说，每个人不仅仅关心自己收入的绝对值，更关心自己收入的相对值。这里的相对值是指一个人把自己付出的劳动和所得到的报酬与他人付出的劳动和所得到的报酬进行社会比较，或者把自己当前付出的劳动和所得到的报酬与自己过去付出的劳动和所得到的报酬进行历史的比较。通过比较，便产生公平感或不公平感，这将直接影响其今后工作的积极性。

那么，人们是怎样确定报酬是否公平的呢？

设：$O_{自己}$代表个人的报酬，$I_{自己}$代表个人的投入；$O_{他人}$代表他人的报酬，$I_{他人}$代表他人的投入；$\frac{O_{自己}}{I_{自己}}$表示个人的报酬与投入之比；$\frac{O_{他人}}{I_{他人}}$表示他人的报酬与投入之比。上述的报酬包括从工作中获得的工资、奖金、赞赏、地位、表扬、对工作的兴趣等；投入包括学历、资历、知识、时间、经验、技能、职务、努力、成绩等。

公平公式为：

$\frac{O_{自己}}{I_{自己}}=\frac{O_{他人}}{I_{他人}}$　　个人与他人的报酬投入比相当，自己感到公平（满意）

$\frac{O_{自己}}{I_{自己}}>\frac{O_{他人}}{I_{他人}}$　　个人报酬投入比高，感到自己多得（满意），产生负疚感

$\frac{O_{自己}}{I_{自己}}<\frac{O_{他人}}{I_{他人}}$　　个人报酬投入比低，感到不公平（不满意），产生委屈感

研究表明，不公平感的产生绝大多数都是由于经过比较认为自己的报酬过低。但在少数情况下，一个人如果经过比较认为自己的报酬过高，也会产生不公平感。但前者更为敏感、普遍，因而更为重要。

由此可见，公平理论强调的是，一个人所得报酬的绝对值与其工作积极性的高低并无直接必然的联系，只有其所获得的报酬与其所投入的努力的比值与同等情况下的比较对象相比较，主观上感到公平、合理或是不公平、不合理，这才会真正影响人的积极性。当人主观上感到公平时，才会带来激励作用，反之，会有许多消极作用。

当人们在工作中感到受到了不公平的待遇，他往往会采取多种行为消除这种不公平感，通常采取的行动有：（1）改变自己的认识，即通过自我解释，达到自我安慰。例如，改变对自己投入的估计，由过高到适当；或改变对别人的评价，如充分估计他人付

出的劳动。（2）另选比较对象，平衡自己的心态。如选择比自己收入低的或比自己地位低的人去比较，比上不足，比下有余，取得主观上的公平感，达到心理平衡。（3）采取一定的行为，谋求改变自己的投入或报酬。例如，消极怠工，减少努力；实行计件工资的员工通过增加产量、降低质量来增加自己的工资；找一个收入更高的工作等。（4）采取一定的行为，谋求改变比较对象的投入或报酬。例如，向上级申诉理由，或想办法降低他人的报酬。（5）发牢骚、泄怨气、制造人际矛盾甚至破坏工作。（6）辞职，离开所处的环境。

资料链接：她为何想离开公司?

刘东2011年从北京的一所重点大学会计专业毕业，获得硕士学位。接受许多公司的面试后，她选择了现在这家会计公司，并被派到公司在波士顿的办事处。她对所得到的一切很满意：在一家名声显赫的大公司中有一份具有挑战性的工作，这份工作可以提供获得重要经验的机会，也提供了会计专业毕业生所能得到的最高工资——月薪2 850美元。

12个月后，公司经理对她的表现也极为满意。但尽管刚得到每月200美元的加薪，刘东的激励水平却在最近几周急速下降。原来她的公司刚刚雇用了一个多伦多大学的毕业生，此人缺少刘东在一年中所获得的经验，工资却是3 200美元，比刘东现在的工资还多150美元。除了愤怒，用其他任何语言都无法描述刘东现在的心情，刘东对同事说打算另找一份工作，事实上是想寻求一个报酬更公平的地方。

亚当斯的公平公式表明，真正影响人的工作积极性的是他所获得的报酬的相对值而不是绝对值。也就是说，一个人的工作热情，并非只受“自己得到什么、得到多少”的影响，而往往受到“别人得到什么、得到多少”的影响。人一旦有了不公平感，报酬的绝对值乃至它的本身，对激励都不起什么作用。

公平本身是一个相当复杂的问题，这主要有以下几方面的原因：

（1）公平与个人的主观判断有关。上面公式中的投入和报酬，无论是自己的还是他人的，都是个人的感觉，而一般人总是对自己的投入估计过高，对别人的投入估计过低。

（2）公平与个人所持的公平标准有关。上面的公平标准是用贡献率计算的，也有用需要率、平均率计算的。不同的公平标准会产生不同的公平感。

（3）公平与绩效的评价有关。绩效评价指标和评价方法是否合理、科学，绩效评价者是否公正、客观，这些都将影响绩效评价的有效性。如果绩效评价本身不合理，就不可能使人产生公平感。

（4）公平与评定人有关。绩效是由领导者评定，还是由员工评定或自我评定，不同的评定人会得出不同的结果。

2. 公平理论与管理实践

亚当斯的公平理论提出的基本观点是客观存在的，对我们很有借鉴价值。公平感是普遍存在的一种心理现象，我们应尽量减少员工的不公平感，这对满足员工的需要、维护身心平衡与健康、调动员工的积极性都有重要意义。

（1）重视员工的公平心理，让员工体会到组织的真正公平。管理者首先要建立和完善一套公正透明的绩效考核办法和体系，来统筹兼顾各方利益。涉及员工切身利益的要务求公平，不要“暗箱操作”，慎用发放奖酬的保密制度，避免引发猜测、埋下隐患。另外，要从结果均等转移到机会均等，努力创造公平的竞争环境。同时，还要引导员工正确看待公平、树立正确的公平观。

（2）建立按劳分配的报酬体系，营造公平合理的氛围。组织要建立和完善效率优先、兼顾公平、按劳分配、多劳多得、奖勤罚懒的规章制度，努力消除有功不奖、无功受禄和“平均主义”等现象，杜绝徇私舞弊。要尽量采用量化管理，让员工广泛参与考评和分配过程，有效监督执行情况，以提高员工的认同感和公平感，使各项政策制度得到员工的认可和有效执行。

（3）引导员工正确选择比较对象，客观认识收入差别。人们借以比较的对象和标准都是自己选定的，因此，当员工产生不公平感的时候，要有相应的机构或人员给予关注和受理，帮助员工合理选择“参照人”，合理确定“参照标准”，避免盲目攀比。要引导员工换位思考，提倡轮岗，增加不同岗位的体验。要使沟通渠道畅通，加强相互理解。对确已存在的收入差别应予以公开，向员工解释清楚差别原因和拉开差别的意图，使之心悦诚服，以此引导员工朝着组织所期望的方向努力。

公平理论也有其不足。影响激励效果的因素很多，影响公平的原因也很多，公平理论只局限于研究报酬的绝对值与相对值是不全面的。

3.4 行为改造型激励

内容型激励理论和过程型激励理论都研究如何激发人的动机、调动人的积极性的问题，而行为改造型激励理论则主要研究人的行为如何转化和改造，如何使人的心理与行为变消极为积极的问题。它主要包括强化理论与挫折理论。

3.4.1 强化理论

强化理论是美国心理学家斯金纳提出来的一种新行为主义激励理论，着重研究个体外在的行为表现，强调个人的行为结果对其行为的反作用。它指出，行为的结果如果有利于个体，这种行为便会加强并重复出现；如果不利于个体，则这种行为就会消退和终止。这种状况在心理学中被称为“强化”。可以利用这种强化的办法来影响行为的结果，从而修正其行为，这就是强化理论，也叫做行为修正理论。

1. 强化理论的主要内容

强化理论认为，人的行为可分为应答性行为和操作性行为两大类。应答性行为是由环境的刺激引起的，是本能的行为；操作性行为是由个体在内部需要的作用下自发的行为。两者的区别可由下例说明：蚊子落在脸上，挥手驱赶，这是应答性行为；安装纱窗纱门防止蚊子入室、喷洒灭蚊剂则是操作性行为。斯金纳认为，人类行为主要是由操作性反射构成的操作性行为，操作性行为是作用于环境而产生结果的行为，是我们研究的主要对象。

强化包括四种形式：正强化、负强化、惩罚和自然消退。

（1）正强化。正强化又称积极强化，是指通过外部刺激对某种行为给予肯定或奖励，使该行为得以巩固、保持或加强。驯兽员每次在动物完成指定动作后都会给它食物奖励，这就是一种正强化。在组织管理中，正强化的刺激不仅仅包括金钱和物质，还包括表扬、改善工作条件、晋升等。

（2）负强化。负强化又称消极强化，是指通过外部刺激对某种行为给予否定或惩罚，使该行为减弱、消退或终止。如告诉员工一定不要迟到，否则迟到一次罚款 100 元。由于负强化是消极强化，应当预先告知人们某种不符合要求的行为可能引起的不良后果，允许人们按要求的方式来避免违规行为带来的不快处境。

（3）惩罚。惩罚指的是以某种带有强制性和威胁性的结果，如批评、降薪、降职、罚款、开除等来制造一种令人不快甚至痛苦的环境，以表示对不符合要求的行为的否定，从而消除这些行为重复发生的可能性。

（4）自然消退。自然消退指的是对员工的某种行为不予理睬，以“冷处理”的方式表示对该行为的轻视或某种程度的否定，从而减少员工的某种行为。研究表明，撤销原先的正强化也是一种冷处理，它可以表明，领导者对原来提倡的行为不再重视了，该行为就会逐渐弱化。

在上述四种强化方式中，正强化是影响行为发生的最有力的工具，因为它能增强有效的工作行为。惩罚和自然消退只是向员工发出了不应当做什么的信号，但并没有告诉员工什么做法才是组织所希望的。负强化则会使员工处于一种被动不快的环境中，结果可能会适得其反。

作为策略的应用，四种强化方式的比较如图 3－6 所示。

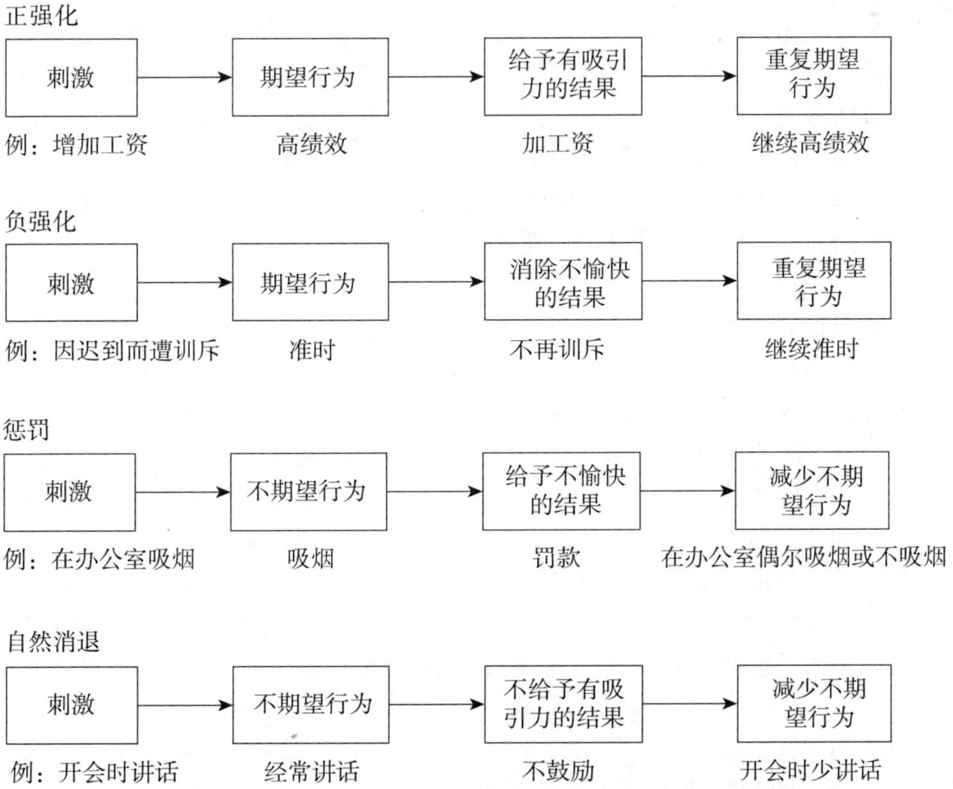

图 3－6　四种强化方式的比较

日本一家公司对员工强化激励的方法与效果曾作过分析，具体如表 3－5 所示。

表 3－5　　员工强化激励的方法及效果分析

激励方法	行动变化的比重（%）		
	变好	没有变	变差
公开表扬	87	12	1
个别指责	66	23	11
公开指责	35	27	38
个别体罚	28	28	44
公开体罚	12	23	65

由表 3－5 可见，对员工的表扬奖励，采取公开的方式效果较好，变好的占到了 87%，变差的只占 1%。对员工的指责批评，采取个别的方式效果较好，变好的占 66%，变差的只占 11%。采取公开的方式对员工体罚效果明显不好。

2. 强化理论与管理实践

在管理上可以用强化理论来影响员工的行为，使其向着有利于组织目标实现的方向发展。强化理论在管理实践中的应用主要体现在如何有效地运用奖惩激励法。管理者在运用强化理论实施激励时要做到以下几点：

（1）分步实现目标，不断强化行为。强化理论的研究表明，如人的行为得到及时的奖励和肯定，该行为出现的频率就会增强。因此管理者对员工制定的目标及奖励的标准要具体、客观、适宜。目标定得太高、太远或太空，既不能得到及时的检测修正，员工的积极行为也不能及时强化，积极性就会逐步消退。反之，目标定得太低或过细，一点小事就奖励，就会变得庸俗烦琐，减弱其激励作用。员工实现总目标需要相对较长的过程，绝非一次性强化就能解决。组织应把总目标分解为若干个阶段性目标，分段实施、逐步到位，对每一个阶段性目标取得的成功结果，管理者都应及时表彰奖励，使之不断受到强化而逐渐增强，以求长期保持积极性。

（2）及时反馈，增加强化的有效度。所谓及时反馈，就是让员工通过某种途径或形式，及时了解自己行为的结果。无论结果好坏，对行为都具有强化的作用，好的结果能鼓舞其信心，坏的结果能促使其分析原因、及时纠正。现代心理学研究表明，及时强化的有效度为 80%，而滞后强化的有效度为 20%。“罚不过午，奖不过宿”就是这个道理。管理者必须充分注意激励的有效性，及时对员工已发生的行为结果给予强化。特别是对于工作成绩的反馈，即使反馈很简单，也会对员工起到积极的强化作用。反之，如果员工的成绩迟迟得不到主管的肯定，就会认为自己的积极行为没有受到重视，其行为就会逐渐消退。即使过后得到奖励，也时过境迁，甚至受奖者都已淡忘了奖励的原因，激励作用必然大减。因此，及时反馈和强化是影响和改变行为的重要环节，它能起到事半功倍的效果。

（3）以奖为主，奖惩结合。正强化是一种行之有效的激励工具，也是员工最愿意接受的方式，因为无论是物质奖励还是精神奖励，都能使人产生积极情绪和较强驱动力。因此管理要以正面引导、表扬奖励为主；将改变员工行为的重点，放在积极强化而非简单惩罚上。有的心理学家认为惩罚只能暂时停止不良行为，并不能导致好的行为；相反却容易引起不满、怨恨和对抗等消极情绪，甚至采取欺骗、隐瞒等手段来逃避惩罚。另外，惩罚会给管理者造成错觉，不适当夸大惩罚的作用而更加倾向于惩罚。所以在组织中要尽量避免使用惩罚方式。不得不罚时，要告知原因，让其心服口服；要善于用惩罚手段削弱、改变、控制员工的不良行为；还要奖惩结合，当员工出现改正时，应及时正强化，肯定与巩固其正确行为。奖惩都必须注意准确，在调查基础上，实事求是、恰到好处。

应当注意，正强化虽有效，但不宜过于频繁使用，否则可能会产生两种不良结果：一是会导致人们期望越来越高，出现强化力度不变而刺激作用减弱的现象（奖金的“边际效用”发生递减）。二是会导致员工误认为这种正强化理所当然，丧失正面刺激作用，一旦停止便被视为对该行为的冷处理，从而行为弱化。因此，正强化可考虑“间断强化”，并与其他方式配合。

（4）合理设置奖酬，注意方法更新。要使奖酬真正成为强化因素，必须正确选择奖酬方法。例如，物质奖励和精神奖励相结合，奖励方式新颖多样、因人而异，逐步增长，力度不能太小，间隔不宜太短，以防止强化作用的减弱；要多用不定期奖酬，少用定期奖酬，定期奖酬会使员工误认为是报酬系统中的常规工资，会丧失强化作用。

强化理论揭示了行为塑造与修正的客观规律，有助于对人们行为的理解与引导。但它过多强调外在激励的作用，忽略了人的内在因素和主观能动性对环境的反作用。

资料链接：海尔的正负激励制度

每个人都有成就需求。海尔通过“赛马不相马”的人才策略，为员工提供挑战机会使之获取成就。这首先有助于企业引进优秀人才，而后有助于企业稳定这些人才。海尔允许员工竞争领导职位，甚至在员工层次，也制定了“三工并存，动态转换”等奖罚措施。既用切实可行的目标给人以期望，又通过制度办法刺激动机，如升级到“优秀员工”为正刺激，而降级到“不合格员工”则为负刺激。通过这样反复不断地刺激，促使每个人认同更高目标。

张瑞敏说：“我们靠的是建立一个让每个人在实现集体大目标的过程中充分实现个人价值的机制。这种机制使每个员工都能找到一个发挥自己才能的位置。我们创造的是这样一种文化氛围，干好了，就会得到激励与尊重；同样，干得不好就会受到负激励。”他解释说，为什么不叫惩罚而叫负激励，是因为其目的在于教育你不再犯同样的错误，而不仅仅是简单地让你付出点代价。好的公司内部存在一种表扬文化，海尔也不例外。《海尔企业文化手册》中明确规定了海尔的奖励制度：

海尔奖：用于奖励本集团内各个职位上的员工对企业所作的突出贡献。

海尔希望奖：用于奖励企业员工的小发明、小改革及合理化建议。

命名工具：凡本集团内员工发明、改革的工具，如果明显地提高了劳动生产率，可由所在工厂逐级上报，经厂职代会研究通过，以发明者或改革者的名字命名，公开表彰宣传。

这些奖励无疑是一种正激励。

3.4.2 挫折理论

1. 挫折的含义与作用

人的行为是在动机的驱动下产生的，并指向一定的目标。但这种导向目标的行为过程并不总是一帆风顺的，有时会受到阻碍。有些阻碍可以通过努力来克服，但也有些阻碍是无能为力的。人在从事有目的的活动时遇到障碍，而又不能克服的情绪状态就是挫折，它是人在目标无法实现或需要不能满足时的一种消极的情绪反应。挫折是一种心理感受，因人而异。

挫折是一种普遍存在的社会心理现象，产生挫折感往往需要具备以下三个条件：一是个体所追求的目标是重要的，即其行为的动机是强烈的。如果目标对人不重要，在遇到障碍时他就会避开。二是个体认为目标有可能达到。如果认为目标可望而不可即，即使遇到困难，也不会感到受挫。三是在目标与现实之间存在难以克服的障碍。如果不是这样，也就无所谓挫折了。

资料链接：乔布斯人生中最好的经验

曾有人说："三个苹果改变了世界：夏娃的苹果让人有了道德，牛顿的苹果让人有了科学，而乔布斯的苹果让人有了生活。"又有谁知乔布斯一生屡受挫折。他是一个私生子，从小就被过继给了别的家庭收养。他在大学只读了一个学期就辍学了，却最终凭借自己的勤奋钻研和不懈努力取得了令世人瞩目的成就。1976 年，在自家的车库里，21 岁的他与好友沃兹尼亚克合作建立了苹果电脑公司；1985 年，30 岁时，乔布斯却被自己一手建立起来的苹果公司扫地出门，坠入了人生低谷；1996 年，41 岁的乔布斯重回陷入危机之中的苹果公司，带领苹果公司从逆境中再度崛起，一举成为全世界市值最高的高科技公司，缔造出富可敌国的"苹果帝国"……

正如乔布斯所言："活着就是为了改变世界，难道还有其他原因吗？"2005 年，他在斯坦福大学的毕业典礼演讲中指出，"你的时间有限，所以不要为别人而活。不要被教条所限，不要活在别人的观念里。不要让别人的意见左右自己内心的声音。最重要的是，勇敢地去追随自己的心灵和直觉，只有自己的心灵和直觉才知道你自己的真实想法，其他一切都是次要的。"乔布斯喜欢引用丘吉尔说的话，"绝不、绝不、绝不、绝不放弃！"（Never，never，never，never give up.）无论他的人生中遇到任何挫折，他总是绝不放弃，坚持下去。乔布斯曾说："苹果公司开除我，是我人生中最好的经验。从头开始的轻松释放了成功的沉重，让我进入了这辈子最有创意的时代。"

挫折的作用是双重的。从有利的方面看，挫折能够给人以教益，它能使人重新审视自己的目标与实现目标的方法，全面认识受挫的主观和客观原因，找到更好的解决问题的方法，从而使人变得聪明起来；挫折能使犯错误者猛醒，认识错误，接受教训，积累经验；它还可以砥砺人的意志，使人从逆境中奋起，变得更加成熟和坚强。从不利的方面看，挫折给人带来的是失败感，它容易使人失望、痛苦、消极、颓废，甚至一蹶不振；或引起粗暴的消极对抗行为，导致矛盾激化；还可能使某些意志薄弱者因此失去生活的希望，这是在实践中要尽力避免的。

2. 挫折产生的原因

形成挫折的原因是多方面的，主要可概括为客观因素和主观因素两方面。

（1）客观因素。它是由于外界事物或情况阻碍人们达到目标而产生的挫折，又可分为自然因素和社会因素。自然因素包括个人能力无法预料和抗拒的天灾、意外事故、衰老、疾病等客观因素的限制。社会因素包括个人在社会生活中所遭受到政治、经济、道德、宗教和风俗习惯等人为因素的限制。如社会变革的影响、不良的社会风气、企业经营不善、管理方式不当、人际关系紧张和不良的工作环境等，都可能成为引起员工挫折的原因。另外，客观因素还包括由于个人遗传素质所决定的身材、容貌、智力、健康等个人无法改变的生理条件对实现某一目标所造成的限制。

（2）主观因素。主要是指个人心理和思想认识上的原因，主要包括：

1）个人目标的适宜性。人的行为都是指向一定目标的，行为成功与否在很大程度上取决于目标的难度。正常情况下，个人目标应该根据自身的客观条件制定。有些人如果不切实际，所定目标过高，经过努力也难以实现，那么容易因失败而产生挫折感。

2）个人能力的因素。许多时候，由于个人的能力限制、生理缺陷或知识面窄等障碍，无法顺利达到目标，也会产生挫折。

3）个人对工作环境了解的程度。“知己知彼，百战不殆”，要有效地完成工作、适应环境，必须对工作条件及周围的环境作深入、全面的了解。如果对工作环境不了解，将增加工作的难度，甚至导致失败。

4）个人心理冲突。主要包括动机冲突、个人欲望与集体需求的冲突、理想与现实的冲突等。人在日常生活中经常同时产生两个或两个以上的动机，当这些并存的动机无法同时获得满足，甚至互相对立或排斥时，就会感觉难以抉择但又必须取舍。有时必须放弃某种对自己来说比较重要的东西，就会产生一定的挫折感。

5）个人的挫折容忍力。挫折容忍力是指个体受到挫折后免于心理与行为失常的能力。它反映了人对挫折的适应能力与心理承受能力。一个人的挫折容忍力受个人经历、人格特点、心理健康、对挫折的认识与理解等因素的影响。在受到同样挫折的情况下，挫折容忍力强的人挫折感较弱，挫折容忍力弱的人挫折感较强。

研究表明，受挫的大小与个体的动机密切相关，当人的重要动机受挫时，挫折感较大，所受打击也较大。由于心理发展层次的不同、认识方法的差异、抱负水准的高低等原因，不同的人会具有不同的重要动机，因而，挫折的感受因人而异。

3. 挫折的行为表现

挫折有时是短暂的，有时是长期的，有的比较严重，有的比较轻微。一般说来，一个人遭受挫折后，在生理上、心理上均会产生种种反应，而反应的强烈程度和方式则往往根据所受挫折的性质、强度及个体自身当时的情况而异。人在受挫后，会产生内心紧张，心理上不安，乃至陷入痛苦之中。此时，个体会自觉不自觉地采取一种防卫性的对抗行为，以适应新情况。

行为受挫后所产生的防卫行为，其效果可能是积极的、建设性的，也可能是消极的、破坏性的。按其建设性和破坏性的倾向可作如下排列：

（1）升华。这是心理机制中最富有建设性的一种。当个人确立的目标与社会的要求相矛盾，或者受到条件的限制而无法达到时，他会设置另一个目标取代原来的目标，把消极因素转化为积极动力，并以较高的境界表现出来，以求符合社会标准的行为。例如，将家庭生活的不幸转化为工作的巨大动力，在工作中取得了骄人的业绩。

（2）增加努力。即坚持原有目标和行为方向，加倍作出努力，或选择其他途径，最终达到目标。

（3）重新解释。即重新解释目标，指在达不到目标时，延长完成期限或重新调换目标。

（4）补偿。即当实现某一目标受挫，或因个人某方面的缺陷而无法达到目标时，便特别努力发展自己其他方面的特点，以其他方面的成功来补偿因失败而丧失的自尊与自信。

（5）折中。即当两件事发生矛盾时，采取折中调和的办法，以避免或减少挫折。

（6）反向行为。即努力压制自己的意志和感情，勉强去做违背自己意愿的事，以掩饰自己真正的动机。例如，对别人心怀憎恨者却常常对人过分地逢迎献媚，内心过于自卑者常常过分地炫耀自己。

（7）合理化。当个体无法达到其追求的目标时，常会以各种理由或借口来安慰自己，使自己从挫折心理中解脱出来。其中，最有趣的是“酸葡萄心理”和“甜柠檬心理”。此种行为方式虽然带有自欺欺人的味道，却能使个体求得内心的某种安宁，减轻受挫感。

（8）推诿。即将自己的过错归咎于自己以外的原因，或推卸责任以减轻自己的内疚、不安和焦虑。

（9）退缩。即知难而退或畏难而退。

（10）逃避。即不敢面对受挫的现实，在遇到棘手问题或情绪低落时，努力从其他活动中寻找乐趣。

（11）表同。当在现实生活中没有获得成功与满足时，将自己比拟为某一成功者，模仿其举止言行，以把那些自己羡慕的品质加在自己身上，借以从心理上分享成功的愉快，以增强自己的信心，减少挫折感。表同的对象一般是自己崇拜的人或能为自己提供某种需要的人。如“追星族”的行为就属于此类。

（12）幻想。即面对受挫的现实，胡思乱想，作为精神上的寄托。

（13）抑制。人不愿再度发生由于某种挫折而产生的痛苦经历，就将与此挫折有关的需要、动机排除于意识与记忆之外，以减轻挫折所带来的痛苦。其实这种欲望并没有真正消失，而是深藏于潜意识之中。

（14）回归。人的行为一般是随年龄的增长而逐渐成熟的。而当遭受挫折时，往往会表现出一种与其年龄不相称的幼稚行为，做出小孩般的幼稚举动。这种成熟倒退现象又称为退化。

（15）侵略。这是一种无理智的、消极的、带有破坏性的攻击行为，攻击者会对他所认为的给他造成挫折的人谩骂、出言不逊、大发雷霆甚至大打出手，也会迁怒于无关的旁人或折磨自己，甚至自杀。

（16）放弃。即长期受挫丧失信心，极度消沉，自暴自弃，对挫折漠然视之，对未来一无所求。

4. 挫折理论与管理实践

研究表明，挫折常常导致缺勤、怠工、事故频繁发生、士气低落、离职人数剧增等。对此，企业管理者应引起足够的重视，并从以下方面入手解决：

（1）帮助员工正确对待与处理挫折。管理者要深入了解造成挫折的真正原因，帮助员工冷静地分析情况，思考切实可行的应对办法。对受挫者要采取宽容的态度，给予充分的理解和体谅，切不可冷淡歧视或简单粗暴。要设法提高职工的自信心，恰当地分配工作任务，适当改变环境或调整目标，鼓励他们施展才能。要帮助员工克服困难，改善人际关系，从而提高员工的挫折容忍力。

（2）进行心理辅导和咨询。组织内应成立由专业人员组成的专门机构，帮助员工治疗心理疾病。通过有效磋商与沟通，疏导受挫折员工的紧张不满情绪，提高其认识水平和心理修养，引导其正确行为。

（3）允许职工发泄怨气。组织要创造一种情境，使受挫者可以自由表达他受压抑的情感。员工遭到挫折后，心情处于紧张和不满的状态，会产生攻击和发泄的欲望。可建立一些模拟对象，帮助受挫者将攻击欲望转移到模拟对象上，把紧张情绪发泄出来，以恢复理智状态。可以采用写信、谈话、哭喊、喧闹等各种宣泄方式，使受挫者得到一定的平衡与满足。日本很多公司设立“情绪健康室”就是这种方法的运用。

3.5　综合激励模式

前面我们讲述了内容型激励理论、过程型激励理论和行为改造型激励理论，它们分别从不同的角度解释了激励形成的原因以及激励是如何发挥作用的。每一种理论都有其独到之处，并在管理实践中发挥着独特的作用。但在管理实践中，孤立地应用某种激励理论都是不完善的，因为激励是一个非常复杂的问题，涉及人类行为的诸多方面。要使激励能够产生预期效果，就必须综合考虑各种相关因素。为此，波特和劳勒以及罗宾斯分别根据自己的研究提出了综合激励模型，对已有的激励理论进行概括与综合，试图全面揭示人在激励中的心理过程。

3.5.1　波特、劳勒的综合激励模式

美国行为学家波特和劳勒以期望理论为基础，提出了更为完备的激励模式，较好地说明了整个激励过程。该模式涉及努力、绩效、能力、环境、认识、奖酬、公平感和满意感等多个变量，如图 3－7 所示。

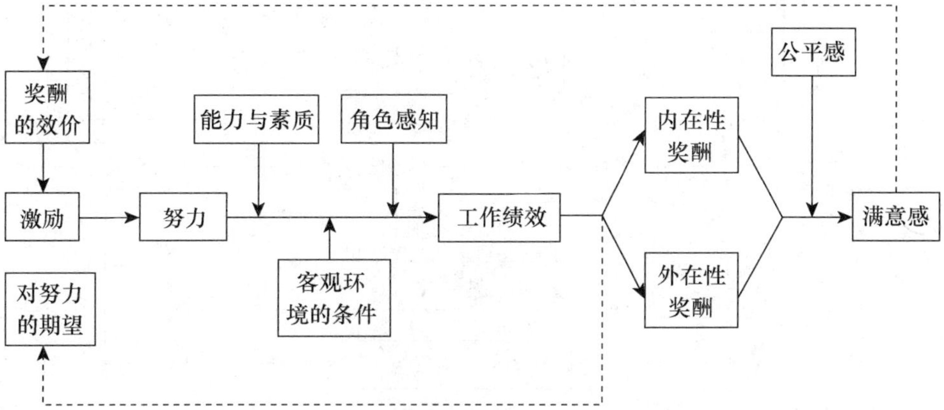

图 3－7　波特、劳勒的综合激励模式

该激励模式表明：要使人们在工作上取得较好成绩，首要一步是激励，即激发人的动机。第二步，当人经过努力取得绩效时，绩效又成为对人的激励，此时应给予恰当的评价并给予报酬。第三步，报酬的公平与否会影响人的满意度，满意度又会成为新的激励。如此循环往复，使人不断取得新的成绩。

这一模式包括以下主要变量：

（1）努力程度。不同的激励决定了一个人的努力程度、努力方向以及坚持努力的持续时间。而一个人每次行为的最终结果又会以反馈的形式影响个人对这种奖酬的效价。同时，工作绩效也会以反馈形式影响个人对努力的期望，如图 3－7 中虚线所示。

（2）工作绩效。工作绩效不仅取决于个人的努力程度，而且有赖于一个人的能力与素质、对自己所承担的角色的理解程度以及客观环境的条件。

（3）奖酬。奖酬包括内在性奖酬和外在性奖酬，它们和主观上感受的公平感一起影响个人的满意感。内在性奖酬更能带来真正的满足，并与工作绩效密切相关。此外，公平感也受到个人对工作绩效自我评价的影响。

（4）满意感。满意感是个人实现某项预期目标时所体验到的满意感受。满意感依赖于所获得奖酬同所期望获得结果的一致性。期望大于结果，产生失望；期望等于或小于结果，获得满意感。

综合激励模式是把激励过程看成是外部刺激、个体内部条件、行为表现、行为结果的相互作用的统一过程。该模式意味着，要激发人的工作积极性，需注意三个条件：要使人看到，他的工作能满足他的某种需要；要使之感到这些东西与他的各种绩效密切相关；要使人相信，只要他努力，就能提高工作绩效。三者缺少任何一项，都会降低工作积极性。

3.5.2 罗宾斯的综合激励模式

罗宾斯试图将各种激励理论进行整合，提出了当代激励理论的整合模型，如图 3－8 所示。

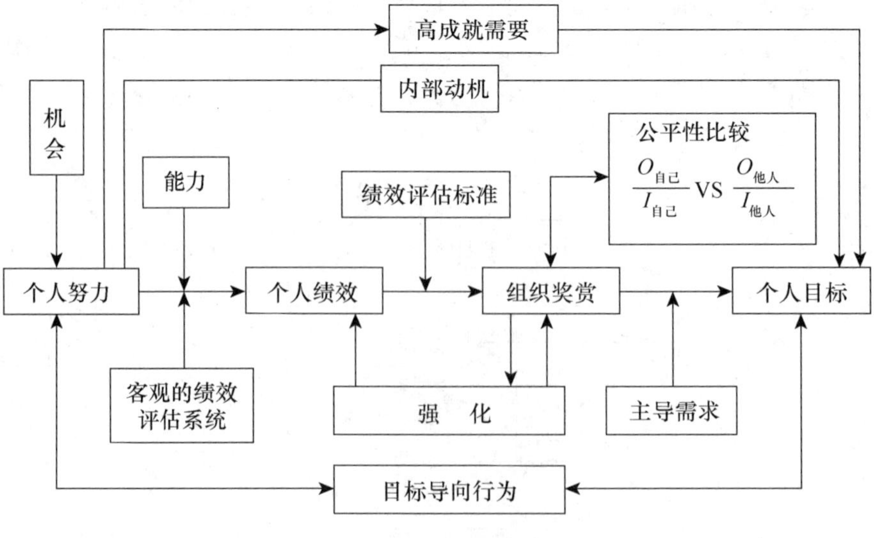

图 3－8　罗宾斯对当代激励理论的整合

该模型涵盖了期望理论、成就需要理论、公平理论、强化理论、双因素理论、需要层次理论等激励理论，主要包括以下内容：

（1）个人努力受到机会和个人目标两个因素的影响。机会可能促进也可能阻碍个人努力的方向与程度。人的动机性行为都是有目的的，它决定了人行为的方向。如果一个人认为“努力与绩效”“绩效与奖励”“奖励与个人目标实现”之间有着密切联系，那么他的努力程度就会更高。

（2）从个人能力与绩效之间的关系来看，个人通过努力能否实现目标并取得预期的绩效，有赖于个人的能力，也有赖于目标绩效评估系统的公正性、客观性。因此，知人善任、公平、公开对于组织成员努力的影响是重大的。

（3）就绩效与组织奖励之间的关系而言，若个人感到自己所得的奖励来自自己的绩效，奖励将取得好的效果，奖励的内容与程度也会对绩效起到强化的作用。奖励的公平性也会影响其效果，从而影响人们的工作积极性。

（4）从组织奖励和个人目标之间的关系来看，若奖励符合个人需要，实现了个人目标，个人的积极性将会大大提高。

（5）对于高成就需要的员工而言，从个人努力到个人目标的飞跃就是最好的奖励。如从事的工作能给他们提供个人责任、反馈和中度的冒险，他们就能够在内在激励的推动下努力工作，而不关心努力与绩效、绩效与奖励、奖励与目标之间的关系。

3.5.3 综合激励模式的启示

以上几种综合激励模式对我们有许多很好的启示。首先，对员工的激励是一个十分复杂的问题，在企业的实际管理工作中，针对员工在积极性方面出现的问题，管理者要善于从不同的角度、不同的层面综合考虑并进行系统分析，找出问题的根源。问题可能是由某个方面的因素造成的，也可能是多种因素共同作用的结果。管理者要学会灵活运用不同的理论，从不同的角度来解决问题。其次，任何一种激励模式都很难包容所有的激励理论，而只是侧重于某一种或几种激励理论，对其他的激励理论或者是没有反映，或者是反映得不够。一种综合激励模式包含的理论越多，对每种理论反映得就越粗略。再次，现实问题往往越来越复杂，管理人员一方面要善于应用目前的激励理论来解决现实中的问题，另一方面还要善于在解决复杂管理问题的过程中不断创新。

3.6 如何提高激励水平

运用各种激励理论来激发员工的积极性是管理者的重要职责，也是实现组织目标的必要前提。对于管理者而言，激励员工没有固定的模式，也没有一个简单易行、放之四海而皆准的行为指南，但还是有一些常用的原则和方法。

3.6.1 激励的一般原则

1. 物质激励与精神激励相结合

毫无疑问，金钱等物质激励是提高员工积极性的重要方法，但是，仅有物质激励是不够的。根据需要层次理论，物质是较低层次的需要，在社会生活中，人们还希望得到社会和组织的尊重、重视和认可，这就是精神激励。在实践中，没有适当的物质激励，精神激励就没有基础，人的积极性就难以长期保持；没有精神激励，就不能使物质激励得到升华和发展，就不可能真正调动员工的积极性。因此，组织要把物质激励和精神激励有机地结合起来，使它们相互补充、相互渗透。

2. 正激励与负激励相结合

正激励使人受到鼓舞，促进了员工的有效行为。负激励可阻止或避免不利于组织的行为，防患于未然。在管理工作中，把二者结合起来既可引导员工实施有助于组织目标的行为，又可发出明确的指示，预防组织不希望的行为发生。激励要把握最佳时机，该在任务前激励的，要提前激励；该在任务完成后激励的，不要放在任务前，“雪中送炭”的效果远远优于“锦上添花”，选对适当时机，可用很小付出得到出乎意料的效果。

3. 内在激励与外在激励相结合

外在激励指的是根据员工的绩效给予物质或精神方面的奖励，这种奖励与工作本身并不直接相关，只是作为对员工付出劳动的补偿。内在激励是指工作本身对员工的激励，它包括人对工作本身的兴趣以及从中得到的快乐、工作对人的挑战性、工作中体会到的责任感和成就感、人从工作本身体会到的价值和意义等。当人们把工作本身当作一种享受时，才是激励的最高境界。运用内在激励可以得到更强的动力。要把外在激励和内在激励有机结合起来，以取得最大的激励效果。

资料链接：不增加薪酬、福利，如何激励员工？

并非靠加薪就可以解决所有问题，非薪酬激励方法和技巧也可有意想不到的成效。

（1）把每位下属都当成大人物来看，使下属受尊重的心理得到满足。

（2）记住每个下属的名字。

（3）把下属的个人问题当成重要问题对待。

（4）经常使用头脑风暴法解决问题。

（5）少说“我”，多说“我们”。

（6）同下属谈话时，先听后说；尽量以轻松的口气和下属讲话；让下属承担富有挑战性的工作；关心员工的家属（如记住其伴侣、孩子的生日）。

（7）赞美要真诚、具体，否则就不要说出来；在第三者面前赞美下属；赞美下属的家人。

（8）以身作则。

（9）不鼓励“小报告”，装着没听见或者忘记了。

（10）坚决消除“烂苹果”（为了个人私利，攻击同事、上司的行为）现象。

（11）竞赛时，选择双方实力相当的人做竞争伙伴。

（12）根据公司利益需要，设立一些荣誉奖章、证书，让员工争取。

（13）要团结那些和自己意见不同的人，还要团结那些反对过自己并且证明是反对错了的人。记住，受过教育的人容易领导但是不容易压制，容易管理但是不能进行奴役；容纳能力超过自己的人，但是要让他们感受到你不可替代的作用；让下属实现目标的过程尽量充满乐趣；充分沟通，使下属认同目标；提醒自己：下级的下级不是你的下级；把秘密告诉下属；根据员工的个性，给员工非正式的职业生涯规划，给出在企业内的职业通路；

为了让激励效果更好，也要给予一些负激励。

（14）在羊群周围引入适当的狼群，淘汰跑不快的羊，即保持一定的员工年淘汰率。

4. 因人而异、按需激励

激励员工的起点是满足员工的需要，而员工的需要因年龄、职务、经济状况、环境、教育程度等不同存在很大的差异。有的员工家庭经济困难，在奖励时发奖金可以取得很好的效果，而对收入很高的员工发奖金则激励作用不大。后进员工有了转变，渴望大家对他有新的评价，这时采取荣誉奖励更能激发他的积极性。因此，管理者在对员工进行激励时，应定期调查分析员工最迫切的需要，对不同的人给予不同的激励，在总激励费用不变的前提下获得最好的激励效果。

5. 组织目标和个人目标相结合

从激励的角度来说，要贯彻组织目标和个人目标相结合的原则，真正建立组织目标和个人目标之间的正相关关系，让所有的员工都看到，只要自己为组织的目标作出了贡献，就会得到回报，组织的目标实现了，自己的目标也就达到了，这一点对人的激励作用是巨大而长远的。

3.6.2　激励理论在实践中的运用

学习激励理论最重要的是能够将激励理论应用于管理实践。国内外优秀管理者运用各种激励理论创造了很多行之有效的激励方法和手段，归纳如下。

1. 目标管理

目标是指在一定时间内人们所期望达到的成就与结果。目标管理就是由上级与下级共同决定具体的绩效目标，定期检查工作进展，并且根据目标的完成情况来确定奖励的一种管理方法。其目的是通过这种方法将组织的目标和个人的目标以及个人的需要结合起来，调动员工的工作积极性，提高组织的工作效率。目标管理特别强调设定的目标是具体的、可检测的和可测量的，它是一种用目标约束来激励员工的方法，它的特点是，组织总目标与员工个人目标相结合，员工个人工作绩效和利益与其目标完成情况相结合。

目标管理计划由四个部分组成：目标细分、参与决策、明确时间期限和执行反馈。

（1）目标细分。目标管理的重点在于把组织的整体目标分解为各部门或个人的具体目标，通过设计一套程序，使目标可操作化，并沿着组织结构把目标分解开来，如图3-9所示，把组织的整体目标分解为组织中一系列的具体目标，即分部的、部门的和个人的目标，形成一个自上而下的分层目标体系。在这个目标体系中，下层目标是上层目标的具体体现，也是实现上层目标的保证。通过这样的目标体系，把各部门以及每个员工的工作合理地组织起来，形成一个围绕组织总目标而协作同步的整体活动。在这个整体活动中，每个员工都为实现各自的目标而努力工作，组织对其完成的情况进行考核、评价和奖惩。

（2）参与决策。目标并不是由上级单方面制定然后分派给下属，下级部门和员工也要参与他们自己目标的设定。下级参与目标的制定有以下几方面的好处：便于下属理解上级的意图，加深对全局形势的理解与把握，减少贯彻实施决策时的阻力；由于上下级共同参与，有利于上下左右之间的沟通和衔接，使得制定的目标更加切合实际；使员工看到自己的价值和责任，从实现目标中获得满足感，更好地起到激励作用。所以，目标管理是一个

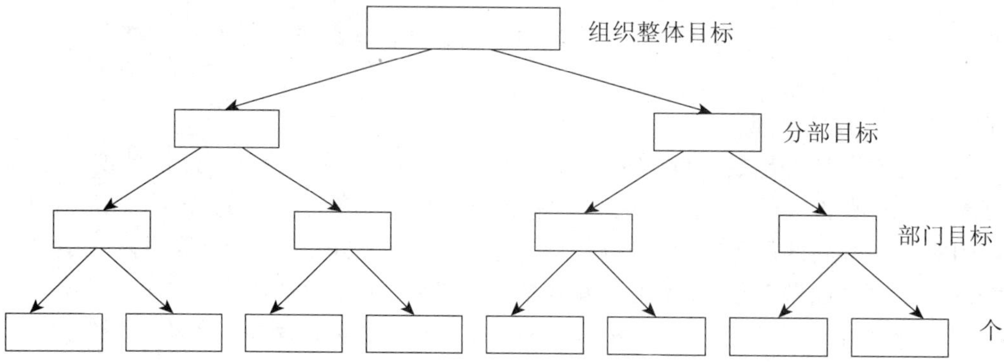

图 3-9　组织目标分解过程示意图

自下而上、自上而下的过程，通过上下级的协商共同将组织的目标分解为部门目标和个人的目标。

（3）明确时间期限。目标不仅包括具体的指标值，而且还有具体的进度、完成的时间要求（如 3 个月、6 个月或 1 年），并且相关部门的目标和进度要协调同步，保持平衡。对于员工个人来说，目标管理提供了个人具体的可执行的目标。如果每一个员工都达到了个人的目标，部门的目标也就达到了，从而整个组织的目标也得以实现。

（4）执行反馈。反馈是目标管理的一个重要环节，为了保证个人目标、部门目标乃至组织目标的实现，目标管理对目标过程的进展要进行连续反馈，并要进行阶段性评估，以使每个人能控制和纠正他们的行动。所以，当某一任务或者一个工作循环结束以后，必须对总体效果及员工个人的绩效进行考核与评价，达到规定目标的要给予奖励，达不到的要给予必要的惩戒。考核和奖惩过后，并不意味着这个循环已经结束，还必须对总体效果和员工的工作绩效进行分析，并反馈给各个部门和有关的个人，要求各自对运行效果好的方法制度要坚持，效果不理想的要找出其原因，并加以改进，从而使下一个循环在更高的水平和层次上进行。

实施目标管理应注意以下几点：一是目标难易程度得当，既要对员工有激励作用和挑战性，又要切实可行。目标太容易不具有挑战性，也不能提高工作效率；目标太难或实现的可能性很小，也不能起到激励作用。将目标定在经过努力或者艰苦努力后能够实现的位置较为合适。二是目标的内容尽量定量化，以便于衡量和考核。目标的表述一定要使用清晰、明确的语言。如不能用“提高产品质量”“达到顾客满意”等定性的语言，要用诸如“将废品率下降 1%”“顾客的投诉率降低 2%”等明确、定量的语言表达。三是确定的目标不宜过多，并要分清主次，目标要有强有力的措施保证等。

目标管理的优点是目标具体、明确，有利于激励员工，提高绩效，同时有利于对员工的工作进行评价，也有利于组织进行全面的规划和协调。目标管理的缺点是过分强调结果会忽视过程，容易导致员工为了达到目标而不择手段。此外，由于员工有各自的目标，不利于员工之间进行相互比较，同时也要求管理人员具有较强的目标管理指导能力。

2. 员工认同方案

有研究者曾进行过一项针对1 500人的调查，要求被调查者从众多的工作条件中选出自己认可的最有激励性的因素。他们的选择结果是：认同。事实上，这与强化理论是一致的。强化理论强调在员工完成一项工作之后要对其进行正强化，即奖励认同。

例如，女工劳拉在一家快餐店工作，每2小时只挣8.5美元。工作本身没有难度，但也没有意思。然而劳拉却很有感情地谈到那份工作、她的老板和那家公司："我就是喜欢那样一种感觉——上司总是很认同我所做的工作，他总是当着别的员工的面夸奖我。过去半年我还两次当选'月度最佳员工'。难道你没看到墙上镜框里我得奖的照片吗?"快餐店总是不断地对劳拉所做的工作表示认同，认同是一种强有力的激励因素。

认同的方式是多种多样的，包括对员工出色地完成一项工作表示祝贺；通过写信、微信、QQ或电子邮件等形式来传达对员工的积极评价；对那些强烈需要社会认同的员工，可以公开表扬其取得的成绩；可以开会对成功团队的成就与贡献表示肯定，同时也能起到增强其凝聚力的作用。

在今天竞争日益激烈的情况下，许多单位都面临沉重的成本压力，有些单位采取了减员、冻结工资或增加员工工作量的办法。因此，员工开始感到工作强度过大，这使得认同方案更富有意义，因为认同方案提供了一条成本相对较低同时又能提高员工绩效的途径。

3. 员工参与方案

员工参与是发挥员工所有的能力，并为鼓励员工对组织成功做更多的努力而设计的一种参与过程。现代员工都有参与管理的愿望，提供机会让员工参与管理是调动员工积极性的有效方法。参与为员工提供了内在奖励，这会使他们的工作更有趣和更有意义。松下幸之助曾经说过："领导再强，但员工冷漠，仍难推动工作。必须设法使每个人都认为自己是负责人。"员工参与管理是使员工不同程度地参加组织决策，参加各项管理工作的研究和讨论。这样做可以使员工感受到上级主管的信任，从而体验到自己的利益同组织的利益、组织的发展密切相关而产生强烈的责任感。多数人由于参与商讨与自己有关的问题而受到激励，增加了对组织的绩效评价体系、报酬系统、组织利益和发展等问题的认同感，对组织更加忠诚，生产率水平更高。

员工参与的形式主要有三种：

（1）参与式管理。共同决策是参与式管理的共同特征，也就是说员工从其上司那里分享一定程度的决策权，这种分享越多，参与程度越高；分享越少，则参与程度就越低。但参与式管理并非适用于任何形式的组织。要使参与式管理更加有成效，必须至少满足下述条件：员工有充足的时间参与；员工参与的问题必须与其利益有关；员工必须具有参与的能力（智力、技术知识、沟通技巧等）；组织文化必须支持员工参与。

（2）代表参与。不少国家的法律都规定，公司必须确保其董事会和监事会成员中有一定比例的员工代表。员工不是直接参与决策，而是由员工选举的代表进行参与。代表参与已被认为是"世界上最广泛的以立法形式出现的员工参与形式"。代表参与的目的是在组织内重新分配权力，把劳工放在和资方、股东更为平等的地位上。代表参与最常采用的两种形式是工作委员会和董事会代表。工作委员会是由工人和管理层代表组成的委员会，它在员工和管理层之间建立起了联系，管理部门作出人事决策时必须与之协商。董事会代表是进入董事会并代表员工利益的劳工代表。在一些国家，法律要求大公司必须确保员工代表和股东代表在董事会中有相同的席位。

（3）员工持股方案。员工持股方案是公司建立的一种福利制度，在这种制度下，员工可以从公司的福利中获得公司的股权。员工持有公司的股票，但只要他们受雇于该公司，他们一般不能从公司获得股份所代表的实物，也不能出售自己的股票。员工持股方案为员工提供了参与决策的机会，有助于满足员工责任、成就、认可、成长和自尊的需要。研究表明，员工持股方案可以提高员工的满意度，但对提高工作绩效作用却不大明显。

4. 浮动工资

浮动工资是指随着个人或组织的绩效水平而变动的那部分工资。浮动工资与传统的工资方案的区别在于：传统的工资方案是根据工作时间或资历来决定工资水平，而浮动工资是没有保障的，它随着个人或组织的绩效水平而上下波动。

浮动工资对管理人员的吸引力表现在以下两个方面：一是浮动工资具有波动性，浮动工资方案把一个组织的固定劳动成本的一部分转变为可变成本，这样在效益降低的情况下可以减少费用。二是浮动工资方案能够把工资与绩效联系起来，使得收入取决于贡献的大小。这样，高绩效者的工资就会随着他们的贡献而相应地增长。

广泛使用的浮动工资方案主要有四种形式：计件工资、奖金、利润分成和收入分成。

（1）计件工资。计件工资是按员工的工作效率支付工资，是对员工完成的每一个生产单位付给固定报酬。干得越多，收入就越高。如果员工没有基本工资，仅仅根据他的产量付给报酬，就是一种纯粹的计件工资方案。我国许多企业在实践中使用一种经过改良的计件工资方案，员工的报酬是基本工资加上计件工资。基本工资以工作时间为基础，按周或月领取一定数量的工资，与实际工作效率没有直接关系。例如，一名推销员每月的基本工资是 1 000 元，每推销出去一件产品可再得到 10 元。这种方案为员工的收入提供了一个底数，使员工的生活有一定的保障，同时也提供了一种生产效率的刺激因素，争取更多收入将成为员工的工作动力。

（2）奖金。奖金是组织对员工所作贡献的金钱奖励，它可以是定期的，也可以是不定期的，或者两者结合。奖金的最大特点是它的灵活性，可以随时根据具体情况嘉奖员工。奖金是实行激励的一种手段，本身并不成为独立的报酬形式，一般与基本工资相结合。奖金能够把个体行为、群体行为和组织的绩效结合起来，其实施范围也在不断扩大，奖金可以支付给管理人员，也可以支付给所有的员工。

（3）利润分成。利润分成是根据公司利润制定的、按照某一特定公式进行分配的报酬。这些报酬可以是直接的现金支付，也可以是股权，后者主要针对高层管理人员。利润分成的作用在于发展雇员、管理人员、股东之间的相互关心和合作。

（4）收入分成。收入分成是一套基于团体激励的计划，该计划是向指定的团体（通常为业务单位、部门或更小的组织）中的员工提供收益分享，该收益来自生产率的提高、工作过程的改进、成本的减少等。收入分成和利润分成很相似，但不是一回事。收入分成根据的是生产效率而不是公司利润，它是对较少受到外部因素影响的具体行为给予奖励，甚至在公司不盈利的情况下员工也可以得到奖励性报酬。

浮动工资方案虽然可以提高激励水平和生产效率，但也存在不足：一是从员工的角度来看，浮动工资具有不可预见性，不能使员工量入为出、有计划地安排生活。二是收入的不稳定性不利于培养员工对组织的忠诚度与归属感。三是随着绩效奖金逐年发放，人们会把它看作是理所当然的，如果有朝一日减少或取消，员工就会产生不满情绪。

浮动工资方案和期望理论的预测最为一致，尤其是如果要使激励水平达到最高，个人应能看到他们的绩效和报酬之间有密切联系。如果报酬完全由非绩效因素（如资历、职衔、职称等）所决定，员工就可能降低努力水平。

现在常见的一种做法是在群体和组织范围内使用奖励，这能够强化和鼓励员工为部门或组织的最大利益而工作，并将个人目标和团体目标结合起来。那些努力形成较强团队意识的组织，也常把以群体绩效为基础的奖励作为一种激励手段，通过把团队绩效与报酬相联系，激励员工为所在团队的成功作出特别的努力。

资料链接：中兴通讯的差异化薪酬结构

每年将收入的10%投入研发，中兴通讯通过创新研发机制，成为全球通信制造业增长速度最快的企业。成绩背后，公司“以人为本”的激励机制功不可没。中兴通讯紧紧围绕着薪酬管理的有效性，采用差异性的办法来解决不同员工群体的激励问题。

对于工龄1～3年左右的新进员工，公司采取的主要激励手段是：基本薪酬加“安居房”和学习机会。其中“安居房”是指在深圳、西安和南京，中兴通讯三个最大的研发中心所在城市，实施“安居工程”，即从政府购地，为员工建房，以成本价将房子销售给公司员工。由于新进员工在购房支付能力上比老员工偏弱，为了保证他们安心工作，中兴通讯为他们提供安全保障。公司为此付出总体福利近40亿元。在住房问题成为国人头上三座大山之一的今天，中兴通讯此举是真正“以人为本”了。“学习机会”则指为1～3年的员工提供学习机会。公司实行以师带徒的导师制，提倡不断学习。公司的目标是，希望进入中兴通讯的硕士研究生三年后成长为独立工作的项目经理。

对于骨干员工，公司提供有竞争力的基本薪酬，在奖金的分配、短期现行激励和重要工作上，给予更大力度的保证；对于资深的员工，长期激励起到更多作用，对公司管理的参与决策比重加大；对于公司的权威专家则以个性化薪酬包的形式进行差异化激励。从整个差异化分配来讲，能力和绩效是要紧紧抓住的两个拳头，高能力、高绩效的员工一定获得更多的激励资源及奖励资源，这是公司在员工分配体系上非常重要的两个理念。

最新公布的财报显示，2016年中兴通讯实现营业收入1 012.3亿元，同比增长1.0%；实现营业利润11.7亿元，同比增长263.7%。

5. 股票期权制度

如何有效地解决对公司高层经营管理人员的激励问题以及对吸引高级人才的监督问题，是公司设计激励制度的一个重点和难点。美国企业对高级管理人员一般采取激励合同约定报酬的方案和形式，其中最重要的是股票期权制度，这是企业资产所有者对经营者实行的一种长期激励的报酬制度。20世纪80年代以来，这种激励方式在西方国家的企业中得到了越来越广泛的应用。

股票期权是指公司以书面形式授予公司经理人员的一种权利，经理人员可以凭借这种权利，以事先约定的价格（行权价）在未来一定期限内购买一定数量的本公司流通股票（此过程称为行权）。在股票价格上升的情况下，经理人员可以通过行权获得收益（行权价和行权时市场价之差）。

股票的价值反映了企业的盈利状况和发展潜力，所以股票期权的实质就是利用公司股票升值的可能性进行激励。如果公司运行得好，公司股票升值，期权持有人即可获得可观收益；如果公司经营不善，则股票下跌，期权持有人未行权的股票就发生贬值，这使得期权持有人的财富缩水，个人利益与公司的整体利益都将遭受损失。所以，股票期权制度是一种激励与约束对称的制度。

股票期权激励制度的作用是显而易见的：一是能够在较大程度上规避经营行为的短期化。实施股票期权，将经营者大部分的薪酬以期权的形式体现，使经理人员的长远收益与企业的未来发展具有较高的正相关性，促使经营者注重企业长期价值的创造。二是有利于更好地吸引对公司未来的发展至关重要的核心成员，借此留住绩效高、能力强的高层经营管理人员。使之选择有利于企业长期发展的经营战略，积极主动地挖掘潜力，开拓市场，调整营销策略，加强技术攻关，提高产品质量，降低成本费用，提高企业的盈利能力。三是使经营者与所有者的目标趋于一致。现代企业所有权与经营权分离，所有者与经营者成为不同的利益集团，为追求自身效用最大化，经营者可能会冒“道德风险”，作出偏离甚至损害所有者利益的行为。对所有者来说，监督经营者的最大困难来自两者信息不对称。实行股票期权制，把对经营者外在的激励转化为内在激励，使其在很大程度上是为自己工作，改善了所有者与经营者在目标与利益上的矛盾关系，降低了代理成本。

由于股权激励的良好效果，其应用范围正在扩大。在我国企业改革过程中，曾实行过许多经营者激励制度，如承包、租赁、奖金等。但这些制度都是着眼于短期激励，长期报酬的比例很低。虽能一定程度上调动经营者增加当年利润的积极性，但由于经营者常会为追求眼前利益而做出牺牲企业长期发展的短期行为，致使企业出现严重潜亏或缺乏长期发展的后劲。如今，我国已有相当多的企业开始采用各种形式的股权激励。

本章小结

激励主要是指激发员工的工作动机，使员工有一股内在的动力，朝着所期望的目标前进的心理活动和行为过程。激励过程主要有三个部分：需要、动机和行为。人类心理与行为的一般规律是：个体产生需要，需要引起动机，动机支配行为，行为带来结果，结果导致需要的满足，又产生新的需要，如此周而复始，使人不断向新的目标前进。这也是激励赖以发生作用的机制。

内容型激励理论着重研究激发人们行为动机的各种因素，主要包括需要层次理论、双因素理论、ERG 理论和成就需要理论。过程型激励理论着重研究从动机的产生到采取行动的心理过程，它主要说明人们在各种因素的影响下对自己行为的选择过程，主要是从激励过程的各个环节去探索如何调动人的积极性。过程型激励理论主要包括期望理论和公平理论。行为改造型激励理论主要是研究人的行为如何转化和改造、如何使人的心理与行为变消极为积极的理论，主要包括强化理论与挫折理论。综合激励理论对已有的激励理论进行概括与综合，试图全面揭示人在激励中的心理过程与行为过程。综合激励理论主要有波特和劳勒的综合激励模式与罗宾斯的综合激励模式。

管理者应当遵循有效激励的各种原则，综合运用各种激励理论，建立有效的激励体系，采取适宜的激励手段与方法，不断提高激励水平。

【案例分析与思考】

美国西南航空公司的激励模式：以低成本赢得员工高度忠诚

在本章的引例中我们提到，西南航空公司成功的奥秘在于一直很好地把握了员工激励模式的变化。其战略激励模式是员工利益第一，从战略性福利、战略性激励及战略性认可计划三个方面入手激励员工。

西南航空公司最为突出的人力资源战略是保持有价值的雇员并承诺长期雇用，把“永远不解雇员工”这一保障条款写进了劳工协议，经过谈判后员工获得的底薪与市场平均水平持平或略低，按照这种薪酬的执行办法，CEO 的薪酬低于市场平均水平，其他高管人员的底薪略高于市场平均水平。

然而，雇员可通过多种补偿方式分享企业的成功，从而提高整体的薪酬收入水平。补偿方式主要有利润分享和员工股票购买两种，这是可变薪酬体系的主要组成部分。利润分享计划始于 1973 年，员工平等分享企业利润，工作时间较长或飞行时数较多的员工有机会获得更大份额的利润分享。过去西南航空公司的利润分享主要是现金兑现。现在，在员工的要求下，新增了员工退休福利，这不仅使公司可以积极地提拔长期服务的员工，也使不少员工在退休后变得非常富有。

员工股票购买是指允许所有的雇员和管理人员共同分担企业的成功与风险，雇员可通过每月扣减薪水的形式购买折扣价的股票。通过该计划，目前西南航空公司的雇员拥有企业 12%的股权，飞行员在股票期权上有更大的特惠。

所以，尽管西南航空公司的员工获得的现金薪酬较低，但员工与经理人员均有同等的机会拥有股票，他们对企业的业绩也就变得非常敏感，关注企业的业绩发展，因为这对他们的收入影响非常大。

此外，西南航空公司还提供了一系列的员工福利计划，例如医疗保险、牙齿和视力保险、养老保险、伤残保险、看护、养老补助和精神健康援助等，员工及其家人可以免费乘坐西南航空公司的航班。重要的是，这一系列的福利计划体现的是，西南航空公司永远把雇员的利益摆在第一位，企业会尽最大的努力照顾好企业最重要的资产。

同时，西南航空公司制订了一系列认可计划，用于鼓励和嘉奖一些积极的行为，对员工具有示范性的服务和行为，公司在特殊的日子给予奖励与祝贺，如员工生日、结婚周年纪念日等，并将此作为一种可变薪酬的补充。

思考：

1. 请结合需要层次理论、双因素理论和 ERG 理论等相关理论，分析西南航空公司的激励模式所起到的作用。
2. 从美国西南航空公司的激励模式中可得到什么启示？

【复习思考题】

1. 分析需要、动机与行为之间的关系。
2. 什么是激励？描述激励的过程。
3. 比较需要层次理论和成就需要理论、ERG 理论的相似性和差异性。

4. 假设你是企业某一部门的主管，一位员工经常迟到，你怎样运用强化理论去纠正他的行为？

5. 我国有些企业实行秘密薪酬政策，员工彼此不知道对方工资、奖金是多少。你认为这种政策对员工的行为有什么影响？

6. 你如何理解公平理论？公平理论对实践的指导意义是什么？

7. 如何理解综合激励模式？

8. 激励的一般原则是什么？

9. 有哪些主要的激励手段与方法？

【管理技能实训】

1. 组织正方、反方两个小组，针对以下两个题目，在一定范围内进行公开辩论。

目的：加深对有关基本概念和激励理论的理解，并学会与实际相结合。

分组：每组 4～6 人。

准备：复习有关理论，了解企业管理实际中的具体情况，写出发言提纲。

形式：在全班范围辩论，或分几个大组进行，由教师主持、指导。

时间：20～30 分钟。

同学可以在以下两个题目中选择其一。

辩论题目 1：目前在我国企业中，奖金是激励因素还是保健因素？

正方观点：奖金是激励因素。

反方观点：奖金是保健因素。

辩论题目 2：如何看待目前我国的分配制度？

正方观点：目前我国的分配制度是公平的。

反方观点：目前我国的分配制度是不公平的。

2. 了解你的父母或亲友所在的单位采用了哪些激励措施，在激励过程中遇到哪些问题，用你学过的激励理论进行分析，找出解决的办法，撰写出不少于 800 字的分析报告。

3. 分别列出你真心喜欢和不喜欢的两项活动，运用期望理论进行分析与思考，然后回答问题：为什么有些活动能够激发你的努力，而有些活动却不能？可以分小组就这一问题进行交流。

第4章　群体行为

本章提要

群体是由个体组成的，群体又是组织的组成部分，群体在个体与组织间具有重要的沟通与桥梁作用，对群体行为的研究在组织行为学中占有重要地位。本章介绍了群体规范、群体压力与从众行为、群体凝聚力和群体士气等主要概念，分析了群体中的人际关系、沟通以及冲突等问题，讲述了团队的特征、优势以及创建高绩效团队的途径。

学习目标

1. 掌握群体的概念，了解群体与个人、组织的关系；
2. 掌握群体规范、群体压力与从众行为、群体凝聚力、群体士气等主要内容；
3. 掌握人际交往的原则以及建立良好的人际关系的对策；
4. 了解沟通的特征，掌握有效沟通的方法；
5. 理解冲突的作用和处理冲突的方法；
6. 领会团队的概念，明确建设高绩效团队的思路。

引例

联邦快递 FedEx 成功的关键因素之一：高绩效团队

航空快递业务最大的特点在于业务流程环环相扣，跨区域，时间紧，要求准确无误。在遍布全球的物流网络上，存在成千上万个团队，如负责销售的 Sales 团队、负责收派件的 Courier 团队、负责分拣的 Service agent 团队、负责客户服务的 800 团队、负责调度的 Dispatch 团队，以及负责技术的团队和负责航空运输的团队等。客户的包裹就像接力棒一样在这些团队的手里快速传递着，某个环节出现失误，都将给后续工序造成连锁反应和成倍增加的压力，甚至可能给客户造成无法挽回的损失。因此该项业务绝不是某个员工单打独斗能够完成的，需要若干成员组成的团队以及由若干个小团队组成的更大的团队共同完成，努力追求 1＋1＞2 的团队合作效果。

联邦快递的核心价值观是 P-S-P，即“员工-服务-利润”，也就是说联邦快递关心员工，员工为客户提供专业服务，以确保公司利润，公司得以持续。这是公司所有团队的价值观。联邦快递努力营造“平等-民主-以人为本”的文化氛围，一般企业总是老总出风头，而联帮快递在美国上市时出席的不仅有总裁，还有普通速递员；联邦快递旗下 600 多架飞机全都以公司员工子女的名字命名，员工每每念到天上飞机的名字时，就会想起自己的儿女，员工心中会无比自豪。

联邦快递除了注重分解到团队的业绩目标外，更注重体现在团队成员行为标准上的目标。作为世界500强企业，联邦快递激励员工去树立公司形象，努力塑造一种既为客户也为员工着想的企业形象。如以对货物进行电子扫描记录为标准环节，从中国收取的货物运到美国客户手里，正常情况要经14至18次的扫描环节。在如此复杂的运送过程中，只要所有团队和团队成员都按照标准行为规范操作，就能将货物安全、准时地运抵可能远在地球另一边的收件人。这就需要精诚合作的团队精神……经过努力，联邦快递多次被评为“企业声誉最佳”的运输公司，并在“感染力”“社会责任”“工作环境”三项指标中取得优异成绩。

案例中联邦快递的团队是靠什么成就高绩效的？团队的核心价值观与团队精神有何关系？在联邦快递如此复杂的运送过程中，团队每个成员的作用如何评价？公司的氛围营造了怎样的团队文化？这里涉及的诸多问题，都可以用本章介绍的理论来解释。

4.1 群体行为基础

社会是有组织的，组织是由群体构成的，而群体又是由个体组成的。因此，任何生存在社会中的人都不可能脱离群体而单独活动。在现代化大生产中，群体所发挥的作用越来越为人们重视。所以，研究群体发展的内部规律以及影响群体活动效率的因素等，已经成为组织行为学研究的重要内容之一。研究的目的是要更好地掌握人的心理活动规律，改善对群体的管理，更好地培养员工的团队精神，使其形成一种凝聚力，以提高组织运行的效率。

4.1.1 群体概述

1. 群体的含义与特征

什么是群体？观看足球比赛的观众算不算群体？大街上看热闹的人群，企业中的销售部、生产部，军队里的营、连、排，哪些是群体？哪些又不是群体？

一般来说，群体是为了实现某个特定的目标，由两个或两个以上相互作用、相互依赖的个体组成的集体。群体是组织的基本组成部分，是介于个体和组织之间的人群集合体，是一个企业或部门的基本组成单位。企业里的车间、班组，学校里的系、班，政府机关里的处、科等都是群体。

群体具有以下特征：

第一，群体成员在心理上都能认识到他人的存在，并以共同的群体目标和利益作为其行为的导向。

第二，群体成员具有明确的分工，各自承担不同的角色，履行不同的职责，并在行为上达到与角色的认同。

第三，群体成员之间有思想感情上的彼此交流，并且相互影响，群体成员具有群体意识和归属感。

第四，群体具有其成员应共同遵守的群体规范，在规范的作用下，群体成员之间可以相互影响和制约。

2. 群体的类型

对群体最基本、最常见的分类是根据构成群体的原则和方式的不同，把群体分为正式群体和非正式群体。

正式群体是指为达成组织赋予的任务而由组织正式创立的工作团体。群体内的成员有明确的工作任务和工作分工，个体行为由组织目标所规定并指向组织目标。

由组织确定的、职务分配很明确的群体可分为两类：一是命令型群体，由组织规定，由直接向某个主管人员报告工作的下属组成。例如，企业各科室的主管与其下属构成的群体就是典型的命令型群体。二是任务型群体，指为完成某一项特定的工作任务而在一起工作的人所组成的群体，例如，为了开发某种新产品，由组织中不同部门、不同层次的人员所组成的群体就是一个典型的任务型群体。

非正式群体是指为了满足人们社会交往的需要而在工作环境中自然形成的一种无形的团体，这是以个人之间的好感、喜爱或共同兴趣为基础所构成的群体。它没有正式的结构，也不是由组织确定的，没有明文规定的规章制度和行为标准，加入或退出都是自愿的。非正式群体没有明确的目标和任务，领导人物是在活动过程中自然形成的，他主要是依靠个人魅力和有效的社会技能，而使其成员在感情上能够接受其权威。按照形式、动机的不同，常见的非正式群体主要可分为友谊型群体、利益型群体和兴趣爱好型群体等。

实践证明，非正式群体普遍存在于正式群体之中，它们有自己的规范和利益，对人们的行为起着一定的控制和调节作用。因此，我们把非正式群体作为一个单独的问题在后面进行讨论。

根据群体规模的大小可以把群体划分为大型群体和小型群体。大型群体是指成员之间是以间接的方式（通过群体的目标、各层组织机构等）联系在一起的群体。小型群体是成员之间有直接的、个体间的、面对面的接触和联系的群体。组织行为学中所讨论的群体概念，是指小型群体。此外，也可以把群体分为开放群体和封闭群体。开放群体经常更换成员，成员来去自由，成员的地位和权力不稳定。封闭群体中的成员比较稳定，成员等级关系严明。另外，还可以根据群体是否实际存在，分为虚拟群体和实际群体；根据群体成员身心归属方式，分为实属群体和参照群体等。

3. 非正式群体

前面提到，非正式群体是组织中存在的一种普遍现象，它是为满足正式群体之外的某种心理需要而自发产生的。非正式群体以感情为纽带将成员紧密联系在一起，对成员的生活、工作往往起着比正式群体更大的影响作用。管理者应了解非正式群体的作用并进行正确的引导，这对实现组织目标具有十分重要的意义。

（1）非正式群体的作用。非正式群体的作用具有双重性，也就是说，非正式群体的作用可能是积极的，也可能是消极的。当非正式群体的目标和利益与组织的目标和利益不发生冲突时，它对组织能起到一定的促进作用，反之，则会产生消极作用。

非正式群体的积极作用主要表现在：

第一，弥补正式群体的不足，满足员工的需要。人们之所以愿意成为非正式群体的成员，是因为这类群体可以给他们带来某些需要的满足。正式群体常常未能也不可能给员工完全满足，其不能满足的部分，可以从非正式群体中得到补偿。人都有交往和友情的需要，而非正式群体成员关系密切，彼此信任、认同，能够更好地满足员工的心理需要。

第二，有利于实现组织目标，增强组织的凝聚力。非正式群体对其成员有一种内在的号召力，这种自然形成的影响力往往比组织的命令和动员的作用还要大。如果把非正式群体融入正式群体中，成员能够做到步调一致、精诚合作，这将有利于促进组织活动协调进行，并增强组织的凝聚力。

第三，帮助组织激励和培训员工。非正式群体成员的群体观念较强，对于工作困难者和技术不熟练者，非正式群体中的伙伴往往会给予自觉的指导和帮助，同伴们善意的帮助和激励可以促进他们提高工作技能，这在一定程度上起到了帮助组织激励和培训员工的作用。

第四，保障员工的权益。我国经济的快速发展也带来了大量过去所没有的、复杂的劳资关系和劳资纠纷等问题。非正式群体往往能以员工利益代表者的身份出现，维护劳动者的合法权利，在一定程度上弥补了在改革开放和社会经济快速发展过程中出现的某些失衡和不足。

非正式群体的消极作用主要表现在：

第一，与正式群体产生冲突，干扰组织目标的实现。如果非正式群体的成员尤其是领导人物与正式群体发生矛盾，这种矛盾会扩大为整个非正式群体与正式群体的一致对抗。当非正式群体的成员因受到组织的批评而产生不满情绪时，容易引起非正式群体其他成员的同情，产生对组织的抵触情绪，甚至形成与正式群体相对立的群体力量。另外，非正式群体的一些消极思想和观点也会对其成员产生感染作用，形成消极的群体意识，这必然会影响组织工作的顺利开展，干扰组织目标的实现。

第二，影响正式群体的工作效率。当组织的变革与非正式群体成员的需求不一致时，或者当正式群体的规范限制了非正式群体的活动时，则会阻碍管理者的努力，削弱非正式群体成员的工作积极性，使成员自觉不自觉地抵制组织的管理政策和目标，影响工作效率甚至降低整个正式群体的绩效。

第三，容易传播小道消息和流言蜚语。非正式群体成员聚集在一起，不仅容易泄露正式群体的秘密，而且容易传播小道消息，甚至传播流言蜚语，制造谣言。由于非正式群体信息沟通渠道畅通，因此传播小道消息和流言蜚语的速度快、范围广，削弱了组织的管理能力，对正式群体的危害较大。

第四，束缚员工的发展和上进。非正式群体具有很大约束力，它要求成员在思想和行动上的高度一致，否则在精神上就要被孤立甚至被惩罚。

目前我国企业员工承受的心理压力是前所未有的，企业员工“找不到组织”的感觉十分强烈，这给企业员工心理上造成了很大的空虚感。这样，非正式群体的存在就会更加普遍，其力量就会更加强大，因此要特别注意对其进行合理的利用和控制。

（2）对非正式群体的引导。我们要做好非正式群体的工作，发挥其积极作用，抑制其消极作用。具体应做好以下工作：

第一，管理者要自觉增强与非正式群体的联系。要摸清本企业中非正式群体的数量、规模、类型、形成的原因、维系的基础、成员构成、情感倾向等，做到心中有数。要深入到非正式群体中去，了解其成员的思想、工作和生活情况，了解非正式群体领导的个性、能力以及态度等，与其积极沟通。为了对非正式群体因势利导，必要时可以参与并支持他们的有益活动。

第二，运用舆论导向进行引导。运用组织的舆论工具、媒体、事件等，对非正式群体成员的共同意见进行有计划、有目的的引导，循序渐进，潜移默化，逐渐使其接近或接受组织的观点，使非正式群体成员的意见与组织的目标相一致。

第三，区别对待不同类型的非正式群体。可以按对组织的态度和作用的差别将非正式群体分为四种类型：积极型、中性型、消极型和破坏型。坚持“鼓励积极型、转化中性型、限制消极型、瓦解破坏型”的管理原则，对不同类型的非正式群体采取不同的态度和对策。

4.1.2　群体与个体和组织的关系

前面已经提到，群体是由若干个体所组成的，若干正式群体又集结成了组织。因此，群体是连接个体和组织的中间环节，是建立在一定社会关系、工作关系与心理意识基础上的人群集合体。

对于个体而言，群体是客观存在的。事实上，任何一个现实的人，甚至任何一个孩子，都必须和群体打交道，必须把自己的许多东西与群体联系在一起，同时，群体也必然会对个人的行为产生重要影响。

对于组织而言，群体是始终存在和不可避免的。群体是组织的正常工作机制，组织必须通过群体行为去实现目标。群体能够产生对个体或组织有重要影响的力量，群体可能给组织带来有利的结果，也可能产生不良的后果。因此，准确理解和把握群体内的动态特征、群体与组织及个体的互动关系，可以使组织有目的地建设和引导群体，有意识、有价值地从群体中获取所期望的成果，这是因为群体规范和群体压力常常能比规章制度更有效地控制、改变和制约个人的行为。在某些情况下，群体决策比个体决策更全面、更有效、更易于执行。

群体与组织的概念可以从以下三方面区分开来：第一，规模有所区别。群体的概念不如组织宽泛。群体成员面对面的交往方式限制了群体的规模，而组织的规模可以随着层次的增加而不断增大。组织的规模可以很大，也可以很小，但群体的规模始终是有限的。第二，所侧重的关系不同。群体中人与人的联系侧重于社会关系和情感关系，而组织中人与人的关系侧重于社会关系、工作关系和利益关系。第三，管理方式不同。群体的管理方式主要侧重于心理上的沟通，成员间的情感是重要的联系纽带，而对组织的管理则主要依靠正式的制度和一系列管理技术。

组织中的问题和工作多种多样，有一些由个体就可以恰当地解决和完成，有一些需要依靠群体才能够很好地解决和完成，还有一些则必须在组织的整体层面上才能解决和完成。实际上，大部分工作任务需要个体、群体和组织的共同努力和分工协作才能够取得理想的成效。因此，组织中个体行为、群体行为和组织整体行为是一种相互作用、相互补充、相互制约的系统互动关系，是在组织这个矛盾统一体内，站在不同层面对人的行为活动和心理活动的认识和界定。

4.1.3　群体发展的阶段

各种类型的群体都会经历一系列发展阶段，管理者应了解群体的不同发展阶段，了解一个群体如何从无效率、无效益的“萌芽”雏形状态开始，逐步发展演化到有效率、有效益的“完全成熟”状态，因为群体形成与发展的每一个阶段都关系着群体的建设质量，都会影响到群体整体效用的发挥。

在群体和群体动态变化研究中，对群体发展的阶段是具有争议的。尽管人们的观点不一，但有些观点还是受到了较多的重视和认可，在这里重点介绍关于群体发展的五阶段模型。

从 20 世纪 60 年代中期起，许多人都认为，群体发展要经过五个阶段，即形成阶段、震荡阶段、凝聚阶段、行动阶段和中止阶段。

1. 形成阶段

群体形成阶段的一般特点是：群体成员开始互相熟悉；群体成员各自探索群体可以接受的行为并形成最基本的群体行为规范；群体的目的、结构、领导都不确定；成员相互介绍、展示自己的特性和能力，基本的人际关系开始建立。有时候这个过程进行较慢，群体成员还要相互讨论如何从事群体任务的初步设想。一般来说，当群体成员开始把自己看成是群体一员时，这个阶段就基本完成了。

2. 震荡阶段

震荡阶段是群体内部冲突阶段。群体成员接受了群体的存在，但对群体加给他们的约束仍然不习惯而予以抵制，并且对于谁可以控制这个群体还存在争执；在相互竞争的非正式领导者之间，可能会爆发权力斗争；在关于群体应当怎样执行群体任务的问题上，也会发生冲突；如果群体冲突得不到解决，那么群体就面临着解散，相反，如果群体冲突得到解决并且群体的领导得到接受，群体就度过了这一震荡阶段。

3. 凝聚阶段

凝聚阶段的主要特征是：群体对不同成员的适当行为已经认同，成员之间也相互接受了对方，开始形成亲密关系，对群体活动的责任感也增强了；这个阶段的冲突已经没有那么激烈了，即使有冲突，也较少集中在群体的社会结构上，而更多集中在履行群体任务的不同方式上；群体结构基本稳定下来，群体成员产生强烈的群体身份感和友谊关系，建立起一套共同接受的行为方式和形成共同的愿望；群体表现出一定的凝聚力。

4. 行动阶段

在行动阶段（或称任务定位阶段），群体成员之间开始相互喜欢对方，而且已经接受了群体的规范；群体成员已经选定了自己的目标，并设计安排了他们之间的劳动分工与协作关系，明确了任务，并集中精力进行工作，直至完成群体任务。

5. 中止阶段

群体的目标已经实现，群体成员将要离开群体，对此成员有不同的反应。有的人比较乐观，沉浸在群体的成就中，有的人则比较悲观，为失去群体中建立起来的友谊关系而感到惋惜。有些群体实现了自己的目标，完成了群体任务，就准备解散了，注意力放到群体的收尾工作，从而结束了群体的存在状态，即进入中止或终止阶段；有的群体则会重新确定任务和成员资格，群体又回到第一阶段，开始新一轮过程。

对群体发展阶段的研究，较为普遍接受的还有四阶段论，即相互接受阶段、制定决策阶段、激励与约束阶段以及控制与许可阶段。

4.2 群体互动

4.2.1 群体规范

1. 群体规范的含义

任何一个群体都有自己的规范，否则，群体将难以存在下去。群体规范又称群体行为规范，是指群体为了达到共同目标，在一定时期内成员相互作用而形成的、每个成员必须遵守的行为标准。群体规范规定了群体成员在一定环境条件下的行为范围和行动准则，它使成员知道了什么可以做、什么不可以做，它可以是成文的，也可以是不成文的。群体规范起着约束成员行为的作用，任何违背规范的行为都将受到排斥或攻击。

群体规范的形成受从众、顺从等心理因素的影响，群体成员彼此通过暗示、模仿、感染等相互作用，会发生一种彼此接近、趋同的类化过程，正是在此基础上形成了群体规范。

群体规范一旦被群体成员认可并接受之后，就会成为一种可以用最少的外部控制来影响群体成员行为的手段。群体规范有的是正式规定的，如法律、法规、一些规章制度等，但大部分是在群体中自发形成的，像文化、风俗、时尚、舆论、价值取向等因素，都能潜移默化地影响个人的行为以及群体规范的内容。

管理人员应当注意群体的规范是否与组织的目标一致，因为规范对成员行为有着强大的影响力。

资料链接：群体规范的形成

美国心理学家谢里夫的实验说明了群体规范的形成过程。实验在暗室内进行。一个被试者坐在暗室里，面前的一段距离内出现一个光点，光点出现几分钟后熄灭。然后让被试者判断光点移动的方向。实际上光点并没有动，但在暗室中看光点，每个人都会觉得光点在移动，这是心理学中典型的错觉实验。这样的实验进行几次，每个被试者都建立了个人的反应模式。有的人觉得光点向右上方移动，有的人觉得向左下方移动，有的人认为是向下移动等，每个人的反应模式都不相同。随后，让这些被试者一起在暗室内看出现的光点，大家可以互相讨论，说出自己的判断。实验反复进行，过一段时间后，大家对光点移动方向的判断逐渐趋于一致。这就是说，群体的规范代替了个人的反应模式。这种规范的形式，显然是受到了模仿、暗示等心理机制的影响。

实验继续进行，出现了一个有趣的现象。当把这些被试者重新分开单独做判断时，每个人并没有恢复他原先建立的个人反应模式，也没有形成新的反应模式，而是一直保持群体形成的规范。这表明群体的规范会形成一种无形的压力，约束着人们的行为，而这种约束并没有被人意识到。

2. 群体规范的作用

群体规范对群体的作用是非常广泛的，具体表现在以下几个方面：

（1）有利于增进凝聚力，维系群体的生存。群体规范通过保护群体的特性，拒绝其成员的越轨行为，强化那些能够增加成功机会的规范，把群体成员的意见和行为协同起来实现相同的目标，从而尽量减少其他群体和个人的干扰，增强群体的整体性和内聚力，对群体起到维持的作用。

（2）有利于增加群体成员的可预测性。群体规范通过建立共同准则和行为基础来促进群体的平稳运行，降低人们行为中的不确定性，从而使群体和群体成员能够相互预测彼此的行为，简化工作方式，并作出适当的反应而提高群体的效率。

（3）有利于减少人际摩擦，改善人际关系。群体规范通过界定和引导群体成员间的适当行为，减少成员中令人尴尬或难堪的人际关系问题，从而尽可能地减少人际摩擦，防止对抗，提高成员的安全感，保持群体的安定团结。

（4）有利于澄清群体身份，表现群体的核心价值观。群体规范通过明确界定“我们的群体是什么”“我们的群体应该是什么”“我们的群体接受什么行为，反对什么行为”等关键问题来表达群体的核心价值观，使群体成员能够正确处理与群体外部人群的相互关系，强化和维持群体的存在。

需要指出的是，群体规范有积极的，也有消极的。如果群体规范可以导致群体提高生产率，那么就是值得提倡的。反之，如果群体规范不利于群体提高生产率，那就阻碍了组织目标的实现，就是不可取的。在企业管理工作中，管理者应详细了解群体的规范，研究树立积极规范和克服消极规范的措施和方法。

4.2.2 群体压力与从众行为

1. 群体压力与从众行为的含义

群体成员通常具有跟随群体的倾向。当一个人发觉自己的行为和意见与群体多数人的行为和意见不一致时，一般会感到心理紧张，产生一种心理压力，这就是群体压力。这种压力促使人与群体主流的行为和意见趋于一致。人在群体中的这种要求与多数人一致的现象，称为从众行为。

群体压力与权威命令不同，它是通过多数人的意见形成压力去影响个人的行为。群体压力尽管不具有强制的性质，但它对个体来说，却是一种难以违抗的力量。有时，当这种群体压力非常大的时候，甚至会迫使其成员违背自己的想法而产生完全相反的行为。

由群体规范的作用可以看出，每个群体都对其成员有一定的约束力量。也就是说，群体都要求其成员共同遵守一定的行为准则。而对于群体行为准则的共同遵守，往往也是群体内大多数成员的意向或愿望，作为群体的成员，个体总是渴望被所有群体成员接受和尊重，因此会倾向于按照群体规范行事。同时，群体能够给其成员施加巨大压力，使其按照群体标准来改变自己的态度和言行。

从众行为是个体按照群体规范行事的一种顺从行为，它的产生主要源于群体成员的安全需要及他人或群体的力量。个人在群体中的目标、工作方式和活动大部分需要依靠他人的帮助，依赖由大多数人掌握的群体信息、资源和力量才能成功，个人离开群体会困难重重，甚至寸步难行。当个人与群体保持一致时就会感到一种归属感和安全感，当个人与群体的主流意见和做法相左时，就会感到孤立、不安与不和谐，丧失安全感。所以群体成员往往会在某些时间和场合作出某种程度的让步或妥协，以从众行为委曲求全，避免触犯众怒而给自己带来较大的损害，这种从众行为自然是符合群体规范或群体准则的行为。

资料链接：阿希实验

美国心理学家阿希以实验方式证实了群体压力与从众行为现象。阿希所做的实验是这样的：他将 9 个人编为一组，让他们坐在教室里看两张卡片，如图 4－1 所示，左边的卡片上画着一条直线，右边的卡片上画着三条直线，让大家判断右图中的 a、b、c 三条线哪一条与左图中的 x 线是同样长度。在正常情况下被试者都能判断出 x＝a，错误的概率小于 1％。但阿希对实验预先作了布置，在 9 人的实验组中要求 8 个人都故意作出一致的错误判断，如 x＝c。第 9 个人并不知道事先有了布置，实验中让第 9 个人最后作判断。对实验结果的统计分析表明，第 9 个人有 37％放弃了自己的正确判断而顺从群体的错误判断。

图 4－1　阿希实验中所用到的卡片

事实上，从众行为有表面的和内心的两个层面。表面的行为可表现为从众或不从众，而内心的反应却有接受与拒绝之分。对于同一个人来说，内外两个层面的反应并不一定都是协调一致的。它有四种情况：

（1）表面从众，内心也接受。这就是所谓的"口服心服"。这是群体与个体之间最理想的关系。当组织的目标与员工的期待一致时，即为这种状态。

（2）表面服从，内心却拒绝。这是指"口服心不服"。

（3）表面不服从，内心却接受。这是指在公开场合不赞成群体的要求，但在内心或私下里却表示赞同。这一行为往往是为了面子，有时也是出于得寸进尺的需要。

（4）表面不从众，内心也拒绝。这是心口一致的行为。比如与大家的意见不一致，但自己不放弃，并公开坚持。

2. 影响从众行为的因素

影响从众行为的因素主要包括情景因素、个人因素及群体中其他成员对个人的影响等。

（1）情景因素。这方面的因素包括群体规模、群体凝聚力、个人在群体中的地位、群体中的人际关系、群体的竞争性等。群体规模越大，群体的凝聚力越强，越容易产生从众行为。地位较低的成员常常感到来自高地位者施加的压力，容易产生从众行为。人际关系较好的群体容易使个体产生从众行为。群体内部竞争性越低，成员之间越易达成共识，从众行为越易发生。

（2）个人因素。这方面的因素包括性别、智力、自信心、情绪的稳定性、对人际关系的敏感性、对他人的依赖性等。一般来看，女性比男性更易从众，智力超群的人不会轻易从众，性格焦虑且不稳定的人易于从众，看重人际关系的人易于从众，对他人依赖越强的人越易有从众行为。

(3) 群体中其他成员对个人的影响。当一个群体出现一个“反从众者”、敢于与群体对立时，就会削弱其他人的从众心理。当个体的态度和行为与群体多数人差距太大或太小时都不容易产生从众行为，而中等程度的差距给个人造成的压力最大。

3. 群体压力的作用

群体规范对其成员的影响，其实就是通过群体规范所形成的群体压力来实现的。群体压力致使其成员采取共同的行动，体现了以下两方面的意义：

(1) 群体一致的行为，有助于组织目标的达成和群体的存在与发展。成员间没有分歧意见的行为可促使相互间的交互作用更为顺利，彼此间更能够相互理解，努力协作，保证群体活动的良好秩序和工作效率。倘若群体内部意见不一，便无法得出结论，达成一致协议，不利于维护群体的存在与发展，也不利于组织目标的实现。

(2) 群体一致的行为，可以增加个人的安全感。个人安全感是通过验证自身对情境的判断正确无误来获得的。可是，许多时候并没有可供核对的事实来验证，通常只能参照别人的意见和行为来确定自己的意见和行为。当看到别人赞成自己的意见和想法，内心才会有安全感。而且，大多数人只有在属于某个团体、有明确的地位与安全感的情况下，才能自由地表现自己的个性。

管理者可以充分利用群体压力对个体所产生的影响，致力于发展群体的亲善性。当群体采取某种特定的行动时，个别成员就会受群体所迫，努力满足群体的需要。这样，便可消除不一致的声音，以顺利贯彻决策，达成群体和组织的目标。

4.2.3 群体凝聚力

1. 群体凝聚力的含义

群体凝聚力又称群体凝聚性或内聚力，是指群体对成员的吸引力，它既包括群体对成员的吸引程度，又包括群体成员之间的相互吸引力。当这种吸引力达到一定程度，而且群体成员资格具有一定价值时，就认为这是一个凝聚力大的群体。凝聚力大的群体一般表现为每个成员都喜欢其他的群体成员，并具有作为该群体成员的尊严感，且该群体能帮助个人达到他一个人无法达到的目标。

群体凝聚力表现在成员的心理感受方面，即为情感归属感、判断认同感和力量支持感。

情感归属感指的是每个成员在情感上加入群体，具有“我们”和“我们的”这种情感。当群体取得成功或遭到失败的时候，群体成员有共同的感受，一部分成员也会为其他成员的成功感到高兴与自豪，群体成员能够从感情上爱护自己的群体。

判断认同感指的是各个成员对一些重大的事件与原则问题，都保持共同的认识与评价。这种认同感往往会互相影响，而且这种影响是潜移默化的。尤其是当个人对外界情况不明，或当个人情绪焦虑不安时，群体其他成员对其影响更大。

力量支持感指的是在群体凝聚力大的情况下，当一个人表现出符合群体规范、群体期待的行为时，群体会给予他赞许与鼓励，以支持其行为，从而使他的行为得到进一步强化，使个人信心更足，决心更大。

群体凝聚力表现在上述三个方面，情感归属感给个人精神上的依托；判断认同感对个人的认知给予知识与信息支持；力量支持感则给人以力量，使个人的活动坚持不懈。

凝聚力大的群体更具有战斗力。在实践中我们看到，凝聚力大的群体成员比凝聚力小的群体成员可以得到更大的满足，他们乐意参加群体活动并忠诚于群体，凝聚力使成员更加遵守群体规范。凝聚力大的群体成员间有共同的价值观和目标，相互之间愿意交流，因此有更多的沟通机会，这种沟通会加深了解，促进凝聚力的进一步提高。凝聚力大的群体通常对其他群体成员存在一种敌意，因为，凝聚力使得群体成员产生优越感，这种优越感导致成员对外界的敌视和排斥。

关于凝聚力与生产率的关系有不同的研究结果。我们认为，决定凝聚力对生产率影响的主要因素是群体目标与组织目标是否一致。如果二者一致，则凝聚力大的群体会作出高绩效；如果二者不一致，则群体的凝聚力越大，其负面作用越大。

2. 影响群体凝聚力的因素

一个群体凝聚力的大小，主要与以下几个方面的因素有关：

（1）群体的领导方式。领导方式会影响领导的感召力和向心力，不同的领导方式对群体凝聚力有不同的影响，得到成员信服、钦佩、拥护的领导会增加群体的凝聚力。心理学家勒温等人曾做过实验，比较了在“民主”“专制”“放任”三种领导方式下的各实验小组的效率和群体气氛，发现在实行民主型领导方式的群体中，人们的思想更活跃，成员之间更友爱，成员相互间情感更积极，凝聚力更大。

（2）群体的目标。如果群体的目标和利益与成员个人的目标和利益一致，就会被群体成员自愿接受，其群体凝聚力就较大。群体成员把群体目标转化为自己的自觉行为，共同去分担群体的目标。成员分担群体目标的程度越高，群体凝聚力就越大。反之，若一个群体的目标不明确、不现实，或者与成员的目标和利益不一致，则群体难有较大的凝聚力。

另外，凝聚力大的群体是达成组织目标的重要条件，但当群体的目标与组织的目标不一致时，凝聚力多半会产生有害的作用。

（3）群体成员的社会属性与心理特征的相似性程度。社会属性与心理特征的相似性，主要是指在民族、阶级、文化教育、价值观念、态度、兴趣、爱好、性格、年龄、职业等方面的特征相似，这些特征对人们的交往和吸引有着重要的影响。在某个方面相似，容易使人感到彼此接近，从而产生好感，促进群体凝聚力的提高。

（4）群体的领导者与成员的关系。若领导者关心成员的疾苦，与群体成员同心同德，保持良好的关系，再加上领导有方，能作出正确的、有利于群体的决策，使群体的工作任务顺利完成，这样的领导者就能够赢得成员们的拥护和爱戴，使群体表现出较大的凝聚力。反之，则会降低群体的凝聚力。

（5）群体成员间的思想与情感沟通程度。群体成员间越是经常互动、相互交往，越易沟通思想与情感，越有利于群体成员间目标的一致和情感的接近，也就越有助于提高群体的凝聚力。反之，若成员间很少相互交往，则感情就易疏远，思想的距离就会拉大，最终导致降低群体的凝聚力。

（6）群体间的竞争程度。群体之间经常为群体的声誉、各自的经济利益等进行竞争，这是一种普遍现象，尤其是在企业性群体之间，更是如此。在群体竞争中，更需要群体成员彼此紧密团结，协作奋斗，方能使群体立于不败之地。一个工作群体与其他群体的竞争越激烈，则群体凝聚力就越大，反之，群体凝聚力就越小。

（7）群体规模的大小。一般而言，群体规模越小，成员越少，群体成员间交往的频率就越高，成员间的思想与情感也就较易沟通，群体凝聚力就越大。相反，群体规模越大，成员越多，群体成员间交往的频率也就相应降低，成员间的思想和情感也就较少或较难沟通，群体凝聚力就比较小。

（8）个体需要满足程度。群体成员都有自己的需要，并希望自己的需要在群体中得到满足。一般来说，能够更多、更好地满足成员需要的群体，其所产生的凝聚力越大，反之，对成员需要的满足程度越低的群体，其凝聚力越小。

（9）群体的社会地位。一个群体其成就越大，声望越高，成员的归属感和自豪感也就越强烈，群体的凝聚力就越大。

4.2.4 群体士气

1. 群体士气的含义

“士气”原是一种军事术语，用以表示作战时的团体精神，在这里是指群体成员实现群体目标的意愿与集体精神的整合。心理学家史密斯认为，士气是指人们对某一群体或组织感到满足，乐意成为该群体中的一员，并协助达到群体目标的程度。

美国心理学家克瑞奇认为，一个士气高昂的战斗群体，本身具有以下 7 种特征：一是群体的团结来自内部的凝聚力，而非起因于外部的压力；二是群体的成员没有分裂为互相敌对的小团体倾向；三是群体本身具有适应外部变化的能力以及处理内部冲突的能力；四是群体成员之间具有强烈的认同感和归属感；五是群体中每个成员都明确地意识到群体的目标；六是群体成员对群体的目标及领导者抱肯定和支持的态度；七是群体成员承认群体的存在价值，并具有维护其群体存在和发展的意向。如果一个群体具备了这些，就是一个健康的、积极的、士气旺盛的群体，就可提高活动的效率。

2. 影响群体士气的因素

研究者认为，在组织管理中，要想提高工作和生产的效率，保持高昂的士气是不可缺少的必要条件。一般来说，影响员工士气的因素有以下几个方面：

（1）对群体目标是否赞同。士气是群体成员的群体意识，它代表一种个人成败与群体成就相关的心理。士气只有在个人赞同群体的目标，即个人目标与群体目标相协调一致时，才能够产生。

（2）经济报酬是否合理。合理的薪金制度可以提高群体的士气，因为金钱虽不是人们追求的终极目的，但它可以满足人们包括生理等方面的许多需要，在某种程度上它还代表了个人自身的价值以及在群体中的成就与贡献。

（3）对工作的满足感如何。在群体中，员工所从事的工作专业对口并符合他的兴趣，工作就会给个人带来满足感，这有利于员工的身心健康，有利于充分发挥他们的潜力，施展他们的抱负，有利于提高群体的士气。所以，管理者在安排工作时，要根据岗位的需要，因事择人，用其所长，并且尽可能考虑员工的兴趣、爱好、能力、受教育程度等，让员工在工作中获得满足感。

（4）管理者是否优秀。群体领导者的管理作风影响着群体的士气。领导者作风民主，乐于倾听和接受不同的意见，通情达理，善于体谅员工的辛劳，积极为员工争取利益，必然会赢得群体成员的认同，而使群体士气高涨。

（5）信息沟通渠道是否通畅。领导者与下属、下属与领导者以及群体成员之间，如果沟通受阻，会使人心生不满而导致士气低落。还有，倘若这中间只是单向沟通，则易让人不安，或产生抗拒心理，从而降低士气。因此，管理者一定要注意保持信息渠道的畅通，且要保证沟通是双向的，如多让成员参与决策和群体讨论，改善上下级之间的沟通方式等。

（6）工作环境如何。健康的工作环境，能够使人精神振奋、工作愉悦；不良的工作环境，则易让人产生疲劳，甚至引起慢性疾病而降低工作效率。所以，一方面，管理者要注意创造良好的工作物理环境，使照明、通风、温度、湿度等都处于较佳状态；另一方面，要致力于建立良好的工作心理环境，营造群体成员之间和谐的氛围，减少人们的焦虑与不安，使员工在友爱、自尊与自信的环境中工作，从而保持高昂的士气。

4.3　群体中的人际关系

在美国，曾有人向2 000多位雇主做过这样一个问卷调查："请查阅贵公司最近解雇的3名员工的资料，并回答解雇的理由是什么。"结果无论什么地区和行业的雇主，2/3 的答复都是："他们是因为不会与别人相处而被解雇的。"由此看来，人际关系对组织来说是非常重要的，它对管理者提高群体绩效具有重要的现实意义。

4.3.1　人际关系的含义与作用

1. 人际关系的含义

人际关系是人们在进行物质交往和精神交往过程中发生、发展和建立起来的人与人之间的关系。群体中的人际关系是指群体活动中群体内部成员之间的交往与联系。群体中的人际关系不是静态的关系，而是动态的联系，是群体成员的交流与交往、彼此的影响和制约。

人与人之间的关系是一个广泛的概念，所有的社会关系归根结底都是人与人之间的关系。一般说来，人际关系是一种社会关系，它包含在社会关系体系之内，而社会关系有更为广阔的内容，它只能通过各种复杂的人际关系表现出来。

人际关系的内容大致可分为两个方面：一方面是物质关系，即以生产、生活物质为条件的交往，如生产资料的占有方式、商品交换过程、经济分配形式等。另一方面是精神关系，即以语言、思想、感情为媒介的交往，如思想的传播、情绪的感染、感情的交流等。这两种内容的人际关系是相互联系、互为条件的，它们都是人们的客观需要。所以就其实质来讲，人际交往是人的本质表现，是人的本性的要求。

人际关系的方式有两种，一种是直接关系，另一种是间接关系。直接关系就是人们通过物质或交际手段（包括语言、表情、动作等），面对面地发生联系。间接关系是人们通过物质的传递或借助书面语言和传播技术，间接地发生联系。

2. 人际关系的作用

群体中的人际关系对群体产生着重要的影响，和谐的人际关系对群体的效率有很重要的作用，具体表现在以下几个方面：

（1）沟通信息。信息交流是人们获得知识与经验的重要途径，也是人们感情沟通的重要方式。和谐的人际关系，有助于增加群体成员之间的信息交流，使大家共同分享信息资源、各种经验和感受，并促进群体意识的形成。

（2）联络感情。人在基本的生理需要得到满足之后，就会追求更高层次的社会心理需要的满足，其中包括社交需要的满足，与人交往是每个人内心深处与生俱来的基本需求。向朋友诉说可以降低和消除消极情绪的影响，恢复心理平衡，产生归属感和安全感。在工作群体中，人与人之间的相互理解、信任、关心、友爱，会使人产生开朗、乐观的情绪，激发工作热情；反之，则容易使人压抑、孤独、苦闷，从而对工作、社会、人生形成逃避甚至对抗等态度。

（3）提高工作效率。人际关系是群体成员之间的一种独特的联系，群体中人际关系是否融洽、协调，对工作效率有着直接影响。如果人与人之间相互猜忌、排斥、冲突，不仅使人分散精力，浪费时间，而且会造成心理消耗。把心思用在对付别人身上，势必影响工作效率。如果群体中成员相互理解、沟通、体谅，有助于形成宽松、相容的心理气氛，有利于提高组织工作的绩效。所以，人际关系是影响群体活动效率的一个重要因素，也是实现管理目标的重要因素。

（4）促进自我发展。人是社会化的动物，个体在自我发展过程中，既受外部客观环境的影响，又受人与人之间相互交往关系的影响，良好的人际关系可促进个人的成长。组织中员工互相帮助，可以相互促进，增进员工之间的行为模仿和相互竞争动机，加速员工的自我发展和自我完善。另外，人们在交往过程中，可以通过与别人的比较和别人对自己的反映来认识自己，有利于形成对自己比较客观、准确的评价，促进自己的成长进步。

4.3.2 维护和改善人际关系

1. 人际交往的原则

在人际交往过程中需要坚持以下几个原则：

（1）平等原则。平等是建立良好的人际关系的前提，没有平等待人的观念，就不能与人建立密切的人际关系，这是人际交往的第一原则。

（2）互利原则。在人们的交往中，大多数的交往是互利的。互利包括以下三个方面的内容：一是物质互利，比如物品交换，张三给李四一篓鱼，李四给张三一只羊。二是精神互利，比如相互尊重、相互安慰等，这里包括心理、情感、思想、文化等方面的交流。三是物质精神互利，即在交往中，一方从物质上得利，另一方从精神上得利。比如甲给乙一本书，乙向甲道谢等。

（3）信用原则。中华民族历来是强调讲信用的，在人与人的交往中，从古到今都把信用看得非常重要。自古以来，讲信用的人受到人们的欢迎和赞颂，不讲信用的人则受到人们的斥责和唾骂。在发展市场经济的今天，讲信用更是人们交往中必须遵守的一个原则。

（4）相容原则。相容就是心胸宽广、忍耐性强，就是宽宏大量。相容是历史发展到一定阶段的产物，当人与人之间具有人身依附关系时，是谈不上相容的，相容是与民主、平等、独立相关的。相容不是随波逐流，不讲原则，而是相互理解，彼此包容，遇事多换位思考，不计较小事。坚持相容，要做到宽以待人，有理也让人。

2. 维护和改善人际关系的途径

群体中人际关系的改善有利于提高群体的工作绩效。决定人际关系好坏的因素十分复杂，很难有一个标准的维护和改善人际关系的范式。下面几点对于维护和改善人际关系是较为重要的：

（1）建设和谐的领导团队。领导者在组织活动中处于主体地位，是一种权力的代表，但是领导者是否成功还取决于有无良好的人际关系以及在人们心目中有无良好的形象和威信。建设一个坚强、善于协调处理人际关系的领导团队是企业建立良好、和谐的人际关系的关键。管理者不仅必须懂得本行业的业务知识，还要有一定的协调能力，善于处理组织内部和外部的人际关系。此外，领导者还必须客观地认清自己，摆正位置，树立服务意识，严格要求自己，宽容谦让别人，理智处理自己的思想感情和行动。要严于律己，不以权谋私，不优亲厚友，自觉接受广大员工的监督，主动调整和改善人际关系。

（2）尊重、关心员工。尊重员工是搞好人际关系的基础。管理者要搞好人际关系，必须得到员工的支持。企业员工和其他行业的人一样，都希望获得尊重，希望能得到企业管理者的理解和承认。作为管理者，要尽量了解员工的思想、志趣、处境和愿望，还应知道员工工作的艰辛和成绩。管理者应多与员工交谈，听取他们的意见、建议和想法，使员工意识到自己在组织中的地位与价值。

（3）建立合理的组织结构。合理的组织结构可以使员工明确其行为规范、办事原则、办事程序、规章制度和工作方法，使每个员工各司其职、各负其责、各尽所能、各得其所，减少人为的不协调行为，变冲突为合作，使组织内部人员之间协调有序、和谐友好地开展工作，从而改善人际关系，调动员工的工作积极性和创造性。

（4）推行员工参与管理。员工参与管理有利于上下沟通，增加相互之间的理解和信任。它可以使管理者和被管理者之间的人际关系得到改善，使管理措施的执行具有可靠的基础。员工参与管理有利于培养其集体意识，树立以群体目标和任务为中心、增进群体贡献为宗旨的群体风尚，从而使组织形成较强的凝聚力。

（5）创造和谐的群体氛围。和谐的群体氛围有利于形成良好的人际关系。企业应该有意识地利用组织力量，创造适宜的群体气氛，促进成员间的相互交往，使员工有更多的机会进行交谈，从而减少误会，增进相互的了解、尊重和信任。

4.4　沟通

4.4.1　沟通概述

沟通是群体以及组织生存和活动的基础，特别需要注意的是沟通在组织行为学前两个层面——个体行为与群体行为之间有着至关重要的联系作用。沟通对于建立良好的人际关系非常重要，沟通不畅会引起群体内部甚至群体之间的冲突。美国的一些调查表明，企业管理人员工作时间的50%～90%用在信息沟通方面，因此无论从工作效果和组织效率看，都应高度重视沟通。了解沟通的一般规律，有助于提高信息沟通的有效性，从而提高组织绩效。

1. 沟通的含义

沟通是指信息从发送者到接受者的传递和理解的过程。在社会生活中，人们常常认为，沟通是指人与人之间的交流，是在两个或多个人之间进行的思想、意见和感情等方面的交流，并通过交流达成一致的认识和理解的一种方法。沟通不仅仅是意义的传递，还必须使意义被理解。

群体沟通是指在群体成员之间传递思想和信息，并使其意义被理解。群体沟通具有如下五个特性：

第一，社会性。人是社会关系的总和，这决定了沟通行为本身就是一种社会性行为，沟通双方不仅仅交流信息，而且彼此交换内心状态，表达各自对同一事物的看法和思想感情。因而，沟通主体的态度和行为一部分受群体内部成员间相互作用的影响，另一部分则受更大的社会系统（如社会风俗、传统、思想、价值观等）的影响。

第二，选择性。群体沟通具有两方面的选择性：一方面是信息发送者的选择性。他必须正确选择传递的归宿即接受者，才能达到预期的目的，只有对信息感兴趣的人才会接受沟通。同时，发送者还必须正确选择沟通的内容、媒介、方式和时机。另一方面是接受者的选择性。对于接受者而言，存在着选择性注意与选择性理解的问题。选择性注意是指接受者在可能的范围内喜欢选择那些与自己密切相关的信息，而不想接触与自己无关或者关系不大的信息。选择性理解是指接受者按照自己的感知、经验和经历来还原和理解发送者传递的意思，而无法将信息完全还原为发送者意欲传递的意思。

第三，互动性。沟通是一个互动过程，人们只有通过不断传递信息和不断反馈，才能克服由于人们的知识背景和价值观差异带来的对相同事物的不同理解。

第四，符号性。沟通双方的任何信息交流只有在使用共同符号的条件下才能实现，即沟通过程的参加者都认识这些符号，并理解其所表示的意义。只有统一的意义体系才能保证沟通双方相互了解。

第五，干扰性。人是社会的动物，沟通中可能产生各种各样的沟通障碍。这些障碍不仅包括一般沟通中的渠道障碍，而且还包括社会和心理等方面的障碍。

2. 沟通的方式

沟通方式是多样化的，根据不同标准，沟通方式可划分为不同类型。

（1）根据沟通的组织系统的不同，沟通可分为正式沟通和非正式沟通。

正式沟通就是通过组织明文规定的渠道进行的信息传递和交流。这类沟通代表组织，比较慎重。例如，组织规定的汇报制度，定期或不定期的会议制度等。按照沟通方向，正式沟通又可分为上行沟通、下行沟通和平行沟通。上行沟通，即组织中的下级向上级直至最高领导进行情况汇报的沟通。下行沟通，即组织中的上级对下级的信息沟通，它一般是以组织中的命令、批示或通报的形式，通常是组织中的高层人员，通过各中间层次下达到基层组织成员。平行沟通，即组织结构中处于同一层级或个人间的沟通，它是横向沟通，通常具有业务协调的作用。传统组织中的平行沟通必须通过上行、下行沟通来进行，而且对直接的平行沟通是严格控制的，这实际上是上级对下级的监督和控制。

非正式沟通是在正式沟通渠道之外进行的信息传递或交流。这类沟通代表个人，比较灵活。例如，组织中员工私下交流，议论某人某事，还有我们常说的“小道消息”等。现代管理中很重视研究非正式沟通，因为人们的思想和动机往往是在非正式的沟通中表露出来的。这样的沟通，信息传递快且不受限制，它起着补充正式沟通的作用。但这两者之间的界限不是绝对的，有时很难区分。

（2）根据沟通过程中所使用的符号系统的不同，沟通可分为语言沟通与非语言沟通。

语言沟通是使用语言符号系统的沟通，又包括口头沟通和书面沟通。口头沟通是最普遍的人际沟通方式，如讨论、电话、面谈、会议等。人们借助口头语言的表达和交流，彼此传递着不同的信息、情感、思想和意志。书面沟通比口头沟通更规范、更正式，一般采用书信、通知、文件、传真、电子邮件、组织刊物等形式。通常，规范化的沟通内容总是以书面语言的形式在组织和群体中进行传递的。

非语言沟通是指借助非正式语言符号，即语言与文字以外的符号系统来进行的沟通。例如，交谈时的手势、神态、表情等。心理学中有著名的“沟通二八定律”，即语言沟通传递交流中 20%的信息，而非语言沟通传递交流中 80%的信息。

另外，从沟通有无反馈的角度，可以把沟通分为单向沟通和双向沟通；从沟通主体不同，可以分为人际沟通、群际沟通、组织沟通等。

3. 沟通的重要性

任何组织或群体在决策和目标实现的过程中，都有赖于合理、及时的信息流动与交换所形成的沟通。沟通为群体和组织决策提供了各种所需的信息，从而保证了决策的正确性。同时，也正因为有效的沟通，加强了组织成员对决策方案和目标的理解，促进了组织成员间的信任与合作，保证了目标的实现。沟通在管理的各个方面得到了广泛的运用并成为许多管理人员的主要工作内容。

概括起来，沟通的重要性体现在以下几个方面：

（1）沟通是组织实现其目标的重要手段。组织中的个体、群体为了实现一定的目标，在完成各种具体工作的时候都需要相互交流，统一思想，自觉地协调。信息沟通使组织成员了解和明确自己的工作任务，把抽象的组织目标转化为组织中每个成员的具体行动。没有沟通，一个群体的活动就无法进行。

（2）沟通使管理决策更加合理有效。对信息的收集、处理、传递和使用是科学决策的前提。在决策过程中利用信息传递的规律，选择一定的信息传播方式，可避免延误决策时间而导致的失败。管理者通过一定的方式推行决策方案，赢得上级的支持和下级的合作，没有有效的沟通是不可能达到这一目标的。

（3）沟通使组织内部的分工合作协调一致。由于现代组织是建立在职能分工基础上的，不同的职能部门之间“隔行如隔山”，不易相互了解和协作配合。有效的沟通可以使组织内部分工合作更为协调一致，保证整个组织体系的统一指挥、统一行动，实现高效率的管理。

（4）沟通使组织的激励功能得以实现。沟通是管理者激励下属、影响和改变别人的态度和行为、实现领导职能的基本途径。沟通不仅能增进员工彼此之间的了解，促进彼此之间的合作，改善人与人之间的关系，也是最大限度地调动员工积极性的一种方式。管理者与员工的定期沟通，会提高员工的满意度，从而提高工作效果，降低组织成员的缺勤率和流动率。

（5）沟通是企业适应外部环境的重要途径。从组织与外部沟通的角度来看，沟通是企业与外部环境之间建立联系的桥梁。企业外部环境处于不断变化之中，企业为了生存就必须适应这种变化。企业与外界保持有效的信息沟通，成为一个与其外部环境发生相互作用的开放系统，这样，就可以根据用户的需求、竞争对手的状况、技术发展、宏观经济政策等信息决定自己的产品和服务。

4.4.2 沟通网络

沟通网络指的是信息流动的通道。这种通道有两种网络，即正式沟通网络和非正式沟通网络。

1. 正式沟通网络

美国斯坦福大学教授、著名管理学家和心理学家莱维特最早通过实验提出五种沟通网络形式。在正式组织环境中，每一种网络相当于一定的组织结构形式。图 4－2 表示五种典型的信息沟通网络：链式、Y 式、轮式、环式、全通道式。

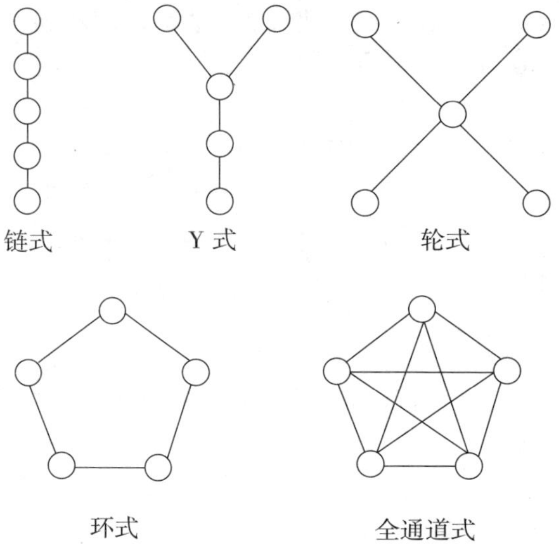

图 4－2　正式沟通网络结构

（1）链式沟通网络。链式沟通网络表示信息在组织五个层次中自上而下或自下而上逐级传递，居于两端的人只能与其相邻的一个成员联系，而居于中间的人则可以分别与其前面和后面相邻的人沟通信息。这种链式网络表示的是组织的主管与下级之间有中间管理者，它是一种典型的上下级权力关系的体现。如果一个组织系统过于庞大，需要实行分层授权管理，链式沟通网络是一种行之有效的方法。但在这种形式中，信息经层层传递和筛选，容易失真，各个信息传递者接收的信息差异较大。

（2）Y 式沟通网络。Y 式沟通网络表示信息在四个层次中逐级传递。它既可以表示一个组织的主管有两个直接与他联系的参谋人员和一个直线下属，是一种典型的直线-职能权力关系；也可以看作是两位主管通过一个人或一个部门进行沟通，此人可能是秘书或助理，拥有很多信息，容易掌握实权，成为信息的中心。现实中我们经常看到的是倒 Y 式沟通网络，即一个主管通过秘书或助理与三个下级发生联系。这种 Y 式（或倒 Y 式）的沟通集中化程度较高，解决问题的速度也快，但容易造成信息曲解或失真。

（3）轮式沟通网络。轮式沟通网络表示信息由处于中心位置的人向四周传递。它可以被看作是一个主管与四个下属之间的沟通，而四个下属之间没有互相沟通现象，属于控制型网络，其中，只有一个人（主管）是各种信息的汇集点与传递中心。这种方式集中化程度高，解决问题的速度快，中心人员的控制能力强，当某一组织接受了紧急攻关任务，需要争时间、抢速度并进行严格控制时，可采用这种沟通网络。但这种沟通形式渠道少，组织成员的满意程度较低。

(4) 环式沟通网络。环式沟通网络表示信息在五个人之间依次沟通，其中每个人都可以与两侧的人同时沟通信息，但不能跨越相邻成员与他人沟通。环式沟通网络可以看成是一个封闭式控制系统结构，在这种网络中，个人心理满意程度无明显高低之分，处于中间状态，组织的集中化和可预测程度都较低，沟通渠道不多。

(5) 全通道式沟通网络。全通道式沟通网络表示信息可以在所有成员之间相互沟通，是一个全方位开放式的沟通网络系统。这个网络中没有明显的中心人物，所有成员都处于平等地位，彼此之间都有一定的联系。这种网络表示一个民主气氛很浓的领导集体或部门，其成员之间总是互相交流情况，通过协商进行决策。在这种形式的组织中，每个人都可以自由发表意见，成员间地位差异小，会有很高的满意度和很好的合作气氛。但这种沟通网络渠道太多，容易造成混乱，而且可能较费时间，从而影响工作效率。

沟通网络代表一个组织的结构系统，一个组织要达到有效管理的目的，应该采取哪一种沟通网络，应具体情况具体分析，视不同的情况确定适当的沟通网络。

2. 非正式沟通网络

非正式沟通网络不是由组织固定设置的，而是组织成员在进行非正式沟通中自然形成的。在组织中，非正式沟通渠道是多种多样的，每一个人都可能在传播小道消息的过程中扮演一个角色。有的是信息制造者，有的是传播者，有的只听不传，有的夸大扩散。美国心理学家戴维斯把非正式沟通网络归纳为下列四种形态：单线式、流言式、随机式和密集式，如图4-3所示。

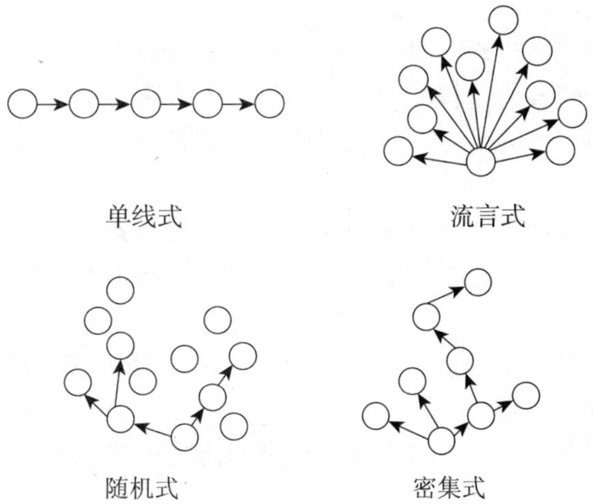

图4-3 非正式沟通网络结构

(1) 单线式。以“一人传一人”为特征，指一个人只传给另一个人，通过一长串的组织中的人际关系来传递信息，而这一长串的人之间并不一定存在正规的组织关系。

(2) 流言式。以“一人传多人”为特征，指一个人有意识地通过闲谈的方式向众人传播信息。他是非正式沟通渠道的关键人物。

(3) 随机式。是指每一个人都随机传播信息，没有一定的路线，想告诉什么人就告诉什么人，没有一定的中心人物和选择性，道听途说就是一个典型的例子。

（4）密集式。是指信息发送者有选择地寻找一些对象来传播信息，这些对象大多是一些与其亲近的人，而这些对象在获得信息之后又传递给自己的亲近者，这是非正式群体中最普通的沟通形式。

4.4.3 提高沟通的有效性

1. 有效沟通的特征

有效沟通主要有以下三个方面的特征：

（1）信息的准确性。有效沟通必须保证信息在传递过程中的准确性，能够准确地反映发送者的意图，同时也要保证接受者准确地理解信息，这是有效沟通最基本的要求。

（2）信息的完整性。信息的发送者必须发送完整的信息，避免根据自己的意愿进行取舍，以偏概全。信息的接受者也不能断章取义，不能根据自己的兴趣进行选择性的接受。

（3）信息沟通的及时性。信息应该是被及时地、以尽量少的中间环节传递到接受者。及时性还表现在接受者接收到信息时应及时反馈。另外，信息还应该及时地被利用，以免过期失效。

2. 沟通的障碍

人们在信息沟通过程中，常会受到各种因素的影响与干扰，大量的障碍会对沟通造成延误或曲解。

（1）来自发送者的沟通障碍。发送者表达信息时往往需要把一种形式的信息转化成另外一种形式的信息再发送，发送者在表达的时候不够清楚、有歧义或者使用了难以理解的术语、行话等，都会给沟通造成障碍。

（2）来自接受者的沟通障碍。由于信息在传递的过程中要经过发送者的编码，再经过接受者的解码，在这个转换的过程中会出现一些沟通障碍，出现接受者对信息的解码与发送者发送信息的原意不一致的情况，也就是说，接受者所理解的信息含义并不是发送者所要表达的含义。

（3）沟通双方的不同背景所导致的沟通障碍。沟通双方的社会、政治与经济地位，以及价值观、宗教信仰、种族、道德标准、职业、年龄、性别等不同，都会导致对同一件事情的看法有差异。

（4）信息传递过程中的障碍。当信息在传递过程中经过多个环节时，常常会被曲解，会被删减某些细节或者增加某些细节，从而造成信息失真。一般来说，信息在传递过程中经过的环节越多，就越容易失真。口头沟通比书面沟通更容易失真，单向沟通比双向沟通更容易失真。

（5）沟通中的物理障碍。信息沟通的过程中还有可能遇到很多物理障碍的干扰。例如，在直接面对面的沟通中，人与人之间的距离过大，会使人听不清楚对方的声音，或看不清对方的表情、手势，从而影响沟通效果。现在许多组织都采用了“开放式办公室”的设计，以增进组织成员间沟通的有效性。

（6）语言和情绪上的障碍。无论是书面沟通还是口头沟通，人们都是靠语言来进行交流的。但语言只是思想的载体，并非思想本身。语言的复杂性远不及人类思想的复杂程度，因而就会出现一词多义，一个意思也可用多种语言表达，同样的词语在不同人身上也会得到不同的理解。情绪对信息沟通的影响也是很明显的。人们处在情绪的两极状态时，很难进行客观而理性的思考，而是代之以情绪化的判断，这样很容易歪曲信息，从而造成沟通失真。

3. 提高组织沟通的有效性

在存在沟通障碍的情况下，管理者应设法减少问题的发生。例如，信息发送者要有认真的准备和明确的目的，对沟通内容有正确、清晰的理解，语意要确切，用词要谨慎，要充分了解对方的文化背景和基本价值观，注意运用反馈，尽量减少组织的结构层次，保证信息传递的迅捷、准确和充分等。

为了提高组织沟通的有效性，以下几个方面的工作是必不可少的：

（1）主要领导者必须认识到沟通的重要性。成功的员工沟通方案中最重要的因素是主要的领导者。他必须从思想到行动上认可这样一种观念：与员工进行沟通对实现组织目标十分重要。如果组织中的主要领导者通过自己的言行认可了沟通，这种观念会逐渐渗透到组织的其他部门中。除了在思想上拥护和赞成员工沟通之外，主要领导者还必须是一个熟练而鲜明的角色榜样，并且自己很乐于交流重要信息。主要领导者花大量时间与员工进行交谈，解答他们的问题，倾听他们的需要，并亲自去做这些事情，而不是把这项任务委托给别人去做。这样就会增强员工的信心并为其他管理者作出榜样。

（2）保证双向沟通。下行沟通占主导地位的沟通程序效果是不佳的。成功的程序是下行沟通与上行沟通达到平衡。企业如何激发自下而上的沟通呢？很多公司采取以下做法实现双向沟通：运用交互式广播电视系统允许员工提出问题，并得到高层管理者的解答；公司内部刊物设立有问必答栏目，鼓励员工提出自己的疑问；开发申诉程序使员工的不满能很快得到处理；对管理者的反馈技能进行培训，并鼓励他们在工作中使用这种技术。

（3）重视面对面的沟通。在变革与动荡（这是实施重大调整与重组时的典型特点）时期，员工内心充满了畏惧和担忧：他们的工作会受到威胁吗？他们需要学习新技能吗？他们的工作群体要解散吗？这些信息通常是非常规的而且是模棱两可的。面对面的沟通可以最大限度地传递信息。在重大变革中，主要领导者要走出办公室，亲自和员工们交流信息。坦诚、开放、面对面的沟通使员工们觉得领导者理解自己的需要和关注，和他们同呼吸、共患难，这样，员工就会更加支持组织变革，并更加体谅领导者偶然出现的失误或欠缺。

（4）共同承担沟通的责任。高层管理者提供总体规划（公司向何处发展），基层管理者将这一总体规划与工作群体或员工个人联系起来。每一名管理者都有责任确保员工充分理解这些信息。当这些信息沿着组织层级向下传递时，变革的意义也变得越来越具体了。人们都希望从上级那里，而不是从同事或小道消息那里了解到变革会对自己有什么影响。这就要求高层管理者及时向中低层管理者全面通报变革的规划，而中低层管理者也要及时向他们的工作群体传递信息，这样做可以最大限度地减少模棱两可的信息。

（5）从容处理坏消息。拥有有效沟通的组织并不害怕面对坏消息。事实上，它们面对的坏消息所占的比例常常多于好消息，但这并不意味着这些公司存在更多的问题。任何组织都会不时遇到产品失败、运货拖延、顾客抱怨等情况。在组织中应该创设这样的氛围：坦率报告坏消息后，人们并不惧怕，而是从容面对、及时解决处理。

（6）根据听众调整信息。在组织中不同的人对信息的要求亦不同。对基层主管来说非常重要的东西，并不一定对中层管理者同样重要。同样，产品设计者感兴趣的信息可能对财会人员毫无意义。个体和群体到底希望知道什么信息？什么时候他们需要知道这些信息？在什么环境下得到这些信息最好（在家里、公司期刊上、电子邮件上或团队会议中）？员工需要的信息类型十分不同，获得信息最有效的途径也不相同。管理者需要认识到这一点，并相应设计他们的沟通方案。

4.5 群体冲突

事实证明，在任何组织中都会存在“冲突”。可以说，冲突是一种客观存在的正常的社会现象。

4.5.1 群体冲突概述

在组织中，个体与个体、个体与群体、群体与群体、群体与组织之间必然会发生这样或那样的交往和互动关系，在这些错综复杂的交往和互动过程中，人们会因各种各样的原因产生分歧、争论、竞争和对抗，从而使彼此之间的关系出现不同程度、不同表现形式的紧张状态。这种紧张状态为交往和互动双方所意识到时，就会发生组织行为学中称为“冲突”的现象。

不同的组织不可能不存在冲突，只有冲突程度的高低之分。因此，在人群关系和群体行为的研究中，总是把“冲突”作为一个重要的内容加以研究，目的在于树立正确的冲突观，了解冲突形成的机理以及寻找冲突管理的方法，从而提高生产效率。

1. 冲突的含义及作用

（1）冲突的含义。冲突是行为主体之间在目标、认知或情感上互不相容或相互排斥，从而产生的心理或行为上的矛盾。冲突是意见分歧外化的行为，它的主体可以是组织、群体或个体。冲突是一个过程，它是从个体与个体、个体与群体、个体与组织、群体与群体、群体与组织、组织与组织之间的相互关系和相互作用过程中发展而来的，它反映了冲突主体之间的交往状况、背景和历史。冲突的产生不仅会使个体体验到一种过分紧张的情绪，而且还会影响正常的群体活动与组织秩序，对管理产生重大的影响。

冲突具有客观性、主观性和二重性。客观性指的是冲突客观存在于现实社会中，是不可避免的一种社会现象。主观性指的是各种各样的冲突必须经过人们自身去感知，内心去体验，还需要人去处理和解决。二重性指的是冲突具有建设性和有益性，具有对组织产生积极影响的可能性，冲突也具有破坏性和有害性，具有对组织产生消极影响的可能性。

（2）冲突的作用。如上所述，冲突具有积极和消极两方面的作用。群体冲突的积极作用表现在解决冲突的过程有可能激发组织中的积极变革。人们为了消除冲突，就要寻求改变现实的方式和方法。寻求解决冲突的途径，不仅可以带来革新和变革，而且可能使得变革更容易为下属所接受，甚至为员工所期望。在决策的过程中有意地激发冲突，可以提高决策的有效性。在群体决策过程中，由于从众压力或由于某权威控制局面，或凝聚力强的群体为了取得内部一致，不愿考虑更多的备选方案，这些都可能造成决策失误。如果以提出反对意见或提出多种不同看法的方式来激发冲突，就可能提出更多的创意，提高决策的正确性和有效性。另外，冲突有时会有助于形成一种竞争气氛，促使员工振奋精神、更加努力。

冲突也可能带来严重的后果，其消极作用表现在以下几个方面：第一，冲突可能影响人们为实现目标而作出的努力。组织的资源不是主要用来实现既定目标上，而是消耗在解决冲突上。第二，冲突有损员工的心理健康。如果员工置身于对立的意见中，会造成彼此之间的敌意、紧张和焦虑。随着时间的推移，冲突的存在可能使相互支持、相互信任的关系难以建立和维持。第三，由内部竞争引发的冲突，可能对整体效率产生不良影响。

冲突对组织的积极影响与消极影响如表 4－1 所示。

表 4－1　　冲突对组织的积极影响与消极影响

影响的领域	消极影响	积极影响
对成员心理的影响	带来损害，引起紧张、焦虑，使人消沉痛苦，增加人际敌意	使坚强者从幻觉中清醒，从陶醉中震惊，从不能战胜对方中看到自己弱点所在，发愤图强
对人际关系的影响	导致人与人之间的排斥、对立、威胁、攻击，使组织涣散，削弱凝聚力	“不打不成交”，使人加强对对方的注意，一旦发现对方的力量、智慧等令人敬畏的品质，就会增强相互间的吸引力。团体间的冲突促进各团体成员一致对外，抑制内部冲突，增强凝聚力
对工作动机的影响	使成员情绪消极，心不在焉，不愿服从与之有冲突的领导的指挥，不愿与相冲突的同事配合，破坏团结愉快的心理气氛，减弱工作动机	使成员发现与对方之间的不平衡，激起竞争、取得平衡的工作动机，振奋创新精神，发挥创造力
对工作协调的影响	导致人与人之间、团体与团体之间的互不配合、互相封锁、互相拆台，破坏组织的协调统一和工作效率	使人注意到以前没有注意到的不协调，发现对方的存在价值和需要，采取有利于各方的政策加以协调，使有利于组织的各项工作均得以开展
对组织效率的影响	互相扯皮，互相攻击，转移对工作的注意力，政出多门，互不同意，降低决策和工作效率，互争人、财、物，造成积压、浪费	反映出认识的不正确，方案的不完善，要求人全面地考虑问题，使决策更为周密
对组织生存、发展的影响	冲突达到一定程度后，双方互不关心对方的整体利益，有可能使组织在内乱中濒于解体	冲突本身是利益分配不平衡的表现，它迫使人通过相互妥协让步和互相制约监督，调节利益关系，使各方面在可能的条件下均得到满足，维持内部的相对平衡，使组织在新的基础上取得发展

只有从绩效的角度，才能判别冲突的价值。在任一情况下都有一个最佳冲突水平存在。冲突水平如果过高，可能导致混乱，相反，冲突水平过低则导致创新意识的停滞和低绩效。为一个具体的情境确定最佳冲突水平不是一件容易的事，这需要了解有关的个体及其工作任务的性质。

2. 冲突的类型

依据人们的不同视角，可以对组织中的冲突现象进行分类。

（1）根据冲突的内容划分，可以分为目标冲突、认识冲突、感情冲突、程序冲突和权力冲突。

目标冲突是指个人或群体同时要达到两个相反的目标，由于这两个目标是背道而驰的，不可能同时达到而引起的冲突。

认识冲突是指由于人们的知识、经验、态度和观点等不同，对于同一事物会有不同的认识，从而造成的冲突。

感情冲突是指由于人们是非、善恶、好坏的一般观念不同所造成的冲突。

程序冲突是指由于企业中个人和群体承担的角色不同，各有其特定的任务和职责，从而产生不同需要和利益，因此在处理问题时往往优先考虑本人或本单位利益而产生的冲突。

权力冲突一般发生在组织出现机构调整、职位空缺或权限不明时。例如，当某位经理退位或离职时，组织中两个或更多的人都认为自己可以接替这一位置，这就可能形成权力冲突。

（2）以冲突表现出来的激烈性程度划分，可以分为论辩性冲突、战斗性冲突和竞争性冲突。

论辩性冲突是冲突过程中最缓和的一种情况，是冲突主体在一种有理性、有控制状况下的分歧和对抗。在这类冲突中，冲突主体主要通过摆事实、讲道理、各抒己见、批驳对方等论辩方式来影响对方，维护自身，处理冲突。

战斗性冲突是冲突程度最激烈的一种情况，是一种冲突主体自我控制能力急剧下降，客观或主观地认为彼此之间存在根本性利害冲突，站在一种“不是东风压倒西风，就是西风压倒东风”的势不两立的绝对立场上看待并处理冲突的。

竞争性冲突的激烈程度或对抗性水平介于论辩性冲突与战斗性冲突之间。在这类冲突中，冲突各方对自己的言行都有一定的理性控制，冲突主体都会考虑采取什么策略对自身有利，自己的决定和行为会如何影响对方，可能招致对方如何反应，最终自己会落得什么样的结果。

（3）依据冲突的作用分类，可以分为建设性冲突和破坏性冲突。

建设性冲突是对个人、群体或组织具有积极性和有益性的冲突。破坏性冲突是对个人、群体或组织具有消极性和有害性的冲突。

另外，依据冲突的层面（不同），可以将冲突分为个体之间的冲突、个体与群体之间的冲突、群体之间的冲突、群体与组织之间的冲突、组织之间的冲突等。

4.5.2 群体冲突的处理

组织对于有害的冲突要设法加以解决或减少，对有益的冲突则要设法加以利用。

1. 解决或减少冲突的策略

（1）设置超级目标。设置超级目标可以使对立的双方减弱冲突。他们会因为必须共同把精力集中到某一个超级目标的达成上，而缓解互相之间的对立情绪。

资料链接：解决冲突的四个核心价值观与八种工具

国际知名调解专家马克·盖尔宗2006年出版的《领导艺术：化冲突为机会》，从完整性、持续学习、信任和协同这四个在解决冲突时的核心价值观出发，为领导者提供了八种有用的工具：

（1）完整的视野——认识冲突的各个方面；

（2）系统思考——了解导致冲突的各种因素之间的关系；

（3）顺应现实——运用你所有的心理、情感和精神能量来把握冲突的本质；

（4）质询——为化解冲突而提问，从而获取关键的信息；

（5）有目的的交流——有意识地选择你在处理冲突中的听和说的方式；

（6）对话——以能够激发参与者克服冲突的积极性的方式进行沟通；

（7）架设桥梁——跨越割裂你组织的边界，建立伙伴关系和联盟；

（8）创新——为解决冲突创造新的选择，开发具有突破性的解决方案。

掌握这八种工具，可让领导者在纷乱冲突中以完整的视角看问题，并以整体利益最大化为目标而行动。当然，做到并不容易，还会面临巨大风险，但却能够化冲突为机遇。

（2）采取行政手段。主要可以采取以下策略：

1）管理者可以通过改变结构来减少冲突。当一个群体内冲突激烈，又长期解决不了，影响效率的发挥时，可以果断地将该群体解散，重新组织。对发生冲突的群体，也可以把爱闹事的人调出去，这一方法简单，但不是处处可用，因为有些人是骨干力量，不可或缺。

2）设置综合领导。例如，两个部门（如生产和销售）之间存在冲突，一个可供选择的方法是让它们都接受同一个既懂生产又懂销售的高级经理的领导，这个经理就起到了协调的作用。

3）妥协。这是解决冲突的常用方法，当各个群体为了资源的分配发生冲突时，上层领导常常充当仲裁人，采取妥协的方法，让每一方都得到部分满足。这种方法对整个组织来讲，其效果不是最好，因为资源分配应该以最大经济效益为出发点，而不应平均分配。

4）压制冲突。建立一定的法规，或由上级命令限制冲突。这一办法能收效于一时，但并没有消除冲突的根源。

5）教育。教育冲突双方，了解冲突所带来的有害结果，讨论冲突的得失，帮助冲突双方改变思想和行为。或者教育某一方，使其顾大局识大体，宽容对方，取得对方合作，解决冲突。

6）拖延或和平共处。拖延是解决冲突的一种微妙而又常常没有结果的办法。冲突双方都不去寻求解决办法，而是拖延时间，听任发展，以期待环境的变化来解决分歧。和平共处是冲突双方求同存异，避免把意见分歧公开化。这样做，虽没有彻底解决分歧，但可以避免冲突的激化。

7）转移目标。寻找一个外部竞争者，把冲突双方的注意力转向外部。

（3）借鉴两维模式。过去，社会心理学家用一维空间来表述人们冲突中的行为，这一维空间是：从竞争到合作，认为有的人倾向合作，有的人倾向竞争，有的人介于两者中间。近年来许多研究说明这种看法不能全面反映人的冲突行为。其中最引人注目的是托马斯和他的同事们提出的两维空间模式。两维指的是“合作”与“武断”，这里的“合作”是指满足他人的利益，而“武断”是指满足自己的利益。在两维模式里，有五种处理冲突的策略，即强制、回避、妥协、克制和解决问题。

1）强制：这是不合作，而且武断。也就是说，为了自己的利益，牺牲他人的利益。

2）回避：合作与武断程度都很低，对自己的利益和他人的利益都缺乏兴趣。

3）妥协：两个维度都取中间程度，寻找一种权宜的可被接受的解决方法，在这一方法中，双方都得作一些让步。

4）克制：合作精神很高而武断程度低，牺牲自己的利益去满足他人的利益。

5）解决问题（坦诚合作）：对于自己和他人的利益都给予高度关注。双方通过坦率、真诚的交谈，决定共享资源。

托马斯通过对经理们的调查，发现冲突的处理方式和具体情境之间有最佳的匹配，见表4-2。

表4-2　　五种冲突处理方式的应用

冲突的处理方式	适用的情况
强制（竞争）	1. 当情况紧急，要采取决定性行动时 2. 在与公司的利益关系重大的问题上 3. 在重要的纪律性问题上 4. 当对方可以从非强制手段中获益时
解决问题（坦诚合作）	1. 当与双方利益都有重大关系时 2. 当你的目标是向他人学习时 3. 需要集思广益时 4. 需要依赖他人时 5. 出于感情关系的考虑时
妥协	1. 目标很重要但不值得和对方闹翻时 2. 当对方权力与自己相当时 3. 使复杂的问题得到暂时的平息 4. 由于时间有限需采取权宜之计 5. 当合作或竞争都未能成功时
回避	1. 在小事情上或在面临更加重要的事情时 2. 当认识到自己无法获益时 3. 当付出的代价大于得到的报偿时 4. 当其他人可以更有效地解决冲突时 5. 当问题已经离题时
克制（迁就）	1. 当发现自己错了时 2. 当问题对别人比对自己重要时 3. 想树立好的声誉时 4. 当和平相处更重要时

2. 激发建设性冲突的策略

激发冲突带有一定的反传统性。长期以来人们的注意力集中于如何解决冲突、减少冲突、抑制破坏性冲突，而对激发冲突、发展建设性冲突却较少研究。

管理冲突要使冲突保持在适当水平，使组织保持活力。对于任一情境，都存在一个最适宜的冲突水平。在许多情况下，确实需要有一定程度的冲突存在。也就是说，在某些情境中，只有当冲突存在，效率才会更高。罗宾斯认为，如果发现人员流动率低、缺乏新思想、缺乏竞争意识、对改革进行阻挠等情况，管理人员就需要采取适当的方法“挑起”冲突。表4－3可帮助我们判断一个组织是否缺乏必要的冲突，如果对表中的全部或多数问题的回答是肯定的，则表明组织需要激发冲突。

表4－3　是否需要激发冲突

1. 你是否被“点头称是的人们”所包围
2. 你的部下是否害怕向你承认自己的无知与疑问
3. 决策者是否过于偏重折中方案以致忽略了价值观、长远目标或组织福利
4. 管理者是否认为，他们的最大乐趣是不惜代价维持组织的和平与合作效果
5. 决策者是否过分注重不伤害他人的感情
6. 决策者是否过分注重决策意见的一致
7. 决策者是否认为在奖励方面，得众望比能力和高绩效更重要
8. 员工是否对变革表现出异乎寻常的抵制
9. 是否缺乏新思想
10. 员工的离职率是否异常低

常见的激发冲突的做法有以下几种：

（1）委任态度开明的管理者。在有些单位，反对意见往往被高度专制的管理者所压制，因此，选派开明的管理者可以在一定程度上克服这种现象。

（2）鼓励竞争。通过增加工资、奖金，对个人和集体进行激励，可以增进竞争，而适当的竞争则可以带来有积极意义的冲突。

（3）重新构建组织。重新组合工作群体，变革组织、群体和个人之间相互依赖的关系，打破原有的平衡和利益格局。重组群体后，新成员的价值观和思维方式也可能对群体原来的陈规陋习形成挑战。

（4）改变组织文化。培育一种新的组织文化，容纳合理的冲突，对争论和异议持开放性态度并给予规范。倡导向现状挑战，倡议革新观念。

（5）构建异质群体。有些群体成员具有特殊的背景、教育经历、专业技能、管理风格、价值观或态度，这种群体具有很高的冲突潜力。为了给问题找出创造性的解决方案，可以有意识地构建这种异质群体，利用其冲突的建设性作用。

应当指出，激发冲突的运作具有一定的风险性，操作不当会适得其反。所以，一定要做到准备充分，收放得当，掌控有度。

4.6 团队

资料链接：微软成功秘诀之一

尽管微软的业绩每年都在惊人地增长，为了发挥最大潜力，微软仍然以小组为工作架构，其运作方式类似于中小企业。尽管这样需要花费大笔的营销和研发费用，但比尔·盖茨认为，这样可以让员工感到拥有自主权和决策权，这也是其员工较一般僵化的大机构更积极主动的主要原因。每当微软过于膨胀的时候，盖茨就马上把它拆分成小的团队，这样的结果就是微软始终保持着高效和活力。

在微软，员工们没有级别之分，他们的所有工作都是分团队进行的。员工们所在的团队随着时间的推移也会不断发生变化。他们的弹性很大，有的员工在这个团队里可能是队员，到了另外一个团队则可能是队长。他们没有固定的上班时间，没有具体的下班时间，办公室 24 小时都开着。

微软的软件研发经过多年的摸索，已经形成了一套切实可行的经验。正如盖茨所讲：微软最大的财富就是人。他说："如果把微软 20 个顶尖人才挖走，那么微软会变成一家无足轻重的公司。"但大家也意识到，开发软件的目的是最大限度地让客户使用，而不是为了显示软件开发人员的能力有多强、人有多聪明。微软的任何一个产品组在这个阶段都会根据产品特性将项目划分成若干个子项目，每一个子项目的完成就对应于一个里程碑。盖茨对团队组建工作非常重视。在团队中微软一直努力给大家创造畅所欲言的言论空间，每个员工都能互相分享自己成功和失败的经验。而这种团队建设上的成就也如滚雪球般地累积起了微软帝国的庞大阵容和雄厚实力。这种前进的姿态在微软后期的发展中表现得越来越从容。

上面的资料从团队的角度揭示了微软能够始终保持高效和活力的奥秘：找到最聪明的人，组建小型团队。下面要介绍的是奥秘中的奥秘，即团队为何物。

4.6.1 团队概述

1. 团队的含义及形成原因

近年来人们发现，引入团队已经成为一种持续的世界范围的组织潮流，团队已经成为组织中有效工作、解决问题的一种新群体形式。除了上述微软形成的"以小组为工作架构"的团队运作模式，许多著名的大企业如 GE、爱默生、摩托罗拉、强生等，也有着它们的团队建设和团队运作形式。最近 10 多年来，我国很多企业也在团队建设上进行了有益的探索，团队工作越来越受到更多企业的重视。

所谓团队，是为了满足创造性、灵活性和高水平绩效需求而设计出来的一种新型组织形式，是由少数具有互补技能和完整工作指标、为达到共同目标并共同承担责任的人组成的群体。在团队中，不同的成员担任着不同的角色，并且都对最终的结果产生影响。

30 多年前，当戈尔公司、沃尔沃、通用食品公司把团队引入它们的生产过程中时，曾轰动一时，成为新闻热点，因为当时没有几家公司这样做。现在，多数企业都采用团队形式。团队普及得如此之快，原因是什么呢？

21 世纪的今天，企业面临市场瞬息万变、竞争日益加剧的外部环境，快速、准确地应对内外环境变化的能力成为组织生存制胜的关键。传统的层级制组织结构的确立，其前提是组织所面临的外部环境是稳定的，其适应能力和应变能力是有限的。面对剧烈变化的环境，这种组织结构日渐力不从心。在传统的组织形式已经无法胜任组织发展和组织变革需要的情况下，团队的出现就成为必然。全方位剧烈竞争的形势要求企业的组织结构更加扁平化和具有弹性，以不断提高适应能力和工作效率。团队的形成，从根本上说是源于对不断变化的环境的主动适应和对效率的不懈追求。

另外，社会发展到今天，任何高精尖的项目都是系统工程，单靠个体力量或传统的组织结构是无法完成的。即便从负面看，团队的作用也不容忽视，研究表明，70%的飞行事故都是缘于失败的团队，而非个人的错误；足球赛输了也往往是因为配合失误，而不是个人的技能原因。

管理人员发现，在复杂多变的环境中，团队比传统的部门结构或其他固定的群体更灵活，反应更迅速，更能适应组织战略和组织目标的要求。团队能够经常根据市场变化和用户需求设计和改变组织结构，管理人员能够迅速召集一组员工实施一项特定任务，体现出团队便于组合、部署、重组和解散的优点。同时，团队能够促进员工参与决策，有助于管理人员增强组织的民主气氛，提高员工的积极性和创造性。团队的内聚力和责任感更强，同时相对于其他类型的群体而言，能使成员的才能发挥得更好。

事实表明，如果某种工作任务需要多种技能和经验或受到时间约束限制，那么由团队来完成，能够对急剧变化的环境和不断变化的客户需求作出及时响应，从而提高组织运行效率。当代社会几乎所有重要的发明、新思想、新技术的产生都依赖高绩效团队。

2. 团队与群体的区别

现在许多组织都倡导建立团队，许多人也喜欢称自己的工作群体为团队。事实上，并不是任何工作群体都可以称为团队。日常工作中，人们通常混用群体和团队这两个概念，从严格的意义上讲，团队与群体之间是有区别的。

团队有为全体成员认可的共同目标，所有成员为之奋斗并共同分担其中的责任，团队中领导者的角色是共享的，团队成员在知识、技能、经验等方面具有互补性，在工作中能积极协同、充分沟通、相互依赖、彼此协作，成员共同努力产生协同作用，能够使团队绩效水平远远高于个体成员绩效的总和。而群体的基本特征表现为群体成员共享集体工作目标，通常只有一个强有力的中心领导，技能上体现成员间组合模式，成员之间的工作在很大程度上是可以互换的。群体中一般不存在积极的协同作用，因而群体的绩效最多是群体成员个人绩效的总和。表 4－4 展示了群体与团队的基本区别。

表 4－4　　　　群体与团队的区别

项目	群体	团队
领导	强烈地、清楚地被关注的领导	分享领导角色
目标结构	共享型	依存型
协同配合	中性（有时消极）	积极
责任	个人的责任	个人的或共同的责任
技能	随机的或不同的	相互补充的
工作产品	个人的	集体化的

正是因为有着上述区别，所以现在许多组织围绕工作团队重新组织工作流程。这样做的目的，就是要发挥团队的积极协同作用，提高组织绩效。团队模式的广泛采用创造了一种潜力，能够使组织在不增加投入的情况下提高产出水平。这里正体现了组织行为学的真谛，即组织中个人能力的提高不等于整体能力的提高，一加一不一定等于二；一加一是否大于二，要看其组织结构。如果组织结构不发生改变的话，有时再好的人才也很难发挥作用，组织结构的威力也在于此。

3. 团队的优势

团队之所以被重视，是因为其有诸多优势，归纳如下：

（1）使成员发扬团队精神。所谓团队精神，简单来说就是大局意识、协作精神和服务精神的集中体现。团队精神的基础是尊重个人的兴趣和成就，核心是协同合作，最高境界是全体成员的凝聚力，是个体利益和整体利益的辩证统一。团队精神的形成并不要求其成员牺牲自我，相反，挥洒个性、表现特长是其高效率运转的保证。团队规范在鼓励其成员追求卓越的同时，提高了员工的士气，还创造了一种增加工作满意度的氛围。团队精神是组织文化的一部分，良好的管理可以通过合适的组织形态将每个人安排至合适的岗位，充分发挥集体的潜能。如果没有正确的管理文化，没有良好的从业心态和奉献精神，就不会有团队精神。

（2）使管理层有时间进行战略性的思考。采用团队形式，尤其是自我管理的工作团队形式，使管理者得以脱身去做更多的战略规划。当工作以个体为基础设计时，管理者往往要花费大量时间监督下属和解决下属的问题，而很少有时间进行战略性的思考。采用工作团队形式，能让管理者把注意力集中到诸如长期发展规划等重大的问题上来。

（3）提高决策速度。把一些决策权下放给团队，能使组织在作决策时有更大的灵活性。团队成员对与工作相关的问题常常比管理者知道得更多，因为他们离这些问题更近。因此，采用团队形式，决策常常更加迅速而准确。

（4）促进多元化和创意。由不同背景和经历的个人组成的群体，看问题的广度比单一性质的群体要大。同样，由风格各异的个体组成的团队所作的决策，往往要比单个个体所作的决策更有创意。

（5）提高绩效。上述各因素组合起来能使团队的工作绩效明显高于单个个体的工作绩效。工作团队方式可以减少浪费，克服官僚主义作风，有利于工作改进建议的提出并提高工作质量。

资料链接：海尔集团21世纪的重要举措——建设多个自我管理团队

海尔是中国第一个国际性品牌，2017年海尔集团全球收入达到了2 419亿元。然而，张瑞敏认为，在21世纪的市场中取得成功还需要与以往不同的能力，即比竞争对手更快地满足零售消费者的需求。因此，张瑞敏将海尔集团重组为多个自我管理的团队，公司内部有4 000多个团队，每一个团队专注于某一个或某一类型的客户。

海尔集团的这些团队包括来自各个职能部门所有级别的员工，包括设计、制造和营销等。团队中直接面向客户的成员负责一切决策，而经理层只负责解决团队所需的资源。尽管经理人员处在管理岗位上，但张瑞敏并不希望他们掌管一切，因为他们并不与客户直接接触。他表示：“如果团队成员不喜欢他们经理工作的方式，可以通过投票赶走经理。”

在这种架构下，各个团队自主经营，并作为独立的业务部门接受业绩考核，自负盈亏。张瑞敏说："传统的会计报表无法满足我们所需要的信息，因此我们必须创造新的模式。"在海尔集团，营业收入指的是已经收到的现金，而不是已发生的订单，这与传统会计方法不同。而成本则来自制造、销售和其他职能部门。这些团队还要考虑库存引起的资本支出，这也与传统会计方法不同。如果某一团队的利润超过目标，团队成员就可以获得利润分成。

4. 团队的类型

根据团队特点，可以将其分为四种类型：问题解决型团队、自我管理型团队、多功能型团队和虚拟型团队。

(1) 问题解决型团队。问题解决型团队的成员通常是某一具体部门的员工，一般由5～12个员工组成。这种团队是为解决组织面临的某一特殊问题而设立的。他们定期聚集在一起，讨论如何提高产品质量、生产效率和改善工作环境等问题。他们就如何改进工作程序和工作方法、各自承担的任务和分工互相交流看法、提出建议和解决方案。团队有权执行自己的方案，但是权力有限，在执行时不能有涉及使其他部门发生重大变化的内容。应用最广泛的一种问题解决型团队是质量圈。

(2) 自我管理型团队。自我管理型团队通常由10～15人组成，这类团队并不是一个没有管理的团队，相反它们是采用了某种不同管理方式的团队——由员工自己管理。这种新型团队是真正独立自主的团队，它们不仅注意问题的解决，而且注意执行解决问题的方案，并对工作结果承担全部责任。自我管理型团队代替了原来由监督者管理的传统团队形式，承担了本来由经理或一线监督者承担的责任。团队成员不是监督者，但是为诸如计划、工作安排、绩效评估和质量控制等问题共同负责。

(3) 多功能型团队。这是由来自不同部门、不同工作领域、具有不同技能和经验的员工组成的团队，他们走到一起的目的就是完成某项任务，任务完成后又回到各自的部门。它能够监督、改善涉及组织中不同部门的工作程序，使之标准化并有效地提高工作效率。这种团队通常采用跨越横向部门界限的形式，它能使组织内不同领域员工之间交换信息，激发出新的观点，解决面临的问题，协调复杂的项目。

(4) 虚拟型团队。计算机和通信技术的飞速发展，使虚拟组织、虚拟团队越来越普遍。虚拟型团队是指一群在不同领域的个人，通过一个或更多的项目上的多元化信息技术进行合作的团队。团队在虚拟环境（通过数字或电子通信的方式）下，由进行实际工作的真实的人组成。团队成员由计算机网络联系在一起，为了共同的目标和任务而工作。在这种虚拟环境下，同样可以完成信息共享、制定决策、执行任务等其他类型的团队所能做到的全部工作。随着互联网的日益普及，以信息、创意和智慧为代表的网络经济使虚拟团队成了组织发展的新趋势和管理层关注的焦点，技术的发展以及以知识为基础的工作使得虚拟团队变为可能，而经济全球化、知识分享和团队工作的成效使其变得更为必要。

4.6.2　塑造高绩效团队

在激烈的市场竞争中，组织中的团队发挥的作用越来越重要。由于团队所面临的环境变化，不同团队最终取得的结果是不同的。团队效能可以分成绩效、成员满意度、团队学习能力和外部满意度四个方面。高绩效团队指的是在团队效能的某些方面表现出色的团队。高绩效团队能以某种方式比其他的团队更好地完成工作，这些方式可能包括建立艰巨但清晰的执行目标，组织自己的团队完成工作，考虑成员的外部需求，并且在环境允许的情形下进行变革。这样的团队无论是它的成员、组织气氛、工作默契和所发挥的生产力都是非常出色的，常常被整个组织奉为典范。

1. 高绩效团队的特征

近来一些研究提出了高绩效团队的一些主要特征，归纳如下：

（1）明确的目标。高绩效的团队对所要达到的目标有着清楚的了解，并坚信这一目标包含的重大意义和价值。而且，这种目标的重要性还激励着团队成员把个人目标升华到群体目标中去。在高绩效团队中，成员清楚地知道团队希望他们做什么工作以及他们怎样共同工作以完成任务。

（2）相关的技能及合作。高绩效团队是由一群有能力的成员组成的，他们具备实现理想目标所必需的技术和能力，而且相互之间有能够良好合作的个性品质，从而能出色地完成任务。后者常常被人们忽视，但却尤其重要。有精湛技术的人并不一定就有合作技巧，高绩效团队的成员通常必须兼而有之。

（3）相互信任的氛围。真诚地相互信任和支持是一个组织最坚实的合作基础。成员之间能够相互扶持、同舟共济、包容异己、协调互补，这样的团队才会士气高昂，才会有凝聚力和战斗力。相互信任的氛围会增加成员的情感认可，而从情感上相互信任能给成员一种安全感，这样他们才能真正地认同公司，并把公司作为个人发展的舞台。

（4）高效的沟通。团队拥有全方位的、畅通的沟通渠道，信息沟通直接高效，层次少，基本无沟通障碍。在团队内有开放、坦诚的沟通氛围，管理层和团队成员之间也有健康的信息反馈机制。团队经常鼓励成员将他们认为最困难、最复杂、最具有冲突性的问题放到团队中来讨论，自由地表达各自的观点并加以验证，使彼此真诚相对。

（5）不断地探索和调整。以个体为基础进行工作设计时，员工的角色由工作说明、工作程序、工作纪律以及其他一些正式文件明确规定。但对于高绩效的团队来说，其成员角色具有灵活多变性，总在不断地进行调整。这要求成员有充分的准备，持续面对和应付团队中时常变换的问题和关系。

（6）高效的领导。团队领导在知识、素质、能力，尤其是在以团队利益为重、身先士卒的觉悟和品质方面特别突出。从领导风格上，既注重团队绩效，又注重人际关系。对团队成员充分信任，鼓舞成员的自信心，并愿意与他们分享领导权，鼓励他们参与讨论，共同决策，促进成员迅速成长。高绩效团队的领导者往往担任的是教练和后盾的角色，对团队提供指导和支持，但并不试图去控制团队及其成员。

（7）责任与权力。高绩效团队被组织赋予了重大责任，团队只有在担负重大责任的过程中才能激发潜能，受到锤炼，提高能力，趋于成熟。全面而又充分的权力是团队取得成功的必要条件，被赋予的权力与所承担的责任是相对应的。

（8）激励与约束。组织拥有对整个团队的行为与成绩及每个成员的贡献进行考评的完整体系。为鼓励协作、杜绝内耗，组织的激励约束体系侧重于根据整个团队的绩效来实施奖惩，由此来构筑团队成员之间共同的利害关系。

（9）指导与支持。在高绩效团队建设过程中，对于如何选择队员、如何建立外部联系、如何解决冲突、如何形成规范、如何达成共识等问题，通常都有专家指导，同时团队还能时刻得到关于组织与团队的目标和方向的指导与规范，获得组织在物质与精神方面的大力支持，包括组织最高领导层在言论与行动上自始至终的有力支持。

(10) 与外界融洽的关系。团队与组织内部的其他群体有着融洽的关系，团队的规则和文化与组织内传统的规章制度、文化氛围能取得协调；和组织外的顾客关系融洽，能通过为顾客提供超值服务来赢得顾客的忠诚；还能建立起必要的与社会各界的密切联系，并树立良好的公众形象。

2. 高绩效团队设计的原则

怎样设计团队才能更有效？团队设计的宗旨是成员能够发挥最大潜能，组织能够达到目标，个人与组织同等获得发展的机会。这就需要了解团队设计的宗旨与必要原则，离开这些宗旨与原则，团队设计就不可能成功。

(1) 以业绩为主的原则。优良的工作业绩是团队成员满足感的主要源泉。团队活动应坚持以工作为导向，而不是基于团队成员的情感。组成团队的目的就是提高工作效率，实现组织目标。没有工作业绩，团队就失去了存在的价值。

(2) 任务纵向一体化原则。这一原则强调团队的目标是实现整合任务。具体是指工作应有明确的开始和终结，并包含所有重要的次级业务，这样主次业务在一体化的业务范围内紧密配合、统一协调，人员能够合理调配，团队活动的各个环节安排得当、有序。

(3) 自治原则。团队效能的发挥要求团队有独立自主的权力，包括决策与用人的权力等，如安排生产计划、设计组织运行程序等。团队应有自主招聘、选拔和更换成员的职能，对于领导层安排的成员，团队成员可以拒绝接纳。

(4) 竞争力原则。现代社会中，人的能力成为竞争优势的基础，同时，个人如何获得能力、组织如何学习、组织与成员如何获得新技术也相应成为取得竞争优势的渠道。如何生存和发展并不断提高竞争力，是每个团队面临的问题，团队的培训与学习是决定竞争力的重要来源，所以团队的培训计划非常重要。

(5) 报酬原则。现代团队中的成员报酬分为两部分：一部分为固定工资，由资历及业务能力共同决定；另一部分则取决于团队的劳动结果，即每个团队成员的报酬同时取决于个人技能与团队的整体技术水平，其目的是建立起整体激励机制，推动团队成员去创造发展能力的机会。团队成员的报酬要反映其对多种技能的掌握程度，要按工作业绩支付报酬，成员之间的收入差别不宜太大。

(6) 促进个人与组织持续发展的原则。团队的正常发展有赖于个人目标与组织目标相互协调一致，并使个人与组织同时得以持续发展。如果个人目标与组织目标出现矛盾，必然会影响团队目标的实现。

(7) 其他原则。建设高绩效团队还要注意以下几点：团队所要完成的任务本身应当具有挑战性；个人应当体验到他对团队的重要性；个人的贡献应当是不可或缺的、独特的；有一个清晰的团队目标等。

3. 高绩效团队建设

团队追求的就是高绩效。在那些高科技、高创造性的行业，人才多是精英，这些人的思维往往都非常活跃，充满激情和活力，富于创造性，专业技能水平高，有强烈的成长和发展需要。同时，他们又有较强的个性，不崇尚权威，不害怕束缚。由他们组成的团队具有为现代组织作出巨大贡献的潜力，这种潜藏的人力资源可以通过团队的形式得以充分挖掘。一个重要的项目往往需要众多的专业人员相互配合和协调才能最终取得成功，如何建设和管理团队是组织管理者必须面对的问题。

如何建设和管理高绩效团队是一件非常复杂的事情，不存在确保成功的简便易行的规则，也没有保持团队长久和谐性与较高生产率的灵丹妙药。但还是有一些有针对性的措施可行。

（1）组织的支持和足够的资源。研究人员在考察了众多与群体绩效有潜在关联的因素后得出结论：有效团队最重要的特征之一就是能够从组织中得到足够的支持，包括在物质与精神方面的大力支持，这些支持包括及时的信息、技术，足够的员工配置、鼓励以及行政上的帮助。要使团队能够有效地完成所承担的任务，组织就必须保证团队能够获得必要的资源，如财政资源、人力资源、工作场所与设备资源及时间等。没有组织高层管理者的支持，任何团队都很难形成，尤其是来自传统组织结构和文化的阻碍，会很容易使团队夭折。

保证团队能够获得完成工作所需要的培训和教育也是组织的责任。在知识经济时代，大多数团队成员，特别是那些受过良好教育、在重视个人成就的背景中成长起来的知识型员工，十分看重个人成长发展的机会和能力的提升。培训不仅可以向他们传授进行团队工作所必备的实际技能，帮助他们更快地成为合格的团队选手，还可以向他们传达组织的观念和价值取向，增进团队成员的沟通、交流，提高团队的吸引力，减少员工的流失率。

组织中的领导要努力培养每个团队成员以及整个团队的忠诚和信心，激发员工的积极性和创造性，为团队创造良好的环境。同时，领导者需要不断学习以提高自身的素质和能力，为团队的发展指明正确的方向。

（2）团队的规模和成员结构。在创建有效团队时，管理者应尽可能采用最少的人来完成任务，通常来说，最佳工作团队的规模都比较小，一般不超过 10 人。当团队内成员出现冗余状况时，就会出现沟通遇阻、惰化、逃避责任等现象，团队就难以形成凝聚力、忠诚感和相互信赖感，而这些都是高绩效团队所必不可少的。如果一个自然工作单位本身较大，而组织又希望采用团队的方式完成工作，那么可以将工作群体拆分成几个小的工作团队。

随着新情况新需求的出现，目前对团队的认识也在发展，较大规模的团队也开始多见。随着团队规模的扩大，团队的学习常规化与操作规范化问题也开始成为瓶颈。可参见第 6 章中的“组织学习”相关内容。

关于团队成员的合理结构，罗宾斯提出了他的建议：一个团队要想有效地运作，需要三种不同技能类型的人。第一，需要具有技术专长的成员；第二，需要具有解决问题和决策技能的成员，即能够发现问题，提出解决问题的建议，并权衡这些建议作出有效决策的成员；第三，团队需要若干具有善于聆听、反馈、解决冲突及其他人际关系技能的成员。

如果一个团队不具备以上三类成员，就不可能充分发挥其绩效潜能。对具备不同技能的人，进行合理配置是极其重要的。一种类型的人过多，另外两种类型的人自然就少，团队绩效就会降低。但在团队形成之初，并不需要以上三方面的成员全部具备。在必要时，可以由一个或多个成员去学习团队所缺乏的某种技能，从而使团队充分发挥其潜能，这样的事例并不鲜见。

在团队成员与工作的匹配上，如果员工的工作性质与其人格特点一致，其绩效水平就容易提高。就工作团队内的位置分配而言，也是如此。团队有不同的需求，挑选团队成员时，应该以员工的人格特点和个人偏好为基础。

罗宾斯认为，在团队中有九种潜在的团队角色，如表4-5所示。

表4-5　　九种潜在的团队角色

角色名称	角色作用
创造者-革新者	产生新设想
探索者-倡导者	倡导和拥护所产生的新思想
评价者-开发者	分析决策方案
信任者-组织者	提供信任，促进得到结果
总结者-生产者	提供指导并坚持到底
控制者-核查者	检查具体细节
支持者-维护者	支持团队的标准和价值观，维护团队的表现
汇报者-建议者	寻求全面的信息
联络者	协调与组织

如果强迫人们去承担以上各种角色，大多数人或许都能够承担得起任何一种角色，但人们非常愿意承担的角色通常只有两三种。管理人员有必要了解能够给团队带来贡献的个体优势，根据这一原则来选择团队成员，并使工作任务分配与团队成员偏好的风格相一致。通过把个人的偏好与团队的角色要求适当匹配，团队成员就可能和睦共处。开发这种框架的研究者认为，团队不成功的原因在于具有不同才能的人搭配不当，导致在某些领域的投入过多，而在另一些领域的投入相对不足。

（3）明确的目标和强烈的归属感。成功团队的成员通常会用大量的时间和精力来讨论、修改和完善一个在集体层次上和个人层次上都被大家接受的目标，并把他们的共同目标转变成为具体的、可以衡量的、切实可行的绩效目标。这种共同目标一旦为团队所接受，就会成为激发团队每一个成员的强大动力，并引导着团队行进的方向。

形成一种强烈的、积极的归属感是团队建设的最重要的先决条件。如果团队成员不能互相认同，不把团队当作自己的"家"，不把团队的任务看作自己的事业，那么团队就不可能具有凝聚力，也无法充分发挥作用。

（4）有控制的授权和信息共享。团队之所以能有效运作，在很大程度上归功于团队内部成员享有充分自主的决策权，包括能够制定生产目标、自主雇用员工、评估绩效等。委托和授权是团队区别于一般工作群体的基本特征，团队必须能够为它们的行动承担风险和责任。企业领导应以灵活方式逐步放权，授权应分阶段、有计划、有控制地进行，以避免混乱。

如果团队承担责任和决策风险，它们就需要得到关于组织总体运行的可靠信息。要使团队的决策做到符合现实，也必须能够得到确切的信息。团队需要的信息对管理者而言可能对其他人是不公开的。要掌握这些信息，团队就不可避免地开始向管理者提出问题，这又会揭示更敏感、更详细的信息。因此，在组织中建立一个开放共享的信息系统，保证团队成员能自由地获得所需的信息，是保证团队有效性的基本条件。

（5）有效的绩效评估与奖酬体系。如何才能使团队成员在集体和个人两个层次上都具有责任心呢？如何在传统的以个人导向为基础的绩效评估与以团队业绩为基础的绩效评估之间取得平衡，又不至于助长平均主义“大锅饭”，这是团队建设中需要解决的突出问题。

组织应该为团队的顺利运行制定一个完善的奖励制度，它能在一定程度上控制和反映团队成员的相应努力程度。在一些以团队为主要工作形式的组织中，奖酬体系已发生较大变化，它更多的是鼓励员工共同合作，而不是增强员工之间的竞争气氛。

团队的绩效评估和奖酬体系表明组织的期望和承诺，即团队希望其成员有什么样的表现以及这样的行为将会有怎样的结果。团队的绩效评估和奖酬体系对员工的行为有很大的导向作用。因此，在团队的建设和管理中必须高度重视绩效评估和奖酬体系的建立。同时，团队的绩效评估和奖酬也是一种反馈，团队在完成任务期间，需要得到来自组织定期的、可靠的反馈，而这种反馈有相当一部分应该通过组织的正式绩效评估和奖励系统获得。

(6) 相互信任的氛围。高层管理者必须相信只要给予充分的时间，团队成员就会积极支持大范围的责任变动以及对他们的授权。员工也需要知道，领导了解他们的工作，信任、支持他们，并准备与他们共同承担风险。在团队中，团队成员必须相互信任，成员们必须相信彼此的完整性、特征和能力，只有这样，他们才会在未来的工作中充分信任和合作。

相互信任的氛围对于组织中每个成员都有影响，尤其会增加成员对组织的情感认可。从情感上相互信任，是一个组织最坚实的合作基础。给成员一种安全感，成员才可能真正认同公司，把公司当成个人发展的舞台。管理者任何粗心大意和漫不经心的行为都可能破坏这种信任。真诚、开放、相互协作，让员工更多地参与组织管理，就有可能激发团队相互信任的氛围。

(7) 培养团队精神。要想发挥团队核心的力量，打造一支高绩效的团队，就必须在团队中建立统一的价值观，也就是团队的理念和团队精神，以实现价值共守、精神共通、情感共融、命运共担，树立起“我们相互支撑”的价值观。团队的精诚合作精神对个人的素质有较高的要求，除了应具备优秀的专业知识以外，还应该有优秀的团队合作能力，这种合作能力有时比个人的专业知识更加重要。每个成员都要清楚自己的地位价值，无论一个人在企业中充当什么角色，他的每一项工作都要与他人有联系，这就意味着每个人的工作需要得到他人的帮助，要想得到别人的帮助，必须先要帮助别人。“支持是团队合作的温床”，必须学会依赖伙伴，懂得取胜要靠大家协调合作的道理。另外，要端正心态，视需要而自觉调整角色，学会欣赏他人，这是一种人格的修养、一种气质的提升，它有助于自己逐渐走向成熟，走向成功，对于一个人的生存能力、协作能力、发展能力的提高，都具有十分重要的意义。

(8) 提升团队的情商。个人有情商，团队亦有情商。团队情商是指一个团队的综合情绪控制调节能力。团队情商可以对成员产生情感驱动，使人具有安全感，易于释放潜能，提高每一位成员的情商水平，并促进团队情商整体水平的提高，从而提高团队绩效。

一般来讲，团队情商是由以下几个因素决定的：1）该团队领导管理层尤其是一把手的情商水平；2）该团队成员个人的情商水平；3）该团队成员之间的协调水平。其中团队领导的情商水平具有第一位的作用，它在团队成员之间起协调整合作用，同时也担负着激发、培养成员情商的责任。

如何提升团队的情商呢？

第一，提高领导的情商水平。团队情商的高低首先取决于领导的情商水平和团队情商的意识。作为团队领导要注意从下面三个方面提升团队的情商水平：一是要提升领导自己的情商水平。领导应胸怀宽广，具备良好的情绪控制能力和水平。在下属面前喜怒无常和无度，或者在意外事变面前惊慌失措、烦躁不安，这些不良的情绪对员工有很强的感染性，会影响整个团队情绪。二是利益分配应尽可能公平合理。利益分配不公对员工情绪影响很大，所以要建立合理的利益分配机制，以促进合作、化解冲突。三是知人善任、考核公平、爱护部下，为部下创造发挥才干的机会。

第二，进行广泛深入的沟通。沟通是人们之间相互传递信息、思想、知识甚至兴趣、情感等的一种行为。使成员的情感得到交流，才能协调成员的行为、消除矛盾、统一思想、增强团结，形成共同的愿景，产生出强大的凝聚力和战斗力。

第三，用团队精神唤起团队情商。团队精神是团队成员共同认可的一种集体意识，是个体与群体在目标一致基础上的融合，是成员在思想、心态上的高度协调，在行动上的默契和互补，也是相互之间的相互宽容和接纳。用团队精神唤起团队情商，就能更全面有效地激发员工爱岗敬业的热情。

第四，组建团队时应注意成员的情商水平和素质结构。不同的性格、气质对员工完成工作任务有着互补的作用，如果随意地将性格不和、风格迥异的成员搭配在一个团队中，就很有可能削弱团队的工作力，甚至使团队难以为继。因此，必须对其有效搭配，使之更好地工作。

本章小结

群体是为了实现某个特定的目标，由两个或两个以上相互作用、相互依赖的个体组成的集体。群体是联结个体和组织的中间环节。群体成员通常具有跟随群体的倾向，表现为群体规范、群体压力和从众行为等。群体规范是指群体为了达到共同目标，在一定时期内成员相互作用而形成的、每个成员必须遵守的行为标准。群体压力促使人与群体主流的行为和意见趋于一致，人在群体中要求与多数人一致的现象，称为从众行为。群体凝聚力和群体士气对提高生产率有着重要的影响。

群体中的人际关系是指群体活动中群体内部成员之间的交往与联系。和谐的人际关系可以起到沟通信息、促进自我发展、提高工作效率的作用。特别需要注意的是，沟通在个体与群体之间有着至关重要的联系作用，为群体和组织决策提供了各种所需的信息，对建立良好的人际关系非常重要。但在信息沟通过程中常会受到各种因素的影响与干扰。因此，必须设法提高组织中沟通的有效性。冲突客观存在于现实社会中，对于有害的冲突要设法加以清除或减少，对有益的冲突要加以利用。

团队是为了满足创造性、灵活性和高水平绩效需求而设计出来的一种新型组织形式，是由少数具有互补技能和完整工作指标、为达到共同目标并共同承担责任的人组成的群体。与传统的组织结构相比，团队更具灵活性，反应更迅速，更能适应组织战略和组织目标的需要。团队通过成员共同努力产生协同作用，使其绩效水平远远高于个体成员绩效的总和，其中体现的团队精神是组织文化的一部分，努力塑造高绩效团队是组织的一项重要任务。

【案例分析与思考】

团队合作能力可否言传

问：团队合作精神究竟是什么呢？它们是否可以由他人或者公司后天培养出来？

詹姆·柯林斯：我确信人们互相依存的理念是可以被后天教授的，我们在实践中也证实了这一点。

联邦快递是我最欣赏的创业企业之一，而我最钦佩的人就是弗雷德·史密斯。我知道联邦快递在中国也业绩斐然。但是该公司起步阶段的故事却鲜为人知。当时史密斯从越南的海军陆战队服役归来。他从海军陆战队学到的核心价值观就是只有同舟共济才能经受住最严酷的考验。

我和一位海军陆战队的将军曾有过一段有趣的对话。我问他，新兵训练营的目的何在？他说，新兵训练营不是为了发现最能吃苦的人，而是让人明白，在最恶劣的情况下，人人都会崩溃。而要渡过难关的唯一方法就是互相帮助，这才是新兵训练营的真正意义。

正因为弗雷德·史密斯有过这样的经历，所以他声明自己很反感高管与非高管这样的区分，因为大家应该同舟共济。初创公司的起步阶段有点像冒险，正如联邦快递那样。史密斯宣布要将整个系统建立在相互依存的基础之上，你会想到他们的货运航班，对吧？这些飞机必须按时起飞，每个人都必须按时递送邮包。如果这架航班上有一个人没有做到，那么整个系统就陷入了麻烦。弗雷德·史密斯相信可以找到合适人选并且加以培训，树立起“我们相互支撑”的价值观；只有我们共同渡过难关，事情才有可能被办好，所以我们必须共渡难关。他将此作为公司文化的基石。联邦快递为什么会成功？不是因为它有飞机，人人都可以购买飞机。史密斯所做的是建立起一个体系，所有人在一个庞大的团队体系中工作。当人们进入这个体系时，学不会团队合作的人将被淘汰。他能够建立起的团队多至数千人，而不是区区百十来人。团队精神是他们选人的标准，也是他们发展和致力的方向，因为整个体系需要这样的精神。

关于团队合作，我还想说两点。有些岗位不属于团队范畴。比如你是一位独自在角落里工作的科学家，那就不算是团队工作岗位。但大多数工作环境都属于团队工作范畴。让我们回到五级金字塔（第五级领导力）的理论。为了达到第五级，你需要有第二级的基础。第一级是关于个人技能；第二级是和他人良好合作的能力，也就是关于团队合作的技能；之后第三级就是关于管理的能力。因此，不成为好的团队成员就无法成为好的管理者；而不成为一个高效的个人，也无法成为一个优秀的团队成员。如果你在经理职位上做不好，那你最终也不会成为一个称职的领导者，依次往下可以类推。这不仅是非常重要的能力，我还要指出，这是一种非常值得学习和借鉴的能力。

思考：

上面是管理大师詹姆·柯林斯谈“团队合作”的原文。他是管理经典《基业长青》和《从优秀到卓越》这两本书的作者。案例揭示的世界500强企业联邦快递的成功奥秘，会给你留下深刻印象。文中涉及的“五级金字塔”理论请参看本书第5章的相关内容。反复阅读上文然后请回答：

1. 团队合作的核心价值观是什么？
2. 如何认识团队合作不仅是非常重要的能力，更是一种非常值得学习和借鉴的能力？

3. “人们互相依存的理念是可以被后天教授的”，那么你准备怎样在实践中培养团队精神？

【复习思考题】

1. 什么是群体？群体与个体、组织的关系是什么？
2. 如何认识组织中的非正式群体？
3. 什么是群体规范？群体规范具有哪些作用？
4. 解释群体压力与从众行为的概念，指出影响从众行为的因素。
5. 什么是群体士气？影响群体士气的有哪些因素？
6. 怎样提高群体的凝聚力？
7. 什么是人际关系？人际交往应当遵循哪些原则？
8. 在组织中如何建立和谐的人际关系？
9. 沟通的重要性是什么？如何进行有效的沟通？
10. 什么是冲突？如何处理群体冲突？
11. 什么是团队？如何建设高绩效团队？

【管理技能实训】

1. 概念技能是重要的管理技能，访问 http://t.cn/hbrzKO（区分大小写），观看视频《【TED 演讲】人际关系的潜在影响》，然后概括出内容要点，写出 800 字的体会。

提示：此视频片段为哈佛大学教授 Nicholas Christakis 讲述人际关系的潜在影响。他解释人以群分的真实意义，不同亲疏关系与人生、状态、际遇的关系。人际关系的本质是与善良相关联的，这种关联我们永久需要，展示了对“人际关系”的新认识。（亦可在百度键入视频名称搜索后观看）

2. 四人为一组，为在网上开一家小饰品店（其他 2 万元左右的小项目也可）做一份 4 个人的团队合作计划书，时间 2 周。完成后由教师组织对计划书进行评判。

第5章 领导行为

本章提要

领导是一种影响力，是影响个体、群体或组织来实现预期目标的各种活动的过程。任何一个组织的领导都具有其独特的地位、作用和职责，领导行为是决定组织绩效的关键因素。本章从领导的基本概念出发，讲述了领导特性理论、领导行为理论、领导权变理论和领导决策的相关问题，并就如何提高领导的有效性进行了讨论。

学习目标

1. 掌握领导的有关概念；
2. 掌握领导特性理论、领导行为理论和领导权变理论的主要内容；
3. 理解优秀的领导者应当具备的基本素质；
4. 理解一个优化的领导班子应该具有的结构；
5. 了解领导决策的概念、程序与方法；
6. 了解提高领导有效性的途径。

引例

南方李锦记："自动波"领导模式

"请问你的爽指数是多少？"在南方李锦记营养保健品有限公司（以下简称"南方李锦记"），经常会听到"爽指数"这个新鲜词儿。员工根据自己爽不爽打分，满分为10分。南方李锦记非常重视员工在公司里工作得爽不爽，"'爽'是一种感觉，如果大家都爽了，那么工作的氛围就很不一样。"南方李锦记的董事长李惠森如是说。

南方李锦记是经营营养和保健品直销的公司，1992年成立，由香港李锦记集团投资。公司以传播中国优秀的养生文化为使命。南方李锦记有一套名为"自动波"的领导模式，其中"要让员工爽"正是推行这套领导模式的原因之一，其他四个原因则是持续经营、雪球效应、发挥潜能和吸引人才。"自动波"领导模式有六方面的内容：教练的心态和技术、高信的氛围、选对人才、充分授权、高效团队和共同目标。这六个方面互相联系，环环相扣，缺一不可。

"教练的心态和技术"，就是说领导者应该指导下属工作，而不是替代下属工作。"高信的氛围"，是指要在公司创造互相信任的氛围。南方李锦记不像现在很多的公司那样，希望员工长时间加班，而是强调公司对员工的信任，员工只要能高效地完成工作，下班就可以走。南方李锦记对领导者的考核，不仅是考核他本人的绩效，而且有一个"点将分"，即要看其下属的绩效。这就从制度上要求领导者选对人才。南方李锦记很多权力都放在最前线，充分授权提高了公司的效率，也激励了一线的员工。为创建高效的团队，南方李锦记的团队建设项目非常多，而且创造了三个具体的沟通工具，即分享背景、强弱项分析和残酷的现实。这三个是团队建设不同阶段的工具。一开始，大家通过“分享背景”，达到彼此了解的目的。如向团队成员介绍自己的家庭、学习、工作和爱好，以及自己最难忘的事。通过“强弱项分析”，不但可以让员工本人了解到自己的强项和弱项，而且可以让合作的同事互相了解，避免了很多误会的产生，还利于员工之间优势互补。最后，当员工之间建立了相互信任的氛围之后，就可以有选择地进入“残酷的现实”环节，让本团队成员相互直接指出缺点，并提出改进建议。南方李锦记制定目标时，参与的人很多，最终达成共识，决定之前可以争论，但决定后就统一口径。

2004年邵浩泉刚进公司，正逢南方李锦记的“无限极”商标申请广东省著名商标。由于邵浩泉学的是法律专业，任务最后就落到他头上。这样重要的任务交给一位新员工完全负责，很出乎邵浩泉的意料。更令他没有想到的是，公司领导人对他非常信任，很少过问事情的具体进展，每次都是问他还需要什么帮助和资源。申请工作涉及很多部门，作为一个新人，邵浩泉发现自己并没有遇到什么障碍。最终，他以南方李锦记的公司文化为主线写出了申请书。这份申请书与一般的著名商标申请书很不一样，结果成了广东省著名商标申请书的一个样本。邵浩泉只是“自动波”领导模式下获得成功的典型代表，2005年他已经被提升为公司副经理。

传承四代历经100多年的李锦记集团“思利及人”的文化非常有名。这种理念在南方李锦记得以延续，成为推行“自动波”领导模式的主要心法之一。所谓“思利及人”，即“只要想谋利，就一定要首先站在对方的立场，为对方着想，这样才可能长久”。一个思利及人的例子，就是团队建设活动的时间安排。公司的团队建设活动原来总在星期六或星期日做，后来员工提意见，认为这占用了大家太多休息和与家人共处的时间，而南方李锦记是提倡事业、家庭和健康三者平衡的。公司认为，员工提的意见很对。团队建设方面，公司必须投入资源，资源不仅包括金钱，也包括时间，因此将活动时间改在工作日。这样进行了一段时间后，员工发现如果把活动都放在工作日，工作有点忙不过来，思利及人，员工就主动建议将团队活动放在周末，只占用一个休息日。

“自动波”领导模式在南方李锦记深入人心。现在，很多员工不仅在工作上运用，而且在生活上也运用。总经理钟维康就说，他经常在生活中运用。董事长李惠森说，自从八年前推行这套领导模式之后，南方李锦记的员工满意度大大提高，而且公司每年利润都翻番，现在吸引人才的作用也逐渐显现，很多人才主动找到南方李锦记，表示愿意加盟。

南方李锦记成功的奥秘在哪里？关键在于领导者很好地运用了“自动波”领导模式。本案例涉及了本章要讨论的许多问题。一个组织能否取得成功，影响因素很多，其中最为重要的是要看管理层能否通过领导行为有效地对群体实施影响，即能否通过领导行为使得组织中的人的积极性得到充分发挥，进而实现组织目标。在任何类型的组织中，领导都是影响个体行为、群体行为以及组织绩效的关键因素。在组织行为学的三个层面里，特别是组织与群体之间，领导起着至关重要的关联作用。因此，通过研究领导行为的规律及其应用，不断提高领导工作效能，是组织行为学的重要课题。

5.1 领导

5.1.1 领导概述

1. 领导的含义

在我们的日常生活中，提到“领导”一词，人们就会想到诸如校长、厂长、董事长、局长等这些组织中的官员，而且还会想到这些人都是掌握一定职权、能够指挥管理并且具有权威的人。一般说来，领导可以解释为率领、引导的意思。领导可以是名词，也可以是动词，名词的领导是指领导者，动词的领导则是指领导活动。

领导科学虽然经历了几十年研究和发展的历程，但关于领导的含义，依然是众说纷纭。在组织行为学中恐怕没有几个术语像领导这样定义不统一。一位管理学家说，有多少管理学家为领导下定义，就有多少个领导的定义。国内外的管理学家、心理学家和组织行为学家对领导有着不同的看法、认识和表述。

坦南鲍姆说：“领导是在某种情况下，通过信息沟通过程所实施的一种为了达成某个目标或某些目标的人际影响力。”即领导是一种影响力与能力。

哈罗德·孔茨说：“领导是一门促使其部属充满自信、满怀热情来完成他们任务的艺术。”即领导是一门艺术。

阿诺德和菲尔德曼说：“领导是一个影响过程，包括影响他人的一切活动。”即领导是一个活动过程。

罗宾斯说：“我们把领导定义为一种影响一个群体实现目标的能力。”即认为领导是一种能力。

戴维斯说：“领导是一种说服他人热心于某一目标的能力。”也认为领导是一种能力。

我国的一些学者认为：领导是指引和影响个人或组织在一定条件下实现目标的过程。

从上述各种定义可以看出，研究者对领导这个概念的认识并不一致。每个研究者都试图阐明领导的定义，并在其定义下研究领导行为。但深究各种描述，又不难发现其共同之处。显然，每个定义都从不同的角度说明了领导的特征。本书经过归纳与梳理，从组织行为学的角度将领导定义为：领导是一种影响力，是影响个体、群体或组织来实现预期目标的各种活动的过程。

这个活动过程是由领导者、被领导者和所处环境三个因素所组成的函数，可用公式表示：领导＝f（领导者，被领导者，环境）。该公式表明，领导的有效性是领导者、被领导者和环境的函数，领导效能是随着以上几个因素及它们之间关系的变化而变化的，而不是由领导者单方面决定的。

2. 领导行为

领导是一种行为过程，在这个过程中，有很多相关的因素。领导者诚然是起主导作用的因素，被领导者与组织环境等同样也是影响组织行为有效性的重要因素。因此，领导者、被领导者与组织环境被称为领导的三要素。

（1）领导者。在英语中，领导指领导活动，而领导者指从事这些领导活动的人。在我国，无论是在理论上还是在实践中，对领导和领导者两个词都没有作明确的区分，二者混用的现象十分普遍。所谓领导者是指在一定的组织体系中处于领导地位并承担决策、组织、指挥和协调等职责的个人或集体。在现代社会，领导者的概念不仅包括个人，还包括集体，即领导班子，他们在组织中居于首脑地位。

领导与领导者的主要区别是：领导是领导者的某种行为，领导者是领导活动的主体。一个组织可以指定一个领导者或选出一个领导集体，但不能指定或选出某种领导行为。

领导者是领导行为的主体，是领导活动中最活跃的因素。他们是组织的"关键角色"，是领导行为过程的核心，也是组织中工作关系、人际关系及多种社会关系的中心。领导者的核心功能就是根据一定的环境条件，通过影响和组织他人的行为，最终实现组织目标。

（2）被领导者。被领导者是指领导者所领导的个人或团体。在组织活动中，相对于领导者的主体地位，被领导者是领导行为的客体，是领导活动的对象和基础；而相对于组织活动的作用对象来说，被领导者与领导者共同构成主体。在领导活动过程中，被领导者的责任主要体现在三个方面：服从领导、听从领导的指挥和支持领导。所以，被领导者并不是完全被动的要素，他们完全可以发挥主观能动性，提出合理化建议并监督领导者的领导行为。被领导者对领导者也有反作用，其素质的高低，工作自觉性、主动性和创造性的大小，与领导者之间的融洽程度以及对组织的关心程度等，都在很大程度上决定着领导的有效性以及组织活动的整体绩效。

（3）组织环境。组织环境是指对组织绩效发生潜在影响的外部机构或力量。组织的一切活动都是在一定的环境中进行的，而环境又是在不断变化的，环境的变化不仅对人的心理和行为产生很大的影响，而且也直接影响到组织绩效和组织目标的实现。组织环境可以分为一般环境和特殊环境。一般环境是指组织的大环境，包括政治环境、法律环境、经济环境、社会文化环境、自然环境和国际环境等。特殊环境是指对组织具有直接的、特殊的和经常性影响的因素，包括用户、竞争对手、同盟者、供应者、主管部门、税务财政部门等。领导与环境条件相互制约、相互适应的状况对领导的有效性具有很大的影响。

3. 领导的特点

领导行为作为一种动态的活动过程，具有以下特点：

（1）示范性。领导结果的好坏虽然是由被领导者的行为效率来评定的，其影响因素主要有动机、福利待遇、工作能力和工作条件，但领导者的行为有着示范性的作用。在公众的意识中，领导者应该是下属行为的楷模，无论领导者本人是否意识到，其一举一动对被领导者的工作态度和行为都具有导向作用。

（2）激励性。人际关系学说认为，人们在组织中各自所处的地位决定了人们之间的感情和联系方式。领导者通过领导与被领导、控制与被控制、指挥与被指挥的关系实现领导。通过这些关系，可以激发每个人的积极性和创造性，使员工潜力得到充分发挥。

（3）互动性。如前所述，领导＝f(领导者，被领导者，环境)。影响这个函数的变量，既包括以上三个因素，也包括这些因素之间的内在联系。领导的有效性既取决于领导者的人格素质和领导艺术，也取决于被领导者的素质和接受领导的程度，同时，还取决于领导与环境条件相互制约、相互适应的状况。领导者的工作在影响下属行为的同时，也必然不同程度地受到下属某些方面的影响，被领导者在很大程度上影响着领导的有效性以及组织活动的整体绩效，体现出两者相互依存、相互影响的关系。

（4）环境适应性。现代社会的任何一个组织都处在一定的环境之中，而环境的变化常会对人的心理和行为产生很大的影响。领导的行为要适应市场和外部环境的要求，并尽可能地改变组织内部的环境。对于被领导者来说，除了其他因素之外，领导行为也是一个重要的环境因素。

4. 领导的作用

（1）有效协调成员和部门的步调。组织目标是要靠人来实现的，而组织中的人对目标的理解、对技术的掌握、对环境的认识，会出现思想上的分歧和行动上的偏离，这是由每个人知识、能力、信念、态度、性格、地位等的差异加上各种外部干扰因素所决定的。因此，需要领导者协调各部门和人员的关系及活动，使其步调一致，朝着共同目标前进。

（2）激励员工发挥潜能，自觉地作出自己的贡献。人在社会经济活动中有着不同的目的、需要和态度，不只对组织目标发生兴趣，他们也有自己的目标。不管是由于感到缺乏机会还是缺乏激励，不管是因为客观条件限制还是领导者平庸，组织中的人都不一定能以持续的热情与信心去工作。而要实现这一点，一是需要通过领导工作激发员工的工作动机，充分调动其积极性；二是促使这种积极性尽量持久。

（3）有利于个人目标和组织目标相结合。一般而言个体目标与组织目标不是完全一致的，员工工作积极性的大小取决于二者统一的程度。当二者有较大偏离时，员工对工作、对整个组织活动必然会缺乏信心。这时，领导者要帮助员工理解大河有水小河满的道理，找到个人与组织利益大方向上的一致性，认同组织目标，并要创造和谐愉快的组织氛围，在许可的范围内，尽可能去帮助员工实现个人的目标，使其对组织产生信任感和依靠感，加速二者的结合。

5.1.2 领导与管理的区别

一般人容易将领导与管理混淆起来。从广义上说，二者可以同时存在，很多领导者如企业高层经理，通常不仅仅制定组织发展的目标，也要帮助执行，实现企业的发展目标。同样，管理者在执行其领导布置的工作任务时，也需要去领导自己的下属开展工作。他们的管理行为与活动都是领导行为的组成部分，二者可以等同。

从狭义来看，领导和管理存在本质上的不同。领导是由领导者指挥、引导和影响个体、群体或组织，在一定条件下，实现其期望目标的行为过程；而管理则是由管理者通过计划、组织、协调、激励、指挥和影响，进而实现组织目标的行为过程。具体体现如下：

（1）从目标方面来看，领导的任务是研究带有全局性、宏观性和战略性的问题，制定远景目标与发展规划，指出实现目标的战略。而管理的工作则偏重于具体执行，主要任务是制定详细步骤和实施进度，设计规范的组织结构，采取必要措施实现组织目标，同时建立组织秩序，维持高效运转。

（2）从职责方面来看，领导包括同协作者沟通，指明方向，实施说服，激励鼓舞，使员工更好地理解组织目标、战略以及达标后的效益，指引人们根据需要组建团队、形成合作。而管理则是组建所需的组织结构，配备人员，规定权责，建章定制，履行计划、监督评价等。

（3）从所面对的问题来看，领导面对的主要是变化、变革等问题，主要处理突发性的、非常规性的问题，并承担相应的风险。而管理则主要处理常规性、程序化的日常问题。

需要指出的是，在企业实际管理中，许多人同时担任着领导者和管理者的双重角色，随着现代社会的发展，组织的规模越来越大，面对的问题越来越复杂，领导工作和管理工作趋于分离。一方面，管理越来越具体化和职业化，为了达到组织目标而要采取合适的方法和手段，对有关的人、事、物、时间和信息进行计划、组织、指挥、协调和控制等一系列活动。另一方面，领导工作更需要超脱具体的管理，以便从全局出发，用战略的眼光和头脑进行运筹谋划，致力于战略方针和经营政策的制定。成功的组织既需要有效的领导，也需要优秀的管理，二者缺一不可。

资料链接：21世纪领导者与管理者的特征比较

领导者特征	管理者特征
创新	管理
起源	复制
发展	维持
集中于人	集中于系统和结构
激发信任	信赖控制
远视的	短视的
询问什么和为什么	询问如何和何时
关注整体	关注基本情况
首创	模仿
挑战地位	接受地位
自己人	好战士
做正确的事	正确地做事

5.1.3　领导者的影响力

领导者的影响力是领导是否有效的一个关键因素。领导者的影响力大，受到员工普遍的尊重，那么这个领导者的威信就高，号召力就强，组织目标就容易实现。反之，如果个人的影响力低，就难以完成组织目标。

1. 领导者影响力的含义及构成

在组织中，领导是以正式的职位和权力为前提的，但有些人虽然没有这种职位和权力，却能左右和带动一部分人，这就是他的影响力在发挥作用。影响力是指一个人在与他人的交往中，影响和改变他人心理和行为的能力。由于领导者身居要职，具有一定的权力和权威，其影响和改变被领导者的能力就比一般人强得多。一个领导者是否具有强大的影响力，主要取决于其职务、地位、资历、品格、知识、感情等因素。领导者影响力的构成如图5-1所示。

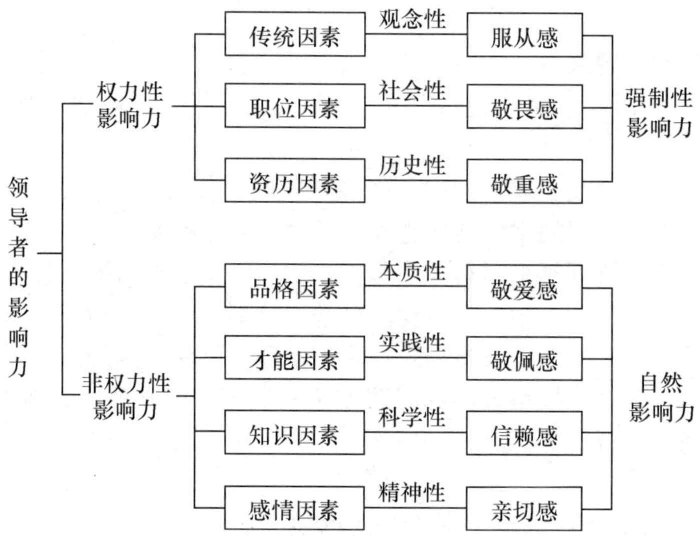

图 5-1 领导者影响力的构成

领导者的影响力包括以下两个方面：

（1）权力性影响力。权力性影响力又称为强制性影响力。这种影响力是由正式组织赋予个人的职务、地位、权力和个人资历等构成的。一般来说，掌权者都有一定的权力性影响力，如威胁力、奖赏力、处罚力、规范力等。其特点是：对被领导者的影响带有强迫性与不可抗拒性，是以外部推动力的形式发生作用的，领导者与被领导者之间在心理上会有较大的距离，被领导者的心理和行为表现为被动、服从，缺乏自觉性、主动性和积极性，因此，它对人的激励作用是有限的。

权力性影响力由传统因素、职位因素和资历因素构成。传统因素是悠久的历史形成的观念与传统，即认为领导者有权、有才干，比一般人要强、要高明。这种心理观念使人产生对领导者的服从感，从而增强了领导者言行的影响力。职位因素是由社会分工造成的职位、地位差别而形成的，领导者凭借组织授予的权力，可以左右被领导者的行为、处境，甚至前途、命运，从而使下级对上级产生敬畏心理。领导者的职位越高，权力越大，下级对他的敬畏感越强，领导者的影响力也越大。资历因素是指领导者的资格、经历与阅历。资历越高，越会受到下级的敬重，其影响力也越大。

权力性影响力是通过正式的渠道发挥作用的。当领导者担任某一职务时，权力性影响力会随之产生；当领导者失去某一职务时，这种影响力会大大削弱甚至消失。

（2）非权力性影响力。非权力性影响力也称自然影响力，它与领导者的地位和权力无关，是由领导者的自身素质和行为造成的。在非权力性影响力的作用下，被领导者表现为顺从和依赖，他们在心悦诚服的心理基础上，接受领导者的影响并自觉地跟随领导者。这种影响力对下属的影响比权力性影响力更强、更具有持久性。

非权力性影响力主要由品格、才能、知识、感情等因素构成。品格因素指的是领导者的道德、品行、性格、作风等本质性因素。具有高尚品格的领导者使人产生敬爱感，从而产生巨大的号召力、说服力和影响力。才能因素指的是领导者的聪明才智和工作能力、专业能力等，具有较高才能的领导者使人产生敬佩感，吸引人们自觉地接受其影响。知识因素指的是领导者的知识水平，具有丰富知识的领导者容易取得人们的信任，并使人产生信任感。感情因素是指领导者平易近人、和蔼可亲、体贴和关心员工。领导者与被领导者之间感情亲密、关系融洽，领导者的影响力和感染力就强，员工就容易接受其领导，服从其指挥。

在领导者担任某一职务时，非权力性影响力能增强领导者的影响力，当领导者失去某一职务时，这些因素仍对人们产生较大的影响。由于这种影响力来自下属服从的意愿，所以常常显得比权力更有力量。

2. 提高领导者影响力的途径

一般来说，任何一个领导者都同时具有权力性影响力和非权力性影响力，但对于不同的人来说，两种影响力的大小是不同的。在组织中，领导者的行为无时无刻不在影响着被领导者的行为，领导者要带动、激励下属完成组织目标，不仅要靠手中权力的强制力，更重要的是要发挥领导者自身的影响力，即通过非权力性影响力去影响下属积极工作，这是领导是否有效的一个关键因素。这两种影响力相互也会发生影响，如果领导者的非权力影响作用大，则对权力影响起促进作用，反之，则起阻碍作用。那么，如何提高领导者的影响力呢？

（1）提高非权力性影响力。领导者要加强自我意识与品德修养，做到作风正派，言行一致，以身作则，正直公道，品德高尚，关心他人，团结同事，清正廉洁。要不断学习政治理论知识、专业知识、市场经济理论、现代信息和计算机知识等，注意知识更新和扩大知识面，提高自己的科技、文化和知识素养。领导者要在实践中加强锻炼，提高自己的能力水平，包括抽象思维能力、决策能力、创新能力、专业技术能力与操作能力、社会交往能力、社会适应能力与管理能力等。要密切联系群众，对员工热情友好，不能居高自傲、态度生硬、以势压人，要学会关心人、体贴人、爱护人、帮助人，与员工建立亲切、真挚的感情。一个德才兼备的领导者，能够受到员工发自内心的尊敬和爱戴，获得员工真心实意的拥护，能在广大员工中享有很高的威信。

（2）正确使用权力性影响力。正确使用权力性影响力指的是通过政策、程序、规定、决策和命令等方式正确行使职权。要做到：在行使职权时，态度审慎，执法公正严明，不专制独裁和滥用职权；要秉公自律，为政清廉，赏不避仇、罚不避亲，不以权谋私；要善于用人和授权，大权集中，小权分散，不专权独断；要深入实际调查研究，亲自动手，具体指导，力戒官僚作风；要虚心听取群众意见，自觉接受组织和员工的监督；要真正做到行政为民、勤政为民。

（3）营造和谐的组织氛围。提高影响力不仅仅是对领导者直接的要求，还包括被领导者的状况及环境因素。比如，提高被领导者的综合素质，努力使组织目标与个人目标一致，加强团体的信息沟通与意见交流，协调人际关系，形成正确的舆论导向和良好的团体风气等，都有助于提高领导的影响力水平。

（4）遵循领导法则和艺术。领导者要坚持组织原则和管理原则，并善于提高自己的领导艺术。工作中要坚持尊重人格的原则，坚持人格平等，互敬互谅；坚持公正、公开、公平的原则；建立完善的沟通网络，做到信息通畅；善于用人，善于激励，使员工奋发向上；坚持民主参与等。

5.2 领导理论

领导的本质是什么，如何进行有效的领导，一直是研究者关注的课题和研究的对象。不同的研究者从不同的角度研究领导的本质以及领导的有效性问题，从而形成了不同的领导理论。对领导理论的研究大致可以分为三个阶段：第一阶段是 20 世纪 40 年代以前的领导特性理论。该理论研究的重点集中在领导者自身素质上，探讨领导者与非领导者相比具备哪些人格特质，从领导者的内在特征出发寻求“最有效的”领导方式。第二阶段是 20 世纪 40—60 年代的领导行为理论。该理论关注被领导者的作用，从领导者与被领导者双方关系的角度寻求有效的领导方式。第三阶段是 20 世纪 60 年代中期以后的领导权变理论。该理论引进了环境因素，注重在领导者、被领导者和特定的环境之间寻求三者的和谐与统一。它运用权变模型弥补了先前理论的不足，并将各种研究发现综合在一起，研究的视角进一步扩展。

在本章中，我们将分别介绍三种理论及其优点和不足，从而使实践中的管理者受益。

5.2.1 领导特性理论

领导特性理论又称素质论，这类理论侧重于研究领导者的性格和素质方面的特征。他们的出发点是，根据领导效果的好坏，找出领导者在个人特性方面的差异，由此确定优秀领导者应具备哪些特征。研究者认为，只要找出成功领导者应具备的特征，再考察每个组织中的领导者是否具备这些特征，就能断定他是不是一个优秀的领导者。这种归纳分析法成了研究领导特性理论的基本方法。

1. 国外对领导者特性的研究

早期的特性理论认为领导者所具有的素质是天生的，是由遗传决定的，现在已很少有人赞同这样的观点。现代的特性理论认为领导者的特性和品质是在实践中形成的，是可以通过教育训练培养的。主要特性包括生理因素、能力因素、兴趣因素、文化水平、技能、性格等。

（1）个人品质论。美国俄亥俄州立大学教授斯托迪尔对 1904 年到 1970 年间有关领导者素质的研究作了综述，他把领导者的特性归纳为六大类：1）身体特征，如身高、体重、年龄、相貌等。2）社会背景，如有良好的社会经济地位、接受过高等教育等。3）智力，如判断力、果断性、知识广博精深、口才流利等。4）个性，如自信、机智、见解独到、正直、情绪稳定等。5）与任务有关的特性，如高成就需要、较强的使命感和责任感、工作主动、任务方向明确等。6）社会特征，如善于交际、乐于合作、积极参加各种活动等。

（2）德鲁克的观点。美国著名管理学家德鲁克认为，一个有效的领导者必须具备以下五项主要习惯：1）善于利用自己的时间；2）注重贡献，确定自己的努力方向；3）善于发现和利用人之所长；4）能分清工作的主次；5）能作有效的决策。

（3）吉赛利的个性研究。美国管理学家吉赛利在《管理才能探索》一书中研究了领导的八种个性特征和五种激励特征。其中个性特征包括：才智；首创精神；督察能力；自信心；适应性；决断能力；性别；成熟程度。激励特征包括：对工作稳定的需求；对金钱奖励的需求；对指挥别人的权力的需求；对自我实现的需求；对事业成就的需求。详见表 5－1。

表 5-1　吉赛利的领导个性特征和激励特征

个性特征和激励特征	重要性
督察能力 对事业成就的需求 才智 自我实现 自信心 决断能力 首创精神	非常重要
对工作稳定的需求 适应性 对金钱奖励的需求 对指挥别人的权力的需求 成熟程度	中等重要
性别	最不重要

（4）美、日企业界有效领导者的标准。日本企业界认为有效领导者的标准有十项品德和十项能力。美国和日本相比，由于在地理环境、文化传统和社会机制等方面存在较大的差异，因此，更突出精英的作用，强调领导者个人的素质，见表 5-2。

表 5-2　日本、美国对领导者的素质要求

顺序	日本		美国
	品德	能力	
1	使命感	思维决策能力	合作精神
2	责任感	规划能力	决策能力
3	信赖感	判断能力	组织能力
4	积极性	创造能力	授权能力
5	忠诚性	洞察能力	应变能力
6	进取心	劝说能力	勇于负责
7	忍耐性	对人理解能力	创新能力
8	公平性	解决问题能力	承担风险
9	热情	培养下级能力	尊重他人
10	勇气	调动积极性能力	品德超人

资料链接：日本企业重整之神高家猛

在日本企业界被称为“重整之神”的高家猛，其经手的企业个个都能复活。人们对他的评价是：洞察力非常敏锐，对于人的喜乐、悲哀，总是能有自己的深刻感受。专家指出：进入知识经济时代的企业领导者，最重要的就是感知力，也就是对人、对事物的关爱

和信赖的能力。有人总结了高家猛的四点领导特质：（1）注重人性导向。他从不制造敌人，而且能使敌人转化为朋友。（2）建立强势人脉。（3）善于激励。（4）精于判断和利用数字。仅从字面上看，受人推崇的“重整之神”似乎也没有什么秘密武器，但是要真正能做到这几点却很不容易。

2. 对领导特性理论的评价

领导特性理论概括地描述了领导者所应具备的品质特性，认为有效的领导者与某些品质特性相联系，因为人的心理特性影响人的行为特点，行为特点又作用于领导风格，从而影响领导效能。这是从因果视角对有效的领导者进行研究，并提出相应的研究成果以及理论，具有一定的意义，值得我们借鉴。同时，由于这些理论系统地分析了领导者所应具有的能力、品德和为人处世的方式，向领导者提出了要求和希望，因此，有助于培养、选择和考核领导者。

但是这种理论也具有一定的局限性。首先，特性理论的结果多达数百种，只有少数具有普遍意义，难以找到很一致的规律。而且这些研究大都是描述性的，并没有说明领导者应在多大程度上具备某种品质。其次，早期的领导特性理论强调领导者的先天品质特征，这与事实不符。现代领导特性理论虽然认为领导的素质和特性是在实践中形成的，是可以通过教育训练和培养的，但并非所有成功的领导者都具有所谓的领导素质，普通人也可能具备其中的大部分或全部素质。不同的研究对哪些素质是领导素质、应达到何种程度的结论并不一致。最后，领导特性理论忽略了被领导者和环境的作用，它把领导者本人的特性看成是领导成败之关键是不全面的。事实上，一个领导者能否发挥作用，会随被领导者的不同而不同，也会随环境的改变而改变，如被领导者的素质、人际关系、机遇、客观限制因素等。因此，对领导行为的研究应采取一种综合的、相互作用的观点，而不是孤立地看人的特性的作用。

5.2.2 领导行为理论

由于领导特性理论的局限性，人们把研究的重点转向研究领导者的个人行为。

资料链接：普莱克斯管理层重视员工参与　关注生活与工作平衡

2011 年 5 月，普莱克斯（中国）投资有限公司总部搬到新办公室。员工担心办公室的空气质量，公司安排了空气质量检测，并且让员工也参与检测过程。根据检测结果，公司又安装了空气净化器，这样很快就消除了员工的担忧。普莱克斯中国区总裁何岷达说：“透明、重视员工参与”正是普莱克斯的文化之一。

普莱克斯是美国《财富》500 强企业，世界三大工业气体供应商之一。1992 年来华建首家合资企业，迄今已在华投资累计 10 亿美元。公司近 7 年复合增长率遥遥领先同行。

普莱克斯生产的气体产品有些是危险品，因此公司对安全非常重视。每年公司都有安全日，在安全日，所有员工都停下手上的工作，回顾安全生产知识。工程师邱伟在普莱克斯工作了 8 年，他说，重视安全是公司留给他最深刻的印象。他所在的工程部每个月都有安全会议。如果员工觉得自己的工作环境或者工作本身可能危害到自己的安全，可以拒绝工作，直到安全隐患消除，而且公司支持员工的这种行为。

为了让员工了解公司的业务进展，普莱克斯高层定期与中国员工会面，通报业务状况和战略。在中国，每个季度都举办全体员工沟通大会，通报业务进展，奖励表现出色的员工，并给他们向高层提问的机会。公司还鼓励各级经理与下属直接坦诚沟通，多倾听员工的想法。普莱克斯中国高层管理者办公室的门大多数时候都是敞开的，随时迎接员工到访。何岷达告诉记者，有一次他在一家下属公司与员工开沟通会，到了提问时间却没人提问，他就说："如果你们不问，今天我就不走了。"随后员工才开始提问，结果他获得了非常多的意见和信息。公司设立了24小时"诚信热线"，全球员工都可以拨打，举报或者询问任何有关诚信、合规、操守等问题。公司为这个热线提供各种语言的服务，而且还允许匿名举报。何岷达说，如果公司从来没有收到某个区域的举报，还会对该区域的负责人问责，认为是不是该地区的负责人没有很好地宣传这个热线。

员工每年都参与讨论职业发展规划，公司可为员工提供很多社交网络、社交俱乐部，比如篮球俱乐部、羽毛球俱乐部等活动机会，每年还组织各种郊游活动、员工家属"家庭日"活动、参观世博会等活动……

公司领导的行为得到了员工的认同，公司也进入2011年中国最适宜工作公司榜单。目前，普莱克斯中国公司所有的员工都已经本地化，公司希望雇用那些脚踏实地、适合公司的人，而不是雇用最聪明的人。

你能指出上文提到的何岷达是什么类型的领导吗？研究者认为，领导的有效性主要取决于领导的行为方式和作风，而不是具有某些特性。许多学者注重考察那些成功的领导者做些什么、怎样做，成功领导者的行为与较差领导者的行为区别在哪里等，领导行为理论应运而生。下面介绍比较典型的几种领导行为理论。

1. 勒温的领导作风理论

有关领导方式的研究最早是由心理学家勒温进行的，他通过研究不同的领导方式对下属群体行为的影响，认为存在着三种极端的领导工作方式，即专制方式、民主方式和放任方式。

(1) 专制方式。具有专制方式的领导人实行独裁领导，以权力服人，即靠权力和强制命令让人服从。具体特点是：把权力完全集中于自己手中，独断专行，从不考虑别人的意见，所有决策均由领导者作出，下级只能接受命令；从不把任何消息告诉下级，下级没有任何参与决策的机会，而只能察言观色，奉命行事；主要依靠行政命令、纪律约束、训斥和惩罚，只有偶尔的奖励；领导者预先安排一切工作的程序和方法，下级只能服从；领导者很少参与群体的社会活动，与下级保持相当大的心理距离。

(2) 民主方式。具有民主方式的领导者，是指那些以理服人、以身作则的领导者。他们使每个人作出自觉的、有计划的努力，各施其长，各尽所能，分工合作。其特点是：所有的政策是在领导者的鼓励和协作下由群体讨论而决定的，政策是领导者和其下属共同智慧的结晶；分配工作时，尽量照顾到个人的能力、兴趣和爱好；对下属的工作，不安排得那么具体，个人有相当大的工作自由、较多的选择性和灵活性；主要应用个人权力和威信，而不是靠职位权力和命令使人服从，谈话时多使用商量、建议和请求的口气，下达命令仅占5%左右；领导者积极参加团体活动，与下级没有任何心理上的距离。

（3）放任方式。放任方式是指工作事先无布置，事后无检查，权力完全给予个人，一切“悉听自便”，毫无规章制度。

比较三种不同的领导作风对群体产生的影响可以明显地看到，放任方式工作效率最低，他所领导的群体只达到了社交目标，而没有达到工作目标。专制方式虽然通过严格的管理达到了工作目标，但群体成员没有责任感，情绪消极，士气低落。民主方式领导工作效率最高，他所领导的群体不但达到了工作目标，而且群体成员关系融洽，工作积极主动，有创造性。

2. 利克特的领导方式理论

美国管理学家利克特在 1947 年开始用二维理论研究“以生产为中心”和“以人为中心”两种领导方式的有效性。通过长期的研究，他认为要使企业提高生产效率，应采用“以人为中心”的管理。只有依靠参与管理，调动员工的工作积极性，才能发挥人的潜力，提高劳动生产率。通过调查研究，利克特发现了四种基本的领导方式（如图 5－2 所示），并在其 1961 年发表的《管理新模式》一书中介绍了这四种领导方式，详细阐述了他的领导类型理论。

方式1	方式2	方式3	方式4
专制的独裁型	温和的独裁型	协商型	参与型

图 5－2　利克特提出的四种领导方式

（1）专制的独裁型领导（也称为“压榨和权威式的”方式）。采用这种方式的领导者非常专制，对下属没有信心，也很少信任。下级根本没有同上级讨论工作的自由，不能过问决策的程序，决策权也只局限于上层，惯于只采用上情下达的方式。下级的工作意识主要靠恐吓、威胁和惩罚以及偶尔的奖赏去激发。

（2）温和的独裁型领导（也称为“开明和权威式的”方式）。采用这种方式的领导者仍然是专制的，但采取了家长制的恩赐式领导方式。领导者保持严格的控制，对下属抱有一种屈尊式的信任和信心，主要用奖赏也兼用恐吓和惩罚来激励下属。允许一定程度的上情下达，也下放一定的决策权，但对政策性的控制绝不放松。能向下级征求一定的看法和意见，但下属在与上级讨论工作时感到不很自由。

（3）协商型领导。采用协商型领导方式的领导者对下属抱有相当大的但并非十足的信心和信赖，他们仍然保持对最后决定权的控制。他们通常设法积极采用下级的看法和意见，在激励方面基本采用奖励办法，偶尔也实行惩罚。他们的思想沟通方法是上下双向的，一般性的政策和总的决策由上层来制定，允许下层作出具体问题上的决策，对其他问题则采取协商的态度。

（4）参与型领导。采用这种方式的领导者采用民主的形式，在所决定的事情上，完全相信和信任下属，他们只给下属指出一些方向，实行全面的集体参与，并按照一致的意见或多数人的意见作出决定，因而也把它称为“集体性参与”的方式。领导者对下属在一切事务上都抱有充分的信心和信赖，他们总是征求下级的看法和意见并设法采用。他们使上下级之间和同级之间信息畅通，鼓励各级组织作出决策，或者以群体一员的身份与其下属一起进行工作。

可以看出，专制的独裁型领导与“X理论”的假设很相似，参与型领导与“Y理论”的假设很相似。利克特发现，那些用参与型领导方式去从事经营活动的领导者，大都是最有成就的领导者。此外他还发现以参与型领导方式进行管理的部门和公司在制定目标和实现目标方面是最有效率的，一般说来也是更富有成果的。他把上述这些成功的原因，归于员工参与管理的程度及在实践中坚持贯彻的程度。

选择恰当的领导方式是很重要的。根据有关领导的研究成果发现，有较多的人愿意采用协商型和参与型领导方式，人们似乎感觉在这两种领导方式下工作得更好。在对工人的错误宽容的领导者的领导下，比在对工人所犯错误采取惩罚的领导者的领导下，员工具有更高的生产效率。同样，当允许人们自己安排工作时，他们似乎会把工作做得更好些。

3. 领导行为四分图理论

美国俄亥俄州立大学从20世纪40年代起，对领导的有效性进行了研究。一开始，研究人员列出了1 000多种刻画领导行为的因素，通过逐步筛选、归并，最后概括为“抓组织”和“关心人”两大类。“抓组织”是以工作为中心，指的是领导者为了实现工作目标，既规定了自己的任务，也规定了下级的任务，包括进行组织设计、制订计划和程序，明确职责和关系，建立信息和途径，确立工作目标等。“关心人”是以人际关系为中心，包括建立互相信任的气氛，尊重下级的意见，注意下级的感情和问题等。

根据这两类因素，他们设计了“领导行为描述问卷”，每类列举了15个问题，分发调查。根据调查结果发现，两类领导行为在同一个领导者身上有时一致，有时并不一致。因此，他们认为领导行为是这两种行为的具体组合，领导者的行为可以用两维空间的四分图来表示，见图5-3。该图为进行领导行为研究指出了一个途径，从图中可以看出四种结果：

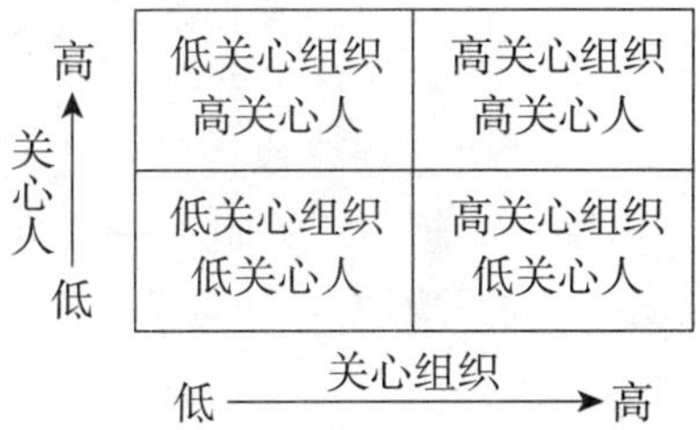

图5-3　领导行为四分图

第一，高关心组织、低关心人的领导者，最关心的是工作任务的完成，很少关心人。

第二，低关心组织、低关心人的领导者，对组织、对人都不关心，一般认为这种领导方式效果最差。

第三，低关心组织、高关心人的领导者，大多数较为关心与下级之间的合作，重视互相信任和相互尊重的气氛。

第四，高关心组织、高关心人的领导者，对工作、对人都比较关心。一般来说，这种领导方式工作效率和有效性都较高。

以上哪种领导行为效果好呢？结论是不肯定的。例如，有人认为在生产部门中，效率与“关心组织”之间的关系成正比，而与“关心人”的关系成反比；而在非生产部门中，情况恰恰相反。一般说来，“高关心组织”与“低关心人”带来更多的旷工、事故、怨言和离职。许多研究也证实了上述的一般结论，但也有人提出了相反的证据。这是因为他们在进行分析时，没有考虑到所面临的环境。四种领导行为哪种最好、哪种最差，不能一概而论，要从实际出发，根据具体情况而定。

资料链接：经理人常犯的36项错误

美国的企管顾问师威廉·葛诗礼完成了一份名叫“为中国经理把脉”的研究报告。在该报告中，葛诗礼毫不客气地指出中国经理人常犯的36项错误，这些错误是：

1. 授权不够
2. 权责不明
3. 多头马车
4. 踢皮球——推卸责任
5. 死爱面子
6. 不能容忍部属的错误
7. 把建议当作是批判
8. 自认样样都比部属行
9. 喜欢制造派系的斗争
10. 喜欢用听话而无主见的人
11. 用人重视忠心忽视能力
12. 霸占部属的创见
13. 墨守成规、拒绝改变
14. 把部属看成是低一等的人
15. 没给部属宣泄情绪的机会
16. 对部属的好坏绝口不提
17. 缺乏合理的绩效评估制度
18. 想法与观念既陈旧又保守
19. 对事物的看法失之主观
20. 以假平等对待卓越的部属
21. 只会采用专制方式的领导
22. 把人当做机器
23. 认为金钱与地位是万能的
24. 把失败归于制度的限制
25. 要求员工接受培训，自己却不进修
26. 抗拒改革，老是用“鞭子”与“刀剑”
27. 把控制视作一种惩罚
28. 工作没有计划
29. 不能有效利用时间
30. 无法掌握重点与例外原则
31. 治标而不治本
32. 把意见与事实混为一谈
33. 只爱听部属报喜讯
34. 语言沟通有误
35. 把年龄当做能力的指标
36. 认为一流的工程师就是一流的厂长

葛诗礼多年前所列举的上述36项错误至今还有很高的参考价值。

4. 管理方格理论

在领导行为四分图理论的基础上，美国管理心理学家罗伯特·布莱克和简·莫顿于1964年就企业中的领导行为方式提出了管理方格理论。他们认为在对生产关心和对人关心的领导方式之间，可以有不同的混合领导方式。布莱克和莫顿在两个维度的基础上，将每一个维度再细分为9等，得出81种方格组合，如图5-4所示，横轴表示领导者对生产的关心程度，纵轴表示领导者对人的关心程度。

在评价领导者时，可根据其对生产的关心程度和对员工的关心程度，在图上寻找交叉点，这个交叉点的方格就是他的领导类型。“关心生产”是指领导者对各类事项所抱的态度，诸如对决策的质量、程序与过程、研究工作的创造性、职能人员的服务质量、工作效率和产量等。同样，“关心人”也有宽泛的解释，包含了诸如个人对实现目标的承诺程度、工人对自尊的维护、基于信任而非基于服从来授予职责、提供良好的工作条件和保持令人满意的人际关系等内容。

“关心生产”与“关心人”这两个基本因素相结合形成一种领导方式。当然该图并不是说管理风格有81种，而是说管理风格有许多不同的组合。下面对5种典型的领导风格进行分析。

第一，(1，1) 方式为贫乏型管理。在这类管理中，领导者对人和生产几乎都漠不关

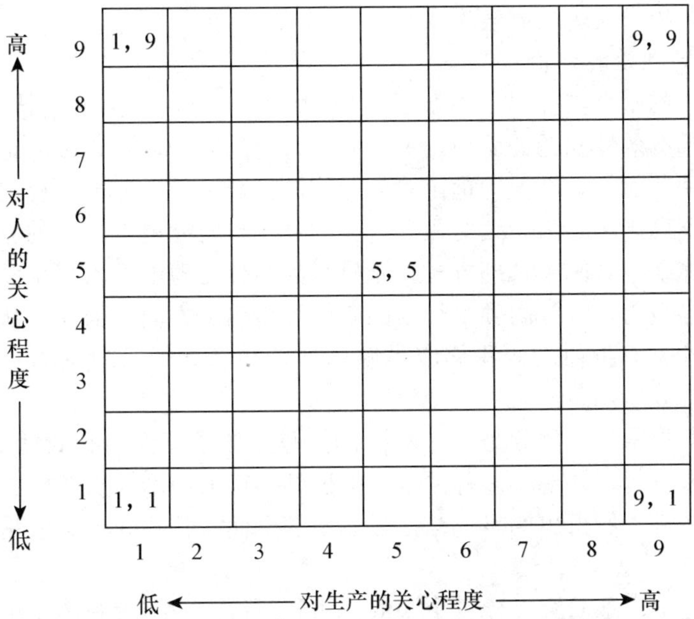

图5-4 管理方格图

心，只以最小的努力来完成必须做的工作。（1，1）方式领导者的最大特征是在其位而不谋其政，其目标在于保住自己目前的职务，宁愿熬资历，也不做什么对组织有益的事情。这种领导方式会导致失败，这是很少见的极端情况。

第二，（9，1）方式为任务第一型管理。在这类管理中，领导作风是非常专制的，他们认为高效率地完成任务比什么都重要，领导集中注意于对生产任务和作业效率的要求，注重于计划、指导和控制职工的工作活动，以完成组织的目标，但不关心人的因素，很少注意员工的发展和士气。

第三，（1，9）方式为俱乐部型管理。在这类管理中，领导者很少甚至不关心生产，而只关心人，强调满足人的需要，搞好人际关系，建立和谐的组织气氛。他们促成一种人人得以放松、感受友谊与快乐的环境，但对指挥监督、规章制度等重视不够，没有人去协同努力以实现组织的目标。

第四，（9，9）方式为团队型管理。在这类管理中，领导者对生产和人都极为关心，努力使员工个人的需要和组织的目标最有效地结合，注意使员工了解组织的目标，关心工作的成果，建立"命运共同体"的关系，因而员工关系协调，士气旺盛，能进行自我控制，生产任务完成得极好。

第五，（5，5）方式为中间型管理。在这类管理中，领导者对人的关心度和对生产的关心度虽然都不算高，但是能保持平衡。一方面能比较注意领导者在计划、指挥和控制上的职责，另一方面也比较重视对职工的引导鼓励，设法使他们的士气保持在必需的、满意的水平上。但是，这种领导方式缺乏创新精神，只追求正常的效率和相对比较满意的士气。

布莱克和莫顿认为，（9，9）方式是最理想、最完善、最有效的领导方式，它能高度激发员工的创造热情，发挥个人的能力，从而使组织在竞争中获胜。布莱克和莫顿认为，企业领导者应该客观地分析组织内外的各种情况，努力创造条件，将自己的领导方式转化为（9，9）方式，以求实现最高效率。

5. 对领导行为理论的评价

领导行为理论的研究与提出，丰富了领导理论的内容，开拓了领导理论研究的领域，开阔了人们对领导有效性问题的认识。关于领导行为的理论，有许多成果值得我们借鉴和进一步研究、应用。例如，勒温的理论对领导作风进行了科学分类，提出了不同的领导作风对群体产生的不同影响，为后续对领导行为的进一步研究提供了新的思路和角度；利克特提出了推行集体参与的民主管理方式；领导行为四分图理论提出了从关心人和抓组织两个方面来考虑领导行为，为提高领导行为的有效性指明了方向。因此，从以上这些方面来看，领导行为理论是有价值的。我们应借鉴国外这些领导行为理论的研究成果，吸取精华，剔除糟粕，为我所用。

但也要看到其局限性。领导是一个动态的过程，领导工作的有效性受多种因素制约，包括领导者、被领导者、环境等多种因素。上述领导行为理论只从领导者行为某一侧面出发，来强调其有效性，所得出的研究结论必然不够全面，其共同不足就是忽视了领导行为的动态性和辩证性。

领导行为理论孤立地研究领导者个人的行为，所得出的结论脱离了组织管理实际，不能够科学地阐释领导的有效性问题。一些研究者发现了领导理论研究中的这个缺失和不完善的方面，开始进行了更深入的研究，提出了领导权变理论。

5.2.3 领导权变理论

领导权变理论所关注的是领导者与被领导者的行为和环境的相互影响。该理论认为，某一具体的领导方式并不是到处都适用，领导的行为若想有效，就必须随着被领导者的特点和环境的变化而变化，而不能是一成不变的。这是因为任何领导者总是在一定的环境条件下，通过与被领导者的相互作用，去完成某个目标。

本书介绍比较有代表性的四种权变理论：费德勒模型、“途径-目标”理论、阿吉里斯的不成熟—成熟理论和领导生命周期理论。

1. 费德勒模型

美国著名管理学家弗雷斯·费德勒是权变理论的主要代表人物之一。从 1951 年起，他经过 15 年的调查研究，提出了权变的领导理论。这一理论认为，在领导方式方面，不存在绝对真理，没有一种普遍适用的“理想的或最好的”或普遍不适用的“不理想的或最差的”领导方式。有效的领导行为取决于各个组织的环境、工作任务、领导者、被领导者以及人际关系等许多因素。他认为对一个领导者的工作影响最大的三个基本方面是：职位权力、任务结构、领导者和被领导者之间的关系。

（1）职位权力。职位权力指的是与领导者职位相关联的正式职权，以及领导者从上级和整个组织各方面所取得的支持程度。这一职位权力是由领导者对下属的实有权力所决定的。例如，一位车间主任有权聘用或开除本车间的员工，则他在这个车间就比经理的权力还要大，因为经理一般并不直接聘用或开除一个车间的工人。正如费德勒指出的，有了明确和相当大职位权力的领导者，才能比没有此种权力的领导者更易博得他人真诚的追随。

（2）任务结构。任务结构是指任务的明确程度和人们对这些任务的负责程度。如果任务明确，每个人都能对任务负责，则领导者对工作质量更易于控制，群体成员也有可能比在任务不明确的情况下，能更明确地担负起他们的工作职责。

（3）领导者与被领导者之间的关系。领导者与被领导者之间的关系是指下属对其领导者的信任、喜爱、忠诚、愿意追随的程度以及领导者对下属的吸引力。费德勒认为上下级关系对领导者来说是最重要的，因为职位权力与任务结构大多置于组织的控制之下，而上下级关系可影响下级对领导者信任和爱戴的程度，以及是否愿意追随其共同工作。

费德勒将上述影响领导工作的三方面因素相互组合为 8 种情况，如表 5－3 所示。费德勒把领导者所处的环境从“最为有利”到“最为不利”分为 8 种情况：三个因素同时具备是最为有利的领导环境，三个因素都不具备是最为不利的领导环境，只具备其中一项或两项则是“比较有利”“中等有利”“不太有利”的情况。

表 5－3　　费德勒的领导模型

顺序号	1	2	3	4	5	6	7	8
领导者与下属的关系	好	好	好	好	差	差	差	差
任务是否明确	明确	明确	不明确	不明确	明确	明确	不明确	不明确
职位权力大小与取得支持的程度	强	弱	强	弱	强	弱	强	弱
有利程度	最为有利	比较有利	比较有利	中等有利	中等有利	不太有利	不太有利	最为不利
领导者的领导方式	以工作为主			以人为主		无资料	未发现什么关系	以工作为主

费德勒在研究中发现，关心工作任务的领导者在有利的或不利的情况下，将是最有效的领导者。也就是说，当领导者与其下属的关系良好、任务结构明确、职位权力较大的情况下，关心工作任务的领导者是最有效的。同样，在另一种极端的情况下，即领导者与其下属的关系恶劣、任务结构不明确、领导者职位权力较小的情况下，关心工作任务的领导者也是最有效的（见表格中左右两侧对应的四种情况）。但当情况仅是有些条件有利或是不利时，注重人际关系的领导者是最有效的（见表格中部对应的两种情况）。

从费德勒的权变领导模式中可以看到，并不存在单一的最佳领导方式，而是在一定的情景下某种领导方式可能收到最好的效果。同时，也不能只根据领导者以前的领导工作成绩来预测他现在能否领导得好，还应了解他以前的工作类型同现在的工作类型是否相同。因此，企业领导者必须具备适应能力，自行适应环境的变化，根据具体情况选择领导作风，这同时也提示管理层必须根据实际情况选用合适的领导者。

2. “途径-目标”理论

加拿大多伦多大学教授罗伯特·豪斯把期望理论与领导行为四分图理论结合在一起，于 1971 年提出了“途径-目标”理论，近年来该理论在国外颇受重视。

这种理论认为，领导者的效率是以能激励下级达成组织目标，并在工作中使下级得到满足的能力来衡量的。领导者的责任和作用就在于改善下级的心理状态，激励他们去完成工作任务或对工作感到满意，帮助他们达到目标。为此，就要向下级讲清工作任务，了解并刺激下级对奖励的要求，支持下级为实现目标所作的努力，为其完成任务扫清障碍，增加下级获得个人满意感的机会等。领导者的这种作用越大，对下级的激励程度越高，就越能帮助下级达到目标。

“途径-目标”理论认为，有四种领导方式可供同一领导者在不同的环境下选择使用。

一是支持型领导方式。这种领导者对下级友好、尊重，平易近人，关心下级的需求，对他们从各方面给予支持。

二是参与型领导方式。领导者有事与下级共同协商，在决策时总要倾听并采纳下级的建议。

三是指导型领导方式。领导者给予下级所需要的相当具体、明确的指导。

四是以成就为目标的领导方式。领导为下级设置富有挑战性的目标，信任下级有能力完成目标，鼓励下级将工作做到最好。

这种理论认为，下级的特点和任务的性质这两个变量决定着领导者的领导方式。下级接受领导方式的程度，取决于这种领导方式能否满足下级的需要。如果下级觉得有能力完成任务，很需要荣誉和交往，且不喜欢指导型领导方式，就应该选择支持型领导方式。如果工作任务是常规性的，目标和达到目标的途径都是一目了然的，在这种环境下，如果领导者还是去发号施令，就会引起下级的不满。但是如果工作任务变化性很大，下级经常干些不熟悉和没把握的事，这时领导者如能及时告诉他们目标和达到目标的途径，而采取指导型的领导方式，下级便会很高兴，因而也是适宜的。

“途径-目标”理论的核心是：领导者影响着介于行为和目标之间的途径。领导者通过规定职位与任务角色，清除实现目标的障碍，在设置目标方面争取群体成员的支援，促进群体的内聚力和协作力，增加实现个人业绩的机会，使期望目标明确化，并采取另外一些满足人们期望的措施。

3. 阿吉里斯的不成熟—成熟理论

美国学者阿吉里斯研究了领导方式对下属成长的影响，提出了“不成熟—成熟理论”。阿吉里斯在他的《个性与组织》等书中主张，人的个性发展有一个从不成熟走向成熟的连续发展过程，包括不成熟、初步成熟、比较成熟、成熟四个阶段，最后发展为一个健康的个性。因此，他认为有效的领导者应当帮助人们从不成熟或依赖状态转变到成熟状态。他认为，组织行为是由个人和正式组织融合而成的，组织中的个人作为一个健康的有机体，不可避免地要经历从不成熟到成熟的成长过程。下属由不成熟转变为成熟的过程，会发生下列七个方面的变化，如图 5－5 所示。

不成熟 →	成熟
被动 →	主动
依赖 →	独立
少数的行动 →	能采取多种行为
错误而浅薄的兴趣 →	较深和较强的兴趣
时间短 →	时间较长
（只包括目前）	（包括过去和未来）
附属地位 →	同等或优越的地位
不明白 →	明白自我，控制自我

图 5－5　由不成熟到成熟

阿吉里斯认为，上述的变化是持续的，一般正常人都会从不成熟到趋于成熟。每个人随着年龄的增长，有日益成熟的倾向，但能达到完全成熟的人只是极少数。同时，他还发现，领导方式不好会影响人的成熟。在传统领导方式中，把成年人当成小孩对待，束缚了他们对环境的控制能力。工人被指定从事具体的、过分简单的和重复性的劳动，完全是被动的，依赖性很强，主动性不能发挥，这样就阻碍了人们的成熟。所以，阿吉里斯强调，领导者应该针对下属不同的成熟程度，采用适当的领导方式。例如，对那些心理不成熟的人或心智迟钝的人，应该使用传统的以工作为中心的领导方式，而对于比较成熟的人，则应该发挥其主动性和创造性，为其提供良好的组织环境，以便充分发挥他的个人才能，促进个性成熟。

4. 领导生命周期理论

领导生命周期理论由美国俄亥俄州立大学心理学家卡门首先提出，后由管理学家何塞和布兰卡予以发展。

领导生命周期理论是在管理方格论的理论基础上，增加了被领导者的工作成熟度这一权变因素。它认为，工作中的群体成员在大多数情况下呈现出逐步成熟的变化。其工作成熟的含义是：群体成员有能力设置较高但又可能达到的目标；他们愿意工作且能够胜任，并表现出应有的责任感。由此可见，工作成熟度的主要标志是群体或个体的能力、经验和教育水平，体现生理变化的年龄则是一个次要的因素。从成熟度的表现来看，它是一个由低到高的发展过程。领导类型应适应被领导者的成熟度，随着被领导群体或个体成熟度的提高，领导的行为方式要做相应的调整，以提高领导的有效性。图 5－6 是领导生命周期理论的模型。

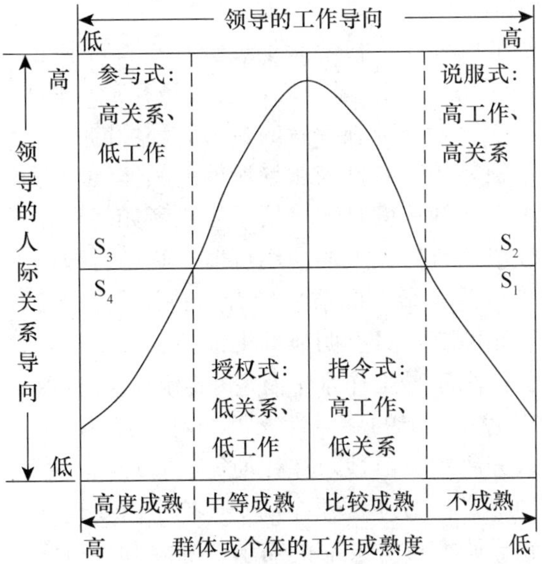

图 5－6　领导生命周期理论模型

从图 5－6 中可以看到，领导的行为方式按照关心工作和关心人这两个维度划分为四大类型，构成图中的四个象限。图的下方表示的是群体或个体的工作成熟度。曲线是领导行为选择的运行轨迹。根据图示，可以分析四个象限领导类型的特点。

象限1(S_1)：指令式领导（高工作-低关系）。适用于被领导者成熟度低的情况，需要领导给予较多的工作指导，具体指点下属应当干什么、如何干、何时干等。适宜的领导方式是以工作为导向。

象限2(S_2)：说服式领导（高工作-高关系）。适用于被领导者较不成熟的情况，领导者既注重工作任务的完成，指点下属如何工作，又注重与下属进行双向沟通，鼓励下属的积极性。适宜的领导方式是工作导向和人际关系并重。

象限3(S_3)：参与式领导（低工作-高关系）。适用于被领导者比较成熟的情况，领导者与下属共同参与决策，领导者考虑下属的意见、建议和要求，通过与下属协作与沟通，支持下属完成任务。适宜的领导方式是较高的人际关系导向和较低的工作导向。

象限4(S_4)：授权式领导（低工作-低关系）。适用于被领导者高度成熟的情况，领导者直接授权，由下属独立开展工作、完成任务。适宜的领导方式是把两种导向行为都降低到适度的水平。

根据领导生命周期理论，随着被领导者从不成熟到比较成熟、中等成熟、高度成熟的过程，领导者随之调整、变换领导方式，最后达到理想的授权式管理，完成了领导生命周期的基本循环，进入更高的层次。

领导生命周期理论的主要精神在于指出被领导者的特点对有效领导行为方式选择的影响，强调对于不同成熟度的员工，应采取不同的领导方式，这样才能做到最有效的领导。这就启发领导者在企业管理实践中，应根据被领导者成熟程度的变化来选择自己的领导方式，沿着领导生命周期理论中领导方式改变的轨迹运行，以提高管理水平。同时要创造条件帮助员工从不成熟向成熟转化，把使用与培养结合起来，注重教育，注重人才开发。

5. 对领导权变理论的评价

领导权变理论是近年来国外行为科学家重点研究的领导理论，这些理论的出现比领导特性理论和领导行为理论要晚，从内容上说，它们是在前面两种研究的基础上发展起来的。这些理论所关注的是领导者与被领导者的行为和环境的相互影响。领导过程是在特定的环境中进行的，因此，领导的有效性与领导所处的具体环境有关。

权变理论正是从各个不同的角度具体分析了领导者如何根据不同的环境改变自己的领导方式。这些理论在实践中具有比较大的应用价值，它告诉我们在知识经济时代和信息时代，组织面临的内外环境日益复杂，要求领导者保持清醒的头脑，认真分析，灵活决策。各种领导权变理论就其总体而言，具有明显的辩证性、灵活性，比较符合实际，实用性较强，对于做好组织管理、提高领导工作水平有着重要的指导价值。

但是，领导权变理论也有一定的局限性。例如，它强调领导方式的选择要因地制宜、因人而异、因时而异，过分注重灵活性，往往使得在管理实践中把握不住领导有效性的规律，无从选择有效的领导方式。另外，领导权变理论也需要进一步完善和系统化，因为权变理论也不能完全适应领导研究形势发展的需求。随着领导科学作为一门独立的新兴学科的出现，不断完善领导权变理论已经成为摆在学术界面前的一项重要任务。

资料链接：吉姆·柯林斯的领导力金字塔模型

这个模型不仅受到全球商界领袖推崇，一些政府官员甚至政治领导人也对其赞赏有加。领导者按照其特质和领导力大小由低到高分成五个等级，构成了一个领导力的“金字塔模型”（如图5-7所示）。这个模型基本上涵盖了所有领导类型，各种领导者几乎都能找到自己所处的位置。领导力的金字塔模型侧重于对人的个性特点和精神特质的归类，领导者的雄心在吉姆·柯林斯勾勒的五级领导力金字塔中位于顶端。

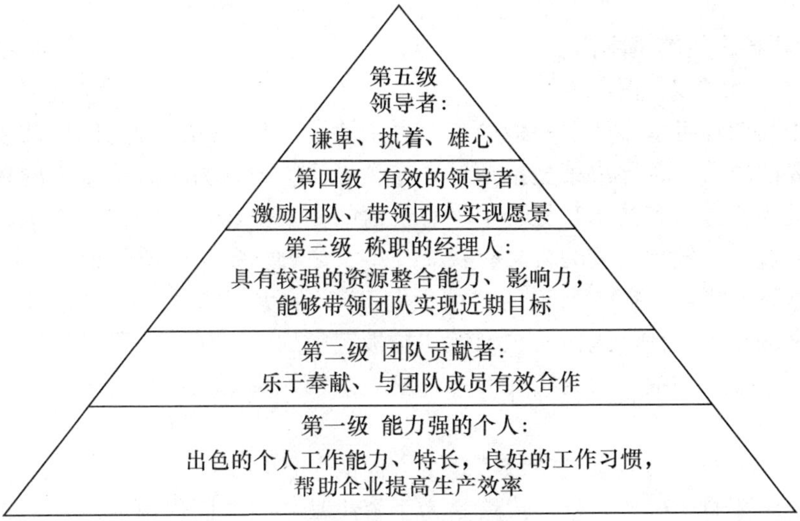

图5-7 领导力金字塔模型

第五级 领导者：具备谦卑（这属于EQ，即“情商”）的个性，但对工作很执着（逆商，即逆境商数），有雄心（宏图），其正是凭借这一看似矛盾的结合创建了可持续发展的卓越企业。

这一级领导者最重要的特质是谦卑，其具有一系列特点：谦逊，温和，有礼，质朴，平静。他们是强有力的决策者，忠诚于价值观，创造可持续的结果，对公司的发展雄心勃勃，不以自我为中心。他们行为温和，沉稳而深思熟虑，工作严谨，是谦卑的倾听者。要成为一个谦卑的倾听者，能够理解别人是更重要的，因为理解别人比得到理解更重要。同时，他们在执行政策和实现目标的过程中也是不屈不挠的，注重实效，不保守，不粗暴，极为注重自律。

第四级 有效的领导者：促使（激励）他人全力以赴，积极实现某一明确的、令人信服的愿景（战略），激发企业达到更高的绩效标准。

第三级 称职的经理人：他们拥有较强的资源整合能力和影响力，能有效组织人力和各项资源迅速、高效地实现预先确定的目标。

第二级 团队贡献者：他们有为实现团队目标而奉献自己才干的意识，他们积极努力，为团队目标的实现和任务的完成贡献个人力量，并且具备较强的合作意识，能在团队环境中与他人开展有效合作。

第一级 能力强的个人：他们有出色的个人工作能力或特长，他们利用个人的才能、知识、技能和良好的工作习惯帮助企业提高效率。

5.3 领导决策

美国决策理论学派的主要代表人物赫伯特·西蒙提出决策是管理的职能，决策贯穿于组织活动的全部过程，进而提出了“管理的核心是决策”的命题。在现代社会中，决策的优劣关系到组织的兴衰成败，提高决策的科学性和准确性对组织的经营和发展是至关重要的。

5.3.1 领导决策的基本内容

1. 领导决策的含义

领导决策是领导者众多活动中最频繁、最主要、最基本的一种主体性活动，也是一切决策中最重要的决策。领导决策是指领导者在领导活动中，为了解决重大的现实问题，通过采用科学的决策方法和技术，从若干个有价值的方案中选择一个最佳方案，以此实现领导目标的活动过程。领导决策的含义有狭义与广义之分。狭义的决策概念是专指领导者对行动方案的最终选择，即通常所说的“拍板”。广义的决策概念是把决策理解为制定、选择、实施方案的整个过程，既包括领导者“拍板”前的调查研究、科学预测、拟订方案等准备活动，还包括“拍板”后的实施活动，就是说领导决策包括制定决策和实施决策两大阶段。

具体地说，领导决策应该具备以下几个方面的条件：

第一，决策要有明确的目标。决策是为了解决某一问题而作出的决定，它是有目标地面向未来的认识活动。没有目标，就无从决策；目标不明确，将会造成决策的失误。

第二，决策要能够付诸实施。决策是为了正确地指导人们认识和改造世界，它以实践为基础和目的，又是实践的准备和指导，制定决策后必然要付诸实施。

第三，决策要追求优化。以最少的消耗获得最佳的效果是领导决策追求的理想境地，不追求优化，决策就没有意义。

第四，决策是一种选择活动。决策是在若干个方案中选择一个最佳方案的过程。只有一个方案，就无从选择；没有选择，就无从优化。

领导决策从不同的角度可以分为不同的类型。按决策的重要程度，可分为战略决策、管理决策和业务决策；按决策的条件，可分为确定型决策、风险型决策和不确定型决策；按决策的复杂程度及有无既定程序可循，可分为程序性决策和非程序性决策；按决策主体，可分为个体决策与群体决策等。

2. 领导决策的原则

领导决策原则是决策者在决策过程中必须遵循的基本准则与行为规范，主要包括以下几点：

（1）充分信息原则。准确而齐全的信息是科学决策的前提、依据和基础。决策的科学性取决于决策者掌握各种情报资料是否准确齐全。只有掌握了准确而又齐全的信息资料，并对它进行系统的筛选、归纳、整理和去粗取精、去伪存真、由此及彼、由表及里的加工制作，才可能制定出正确的决策方案。信息不明确、不真实、不对称只会导致错误的决策。从一定意义上说，决策的过程就是对信息的收集、加工和整理的过程。

（2）对比择优原则。运用系统科学的理论和方法，对各个预选方案进行分析比较，本着利中取大、兴利除弊、化弊为利的原则，从中选出最优方案或组成新方案。因此，从一定的意义上讲，决策就是从若干个方案中选择最优方案或综合成新方案并有效实施的过程。

（3）系统分析原则。任何一项决策都不是孤立的，都会牵涉许多其他方面的因素。现代科学决策所要处理的问题比过去任何时候都复杂，彼此之间盘根错节，互为因果。如果孤立、静止、片面地看待它们，那么就不能准确、全面、正确地认识和把握它们，也不能作出正确的决策。系统分析原则要求把决策对象看作一个完整的系统，研究它们在整个大系统中的地位和作用，弄清系统中各部分、各层次的主次关系、先后关系，达到系统的完整与平衡。这就要求领导在制定决策时必须有系统观念，运用系统分析的方法对决策活动进行系统分析、系统设计和系统选择。

（4）灵活性原则。领导决策事关重大，没有过硬的原则性保障必定会出现严重问题。然而，所做的决策、所处理的问题以及所依托的领导环境总是错综复杂、千变万化的，情况时时都会有所不同。因而，领导主体在决策时不能只看其一不看其二，不能僵硬、绝对地看待事物，而应总览全局，进行决策。这样才能在变化的形势中找到有利的位置和角度，从容地采取措施，逐步地解决问题。领导决策不仅要有原则性，而且要有灵活性，但要避免滥用灵活性。

（5）可行性原则。可行性原则要求一项正确的决策必须在现有的主客观条件下能够顺利实施，所以在决策过程中，必须对现有的人力、物力、财力、科学技术能力以及可以借助的有关力量作出具体分析，对在实施决策过程中可能发生种种变化的前因后果作认真细致的预测、推论和严密分析。决策的可行性是衡量决策正确性的重要标志，领导决策必须切中要害、运作方便，凡是没有足够条件来保证实施的决策，都是不可行的。

（6）时效性原则。这是指在决策中既要抢时间，又要争效率。这是直接关系到决策成果的重要原则。如果效率很低，遇事议而不决，拖延时间，贻误时机，就会造成重大的损失和失误。特别是在经济全球化、现代科学技术飞速发展的情况下，各个组织处在激烈竞争中，一切都在迅速变化，坚持时效性原则更加重要。

（7）集体决策原则。现代决策的复杂性决定了决策是单个决策者难以胜任的。因此，出现了决策者和决策研究者之间的分工与合作，以及从个人决策发展到集体决策的趋势。集体决策不是指简单的集体讨论，也不是少数服从多数的简单表决，而是由专家学者和管理工作者组成的智囊团，经过周密的调查、研究、对比、分析，提出有定量依据的、切实可行的方案。因此，集体决策原则也可以说是集体智慧的体现。

3. 决策的程序

简单地说，决策程序就是整个决策过程的有序步骤和要求，具有严肃性甚至法规性，用以保证决策的科学性和客观性，也可避免决策效能的降低和决策成本的增加。在现代决策科学中，决策程序的划分不尽相同，或粗或细，或多或少。我们把决策划分为以下五个步骤：

（1）提出问题，确定决策目标。决策是为了解决问题而作出的决定性选择，提出问题是决策的前提。只有找出为什么要针对这个问题而不是其他问题进行决策的理由，抓住关键问题及其要害，所作出的决策才可能是合理而有效的。领导者的重要责任，就是通过敏锐的观察力和职业直觉，在众多的问题中，发现并找到关键问题，集中主要时间和精力解决好这些问题。领导者正是因为具有问题意识和忧患意识，才能及时、准确地发现问题。

问题提出以后，就要明确解决问题要达到什么样的目标。决策目标必须具体、明确，在时间、地点、数量、质量等方面都要加以确定。决策的目标正确与否是领导决策有效与否的前提，无效或失败的决策往往是因为决策目标不明确或不正确导致的。

（2）收集有关信息资料。根据确定的决策目标，收集有关的信息资料，为制定可行方案提供依据。领导决策需要的信息资料包括组织的外部环境和内部条件各个方面的信息资料。收集资料要注意针对性，要实事求是，对收集到的信息资料要进行归类整理，进行分析研究。

（3）探索各种可行方案。可行方案是能解决决策问题、保证决策目标实现、具有可实施性的方案。两个以上的备选方案是构成决策的基本条件。在设计、拟订可行方案时，要解放思想，勇于创新，设想尽可能多的行动方案。一般来说，备选方案数量越多，决策者选择范围越大，越有可能选出最优方案。

（4）方案评价和优选。所提供的备选方案能在多大程度上有助于目标的实现需要进行检验，所以要对每一备选方案进行论证、评价、比较、筛选和淘汰，从中选择出一个总体最优的方案。

（5）决策方案的实施和反馈。决策方案付诸实施是决策过程的最后阶段，决策的目的在于执行，决策方案只有经过实施才能取得实效。在执行过程中，要跟踪检查实施效果，及时发现问题，及时反馈，以便于查明原因，及时采取措施加以解决，从而保证决策目标全部实现。

决策程序如图 5－8 所示。

上述五个步骤构成了一个完整的决策过程，步骤和步骤之间不能截然分开，而要紧密衔接。

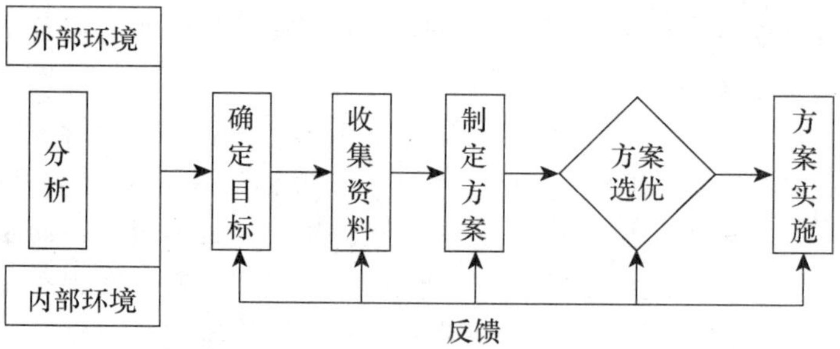

图 5－8　决策程序示意图

5.3.2　群体决策的基本内容

前已提及，从决策主体上，领导决策可分为个体决策和群体决策。个体决策主要是由领导者或决策者个人作出决定；群体决策则主要依靠集体的力量集思广益，作出决策。

群体决策一般包括两种形式：一是领导群体决策；二是群体参与决策。所谓领导群体决策不是指领导个人拍板决策，而是指由领导集体共同进行决策，决策代表了领导集体的共同意志。群体参与决策是指较低层次的群体成员参与较高层次决策的情况，集中表现在群体成员参与领导决策的过程，并对决策的形式、内容和执行施加影响。

群体决策与个体决策各有其优缺点，它们在不同的管理情境下可以发挥各自不同的作用。在现代社会中，仅凭个人经验来拍板，决策的成功率已经愈来愈低，而群体决策常常要比个体决策可靠和正确。在群体活动中，有些时候需要进行个体决策，而更多的时候需要进行群体决策。

1. 群体决策的优缺点

与个体决策相比，群体决策有其利弊之处。我们可以从解决问题的准确性、创造性和效率等方面进行比较。

（1）群体决策的主要优点。

第一，更完整的信息和知识。群体决策条件下可以比个体决策获得更多的信息，并能更充分地运用知识与专长解决问题，尤其在多样化程度比较高的群体中，在决策时有更多的机会诱发、利用和处理信息，决策的创造性更高。群体成员参与决策，加强了多种信息的横向和纵向交流，能够更好地了解决定的内容和任务，有利于提高工作效率。

第二，更多的备选方案。群体决策能够给决策过程带来异质性，这就为多种方法和多种方案的讨论提供了基础。群体成员的不同背景可以使群体具有个人难以具备的创造性、多种经验和不同的观点，在决策过程中可以集思广益、博采众长、互相启发，往往会产生更多的备选方案，并作出更多选择，从而提高了决策的正确性。

第三，更高的可接受性。决策本身并非目的，其关键在于决策方案能否按决策者的意图顺利实施。群体决策的结果更易得到所有成员的理解和接受，因此群体成员更愿意承担所决定的任务和接受所需要的变革。取得下属或群众的支持与合作是使决策得以顺利实施的基础。

第四，更具有合法性。在多数国家和组织中，民主决策被认为更具有合法性。群体决策过程与民主思想是一致的，因此，被认为比个人决策更合乎法律要求。群体决策避免了个人决策有可能带来的独断专行和权力滥用，使决策更加民主化，能够更充分地反映受该决策影响的所有人的愿望和要求。

（2）群体决策的主要缺点。

第一，责任不清。群体决策常常会造成责任分散。在决策过程中，个体喜欢分析情况、提出方案，但倾向于规避决策责任，有时会滥用表决权，将责任推给大家，造成决策结果无人承担的局面，特别是当决策失误或决策失败时。

第二，决策成本高。群体成员之间的相互作用、反复讨论往往导致低效率，有时会产生相当大的分歧甚至发生争吵。这样要达成一致意见就会耗费许多时间，从而限制了管理者在必要时作出快速反应的能力，而且群体决策所需的费用一般比个体决策要多。

第三，从众压力大。一个群体中，个人由于担心受到其他成员的排斥或指责，思想往往受到束缚。群体成员希望被群体接受和重视的愿望可能会导致不同意见被压制，在决策时使群体成员都追求观点的统一。特别是在由不同层级的人员组成的群体中，下级往往不能真正参与决策，甚至会表现出为迎合上级意图而不提出自己真实意见的倾向。

第四，少数人控制。少数成员因其特殊的身份、地位、权力或声望等原因，可能控制着决策的过程和意见的导向，对群体决策产生不良影响，群体决策有可能变成了个人决策，从而影响决策的质量。

上述缺点会影响群体决策的效果。不过，一般说来，群体决策失误的代价常常比个人决策小。从长远看来，群体决策的效率高于个体决策。

为了便于理解与比较，下面把群体决策与个体决策的特点列表对比，见表 5－4。

表 5－4　　群体决策与个体决策的比较

衡量指标	个体决策	群体决策
速度	快	慢
正确性	较差	较好
创造性	较大	较小
冒险性	因个人的个性、经历而异	领导者和群体成员富有冒险精神
责任	个人责任大	个人责任小
执行	较难，未参与者怀疑、观望	较容易，参与者理解、支持

2. *群体决策中应避免的倾向*

在群体决策中，群体规范和群体压力起着很大作用。群体压力会导致在群体决策中产生两种倾向：一是群体思维；二是冒险转移。这两种倾向都会阻碍群体对决策方案作出准确的评价，从而导致错误的决策。

（1）群体思维。群体思维与群体规范和群体压力有关。它是指群体在进行决策时倾向于以表面一致的压力阻碍不同意见的发表，使得群体丧失对问题和解决方案作出批判性分析和评价的能力，进而作出错误的决策，导致重大损失。

群体思维的主要表现是：群体成员过分乐观、盲目自信，把自己的群体看成是不可战胜的，也是不会犯错误的，因而敢于冒大的风险。在决策时，群体成员对自己所做的假设加以理性化，忽视决策可能有误的警告。在决策中试图掩饰自己的误差，忽视或不考虑与当前群体观点不一致的意见，对怀疑多数人共同意见的人施加压力，持不同意见的人为了与多数人的意见一致而保持沉默，把没有人发言看成一致同意，造成表面一致通过的错觉。盲目坚持群体固有的道德标准，认为自己的群体不仅是正确的，而且在道义上也是优于其他群体和其他人的，把不赞成群体观点的人看成是不辨是非的或低人一等的。群体成员自觉防止反面意见到处扩散。

群体思维倾向确实在许多决策群体中或多或少、或轻或重地出现。群体思维对于决策来说是有害的，它降低了群体决策的质量，往往使群体决策的效果比个体决策的效果更差。因此，应采取适当的方式克服和防止这种倾向的不利影响。一些学者经过研究提出了如下一些克服群体思维的办法：

第一，群体领导应鼓励成员公开质询和提出怀疑，要求参加决策的人尽可能清晰和合乎逻辑地提出自己的看法，并认真听取和考虑其他人对自己意见的看法，集思广益，以便作出正确的决策。

第二，分组讨论议题，依靠多个分组讨论的相似意见进行决策。在讨论中，让大家独立思考、提出看法，进行充分的酝酿，也可以采用书面和匿名方式提出自己的意见。然后汇总小组讨论结果，把不同意见提交大组。在讨论初期，领导应避免表现出对某种方案或某种意见的偏爱，因为这样做会限制群体成员对这个问题提出批评性意见，使群体很可能把这种方案作为最终的选择方案。群体领导可指派一名“吹毛求疵”的角色参加会议。无论分组决策意见是否一致，都可以对最终决策产生积极作用。

第三，提供第二次修订决策的机会。承认群体决策中可能出现的弱点，提高群体成员的偏差意识，并在实施决策初期提供第二次修订决策的机会，以便及时纠正偏差，提高决策的正确性。

（2）冒险转移。冒险转移也称极端性转移或群体极化，是指群体决策比个体决策时更容易出现冒险倾向或极端倾向，还有可能倾向于保守。大量的研究表明，冒险转移现象是相当普遍的，在大学生群体以及领导群体中都能观察到这种现象。冒险转移主要有以下四种原因：

第一，责任分摊。每一种包含风险的决策都与一定的责任相联系。责任往往引起决策人情绪紧张、焦虑不安，不敢贸然采取有较高风险的决策。而群体之所以采取有更大风险的决策，是因为决策后果的责任可由全体人员分摊，万一决策失败，追究责任时也不至于独自承担，这样就减轻了个人的心理负担。

第二，领导作用。群体领导在群体活动中往往起着特殊的作用。他们为了显示自己的才能与胆识，往往会采取冒险水平较高的大胆决策，并通过各种方式使其决策被群体接受，变成群体决策。

第三，社会比较作用。在许多群体内，提出有根据的冒险决策往往会得到好评。因此，群体中的个人在提出自己的决策意见时，往往要与别人的意见进行比较。如果个人意见的冒险水平低于其他成员的平均水平，则会感到不安，担心群体可能对自己产生不良印象。基于这种考虑，个人在参加群体决策时所提出的意见的冒险水平要高于个人单独作决策时的冒险水平。

第四，“文化放大”假设。这种观点认为，若一个国家或社会的文化中占主导地位的价值观是崇尚冒险，则这种价值观会被“放大”，从而扩散与反映到该文化中的群体决策中来。在相反的社会文化、组织文化情景中，群体会选择风险较小的决策方案。

冒险转移现象的发生受多种因素的影响和制约，在不同的情况下，可能不同的因素在起主导作用。虽然群体决策中存在冒险转移现象，但不能认为群体决策向冒险方向转移是必然规律。也有的研究发现，群体决策中也有向保守方向转移的倾向。

3. 群体决策方法

决策方法是决策实践中的经验总结，熟悉和掌握科学的决策方法是领导者必备的本领。决策的方法很多，这里主要介绍常用的几种。

（1）头脑风暴法。头脑风暴法又称专家会议决策法，是由美国的奥斯本博士于20世纪50年代提出的一种智囊团式讨论方法。它是依靠一定数量专家的创造性思维对决策对象未来的发展趋势及状况作出集体判断的方法。头脑风暴法的英文（Brain Storming）原意是指精神病人的胡言乱语，用于群体决策则是指让人敞开思想、畅所欲言的意思。头脑风暴法是指通过专家之间的信息交流和相互启发，引起“思维共振”，形成团体智能结构，产生组合效应，这一效应往往大于这个团体中每个成员单独创造能力的总和。

头脑风暴法的具体操作过程是：把相关人员召集在一起，在一个和谐的环境里，围绕要决策的问题，让人们无拘无束地发表意见。在这一过程中，每个人都要认真对待和研究别人提出的任何一种设想，不管这种设想是否可行，都不能对别人的意见进行反驳，以使参加者解除思想顾虑，大胆思考问题，创造出一种自由发表见解的气氛，以激发参加者的积极性。鼓励参加者对别人已经提出的设想进行补充、改进和综合，以彼此启发、拓宽思路。大家的思路越广、意见越多越好。头脑风暴法还要求发言力求简短精练，拖长发言时间将有碍创造性思维活动的进行。采用这种方法，人数不宜过多，以10～15人为宜，会议时间不宜过长，一般以进行20～60分钟效果最佳。

实践经验表明，利用头脑风暴法对预测对象进行定性预测，可引起较强的思维共振，充分发挥出创造性思维活动能力，可以在较短时间内取得较为明显的创造性成果。据统计，采用头脑风暴法每小时可产生60～150项建议，比一般方法多70%。尽管其中大部分建议可能没有价值，但其中有若干方案可能很有价值、很有创意。因而自20世纪80年代以来，头脑风暴法在军事决策和民用决策中得到了较为广泛的应用。

（2）德尔菲法。德尔菲法是美国兰德公司与道格拉斯公司在20世纪50年代共同提出的，它是研究如何通过有控制的反馈更为可靠地收集各方面专家的意见以预测未来事件的方法，也可以用来选择决策方案。在长远规划者和决策者心目中，德尔菲法享有较高威望，并逐渐成为一种重要的规划决策工具。

德尔菲法的具体操作过程是：选择有关方面的专家数十人，采用函询调查的方式，将与预测或决策有关的问题邮寄给他们征求意见。将他们回答的意见收集起来进行综合、整理、归纳，再反馈给各个专家。每个专家根据统计的结果，并在考虑其他专家意见的基础上，对自己的建议进行修改，然后再集中起来加以综合、整理、反馈。这样经过3～4轮反复循环，专家的意见就会逐渐趋于一致。

德尔菲法有如下几个特点：

第一，匿名性。在运用德尔菲法的过程中，被函询的专家彼此隔离、互不了解，避免了因意见不同产生的消极影响。他们可以不公开地改变自己的意见，从而无损于自己的威望，各种不同观点都可以得到充分的发表。

第二，多轮反馈。专家们从反馈回来的问题调查表上，得到了集体的意见以及同意或反对各个观点的理由，并依此作出自己新的判断，这样能使专家们之间互相参考、借鉴彼此的意见。经过多轮征询和反馈，专家们的意见将会比较集中，便于决策者下决心。

第三，统计性。对预测结果采用统计方法进行分析和处理，使其结论具有很强的科学性。因此，德尔菲法是系统分析方法在意见和价值判断领域内的一种有益延伸，它突破了传统的数量分析限制，为更科学地制定决策开阔了思路。

应用德尔菲法要注意：征询意见的问题要明确具体；问题不可过多；如实地反映专家的意见；问题不可带有编拟者的主观倾向性。

（3）电子会议法。这是随着电脑技术的发展而产生的一种较新的决策方法，或者说是电脑辅助下的群体决策。在一个典型的电子会议上，参与决策者围坐在马蹄形的会议桌旁，面前除了一台计算机终端之外，其他什么也没有。要解决的问题通过大屏幕呈现给参与者，要求他们把自己的意见输入电脑，进而显示在会议室中的投影屏幕上，让所有的人都能看到。每个人都可以根据别人的想法不断修改或完善自己的方案，从而逐渐形成一致的意见。

电子会议法的主要优势是匿名、可靠、效率高。其主要缺点是匿名使得提出好方案的人难以得到组织的认可。

（4）名义群体法。这种方法是指在决策过程中对群体成员的讨论或人际沟通施加一定的限制，从字面上看，就是说群体在一定意义上只是名义存在。名义群体法的运用程序如下：

1）参与决策者聚集在一起，听取会议组织者提出问题。

2）在讨论之前，每个人先写下自己的看法或意见。

3）每人轮流向群体说明自己的观点，一次一个。

4）群体讨论和评价这些观点。

5）每个人独自对各种方案进行排序。

6）通过投票决定最佳方案。

名义群体法的优点是所有参与决策的人都有均等的机会，讨论不受任何个人的左右，过程所耗时间受到严格控制。主要缺点是程序僵硬呆板，难以充分获得灵感。

（5）提喻法。提喻法由美国学者哥顿提出，因此又叫哥顿法。其做法是邀请 5～7 个人参加会议进行讨论，但讨论的问题与即将进行的决策没有直接关系，而是运用类比的方式进行讨论。类比的方式多种多样，如拟人类比、象征类比、幻想类比等。例如，决策的问题是研究开发某种夜视仪，则可先讨论猫头鹰的夜视功能。通过类比，把许多熟悉的事情变成陌生的事情，有助于人们摆脱框框的束缚，充分运用想象力开拓新的思路。

5.4　提高领导的有效性

领导的有效性是指领导者在领导活动中，实现领导目标所获得的领导效率、效果和效益的系统综合。领导的有效性是领导活动的出发点和归宿，是领导行为研究的核心问题。本节仅从提高领导的执行力度、构建合理的领导班子结构、提高领导者素质水平和掌握领导艺术等角度讨论如何提高领导的有效性。

5.4.1　提高领导的执行力

资料链接：日本人的绝招是什么？

我国某大型国有企业因为经营不善导致破产，后来被日本一家财团收购。企业里的人都在翘首盼望，看日本人能带来什么先进的管理方法。出乎意料的是，日本只派了几个人来，除了财务、管理、技术等要害部门的高级管理人员换成了日本人外，其他的根本没动。制度没变，人没变，机器设备没变。日方就一个要求：把先前制定的制度坚定不移地执行下去。结果不到一年，企业就扭亏为盈。日本人的绝招是什么？执行力，无条件的执行力！

面对我国企业的管理实际，我们应该思考：

为什么企业拥有庞大的队伍，但在实现目标时却显得力不从心？

为什么 100%正确的战略却只有 20%可以实现？

为什么企业在管理提升方面投入如此之多却收效甚微？

为什么企业会陷入“高层怨中层，中层怨基层，基层怨高层”的怪圈？

问题的原因集中到一点，就是执行力不足。美国 ABB 公司董事长巴尼维克曾说过：“一位经理人的成功，5%在战略，95%在执行。”目前，执行力不足已经成为制约我国企业发展的瓶颈。

领导者既是决策者，又是执行者和示范者，企业没有执行力，关键是企业领导没有执行力。所以，提升执行力是组织领导者面临的一项重要任务。

1. 执行力的含义

所谓执行力就是贯彻的力度。执行力最简单的定义和衡量标准，是按质按量地完成自己的工作任务。贯彻力度的体现是从高层领导者、中层领导者到基层被领导者都要执行。联想集团元老柳传志有句话：执行力就是找会执行的人。现已退休的美国通用电气公司CEO杰克·韦尔奇强调：执行力就是公司里面不要有太多妨碍执行的官僚文化。美国戴尔公司董事会主席迈克尔·戴尔解释道：一个企业的成功在于每一个阶段、每一个环节都要力求完美，都要一丝不苟地切实执行。这些成功的企业领导者都对执行力有自己独到的诠释，在他们企业的价值观和使命感召下，把领导的理念、目标和方向不折不扣地落实到每一个环节中，使企业获得长久持续的发展，跻身世界前列。可见，任何一个组织，不管是企业组织还是行政管理组织，有效的执行力是组织发展的保证。

2. 执行力的三个核心内容

组织执行力有三个核心内容：一是人员流程；二是战略流程；三是运营流程。人员流程强调用对人，即用正确的人。战略流程是总体性谋划方案，战略一旦错误，运营越积极，企业陷入泥沼就越深，因而要求高层领导者以战略的眼光，确定组织发展的目标和方向，使整个组织做正确的事，既要考虑企业当前和未来市场环境变化所提供的市场机会和出现的限制因素，又要考虑如何更有效地利用自身现有的以及潜在的资源能力，去满足目标市场的需求，实现企业目标。运营流程，则是为企业运作的常规问题设定的“流程图”，即把事做正确。这三件事都是领导者要做的，其中最重要的是选对人。组织方向固然重要，但没有得力的人去做，或者“经”是好的，“歪嘴和尚念错经”，一切就等于零，因此三个核心流程的顺序如图5－9所示。

图5－9　执行力三个核心内容的顺序

人员流程中，选拔什么样的人安排在什么位置上是领导者能力的体现。领导者要力求做到：用正确的人，放到正确的位置。所谓“正确的人”，首先，要求道德素质好，“人性”好、责任心强、有团队精神。其次，要求能力素质与岗位要求相匹配。人才的能力素质与岗位要求的关系有三种情况：一是能力素质高于岗位要求，即大材小用；二是能力素质恰好与岗位要求相适合；三是能力素质低于其岗位要求，即小材大用。第二种情况当然最好。第一种情况，可以使用，更要考虑其发展潜力，寻找机会将之安排到更合适的位置。第三种情况，能力有欠缺，如果采用“跳一跳可以够到桃子”的办法，也不失为一种用人策略；但最终要靠不断的培训历练，提高其能力以适应岗位要求；如果实在欠缺则另行安排。有执行力的人自有特色：工作主动有自发性；注意细节，不马虎；为人诚信，勇于负责；能分析，善判断，会应变；乐于学习，有求知欲；思想活跃，具有创意；工作投入，有韧性；人际关系（团队精神）良好；求胜欲望强烈。

从执行力的角度看，我国的组织领导者在“人员流程”上往往问题最大，存有不少缺失，表现在：（1）不具备挑选人才的能力；（2）缺乏对人才的信任；（3）不注重也不开发人才的价值和潜力；（4）人员出问题或不具备相应能力，碍于情面也不作撤换。这样就使得执行力大打折扣。即使领导者的战略思想再高明，发展前景描绘得再美好，如果不能有效地执行，也是没有用的。当然，即使执行了也还要看有没有偏差或脱钩，是不是每一个环节都能很好地衔接到位。

3. 提高领导执行力的途径

国内企业执行力低下的原因很多，除了体制的原因，大多是“运营流程”方面的毛病，如管理者懈怠，前松后紧；制度不严谨，朝令夕改；规程不合理，无法操作；过程太烦琐，自设藩篱；缺良好方法，不会解析；少监督考核，不能纠偏；上下部门间缺乏配合；培训走形式，敷衍了事；心态不端正，疏于沟通；缺乏企业文化，无凝聚力。诸如此类，都会造成执行受阻。

执行，应该没有任何借口；提高执行力，就是要树立一种“严谨些、再严谨些，细致些、再细致些”的工作作风，改变心浮气躁、浅尝辄止的毛病，以精益求精的精神，不折不扣地执行好组织的战略决策和工作部署，把大事做好，把小事做细，把细节做精。那么，如何才能有效地提高领导的执行力，“把事做好”呢？

（1）树立明确目标和落实达标责任。企业在树立目标时应当做到：1）目标必须是明确、具体的，绝不能模棱两可、模糊执行；2）目标是可以衡量的，以便检查、对比、考核；3）目标是切合实际、可以达到的；4）目标与其他目标之间的关联性是清晰的；5）目标具有执行时间计划和明确的截止期限；6）目标之间明确优先次序。

落实责任要做到，目标层层分解，落实到人。可采取“派单制”和“布置作业”法安排工作，要让员工明白自己要做什么、先做什么、后做什么、做到什么标准、什么时间做完。这是提高执行力的关键所在。

（2）及时跟进，完善检查监督机制。责任落实后，实施目标是一个复杂的过程，需要不断地跟进监督。要全程盯紧每件事、每个环节，发现问题，及时反馈，及时解决。跟进按时间可以划分为三个阶段：一是事前跟进，发现潜在风险提前给员工预警；二是事中跟进，在任务进行中发现偏差及时纠正，使工作及时回到正轨上来；三是事后跟进，出现问题后，找出原因，及时补救，避免再犯。要建立有效的监督机制，不断完善考核程序、标准、办法，通过定期督查、随机督查、专项督查、明察暗访等形式，确保无误。

（3）把奖惩制度和执行力联结起来。执行力实际上体现的是一种工作态度，需要用心去做事。如何让员工执行得更好？重要的一点就是要将企业的奖惩制度和执行力联结起来。要建立有效的绩效考核评价体系，建立以工作目标和规范操作为导向的奖惩机制。使按规范操作、达标的员工，获得相应的报酬和奖励；对违规操作或不能达标的，则减少或不能获得报酬，并且受到惩罚。通过完善激励约束机制，确保每一个岗位、每一个员工都能够自觉地履行好应该承担的责任。

（4）建立强化执行力的培训制度。领导者的目标是通过被领导者之手得以实现的，素质优良的员工和团队是提高执行力的基础。目标是要靠人来完成的，没有具有执行能力的人，一切都是空中楼阁。组织的执行力来源于个人的执行力，个人的执行力取决于自身是否具有良好的工作方式与行为习惯，是否有正确的工作思路与操作方法，是否具备有执行力的管理风格与性格特质等。通过建立一套强化执行力的培训制度，可以培养员工的综合素质和熟练技能，提高他们的工作效率与效果。另外，要注意提拔真正有执行力的员工。

（5）以人为本，构建企业执行力文化。构建企业执行力文化的根本任务是提升凝聚力、激发创造力，建设一支具有完美执行力的杰出团队，营造“不讲任何借口”的文化环境和思想氛围，从而以高度负责的态度去做好每一项工作。执行力文化所体现的核心内容是一种负责敬业的精神和诚悦服从的态度，是一种完美的执行能力。要使执行力文化更好地发挥其凝聚力、感染力和号召力的作用，就要在企业树立“以人为本”的思想，尊重员工的价值和地位，使员工真正具有“主人公”的责任感，建立并不断完善一套自上而下深深渗透的执行文化系统，使价值观、工作观、目标、工作行为准则深植员工内心，转化为员工的行动，共同朝着企业的愿景和目标努力。

（6）深入了解企业与员工，加强沟通与协调。只有那些参与企业运营的领导者，才能拥有把握全局的视角，作出正确的决策。为此，组织领导者必须亲自挑选管理团队、制定战略、引导企业运营三个流程，并在这些过程中落实各项计划。

作为企业领导人，你是否经常深入第一线进行调查研究？是否知道员工与下层主管都常常有意地掩盖事实或者报喜不报忧？是否可以确保组织中任何谈话都能实事求是？整体执行力的提高，有赖于与员工的有效沟通；有沟通，才能有理解的基础；有好的理解力，才会有好的执行力。而要做到有效沟通，就要注重调查研究，深入了解公司真实情况和员工心理，以掌握发言权。因此，要建立与员工开展积极对话的制度，经常与员工进行交流，形成一股自上而下的合力，使决策的执行更加顺畅。

有些事情执行不得力，还常常源于不同部门之间的推诿扯皮或不作为。因此，还必须建立不同部门之间的沟通机制，加强协调，以提高解决问题的快速反应能力，保证执行力的贯彻。

另外，根据对企业的考察，一些研究人员还总结了领导者必须规避的七种典型的执行陷阱，分别为：拒绝承担个人责任；注重结果，忽视思想；在公司的内部形成对立；忘了利润——公司的命脉；不当老板，只做哥们儿；纵容能力不足的人；缺乏危机意识。

5.4.2 领导者素质与领导班子结构

1. 领导者素质

领导者素质一般是指领导者自身的内在条件，即在领导过程中表现出来的气质、能力、品格等个人特性。领导者的素质水平是影响领导行为绩效的一个重要因素。领导者良好的素质是组织和事业发展的关键，是率领群众开拓进取的基础，是领导艺术的源泉。因此，提高领导者的素质水平既是当务之急，又是长久之计。

概括起来，优秀领导者的素质应包括五个方面，即政治素质、知识素质、能力素质、身心素质和道德素质。

（1）政治素质。一名优秀的领导者，必须具备良好的政治素质。具体要求是：

1）有正确的人生观和价值观，能坚持原则、顾全大局、能上能下、全心全意为人民服务，自觉维护国家与人民利益，有较高的政策水平、法律意识、前瞻意识和正确的权力观，敢为人先、敢于负责、敢于管人、以身作则、为人表率。

2）要有理想、有干劲、有事业心、有责任感，勇于进取，励精图治，渴望建功立业。

3）要有正确的思想作风和科学的辩证思维，实事求是，思路清晰，谋事周到，不唯书、不唯上，善于学习，勤于实践，勇于创新，谦虚谨慎，有自知之明，善于集中正确意见、及时总结经验教训。

4）要有正确的工作作风，吃苦在前，享受在后，不骄不躁，关心群众、联系群众，不拉帮结伙，工作细致，讲究方式方法。

（2）知识素质。领导者无论是领导还是管理，都需要有多方面的理论与知识，这就要求领导者具有广博的知识。不同层次的领导者对不同学科方面的知识，在深度、广度等方面的要求是不同的，就其共性来说，应掌握以下几方面的知识：

1）对于马克思主义政治经济学、科学社会主义、党的学说等基础理论应该知晓，特别是哲学，应当比较系统地学习，做到联系实际，融会贯通，自觉地用以指导工作。

2）对于社会科学、自然科学的一般知识，要有所了解，知识面要比较广。

3）要比较精通管理科学各方面的知识，包括经济管理、行政管理、科技管理、领导科学、人才学、管理心理学、计算机应用等方面的知识。

4）对于社会生活方面的实际知识也要比较熟悉，丰富自己的生活体验和工作乐趣。

（3）能力素质。能力是知识和智慧的综合体现。领导是一种综合实践活动，对于能力素质要求比较高。能力来源于学习、实践和经验。领导者应当具备下列能力素质要求：

1）筹划与决策能力。具有战略头脑，善于深谋远虑、运筹全局，有分析归纳能力、预测能力、逻辑判断与直觉判断能力、驾驭复杂局面的能力和当机立断作出决断的魄力等。

2）组织与管理能力。包括计划与规划能力，组织、控制、指挥与协调能力，口头语言与书面语言表达能力，用人与授权能力，协调人际关系的能力，变革组织与适应环境能力，把握政策的水平与能力等。

3）人际交往能力。善于与他人交往，善于处理人际关系，能理解人、关心人、善于倾听他人意见，能够设身处地替他人着想，不把自己的意见强加于人。

4）改革创新能力。面对变化的环境及时提出新观念、新方案和新办法。要有对新环境、新事物、新问题的敏锐感知能力。在工作中大胆创新，敢于探索、敢于突破。

5）知人善任能力。能够积极发掘人才，善于培养和使用人才，并且创造条件，发挥每个人的专长，为组织造就一支高素质的人才队伍。

6）灵活应变能力。在复杂多变的环境中，能够审时度势、沉着冷静，在突发事件面前能应付自如、灵活机动，适时作出合乎实际的对策。

（4）身心素质。要有健康的身体、良好的心理状态，始终保持充沛的精力，以满足繁忙工作的需要。身心素质中，心理素质是核心，是形成独特领导风格的决定性因素，也是选择领导者的重要标准。心理素质包括：追求，即有崇高的理想、坚定的信念和积极向上的价值观；意志，指具有克服困难的勇气和坚韧不拔的毅力；感情，即具有积极的情感，热爱工作、热情待人；风度，即宽容大度、高瞻远瞩、临危不乱、光明磊落、机智幽默等。

（5）道德素质。道德是指人的伦理原则和规范。道德素质是充满价值内容和主观取向的精神素质。道德素质是领导者素质中最重要的基石，在今天复杂的国际国内环境下尤显重要。领导者如果缺乏良好的道德素质，那么水平越高、能力越强，对组织的危害就越大。领导者的道德素质包括良好的道德观念、健康的思想情操、远大的理想抱负和文明的行为习惯等。企业领导者尤其要努力做到重诚信、办事公道，不谋私利、不讲假话，坦坦荡荡、不卑不亢、为人厚道，有容人之量、能容人之过，不为名利所缚、不为物欲所诱，注重培养高尚情操。

2. 领导班子结构

领导班子结构是指在一个系统内，把不同类型的领导者按照一定的程序和比例进行有机的组合。领导班子结构配备是否合理对于提高领导的有效性是至关重要的。一个合理的领导群体，不仅能使每个领导成员人尽其才、才尽其用，而且可以通过有效的组合，形成领导成员素质的相互补充，产生整体优化效能，发挥出新的巨大的能量。

一个优化的领导班子结构应该包括以下内容：

（1）梯形的年龄结构。年龄结构是指领导班子成员的年龄构成状况。不同年龄的人在体力、智力、经验、应变适应程度和创新能力等方面存在显著的差异。因此，领导班子的年龄结构十分重要。在科学技术水平较低的情况下，人的年龄越大，经验越丰富，能力也越强。但由于当今科学技术的发展，知识陈旧、老化的周期越来越短，所以，人的知识水平的提高与年龄增长之间不具有正相关关系。现代生理科学和心理科学的研究表明，一个人的年龄与其心理特征有一定的定量关系。在知觉能力方面，最佳年龄是 10～17 岁；就记忆能力而言，最佳年龄是 18～29 岁；在动作和反应速度方面，最佳年龄也是 18～29 岁；在比较和判断能力方面，最佳年龄是 30～49 岁。总体来说，领导班子的合理年龄结构应该是老、中、青相结合，并且逐步使领导群体年轻化，使中青年领导成员占比较大的比重。这样，一方面使领导班子既充满活力，又稳重成熟，更好地胜任工作，另一方面又形成梯形结构，将培养锻炼接班人寓于有规律的动态系统之中。不断新陈代谢，保持领导班子的活力，是社会现代化的共同趋势。

（2）互补的知识结构。知识结构是指领导班子成员的知识构成状况。领导班子的最佳知识结构，是具有不同知识特长和不同专长的领导者组成合理的立体知识结构，达到各尽所能、知识互补的目的。随着社会分工的发展和科学技术的不断分化，专业门类日益增多，而绝大多数人只是某一方面的专才而不是全才，只有将各种专才有机地组合起来，构成一个“全才”或“通才”的班子，才能胜任综合而复杂的领导工作。一般说来，在一个领导班子里，应该既有自然科学方面的人才，又有社会科学方面、人文科学方面的人才；既有理论专家，又有拥有丰富实践知识的专家。领导层次越高，知识结构应越完善。

（3）配套的专业结构。专业结构是指在领导班子里，按其成员不同的专业知识、专业技能和专业经验，形成一个合理化的比例结构。领导班子处在生产与科学技术高度分工和高度综合的环境之中，任何一项领导工作都具有很强的专业性，领导班子应根据组织管理职能的需要，由不同专业特长的成员组成，形成一个补充调剂、门类齐全、配套的领导整体。

（4）叠加的智能结构。智能是人们运用知识的能力。智能结构是指把具有不同知识程度及掌握和运用知识能力的领导成员按一定的比例和程序组成一个有机的整体。人的智能是由许多因素构成的，主要包括学习能力、研究能力、表达能力、思维能力、组织能力、判断能力、创造能力等。对于一个人来说，很难同时具备这些能力，往往是有的人在这一方面突出，而有的人在另一方面突出，这就形成了不同智能类型的人才。领导班子要担负多种责任，需要将不同智能类型的领导成员组合起来，形成一个多功能、高效率的领导集体。

资料链接：合理的智能结构

美国通用汽车公司、杜邦财团等的调查结果表明，以董事长为首的领导集团主要由下列四种类型的人组成：善于思考的人——从事深谋远虑的工作；善于活动的人——从事各种难题的调解；善于出头露面的人——做打头阵的工作；善于分析的人——从事综合分析工作。由此可见，一个领导集团合理的智能结构，一般应由具有高超创造能力的思想型领导，具有高度组织能力的组织型领导，具有踏踏实实工作作风的实干型领导，具有深谋远虑、善于出谋划策的智囊型领导共同组成。

(5) 和谐的心理素质结构。科学合理的群体心理素质结构，能够弥补领导者个体心理素质上的某些缺陷，产生最佳的整体效应。反之，由于性格不合而经常发生矛盾，没有一种和谐的心理气氛，即使每个领导者个体都是优秀人才，都有良好的能力素质，都付出了很大的努力，也未必能收到好的效果。如果矛盾激化，还会导致互相拆台。

具有和谐的心理素质结构的领导群体，应当是成员在气质和性格上能够达到互补的合理结构群体。互补包括两方面：一是气质互补。气质结构是指具有不同脾气秉性的领导者在领导群体中的组成配合情况。单一气质的人组合在一起，往往难以相处。要形成和谐的气质结构，必须注意对具有不同气质特点的领导成员合理搭配，切忌“清一色”。领导群体成员具有不同的气质类型，有利于成员之间心理协调、互补制约、扬长避短、相得益彰，实现领导群体的多功能化和高效能化。二是性格互补。人的性格可分为不同的类型，如有的学者把人的性格划分为外倾型和内倾型，有的学者把性格划分为理智型、意志型和情绪型等。领导群体成员不同性格的合理搭配组合，可以产生性格互补效应，互相吸引，和睦相处。

5.4.3　领导艺术

1. 领导艺术的含义

领导艺术是指领导者在行使领导职能时所表现出来的技能和技巧。领导艺术是建立在一定的知识和经验基础上、非规范化、有创造性的领导技能。

领导艺术包括几个方面的具体内容：(1) 领导艺术离不开领导者的个人素质，一个满足现状、不求上进的人不会成为一个成功的领导者；(2) 领导艺术与实践密切联系，实践是领导艺术的基础；(3) 领导艺术的主要特征是创造性，领导艺术是领导者在实践中对管理活动规律的创造性应用；(4) 领导艺术具有灵活性，领导艺术不是按照规范化的程序去解决问题，而是根据不同的时间、不同的条件，灵活运用已有的经验和知识，审时度势，随机应变；(5) 领导艺术是领导科学的组成部分，领导者对客观规律的正确运用就体现为领导艺术的科学性；(6) 领导艺术的主要内容是解决领导工作中的各种复杂矛盾。

领导艺术与领导方法是不可分割的辩证统一关系。广义地说，领导艺术也是领导方法；狭义地说，领导艺术是领导者熟练地、创造性地运用领导方法的特殊才能。一方面，领导方法离不开领导艺术，领导方法只有通过领导艺术才能体现出来。另一方面，领导艺术是以领导方法为前提的，是在熟练掌握领导方法之后不断创新、不断发展的结果。

2. 用人的艺术

（1）激励下属。组织目标必须通过一系列激励机制转化为个人目标，成功的领导者必须使其目标对组织有利，也对下属个人有利，这样才能使组织的整体利益及个人的积极性完美地结合在一起。要关心员工的需要，尤其是要善于掌握员工的优势需要，瞄准下属的“穴位”和“兴奋点”予以激励，以提高激励效果。要注重对员工的内在激励，即从工作本身或工作取得的结果激励员工的积极性。关于激励的方法与技巧，我们在第 3 章已有详细的讨论。

（2）善于授权。授权就是上级将权力授予下级，但仍然保留对下级的指挥与监督权，下级可以在其职权范围内决定和处理问题，但负有完成任务与报告的责任。授权与分权的含义不同，授权并不是权力的正式分配，而只是对某种权限的临时委任，可以随时收回。分权则是正式将某种权力分配给下属单位或职位，一般不会随便收回，具有一定的稳定性。

国外许多关于领导工作效率的论著都明确指出：凡可以授权给他人的，自己不要去做。如果领导者整天淹没于琐碎的事物之中，事必躬亲，那就做不好领导工作。

授权虽然重要，但并不是人人都会授权。授权不当往往比不授权造成的后果更加严重。授权的方法与艺术有以下几个方面：一是逐级授权，即按照组织的层级逐级进行，只对其所属的直接下级授权，不要越级。二是择人授权，即根据下属的能力大小和其个性特征区别授权。三是适度合理授权，不能把自己的全部领导权下授，不能把同一权力授予两个人，也不能将不属于自己的权力授予下属。四是当众授权，这样有利于被授权的相关部门和个人明白领导授予了谁什么职权，以避免在工作中出现程序混乱或“不买账”现象。五是信任下属，授权后要保持一段时间的稳定，不要稍有偏差就将权力收回。六是授权不授责。授权对于领导者来说是一种可为也可不为的权力，其实质是委托下属帮领导做事。当下属不能胜任时，领导者应该自己来承担责任，而不是将责任推给下属。七是加强授权后的监督、沟通与激励。

（3）容人。容人是一种崇高的境界，用人必先容人。首先，领导者要容得下才能超过自己的人。美国奥格尔维-马瑟公司总裁戴维·奥格尔维，在每一位新经理就任时都要送去一个木娃娃，木娃娃有三层，大娃娃里有个中娃娃，中娃娃里有个小娃娃，小娃娃里有一张字条，上面写着：“如果我们每个人都只雇用比我们自己小的人，我们公司将会变成一个矮人国，侏儒成群。但是，如果我们每个人都雇用比我们自己高的人，我们就将成为巨人公司。”领导要有爱才之心、用才之量，要大力创造人尽其才、才尽其用、人才脱颖而出的宽松环境。同时还要容得下不悦己甚至反对过自己的人，容得下有缺点和犯过错误的人。其次，对待人才不求全责备。现代领导应能“容人所短，用人所长”，人无完人，无瑕不真。不要用完美的目光挑剔人，而应分析一个人的所有特点，找到一个人的长处。最后，要容得下敢提意见的人。有不同意见、有争论是好事，应把敢讲真话、能够提出不同意见的人当作自己的朋友。要营造一个畅所欲言、民主争论的宽松环境。一旦实践证明自己错了，应当实事求是，承认错误，绝不可文过饰非，诿过于人。

（4）善于合作。在日常工作中可以看到，好的领导，其下属总是主动积极地工作，同级密切配合，上级大力支持，工作开展顺利；差的领导，则下级无用武之地，同级不愿合作，上级感到头痛，工作阻力很大。所以，领导掌握正确的合作艺术非常重要。

对待下级要善于用亲和艺术，理解、关心、尊重下级，并充分信任他们，大胆使用。不干预、不插手，更不代行下级权限范围内的工作。下级工作中出现失误，领导者要敢于承担责任。对下级要公正，要言而有信。

对待同级要真诚配合，相互支持，不拆台，不越位，不干预也不随意评论别人分管的工作。在有能力、有必要帮助同级时，一定掌握好尺度、时机和方法。属于自己的责任，决不推诿。与同级建立起和谐、融洽的感情氛围，真正做到同舟共济。

对待上级要尊重，要找准自己的角色。与上级相处，要避免交往过密或亲疏不一。要识大体、顾大局，支持上级的工作，维护上级的职权和威信。

3. 时间管理的艺术

时间是人的生命，效率是事业的生命。领导者工作繁忙，事务缠身，如何巧妙利用自己的时间，是提高工作效率的关键。

（1）ABC时间管理分类法。这种方法的核心，就是把自己有限的时间科学地支配在自己的关键工作上，以获得最大的效果。具体做法是：把所要办的事情按其重要程度和紧迫性分为A、B、C三类，如表5-5所示。

表5-5　　ABC时间管理分类表

类别	重要性	紧迫性
A类	非常重要，必须做	非常紧迫，必须马上做
B类	重要，应该做	紧迫，应该当天做
C类	不那么重要，要做但不是必须做	不那么紧迫，可以暂缓

把工作按ABC分类后，就要按顺序执行，不能颠倒。首先要集中精力做A类最重要、最紧迫的事情，然后再去处理B类工作，C类工作可以授权下级去做。这样，就可以把时间和精力用在重要工作上，突出了关键性的工作，往往能取得事半功倍的效果。按这种方法安排工作，要尽可能地按时完成，如果不能按时完成，则要重新评价其重要性和紧迫性，修改工作表。

情况总是复杂多变的，在具体执行过程中，要机动灵活办事。如忽然有电话催问某事，而这事又属于C类，就得把它提到B类去做。如有人上门来联系属于C类的事情，那就可能要把这件事提到A类来办。

（2）节约时间。珍惜时间这种最稀缺的资源，充分利用自己有限的时间，是现代领导者取得成功的重要因素。美国麻省理工学院曾对3 000名经理做了调查，发现凡是优秀的经理无不是精于安排时间，使时间的浪费减到最低限度。因此，世界各国的管理专家不惜花费大量的精力去研究节约时间的秘诀。美国《今日世界》杂志曾列举了企业管理者节约时间的十条秘诀：

1）处理公事切忌先办小的后办大的，一定要先办当天最重要的事情，然后再办其他的事情。

2）用大部分时间去处理最难办的事情。

3）把一部分工作交给秘书去办。

4）少写信。打电话能解决的就打电话，必须写信时就写便条。

5）减少会议。

6）拟好工作安排时间表。

7）分析自己时间利用的情况，检查有多少时间被浪费掉了。

8）减少不必要的报告文件。

9）把传阅的文件减少到最低限度。

10）尽量利用空闲时间看文件。

（3）集中使用时间。与下属人员相比，领导工作更需要较多“整块”时间思考问题。凡是有效的领导者，都有挤“整块”时间的高招。

美国威斯汀豪电气公司前董事长兼总经理是一位享有盛誉的管理专家，他在其名著《提高工作效率》中提出了提高工作效率的三条原则，它们是：当你处理任何工作时，要坚持三个自问：1）能不能取消它？2）能不能与别的工作合并？3）能不能用更简单的方法代替？这就是说，可做可不做的事坚决不做，可与别的工作合并的就应该合并，这样就可以节省大量的时间和精力，无形中就提高了效率。

每个人都有自己体内“生物钟”运动的规律，有着各自不同的时间节律。要利用生物钟的自身特点，掌握自己的效率周期，在精力最充沛的时候，集中去做最重要的工作。把不大重要的事情集中在生物钟低谷时一起处理。

要用较多的时间去处理最重要的问题，因为解决了最重要的问题，才会使工作有较大的起色，不要使自己整天陷于琐碎的事务之中。

（4）专心致志。时间的集中，有量的集中，也有质的集中。质的集中是提高自己的注意力，专心致志，凝神思考。一个领导者常常面临纷繁复杂的问题及现象，如果思维始终处于无目的、无方向的散漫状态，就无法理出头绪，无法抓住关键性的东西。因此，思维要保持高度的凝聚力，善于使思维“聚焦”，即把思维有意识地集中到一点，深入下去，产生突破，从复杂的环境和纷乱的信息中发掘出有价值的东西。使注意力高度集中是个复杂的问题，要沉下心来，对工作有高度的责任感和浓厚的兴趣，对工作有紧迫感。严格规定完成的期限和适当的休息也有助于提高集中力，提高了集中力就意味着提高了效率。

4. 开会的艺术

会议是领导者工作的重要手段。但会议多、时间长、效果差、成本高已成公害。应该切实精简会议，控制会议成本，讲究开会艺术，提高会议效率。

（1）每次会前，张贴会议成本分析账，遏制会议铺张浪费、成本过高的现象；

（2）限制开会次数，没迫切需要的会不开，可开可不开的会不开；

（3）不开没有明确议题或议题过多的会；

（4）会前做好准备，会中紧扣议题；

（5）限制会议人数，不让无关人员参加；

（6）准时开会，不迁就迟到人员；

（7）限定发言时间，不准题目重复；

（8）控制会议时间，不议而不决。

本章小结

领导是一种影响力，是影响个体、群体或组织来实现预期目标的各种活动的过程。领导的作用主要是有效协调成员和部门的步调；激励员工发挥潜能，自觉地作出自己的贡献；有利于个人目标与组织目标相结合。

影响力是指一个人在与他人的交往中，影响和改变他人心理和行为的能力。其中权力性影响力是由正式组织赋予个人的职务、地位、权力和个人资历等构成的，非权力性影响力是由领导者的品格、才能、知识、感情等因素构成的。

领导特性理论主要根据领导效果找出领导者在个性、心理特征等方面的差异，由此确定优秀的领导者应具备的特性。领导行为理论是从领导者的风格、领导方式、领导作用和领导方法入手来研究领导者行为的类型，分析各类领导行为的特点和优缺点并进行相互比较。领导权变理论认为讨论领导效能不能脱离人们的动机、态度以及当时当地所处的环境，即要全面地考察领导者、被领导者和环境三要素的综合影响。

领导决策是指领导者在领导活动中，为了解决重大的现实问题，通过采用科学的决策方法和技术，从若干个有价值的方案中选择一个最佳方案，以实现领导目标的活动过程。领导决策要遵循科学的原则、程序和方法。群体决策应避免群体思维和冒险转移两种倾向。

领导的有效性是指领导者在领导活动中，实现领导目标所获得的领导效率、效果和效益的系统综合。提高领导的效能，一要提高领导的执行力，二要提高领导者的素质。

【案例分析与思考】

胖东来董事长于东来：你给员工吃肉，将迎来一群狼！

在国内商超实体店普遍有危机感的情况下，2016年胖东来新乡店强势回归，9月2日试营业当天8点开门，但一大早不到6点半，广场上已经人山人海了。更牛的是，胖东来这么大的超市开业竟没礼炮、没有彩旗、没有开业庆典，全靠当地市民的口耳相传！结果，胖东来开业仅仅一个小时，老板于东来亲自关门拒客，原因竟然是太火爆了，如果不关店，超市会被挤爆！

胖东来创始人于东来16岁当民工，1993年从别人手里接下40平方米的烟酒店，做到现今，年销售额50亿元。中国零售业数据显示，早在2008年他的企业人效、平效（即按人头算的平均销售额或利润、按面积算的平均销售额或利润）就在中国民营商业企业排名第一；在中国所有商业企业（世界知名品牌沃尔玛等也计算在内）中也在前十名之列。

上海连锁经营研究所所长顾国建、中国连锁协会会长郭戈平参观完胖东来说："这绝对是中国最好的店。"在当地做生意，他做哪一行，其他人就很难做。他卖手机，其他卖手机的都没法做；他卖珠宝，其他做珠宝的都在压缩；卖家电，国美、苏宁都做不下去。胖东来去新乡发展，有人认为他在许昌熟，到外地不一定行。新乡也是一个不大的城市，当时已有一个台湾企业丹尼斯，在河南商业第一名，销售额在百亿元以上；有一个世纪联华，在中国商业企业也是龙头老大；还有一个沃尔玛在筹备。于东来看中的位置就夹在这三者中间，简直就是十面埋伏。所有看过这个位置的人，都建议于东来放弃，连停车位都没有，是不是脑子里进水了。于东来力排众议，开业了，就出现了本文开头那一幕。一年不到，市场巨变。河南第一品牌丹尼斯关门，搬到另一个位置，到过年前，进了丹尼斯，几乎没什么客人，客人跟营业员人数差不多，而去胖东来，门都进不去，好像胖东来的东西不要钱一样…… 再后来，世纪联华新乡店直接关门卖给胖东来，改名胖东来百货。沃尔玛筹备6年都未开业。之后又有一个大企业大连大商来了，接连开了两家店，结果半死不活。一个小小的草根企业家这么牛，是不是吹？大连大商总裁对此回答说："不服不行！"

胖东来的8个高管没有一个是"空降兵"，几乎都是于东来的下岗同事。进入胖东来，你看到的营业员在全国各地都很少见，全部发自内心喜笑颜开，跟你说话没有不喊哥喊姐的，你只要抱着孩子，提着东西，上下楼梯，马上有人过来帮你。在生鲜区卖水果的地方，两个阿姨，一个跪在地板上拿着毛巾擦地，一个拿着扇子扇干，两人说说笑笑、高高兴兴。有人问是老板要求你们跪在地板上擦地的吗？回答说不是。那是为什么呢？她们说这样擦得干净。回答得太自然了。别的企业也有要求员工这样做的，可员工是咬着牙在干。请问什么人会跪在地板上擦地板？家里人，只有擦自己家地板才这样啊。有人在全国做了一个实验，问保安购物券在哪里买，好一点的告诉在8楼，差一点的说问总台，最差的说不知道。看看胖东来的保安怎么做，"哥你要买购物券吗？"说完拉着就走，一直拉到8楼总台，说："姐，他要买购物券。"本来就是问一问的，被人家的服务热情所打动，实在是不好意思，最后买了500块的购物券。所以说，老板的第一要义就是复制出像自己一样操心的人。人为什么会操心，因为这件事和他有关系。

胖东来为什么能做到这样？大连大商总裁不理解。大连大商总经理年薪28万，一年最高收入不到50万。你猜胖东来店长年薪多少？100万！再看看其他人，副总、总监级别——50万～80万；处长（生鲜处、百货处、采购处等）——30万～50万；课长（管5～20个人）——10万～30万，换句话说，胖东来有几十个拿着与大连大商总经理一样工资的人在操心。

你知道胖东来保安和打扫卫生的女工一个月工资多少钱吗？2 200元，加"三险一金"。这在上海不算什么，在河南可是不得了。河南打扫卫生的女工工资普遍在600～800元……胖东来招50个女工，报名5 000人，人家怎么就没有"用工荒"？

胖东来中高层干部在想什么？他们会跟其他人一样也去创业吗？胖东来待遇是一人一辆车，一人一栋别墅，一个高管十年就是一个千万富翁。你说他还会想什么，大树底下好乘凉，跟着于东来走吧。底下处长、课长，两年三年就是百万富翁，处长助理以上全部配有汽车。

总结胖东来工资操作核心内容如下：

1. 满足基层员工的基本物质需求，免去他们的后顾之忧，让他们能够体面生活，他们就不再把心思放在找工作上了，就会安心，这就是安心机制；

2. 让一部分人先富起来，把核心层变成小老板，其他人也舍不得走，他们就把心思放在创业上了，就会操心，这就是操心机制；

3. 胖东来规定所有中高层干部，每周只许工作40小时，相当于每天工作8小时。商业企业最忙的时候是晚上和周末，还有节假日，胖东来偏偏反其道而行之，规定6点下班必须离开企业，谁要是出现，抓住一次罚款5 000元，在此期间必须关闭手机，接通一次，罚款200元。而别的企业规定手机要24小时开着，如无法接通，一次罚款50元。胖东来还规定，每周必须跟父母吃一次饭，每月必须带着家人出去旅游一次，每年强制休假20天。别的老板能做到这样吗？简直比老板还老板。把员工变成小老板，这就是一个核心点。

通用电气（GE）董事长兼CEO杰克·韦尔奇说，“工资最高的时候成本最低”。为什么这么说呢？一般管理者只考虑到会计成本，没有考虑到机会成本，没有考虑到人的成本。中国一些企业的老板就是永远不懂这个道理，永远只在乎客户价值而不在乎员工价值，殊不知，员工价值都没有了，谁去帮你在乎客户价值？

评曰：待遇留人，事业留人。财散人聚，财聚人散！相形之下，当前国内一些老板更愿意喊口号，急于提升员工的职业素养，却把真金白银揣在自己腰包里，而不是与他的员工分享财富。胖东来是个“土包子”，却堪比顶级人力资源管理专家！它没有按大多数中国暴发大叔的路子走，值得深思。

思考：

【提示】先贤曰：“君以国士待我，我当以国士报之！君以路人待我，我以路人报之！君以草芥待我，我当以仇寇报之！”诚如斯言！若说员工最不敬业，其原因很可能是雇主最不敬业。今以胖东来观之，信然！

1. 归纳于东来的领导特色。

2. 如何看待于东来的“安心-操心”领导方式？为什么说“老板的第一要义就是复制出像自己一样操心的人”？

3. 结合目前国内一些企业存在的忽视甚至侵犯员工利益的恶劣倾向，阐述于东来的领导风格具有怎样的现实意义。

【复习思考题】

1. 什么是领导？其特点和作用是什么？

2. 你如何理解领导的影响力？

3. 领导特性理论主要包括哪些内容？一个优秀的领导者应具备哪些基本素质？

4. 领导行为理论主要包括哪些内容？每种领导行为的主要特征是什么？

5. 在管理方格理论中，哪一种领导方式最佳？为什么？

6. 什么是领导的权变理论？其核心思想是什么？

7. 简述费德勒模型、途径-目标理论、不成熟—成熟理论和领导生命周期理论的主要内容。

8. 领导决策要遵循哪些科学的原则、程序和方法？

9. 如何提高领导的执行力？

10. 我国领导者应具备哪些素质？

11. 如何构建一个合理的领导班子？

【管理技能实训】

1. 请通过你的家长或亲友，认识一位企业的领导并与他交流，倾听他的领导经验和体会，了解他在工作中遇到的问题，用你所学的领导理论与他一起探讨解决的办法。

2. 分小组讨论，题目是：如果你是一位企业经理，举例说明你如何在工作中应用途径-目标理论（或其他某一理论）。同学之间可以互相启发、互相补充。

第 6 章　组织行为与管理

本章提要

本章是在前五章的基础之上讨论组织层面的行为规律，通过本章学习，应该明了组织结构是达到组织目标的重要手段，而组织设计则是完善组织结构的必经之路；客观存在的组织文化作为组织行为的深层缘由，应该引起管理者的自觉关注；为了应对日益严峻的组织环境，组织变革已经成为经常性的组织行为，其中的工作设计特别是“流程再造”与组织文化建设应该成为职业经理人的基本功，“学习”应该成为组织行为，而学习型组织则是我们的近期目标；从容面对工作压力，改善工作生活质量。学完本章，应该学会运用“组织”的核心能力和执行能力，而不是仅仅凭借个人的力量，去接受命运的种种挑战。

学习目标

1. 重点掌握组织、组织设计、组织结构、组织文化的概念；
2. 了解现代组织理论、组织结构的类型，组织设计要素、程序及原则；
3. 理解组织变革的动因、内容、基本模式及组织变革的阻力与对策；
4. 充分认识组织文化的特征、结构与内容及组织文化建设；
5. 掌握工作设计方法，特别是流程再造的要点；
6. 认识工作压力、工作生活质量；
7. 了解当代组织变革的关键问题及组织变革发展的趋势；
8. 明了学习型组织的内涵与知识管理的重要性。

引例

张瑞敏：德鲁克给我不曾想到的新理念

海尔创业初期，管理类书籍少之又少，不记得是从什么地方找到《卓有成效的管理者》这本书。我很快就被这本书深深地吸引住了，德鲁克先生就像是你的一位同事，虽然与你面对相同的事实，却从不同的视角说出了你不曾想、更不曾想到的新理念。尤其是面对变幻莫测的市场和全球化竞争的困惑时，我总能从书中得到新的启示。

首先，企业的管理必须有效，否则企业无法生存。

记得第一次读德鲁克的书时，给我冲击最大的一句话就是：“管理得好的工厂，总是单调乏味，没有任何激动人心的事件发生。”

当时很费解，因为那时好工厂的标志就是要轰轰烈烈，要激动人心。但细细琢磨才体会出道理所在：那些在突发事件中表现英勇的人和事的确激动人心，但我们需要的不是停留在对这些英雄人物大张旗鼓的表彰上，而是要扎扎实实建立避免发生这类突发事件的机制。

这使我们认识到了有效管理的重要性，有效就要防患于未然，将例外管理变成例行管理。当时，我们根据企业的实际创造了“日清”工作法，即“日事日毕，日清日高”，将每项工作的目标落实到每人、每天，形成“事事有人管，人人都管事”的氛围。每天下班前要根据目标对工作完成的情况“日清”，而日清的结果又与其本人的奖罚激励挂钩，这样便形成了目标、日清、激励三者间的闭环优化和良性循环。

通过“日清”工作法的推行，使一个濒临倒闭、开不出工资的集体小厂不仅迅速扭转了亏损，而且提高了整体管理素质，解决了当时在管理上普遍存在的无效、无序的问题。

其次，没有组织和个人在管理上相辅相成的有效性，就难以应对信息化时代的挑战。

信息化时代管理的有效性体现在速度上，因为是流通制约制造，速度至上，谁赢得了用户，谁就赢得了一切。依靠原有的组织体系已难以适应这一变化，必须靠组织和个人以速度为前提，共同推进管理的有效性。

为实现这种在信息化时代管理的有效性，我们在1998年开始了市场链流程再造。在组织再造上，就是变直线职能金字塔式的组织结构为扁平化的结构，减少管理层次，以努力实现企业与市场之间的零距离。而在人员的再造上，则是将管理人员变成SBU（战略事业单位），即每个管理者都是一个独立作战的经营体，每个人都有自己的目标市场和市场目标，自主制定自己的市场策略，以最快的速度去创造新的市场、新的需求。

当然，在这方面我们仍面临许多难题，但方向应该是对的，因为我们要做的就是改变过去那种组织与市场的割裂，个人只听命于内部上司，而不去面对外部用户的问题。这就是德鲁克说的“在组织内部不会有成果出现，一切成果都是发生在组织外部”。

最后一点，管理者都应该学会有效性，这是成为一名有效的管理者的必经之路。

企业需要有效的管理者，那么管理者如何能具备有效性呢？“有效性虽然人人可学，但却无人可教”，德鲁克的这句话告诉我们有效性是可以学会，但不是可以教会的。你既不挑战自己的目标，又不去应对市场的挑战，就不会有学习有效性的动力和压力。你想学习有效性，但又不肯在实践中去思考问题背后的问题是什么，不去探索创新的路径，企图找一个捷径，等待别人教给你一个现成的理论或模式，那你一定与有效性无缘。

在学习有效性上我的体会是，创新—求是—创新，在提高学习有效性的目的下去创新，再将创新的成果以求是的态度去探索其中规律性的东西，并在这个规律的指导下，向更高层次的创新冲刺，以求在不断学习有效性的过程中成为一名卓有成效的管理者。

据世界权威市场调查机构欧睿国际（Euromonitor）公布的数据，2016年海尔再次名列全球第一家电品牌，实现八连冠。2015年海尔最大的动静就是以54亿美元现金收购了通用电气（GE）的家电业务，将过去的“学习对象”收入麾下。《财富》杂志对此评价道：“他（张瑞敏）眼里看到的是，这一收购将通用电气品牌在美国的顾客群转化成海尔平台上的用户群，而这正是朝着他提出的‘把电器变为网器，再让网器与用户充分沟通，形成家庭生活的商业生态圈’这一构想迈出的实质性步伐……他也因此更像是中国商业界的‘思想家’，而非单纯的企业家。”

海尔集团成功的奥秘在哪里？关键在于海尔集团的管理者在不断学习的过程中知晓了如何获取组织有效管理的途径，通过自己的实践解决了中国相当多企业普遍存在并且至今没有解决的管理上无效、无序的问题，进而形成了自己的组织文化，提高了海尔组织行为的有效性。张瑞敏明白了德鲁克“有效性虽然人人可学，但却无人可教”这句话的真谛，带领海尔初步进入了学习型组织的阶段。这个案例信息量丰富，涉及下文要介绍的诸多问题。本章是在前五章的基础之上讨论组织层面的行为规律，一切组织行为学的内容都能在这里找到归宿。有关组织行为的概念问题和部分组织理论已经在第1章阐述过了，这里主要讨论组织结构、组织设计、组织文化、组织学习、组织变革等问题。

6.1　组织结构和组织设计

罗宾斯认为组织的内部结构可以解释和预测员工的行为。也就是说，除了个体和群体因素之外，员工所属组织的结构关系对员工的态度和行为具有重要影响。组织结构是用来达到组织目标的一种手段，而要想达到组织目标则需对组织结构进行设计。这些都是建立在一定组织理论基础上的。

6.1.1　现代组织理论

所谓组织理论，就是将有关组织结构和组织关系进行有机结合的方式方法。研究者一般将组织理论分为三个阶段，分别是“古典组织理论”“行为组织理论”“现代组织理论”，前两者在第1章介绍得较为详细，这里仅对现代组织理论稍作重点介绍。所谓现代组织理论，是指以系统权变方法为主的组织理论，是科技发展的结果和适应新形势的需要。这一理论自巴纳德创立之后，经西蒙、劳伦斯、马奇等人的发展，在组织理论的发展史上写下了新的一页。他们把组织看成一个开放的社会系统，主张组织结构和管理方式要服从总体战略目标，而且根据组织及环境的特点，应具有针对性、灵活性和适应性。该类理论有以下几种具体理论。

1. 巴纳德的组织理论

巴纳德组织理论的观点集中反映在其1938年出版的《经理人员的职能》一书中。巴纳德认为，凡是正式组织都有共同目标、协作愿望、信息沟通三个基本要素，组织的产生与发展均须由这三者结合才能实现（见图6-1）。其理论主要由“诱因和贡献平衡论”与“权威接受论”组成。

“诱因和贡献平衡论”，是关于组织生存和发展的理论。其中“诱因”是指组织为满足个人的动机而提供适当的报酬；“贡献”是指有助于实现组织目标的个人活动。当组织向每个成员个人提供或分配的诱因同个人的贡献相等或超过贡献时，组织就保持平衡。这种平衡决定成员的加入与退出，它一旦被打破，组织就会消亡。

“权威接受论”认为，支配下属行为的命令是否为下属所接受，是决定管理人员的权威的关键。管理者的权威不是依靠命令来取得，而是靠员工对其内容的理解和信赖。因此，权威取决于组织成员，而不是管理者。这样管理者的权威就处在不稳定状态。为了求得组织调整机能的稳定和维持组织秩序，巴纳德又提出“不计较范围”的概念，并指出诱因大于贡献时，不计较范围大，组织效率高；诱因小于贡献时，不计较范围小，组织效率低。

2. 卡恩和利克特的组织理论

社会心理学家卡恩的“交叠角色组”理论和行为科学家利克特的“交叠群体”组织理论既是群体理论的发展，也对现代组织理论产生了很大影响。例如，卡恩把组织看成是由

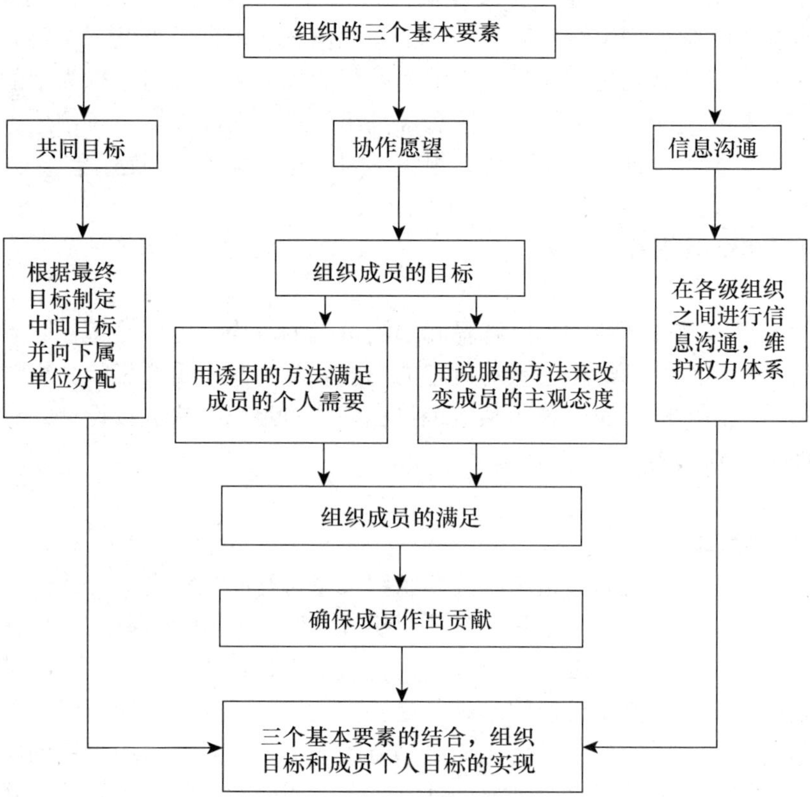

图 6－1　组织基本要素构成图

许多交叠的、连锁的“角色组”所组成的集合体；利克特则认为组织中传统的个人对个人的关系，可以用更精确的群体对群体的关系来代替。组织是由互相关联的交叠的群体组成的，而在这些群体之间起联结作用的个人就称为“联结销”。他们都在观念上突破了传统的组织理论，为现代组织理论的发展注入了新鲜血液。因此，有人把卡恩和利克特的这些理论纳入现代组织理论中来。

3. 霍曼斯的系统组织理论

美国社会学家霍曼斯从系统概念出发，建立了适于各类组织的社会系统模型。他认为社会系统由环境所决定的人们的活动、相互作用和人们对环境的感情等因素构成。因此，组织中任何一个部门所发生的事件和进行的变革，都不是孤立地起作用的，它必然要影响组织中的其他部门和周围的环境。这就启发我们的企业管理人员，在处理部门的某种事情、进行某项改革时，必须考虑到其他部门和外界的影响。后来，凯茨、卡恩、卡斯特、罗森茨维克、特里斯特等人分别作了许多研究，把系统组织理论又向前推进了一步。

4. 权变组织理论

权变组织理论认为不能用单一的模型来解决所有组织设计问题，只能提出在特定情况下有最大成功可能的方案。这使它有别于古典组织理论、行为组织理论和系统组织理论。它强调组织的多变性，并力图了解组织在变化的条件下和在特殊环境中的发展情况。其根本目的就在于提出最适合具体情况的组织设计和管理行为。它注重实践，鼓励人们应用各种不同的模型，包括古典的和现代的，只要这种模型能适合环境情况就行。在服从组织的总目标的前提下，同一组织的各个部门可以采取不同的组织设计，完成各自的目标。可见，权变组织理论实质上就是主张从实际出发，具体问题具体分析，然后找出合适的办法来解决问题。所以，权变组织理论要求依照工作的性质和人员的特殊要求，来确定组织的模式，使任务、人员和组织彼此相适应。

系统的观点能使人们全面地理解组织的整个过程，而权变组织理论又能使我们不局限于某一种僵硬的模式。现代组织理论不但反映了各子系统之间的协调关系，而且具有一种应变的观点，从而提出具体组织的设计方案和管理基础。

5. 组织生命周期理论

1972年美国哈佛大学教授拉芮·格雷纳在《组织成长的演变和变革》一文中首次提出企业生命周期概念以来，来自生物学、心理动力学、经济学与管理科学等领域的学者和企业研究者，对此进行了广泛和深入的研究。比较有代表性的组织生命周期思想是由美国工业心理咨询公司提出的，认为企业组织同人一样具有生命周期，有童年、青年、壮年和老年时期。在组织的不同时期，根据不同的要求，管理人员应该采取相对应的管理方式，度过危机，向更高级的管理阶段过渡，以夺取更大的成功。经验表明，组织的进化一般要经过五个阶段：第一，创业管理阶段；第二，个人管理阶段；第三，职业管理阶段；第四，行政性组织管理阶段；第五，矩阵式管理阶段。每一个阶段都有其独特的管理作风、人际关系、管理危机和组织管理方法。组织生存的关键就在于克服困难，从一个阶段适时地进入另一个阶段。因此，管理人员首先必须了解组织的动力、需要和目前所处的发展阶段，才能使组织顺利地向前发展。

6.1.2　组织结构

组织结构是否合理，直接影响到组织的工作效率。组织结构是形成组织成员行为的主要决定因素，它要将组织的个体和群体结合起来去完成工作任务。

1. 组织结构的含义

组织结构（Organizational Structure）描述组织的框架体系，是指一个组织内各构成要素以及它们之间所确立的相关形态。但这只是一个静态的概念，如果从实现组织目标的过程来看，组织结构是组织将它的工作划分为具体的任务，即对工作任务进行分工、分组和协调合作，并且在这些任务当中实现合作的方式。

2. 组织结构的基本因素

管理者在进行组织结构设计时，必须首先回答6个关键问题。表6-1提供了这些问题及答案提示，这就是组织结构的6个基本因素。

表6-1　　组织结构的6个基本因素

有关结构要素的关键问题	答案
1. 把人、物分解成各自独立的工作应细化到什么程度？	工作专门化
2. 对工作进行分组的基础是什么？	部门化
3. 员工个人和工作群体向谁汇报工作？	命令链
4. 一位管理者可以有效地指导多少个员工？	控制跨度
5. 决策权应该放在哪一级？	集权与分权
6. 应该在多大程度上利用规章制度来指导员工和管理者的行为？	正规化

（1）工作专门化。工作专门化就是劳动分工，实质是把全部工作细化分解成若干步骤，每一步骤由一个人独立去做，由此来提高生产效率。1960 年以来，越来越多的证据表明，某些工作领域，由于工作专门化，人的非经济性因素的影响（表现为厌烦情绪、疲劳感、压力感、低生产率、低质量、缺勤率上升、流动率上升等）超过了经济性因素的影响。这种情况下，通过扩大而不是缩小工作活动的范围，可以提高生产率，即通过员工工作丰富化，产出会大大提高，工作满意度也会提高。

现在，大多数管理人员并不认为工作专门化已经过时，某些类型的工作中仍在使用，例如在麦当劳快餐店和大多数卫生保健组织。

（2）部门化。部门化就是将整个管理系统分解成若干个相互依存的基本管理部门。根据职能进行部门的划分适用于所有的组织。工商组织部门化的角度一般有：职能、产品、过程、区域、顾客等。如制造业组织根据其基本职能可划分成财务、制造、行政、人事、营销等部门。

从时代发展的观点看，有两种趋势需要加以注意：一是顾客部门化（根据目标顾客不同需求来划分部门）越来越受到高度的重视；二是随着工作内容日益复杂，所需要的技术日趋多样化，坚固的职能性部门被跨越传统部门界限的工作团队所替代。

（3）命令链。命令链是一种不间断的权力路线，从组织最高层扩展到最基层保持统一指挥，又可称“指挥链”。它澄清谁向谁报告工作，以及“我对谁负责”。20 多年前命令链的概念是组织设计的基石，随着计算机技术的发展和向下属充分授权潮流的冲击，今天它的重要性有所降低，不过在设计组织结构时，命令链仍然有着不可忽视的意义。

随着计算机网络技术的发展，现在一个基层雇员能在几秒钟内得到 20 年前只有高层管理人员才能得到的信息；组织中任何位置的员工不需通过正式渠道，就能同任何人进行交流；过去只能由管理层作出的决策，现在已授权给员工自己作决策；此外，自我管理团队、多功能团队和包含多个上司的新型组织设计思想的盛行，使得命令统一性概念越来越淡化了。随之而来要注意的就是风险控制。当然，许多组织仍然认为通过强化命令链可以使组织的生产率达到最高，但今天这种组织越来越少了。

资料链接：计算机网络环境下“我对谁负责”？

2007 年 10 月，法国兴业银行低级交易员凯维埃尔利用该银行系统的漏洞进行非法交易，给银行造成了近 70 亿美元的损失。凯维埃尔因此被巴黎警方逮捕。

法国兴业银行方面随即表示，他们已经立即对监控系统采取更正措施，并立即执行。通过有力的确认措施（生物性方法）强化 IT 安全管理，加快制定现有的进入安全和安全审核的结构性方案；重新构筑控制和预警程序。这些措施将主要确保相关信息在不同部门和不同管理级别之间合理循环确认；强化机构组成和操作风险预防系统，以发展出交互对应的管理结构，来更好地管理包括人力资源方面在内的欺诈风险。考虑到所实施交易的复杂性，信用机构的管理层应该设立一些包括独立成员在内的委员会。

从组织行为学的角度看，兴业银行的“组织设计”特别是命令链及分权的设置存在问题。事涉风险管理和组织内部监控，不可掉以轻心！

（4）控制跨度。即管理跨度，是一个主管可以有效地指导下属的个数。这个问题非常重要，它决定着组织层次与管理人员数目。相同条件下控制跨度越宽，组织效率越高。如果控制跨度过宽，主管人员没有足够时间为下属提供必要的领导和支持，员工绩效会受到不良影响。控制跨度窄也有其好处，如果保持在 5～6 人，管理者就可以对员工实行严密的控制。但控制跨度窄有三个缺点：第一，管理层次会增多，使管理成本大增；第二，高层管理决策速度减慢并趋于孤立；第三，易对下属监督过严，妨碍其自主性。近几年的趋势是加宽控制跨度，例如，在通用电气公司和雷诺金属公司这样的大公司中，控制跨度已达 10～12 人，是 15 年前的 2 倍。随着电脑网络技术的发展，组织结构日趋扁平化，管理跨度将会更宽。

（5）集权与分权。集权化是指组织中的决策权集中于一点的程度。这个概念只包括正式权威，也就是指某个位置固有的权力。一般来讲，如果组织的高层管理者不考虑或很少考虑基层人员的意见就决定组织的主要事宜，则这个组织的集权化程度较高。相反，基层人员参与程度越高，或他们能够自主地作出决策，组织的分权化程度就越高。两种组织在本质上是不同的。近年来分权式决策有增加的趋势。分权式组织中，更多的人为决策提供建议，基层管理人员更贴近生产实际，对问题的了解更翔实，采取行动、解决问题的速度较快，处理方式也会更得当，因此分权使组织能够更加灵活和主动地应对问题，使员工学会自我管理。

（6）正规化。正规化是指组织中的工作实行标准化的程度。人们期望员工以同样的方式工作，从而保证稳定一致的产出结果。高度正规化组织中，有明确的工作说明书，有严格的规章制度，有详尽的工作过程规定。而正规化程度较低的组织则相反，员工的处理权限就比较宽。个人权限与组织对员工行为的规定成反比。工作标准化使员工无须考虑其他行为选择。例如，具体操作中，正规化管理的要领是工作模板化，就是要把所有的标准工作做成标准的模板。各流程管理部门、合理化管理部门要善于设置各类已经优化的、已经证实行之有效的工作模板。

3. 组织结构的形式

下面介绍一般组织常见的设计形式，即简单结构、职能型结构、矩阵型结构、分权型结构以及附加型结构，也将较为详细地介绍一些新型组织结构的设计形式。

（1）简单结构。它是一种“扁平”结构，通常只有两三个纵向层次和松散的员工队伍，并且决策权集中于某一个人。简单结构在小型企业中最常见，示例见图 6－2。

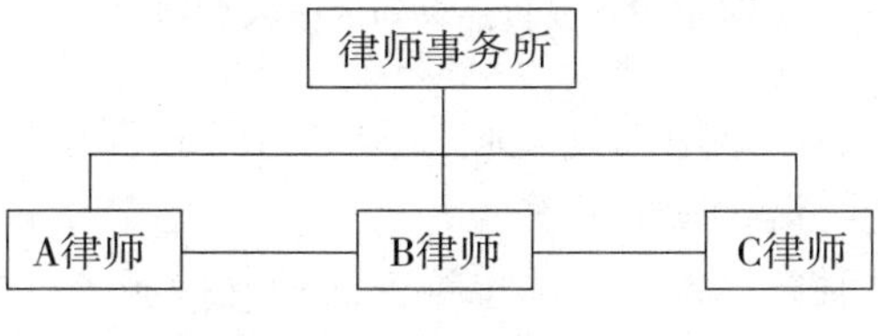

图 6－2　简单结构示例

简单结构的优势就在于它的简单。它简便易行、反应敏捷、费用低廉、责任明确。其主要弱点是，正规化程度低，一切都取决于一个人，有很大的风险性，高度集权使它难以适应组织的扩展需要。如果员工数扩大到 50～100 人，则要求采取更为复杂的组织结构，否则会失去机会，最终倒闭。

（2）职能型结构。标准化是所有职能结构组织的关键概念。通过职务专门化，制定非常正规的制度；以职能部门划分工作任务；实行集权式决策，控制跨度狭窄；通过指挥链进行经营决策，维持日常的组织运营。如银行开具支票账户、政府部门处理事务等，都依靠标准化的工作程序来进行协调和控制。

它的主要优势在于专业化。将同类专家集中配置，能够实现规模效益，减少人员和设备的重复配置；这种结构形式对中低层的管理人员要求较低，可以节约成本；使管理人员处理问题较容易，决策集权化。明显缺陷是：各部门会因为追求职能目标而看不到全局利益，导致职能部门间不断发生冲突，需要高层管理者协调；部门经理们视野狭窄，不利于培养未来的高层经理。

（3）矩阵型结构。这种结构实质上是职能部门化和产品部门化的融合，是专业化和产出结果责任感的优势结合，经常运用于大学、管理咨询公司、建筑公司、实验室等组织中。矩阵型结构最明显的特点是突破了统一指挥性的框框，创造了双重指挥链，这明显违背古典的统一指挥原则。矩阵结构组织中的员工有两个上司——职能部门经理和产品项目经理。矩阵组织中的成员具有双重任务——职能部门与产品小组的任务。

矩阵结构组织的优势在于，将职能专家组合在一起，既能协调复杂问题又具经济性；不足在于消除统一指挥后增强了模糊性，容易导致冲突。例如，谁向谁汇报工作常常不清楚，项目经理经常为争夺人才、夺取权力而钩心斗角。这种模糊性环境会给渴望安全感的员工带来很大压力。矩阵结构可以分为临时性矩阵结构和永久性矩阵结构两种。

（4）分权（分部）型结构。这种结构是由通用汽车公司在 20 世纪 20 年代首创的，是指大型公司按产品类型、地区、经营部门或顾客类型设计建立若干自我包容的单位或事业部。赫尔希食品公司和施乐公司都是采用分部型结构的组织结构。图 6－3 所示为某食品公司的组织结构图。

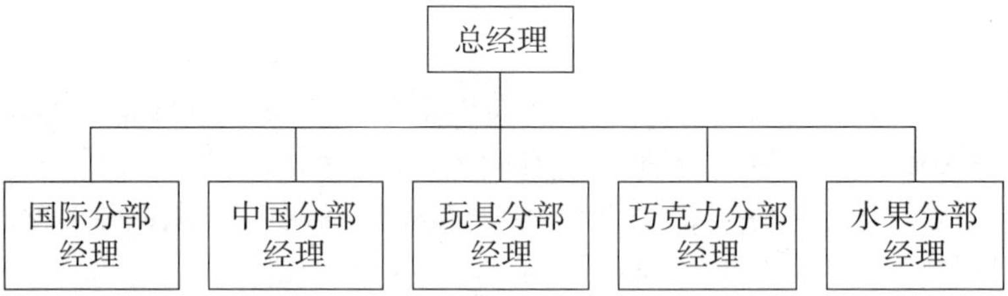

图 6－3　某食品公司的分权型结构

分权型结构组织形式的基本原则是“政策制定与行政管理分开”，即“集中决策，分散经营”。每个单位或事业部经理对绩效全面负责，拥有充分的战略和运营决策的权力。公司总部对各事业部提供财务、人事和法律等方面的支援服务，并监管、协调和控制事业部的活动。这种组织结构的优点是提高了分部经理的责任感，总部高管摆脱了日常事务，可以更多地关注战略问题，有利于培养高层经理人员；缺陷在于活动和资源的重复配置，使组织总成本上升，效率下降。例如，每个分部都可能有市场营销部门，营销分别独立而不统一，容易出现恶性竞争，并给分权管理人员带来一定的心理压力。

（5）附加型结构。有时，管理当局为了保持整个组织结构的稳定性，同时又需要获得有弹性组织结构的灵活性，就将有弹性组织结构的单位附加在稳定的组织结构之上，如任务小组和委员会结构。

1）任务小组。这种结构是一种临时性结构，用来完成某种特定的复杂任务。它由多个组织单位人员组成，可以看作是临时性矩阵结构的一种简化版。任务小组成员服务到目标达成为止。届时成员转换到另一任务小组或回原职能部门。例如，企业根据市场环境的变化，临时决定紧急开发某种新产品，便可以将设计、研究、市场营销、制造、财务和其他相关职能领域具有专门知识的人员组织起来，进行产品性能研究、外观设计、确定目标市场、估算生产成本及预估盈利等工作。一旦问题解决，形成大批量生产，小组就可以解散，新产品便被吸收到永久性产品结构中。

2）委员会结构。该种设计结构是将众多个人的经验和背景结合起来，跨越职能界限处理一些问题。委员会可以是临时的，也可以是永久性的。临时性委员会通常等同于任务小组。永久性委员会与任务小组一样，将各职能部门的投入聚合在一起，长久地隶属于某一职能部门。他们定期或不定期地聚在一起，分析问题，提出建议或作出最终决策；协调有关的活动；或者监控项目的进行。例如，许多公司设立酬偿委员会审评经理人员工资奖金方案，设立审计委员会以客观地评估组织的活动。

（6）新型组织结构。自 20 世纪 80 年代以来，组织环境日益复杂。为适应环境的新变化，组织结构变革呈现出非层级的总趋势，即突破了传统层级制组织类型层级较多、官僚特征明显的特性。基本趋势有分立化、扁平化、柔性化和虚拟化，由此产生了一些新的组织结构形式。

1）分立化结构。分立化结构是指从一个大公司中再分离出几个小公司，并将公司总部与下属单位之间的内部性的上下关系变为外部性的公司之间关系的组织形式。这种组织形式的实质是将层级制的一部分组织机构用市场的联结关系代替原来的行政关系，它是在产权关系上进行的变革。

分立化结构组织一般有两种具体方式：一是横向分立，即按照产品的不同种类进行分立；二是纵向分立，按照同一产品的不同生产阶段进行分立。横向分立的公司之间的组织结构与产品结构相对应，不同的产品具有不同的功能，可以按照产品的类别分立不同的公司，通过横向分立，可以最大限度地提高单位产品的经营自主权，在市场上形成自己的独立优势。纵向分立所形成的公司之间的关系是一种同类产品内部上下游产品之间的关系，通过纵向分立，可以进一步集中公司的力量，提高企业专业化生产水平。

2）扁平化结构。扁平化结构是指组织结构的扁平化，即管理层次的减少和管理幅度的扩大，组织结构形态由标准的金字塔形向圆桶形转化。实践发现，层级多的组织信息处理和传播速度缓慢，对外部环境的变化反应迟钝，在激烈的市场竞争中往往处于不利地位。20 世纪 80 年代以来，美国不少企业组织结构呈现扁平化趋势。

应用扁平化结构有两个重要条件：一是能够对大量复杂信息进行快捷而及时的处理和传输，现代信息技术的飞速发展特别是网络技术的日臻完善满足了这个要求；二是组织成员要有独立工作能力，管理者向员工大量授权组建各种工作团队满足了这个要求。团队内容参见第 4 章。

3）柔性化结构。柔性化结构是指在组织结构上不设置固定的和正式的组织结构，而代之以一些临时性、以任务为导向的团队性组织。目的是充分利用组织资源，增强组织对环境动态变化的适应能力，它首先表现为集权和分权的统一，关键是上下级之间通过一些直接和间接的交流渠道，及时进行信息沟通，适当地调整权限结构，保证联结关系。其次表现为稳定和变革的统一。柔性化组织的典型组织形式是临时团队和重新设计。这种组织结构形式没有传统层级制组织类型层级较多、官僚特征明显的特性。

4）虚拟结构。虚拟结构是以合同为基础，依靠其他商业职能组织进行制造、分销、营销或其他关键业务的经营活动的结构。虚拟结构组织是一种只有很小规模的核心组织，它决策集中化的程度很高，但部门化程度很低，或根本就不存在部门。“可以租借，何必拥有?”这句话道出了其实质。MySQL 公司是一家年营业额 4 000 万美元的软件开发商，目前，公司的 320 名员工分布在世界 25 个国家和地区，其中 70%的员工在家办公。

虚拟结构是小型组织的一个可行的选择。例如，美国迈基考普公司是一家制作经营幻灯片的小型公司。它依靠别的公司从事其他经营活动。那些在个人计算机上使用图片软件的客户可以通过电话线把数据传给迈基考普公司设在俄亥俄州威明顿市的办公室。为什么要把办公室设在威明顿? 因为航空快递公司设在那里，这可以使迈基考普公司的发货工作更加方便、快捷。公司的推销工作依靠代理商来进行，公司拥有版权，只付给代理商一定的提成费。

还有一些大型组织发展了虚拟结构的变种——将某些职能活动外包出去。例如，美国国家钢铁公司把生产部转给别人经营；美国电话电报公司把信用卡制造业务出租给别的公司；美孚石油公司将其炼油厂的维修外包给别的公司；许多图书出版公司依靠外包进行编辑、设计、印刷和装订。他们这样做的目的都是追求最大的灵活性。这些虚拟组织创造了各种关系网络，管理人员如果认为别的公司在生产、配送、营销、服务等方面比自己更好，或成本更低，就可以把自己的有关业务出租给它们。这比戴尔电脑的零库存做法更节省资源，值得国内组织借鉴。

官僚组织垂直管理层次较多，通过所有权来控制，由实验室研发，生产在下属工厂中完成，公司自己的员工负责销售。为保证工作顺利，管理层须雇用大量额外人员，包括会计人员、人力资源专家、律师等。虚拟结构组织与官僚组织截然相反，它是从组织外部寻找各种资源来执行上述职能，而把精力集中在自己最擅长的业务上。对于大多数公司来说，这就意味着公司把主要精力集中在设计和营销上。例如，爱默生无线电公司现在集中力量开发设计新型的电视机、录像机、音响及其他消费类电子产品，而把生产任务外包给了亚洲的供应商。

图 6-4 所示为虚拟组织结构图，从中可以看到，管理人员把公司的基本职能都移交给了外部力量，组织的核心是一个小规模的经理小组，他们的工作是直接监督公司内部的经营活动，并协调为本公司进行生产、销售及其他重要职能活动的各组织之间的关系。图中的箭头表示的这些关系通常是契约关系。

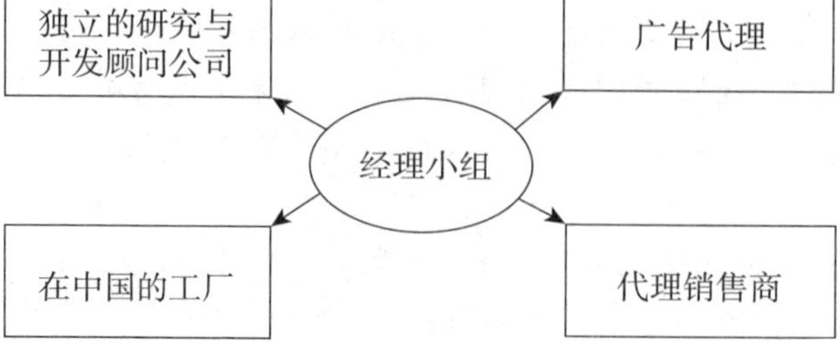

图 6-4　虚拟组织结构图

实质上，虚拟结构组织的主管人员主要是通过计算机网络联系的方式，把大部分的时间用于协调和控制外部关系上。虚拟结构组织并不是对所有的企业都适用，它需要相当大的灵活性以对市场的变化作出迅速反应。从不利方面来看，虚拟结构组织对其制造活动缺乏传统组织具有的严密控制力，质量也难以预料。另外，虚拟结构组织设计上的创新容易被窃取，因为创新产品一旦交由其他组织的管理当局去组织生产，要对创新加以严密的防卫非常困难。今天，借助于计算机网络技术，一个组织可以和其他组织直接进行联系和交流，这使虚拟结构组织日益成为一种可行的新型设计方案。

资料链接：苹果奇迹——即便公司规模很大，也能够迅捷地行动

简约是苹果组织结构的关键。苹果的组织流程图（见图 6－5）简单得令人难以置信，没有其他公司爱用的虚线图或责任矩阵图。苹果没有一个委员会，整体管理的概念在这里不受欢迎，只有一个人——首席财务官——掌握"损益表"，对造成盈亏的费用开支负责。以下是个可用来说明苹果做法与众不同的极端例子：绝大多数公司把损益情况看作是对管理人员问责的最有力依据，而苹果彻底颠覆了这一金科玉律，它认为损益表让人分心，只有首席财务官才会考虑。结果，形成了这样一种指挥控制结构：创意在高层而不是在低层分享。乔布斯经常将苹果与竞争对手索尼公司比较。他说，索尼的部门太多，创造不出 iPod。苹果没有这么多部门，而是分成各种职能。一位观察家在解读乔布斯对苹果公司运营方法的说明时说："起作用的并非协同效应，而是我们拥有一支统一的团队。"

对苹果来说，这样做的结果是，即便公司规模很大，也能够迅捷地行动。一位苹果公司的前高管将这一方法形容为"持续的路线校正"。这位前高管说："如果高管团队决定改变方向，马上就能改。大家都以为这是一个隆重推出的战略，其实不是。"比如，苹果的管理层据说曾在某款产品推出前两小时更改其定价。当公司遗漏了一个看来很明显的创意——比如没有预见到为打算给 iPhone 编写程序的第三方软件开发商开设网络软件商店的必要性——它会马上转向，抓住这一机遇。

苹果最大的一个长处，是同时聚焦于少数几件事的能力。很难想象，一家市值达到 3 200亿美元的企业会拥有这种新创企业的特质。在苹果，说"不"和说"是"同样重要。一位离职不久的苹果公司前高管说："史蒂夫反复谈及'挑出做不到的事情'的能力。"这种能力明显存在吗？也许。在像苹果一样大小的公司中，没有几家能做到。别的公司也几乎都做不到。乔布斯本人是使这种独特方式得以推行的黏合剂。但他的方法已经打造出一种组织，这种组织即便在没有他专门参与的情况下，也可以体现他的想法，这一点非常重要。

在苹果，没有决策者远离乔布斯。通过联系紧密、经验丰富的高管团队，乔布斯洞悉公司的一举一动。他还时常跳出图 6－5 的这两个圈子，与关键员工一起开发重要项目。乔布斯位于中心，周围是几十位副总裁，这种众星拱月的结构只有乔布斯做得出！组织结构形式是为组织目的服务的，人们已经在讨论最新的敏捷化组织形式，以一种动态的方式，迅捷地应对最新的市场机会，创出最高效率。兵法云：兵无常势，水无常态，苹果公司的结构形式已经有点这种意味了。

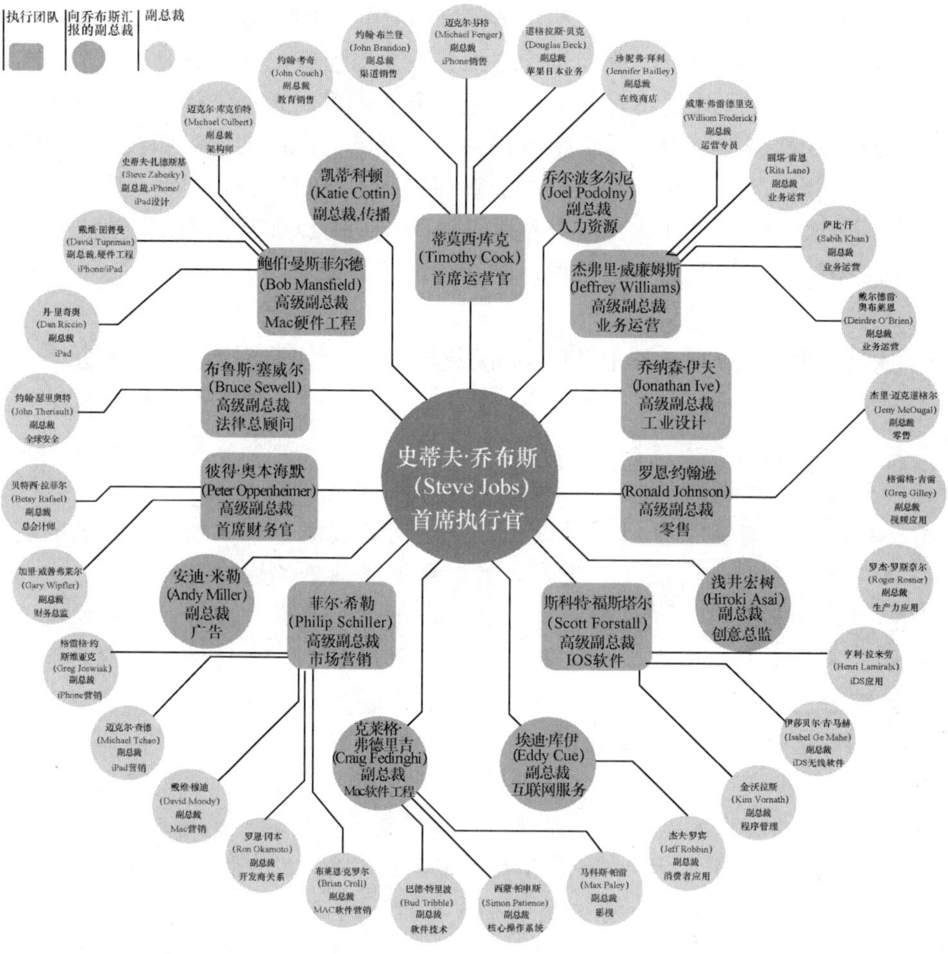

图 6-5　苹果公司的组织结构

注：该图根据《财富》的报道以及苹果公司发布的信息绘制而成。

5）无边界组织。这种形式是通用电气公司总裁杰克·韦尔奇创造的，是要减少公司内部的垂直界限和水平界限，消除公司与客户及供应商之间的外部障碍，寻求减少指挥链，不限制控制跨度，取消各种职能部门，代之以授权的团队。

首先，通用电气公司取消组织垂直界限使组织扁平化，等级秩序作用降到最低限度，使得组织最上层的人员和最下层的人员差别不大。具体做法有：引入跨等级团队（由高级主管、中层主管、基层主管和员工组成），让员工参与决策，360 度绩效评估（员工的绩效由他的同事及上、下级共同评定）。

其次，消除因职能部门存在而形成的组织水平界限，以多功能团队取代职能部门，围绕公司的工作流程来组织活动。多功能团队结构如图 6-6 所示。

通用电气公司在这方面取得了巨大进展，其他公司，像惠普公司、美国电话电报公司、摩托罗拉公司也是如此。例如，施乐公司现在通过多专业交叉的团队参与整个工作流程的工作，而不是围绕狭窄的职能任务来开发新产品。管理人员消除组织水平界限的另一条途径是，进行各部门间的人员横向调动或在不同职能领域的工作轮换，这样有助于专才

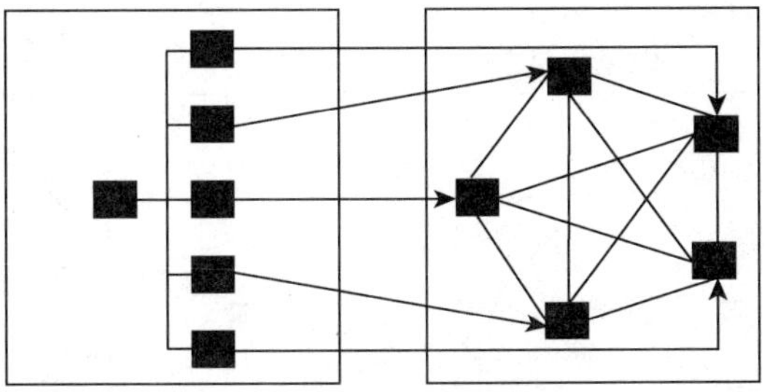

图6-6　多功能型团队结构

变成全才。

最后，打破组织与客户之间的外在界限以及地理障碍，实行经营全球化的战略以及公司间的战略联盟，建立顾客与组织之间的固定联系。例如，可口可乐公司已把自己看作是一个全球性公司，而不是美国或亚特兰大的公司；日本电气公司、波音飞机公司、苹果电脑公司都与几十家公司存在着战略联盟或合伙关系。由于员工都是在为共同的项目而工作，因此，这些联盟也就模糊了各组织之间的界限。远程办公方式也模糊了组织界限，例如家在北京而为深圳市一家公司进行新产品开发与设计的人，或在天津为日本东京的一家公司编制软件的人，现在像这种在自己老板管辖地域之外为公司工作的人已屡见不鲜。

计算机网络化使无边界组织和虚拟组织得以正常运行，人们能超越组织内外的界限进行交流。例如，电子邮件使成百上千的员工可以同时分享信息，使得普通员工可以直接与公司高级主管进行交流；商品供应商可以通过网络及时查看经营自己商品的商店存货情况。MySQL公司召开网上会议时，高级经理不仅让员工自由发问，还鼓励大家通过免费的Skype软件进行电话交流，显然声音比文字更亲切，更有助于促进真正的理解。近年来还出现了女性化组织模式、家庭式友好组织模式等。

6.1.3　组织设计

1. 组织设计的含义

组织设计是为了实现经营目的而对组织结构进行的设计，即把任务、责任、权力和利益进行有效结合和协调的活动。正确的设计是影响组织提供产品或服务的关键因素。1776年制度经济学的始祖亚当·斯密在其名作《国富论》中首先提到了组织设计这个关键因素的重要性。为了能有效地对作为技术问题的组织设计作出判断和改进，组织行为学家提出了许多设计组织结构的基本理论和方法。

前面我们介绍了许多组织设计方案，其中有简单结构、标准化的职能型结构（官僚组织结构），也有松散无定形的无边界组织，在这两个极端形态之间还有其他几种组织形式。图6-7是这两种极端组织设计模型的结构示意图，其中一个为机械模型（Mechanistic Model），它与官僚结构大致是同义词。其特点是：僵化的部门制；高度正规化；有限的信息网络（主要指自上而下的明确的命令链）；基层员工参与决策的机会很少，即集权化。另一个是有机模型（Organic Model），这个模型看起来像无边界组织，结构扁平；工作多运用多功能、跨等级的团队来进行；组织正规化程度较低；信息自由流通（不仅有横向的，还有纵向的双向沟通）；员工参与决策程度较高，即分权化。

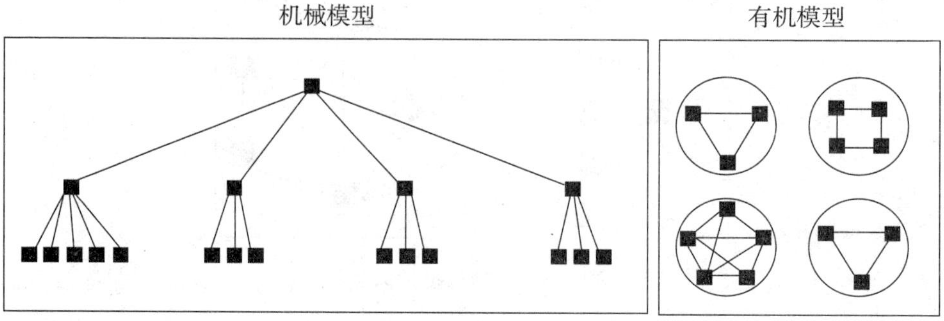

图 6-7　机械模型与有机模型

为什么有的组织选择机械模型而有的选择有机模型？下面我们就来看是哪些因素决定着一个组织的结构形式。

2. 组织设计的相关因素

组织设计情境变量包括外部环境、战略、组织文化、企业技术、企业规模和人员素质等，它是组织设计的主要影响因素，对组织设计的意义非常重大。随着科学技术的发展，经济全球化的时代已经到来，组织结构涉及的因素已经发生了变化，组织设计也要与时俱进。进行科学合理的组织设计要考虑以下因素的影响：

（1）战略因素。在组织设计过程中首先应注意战略问题，而在企业战略与组织结构二者先后地位与适应关系上许多学者意见不一。1962 年，美国学者钱德勒首次在《战略与结构》一书中提出先有战略后有结构的观点，认为战略目标决定组织结构；战略管理鼻祖安索夫在 1979 年出版的《战略管理》一书中提出了“战略追随结构”的观点。

我国学者认为，战略目标与组织结构之间，战略目标决定组织结构或战略目标追随组织结构，都存在一定合理性但又都不完全正确。当组织结构与战略目标不相适应时，一般的做法是变革组织结构；但应该先弄清楚企业制定的战略目标是否正确和合理。

企业战略目标正确与否的判定，在战略目标未完全实现以前是很难有定论的，影响组织结构变革的主要因素不在于战略目标的正确性而主要在于其可信度。第一，当企业战略目标的可信度较低时，组织结构设计一般不应追随战略目标，或是对企业战略目标再做完善，或是组织结构决定战略目标；第二，当企业战略目标的可信度较高时，组织结构设计一般应追随战略目标。

（2）规模因素。企业规模对组织设计具有明显的作用，大型组织的结构较小型组织肯定要复杂得多。一般认为，组织结构与规模呈正相关关系，但边际相关度递减，也即规模到了一定程度之后，对结构的影响程度将逐渐减弱。就企业规模与组织设计而言，企业本身的阶段性发展与组织设计具有相关性。美国学者托马斯·卡农认为企业的发展过程要经历“创业、职能发展、分权、参谋激增、再集权”五个阶段，与之适应的组织结构也应有别。

1）创业阶段。在这一阶段，主要由高层管理者个人作出决策，组织结构相当不正规，对协调只有最低的要求，组织内部的信息沟通主要建立在非正式的基础上。

2）职能发展阶段。这时，决策越来越多地由其他管理者作出，最高管理者亲自决策的数量越来越少，组织机构建立在职能专业化的基础上，各职能间的协调需要增加，信息沟通变得更重要也更困难。

3）分权阶段。在这一阶段，组织采用分权的方法来应付职能结构引起的各种问题，组织结构以产品或地区事业部为基础在企业内部建立“小企业”，使后者按创业阶段的特点来管理。但随之出现的新问题是，各“小企业”成了大企业内部的不同利益集团，组织资源转移用于开发新产品的动力减弱，大企业与“小企业”的许多重复性劳动使费用增加，高层管理者感到对各“小企业”失控。

4）参谋激增阶段。为了加强对各“小企业”的控制，大企业一级的行政主管增加了许多参谋助手。而参谋的增加又会导致参谋职能与直线职能的矛盾，影响组织中的指挥统一。

5）再集权阶段。分权与参谋激增阶段所产生的问题可能诱使高层主管再度集中决策权力。同时，信息处理的计算机化也使再集权成为可能。随着计算机化及网络时代的来临，企业规模的意义将超越传统的实体组织，组织设计的规模因素将不是实体规模而是虚拟规模。虚拟规模对组织设计的影响将越来越大，成为21世纪企业所必然面对的一大课题。

（3）技术因素。技术对组织结构的影响较大。英国管理学家琼·伍德沃德认为，制造业企业可分为单件生产型、大量生产型和连续生产型三类，成功的企业是那些能根据技术要求采取合适的结构安排的企业。在每一类别中，能够最接近该类结构要素的中位数的企业是最有效能的。她发现，制造业企业的组织并不存在一种最好的方式。单件生产和连续生产企业采用有机式结构最为有效；而大量生产企业若与机械式结构相匹配，则是最为有效的。美国管理学家查尔斯·佩罗则主要研究了知识技术与组织结构的关系。

罗宾斯教授在分析了上述两位学者的观点之后指出，一般而论，技术越是常规，结构就越标准化。一方面，管理者应当以一种机械式结构与常规技术相配合；另一方面，越是非常规的技术，结构就越应该是有机式的。总的来说，技术尤其是信息技术对组织的影响，主要表现在两个方面：

1）在组织结构方面，由于计算机及通信技术的应用，许多程序化工作能大部分甚至全部由计算机所替代，使得监控范围加宽，所以，在信息化组织中，管理者管理幅度加宽，组织层次减少，即使非信息化组织的“高耸结构”（Tall Structure）转变为信息化组织的“扁平结构”（Flat Structure）。高耸结构的特征是在最高层与作业层之间具有为数众多的管理层次，每个层次的管理幅度均较小。扁平结构的结构特征是扁而平，其管理幅度大，管理层次少。两者的优缺点比较见表6-2。

表6-2　　高耸结构与扁平结构优缺点比较

	高耸结构	扁平结构
优点	组织结构严谨，便于控制，组织成员职责分明，分工明确，等级森严，领导权威性高，纵向关系清晰，便于统一指挥	节省管理费用，高层领导容易了解基层情况，有利于基层人员成长，有利于提高决策的民主化，信息传递速度快且不易失真

续前表

	高耸结构	扁平结构
缺点	层次间和部门间协调困难，计划和控制工作复杂；管理费用高，信息交流不畅易失真，组织的民主化程度不够；管理工作效率降低	各级管理人员工作任务重，精力分散；对管理人员素质要求高；管理易出现失控，同级间的沟通产生新的困难

2）在组织性质方面，由单一的实体组织转型为实体组织与虚拟组织的共存。实体组织是指传统意义上的组织，企业具有法人资格；虚拟组织即近年来才得以出现的“虚拟公司”的组织，“虚拟公司”没有法人资格。

发端于非信息化时代的服务外包在信息化时代发展更为迅速。企业内部事务划分为“核心业务”和“内部服务”两类，利用“外包”将“内部服务”转移出去，由专门的公司加以处理，而将企业的主要精力专注于“核心业务”，这样既提高了企业有限资源的利用效率，又可借助专门公司处理专项业务的专项技术提高“内部服务”的效率及效果。总体上提高了资源配置效率，随之缩小了企业规模、精练了管理组织，使管理组织在明晰目标的导引下利用先进技术的耦合优势更有效率地运作。

（4）环境因素。这里说的环境是指组织所在的社会系统，一般而言，环境因素对组织结构的影响主要表现在以下四个方面：

1）对职务和部门设计的影响。组织与外部各社会子系统之间也存在相应分工。社会分工方式的不同决定了组织内部的工作内容、完成任务所需设立的部门也不一样。

2）对各部门关系的影响。环境不同使组织中各项工作完成的难易程度也不相同。同样，在市场经济体制中，当产品求大于供时，企业关心的是如何增加产量，扩大生产规模，增加新的生产设备或车间，企业的生产职能、生产部门会显得相对重要，而营销部门人员则相对受冷落；当产品供大于求时，企业中的营销职能必然要加强，营销部门及营销人员就会受到重视。

3）对组织结构总体特征的影响。外部环境不一样，对组织结构的要求也不一样。稳定环境中的经营，与之相对应的设计为机械式组织；动荡环境中的经营，与之相对应的设计为有机式组织。

4）人文环境对组织设计的影响。首先，要分析所处人文环境的特征。就中国人文环境而言，传统文化显示出的主导行为指向有：重义轻利行为指向、重情轻法行为指向、重视归属行为指向等。其次，要分析人文环境对组织设计的影响。人文环境决定着（至少影响着）员工观念、信仰及行为偏好的确立和强化，在很大程度上决定着其在企业中的行为。企业组织设计应该充分考虑以上影响，增加对员工的非货币激励，尽可能地使组织与员工融为一体，以求员工努力程度和组织绩效的双重提高。

3. 组织设计的基本原则

设计一个开放体系的组织机构，应当遵循以下原则：

（1）目标明确，功能齐全。任何组织要有明确的目标，且必须适应经济和社会发展的要求，促进生产力的发展，这是检验一个组织机构设置是否合理和科学的一个标准。此外，还必须具有决策、执行、咨询、沟通、监督等组织功能，必须实行政企分开。

（2）统一领导，分级管理。组织内部必须实行统一领导，适当分级管理。

（3）因职设人，高效节能。一个组织应该力求精干、高效、节约地实现组织目标。

（4）机制灵活，提高效益。这有利于转换经营机制，提高经济效益与社会效益。

（5）合理分工，密切合作。既要有合理的分工，又要注意相互协作和配合。

（6）机构健全，责任明确。明确和落实各个岗位的责、权、利，建立内部各种规章制度。

依照这些原则来设计组织结构的近期目标，就是要改变目前国内相当多的组织机构臃肿、层次重叠、人浮于事、效率低下、脱离群众甚至阻碍生产力发展的不良现象。这是一条基本原则，即有的放矢的务实原则。

4. 组织设计的程序

（1）确定组织目标。任何组织都有明确的目标。因此，组织设计的第一步，就是在综合分析组织外部环境和内部条件的基础上，合理确定组织的总目标及各种具体目标。

（2）确定业务内容。根据组织的目标，确定为实现组织目标所必须进行的业务管理工作，并按其性质适当分类，如企业的研究与开发、产品设计与制造、市场开拓、顾客服务等。明确各类活动的范围和大概工作量，进行业务流程的总体设计，使总体业务流程优化。

（3）层次化与部门化。根据组织规模、技术特点、业务工作量的大小，确定需要设计哪些单位和部门，并把性质相同或相近的管理业务工作分归适当的部门和单位负责，形成层次化、部门化的结构。

（4）配备职务人员。根据各单位和部门所分管的业务工作和对人员素质的要求，挑选和配备称职的人员及行政负责人，并明确其职务和职称。

（5）规定职责权限。根据组织目标的要求，明确规定各单位和部门及其负责人对管理业务应负的责任以及评价工作业绩的标准。同时，也要根据业务工作的实际需要，授予各单位和部门及其负责人相应的权力。

（6）联成一体。明确规定各单位、各部门之间的相互关系，以及信息沟通和相互协调的原则与方法，形成一个协调的、有效的组织整体管理系统。具体而言就是设置管理机构，确定管理机构形式，划分管理岗位，绘制组织图，编制说明书。

6.1.4　工作设计

1. 工作设计的含义和作用

（1）工作设计的含义。工作设计是指为了有效地达到组织目标，提高工作绩效，对工作内容、工作职能和工作关系的变革和设计。由于组织是各项任务联合起来的个体工作方式的集合体，员工工作的灵活程度、有无组织支持系统等因素都会对员工绩效和工作满意度产生直接影响，因此需要搞好组织中的工作设计。这是职业经理人的基本功之一。

（2）工作设计的作用。好的工作设计至少应该有三方面的积极作用，这也是评价工作设计的标准。

1）能减少单调乏味的重复性劳动的不良效应。多样化的工作设计可以保证工作者在工作过程中能够运用多种感觉器官，达到最佳的激励水平，对工作具有较高的激励作用，从而大大地减少了心理上产生的不良反应。

2）有利于建立整体性的工作系统。通过工作设计建立规模相对较小的自立性工作群体或班组，使员工在工作计划和工作方法方面有较大的决定权和自立权，群体成员共同承担责任和义务，并把个人劳动成果与群体目标有机地联系起来，把生产流程、工艺技术、管理方式和奖励制度等因素组成一个相互依存的整体性工作系统。

3）能为充分发挥员工的积极性和创造性提供条件。劳动者的积极性和创造性的高低，在很大程度上与工作中的自主权、责任感、与其他人关系的好坏以及发挥和提高技能的机会多少等有密切关系。通过工作设计，可以使员工在工作中具有更大的自主权和责任感，改善与其他人的关系，为充分发挥和提高其技能创造更多的机会和条件。

2. 工作设计的发展过程

工作设计经历了三个发展过程：

第一阶段，从19世纪初开始一直到20世纪40年代，工场主集中一批专业化的手工艺工匠，进行某种产品或服务的设计、制造和销售，把小企业合并成小公司，并采用科学管理原理来加以管理，开始向劳动分工和工作专业化方向发展。

第二阶段，从20世纪40年代到60年代，采取工作轮换和工作扩大化的方式，以暂时解决和缓和员工对简单乏味的重复性工作的厌烦和不满情绪，但这仅仅只是权宜之计。

第三阶段，从20世纪60年代以来，采用工作丰富化和工作特征再设计的方法，通过降低工作专业化程度以及变革工作的内容、职能、关系和反馈等，使员工对其工作感到满意；把工作设计得更具有挑战性，使员工更具有成就感、责任感和自主性，实现工作的丰富化，并注意有关工作内容、工作职能、工作关系等主要特征的改变，针对每个人的个性特点来重新设计工作任务。

3. 工作设计的原则

进行工作设计时应遵循的基本原则有：

（1）从管理哲学角度看，要牢牢把握以人为中心的思想，正确处理人和工作的关系，根据工作环境，灵活而有选择性地使用以人为中心的设计方法和以任务-结构为中心的设计方法，并使二者有机地结合起来。实践中要根据实际情况针对问题的类型来选择不同的方法。

（2）从心理学角度看，要认真考虑工作者的个人特征、工作环境中的社会心理因素、整个组织的气氛和管理方式等因素。

（3）从工效学角度看，注意工作设计应使各项工作任务适合人们的能力和所拥有的知识和信息；工作任务的时间安排要紧凑合理，要把时间上紧密联系和功能上密切相关的一系列任务设计在一起；要使工作本身有层次，既有比较常见的操作，又有相当责权的任务，以使工作具有渐进性；使工作人员运用相关联的设备尽可能在同一或邻近的地点从事工作。

（4）从技术学角度看，应当重视工艺流程、技术要求、生产和设备等条件对工作设计的影响。

资料链接：5W1H分析法

5W1H分析法是按5个“W”和1个“H”共6个方面的问题，通过提问的方式，找出改进的思路，形成创造方案的方法。读者可在做工作设计时试用。

5W1H分析法的内容见表6-3。

表6-3 5W1H分析法的内容

	现状如何	为什么	能否改善	谁来干
对象（What）	生产什么	为什么生产这种产品或配件	是否可以生产别的	到底应该生产什么
目的（Why）	什么目的	为什么是这种目的	有无别的目的	应该是什么目的
场所（Where）	在哪儿干	为什么在那儿干	是否在别处干	应该在哪儿干
时间和程序（When）	何时干	为什么在那时干	能否其他时候干	应该什么时候干
作业员（Who）	谁来干	为什么那人干	是否由其他人干	应该由谁干
手段（How）	怎么干	为什么那么干	有无其他方法	应该怎么干

5W1H分析法分析的四种技巧是：

（1）取消：就是看现场能不能排除某道工序，如果可以就取消这道工序。

（2）合并：就是看能不能把几道工序合并，尤其在流水线生产上，合并的技巧能立竿见影地提高效率。

（3）改变：如上所述，改变一下顺序，改变一下工艺，就能提高效率。

（4）简化：将复杂的工艺变得简单一点，也能提高效率。

无论对何种工作、工序、动作、布局、时间、地点等，都可以运用取消、合并、改变和简化四种技巧进行分析，形成一个新的人、物、场所结合的新概念和新方法，如图6-8所示。

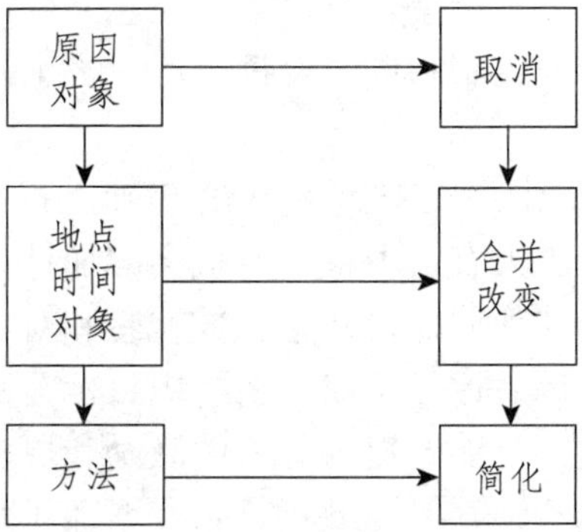

图6-8 四种技巧分析图

4. 工作设计的理论与方法

（1）传统的工作设计。它是由泰勒和同事率先提出的，至今仍被各类组织广泛应用，特别对当今国内管理水平低下的中小企业有不可忽视的现实意义。通过对员工劳动的动作和时间的研究，把工作分解为许多很小的单一化、标准化和专业化的操作内容与程序，并对工人进行培训和激励，使工作保持高效率。因此，泰勒认为在现代科学管理中最突出的要素是工作任务这个概念。这种理论的优点是：

1）如果每种工作都能分解为最基本的工作单元的话，那么大多数非熟练工人可以不经过很长时间的训练，就能掌握这些工作单元的操作方法。组织管理就可尽量少地依赖个人技能水平的高低。

2）这样的设计可以减少训练的成本，增加工人的可互换性，即使工人因病、因事或调离，别的工人也很容易顶替，组织生产不会停顿。

3）高度机械化的生产方式能减轻工人体力劳动强度，可以进行连续化的倒班生产。

4）工作标准化有助于保证产品质量。

5）如果工作是严格按工艺设计和规章制度规定的那样去完成的话，整个组织的生产流程和调度可以更容易控制和预测，各层级的领导者的管理工作会更有成效。

不足之处是忽视工人心理感受，工作单调、技能普遍低下，易诱发员工的疲劳、厌倦感和焦虑，易出生产事故，转职、缺勤等会造成很大的间接经济损失。20 世纪 50 年代后由于社会经济方面的变化，其欠缺更加突出，消极怠工、罢工等现象时有发生，业界开始寻求改变。

（2）工作的重新设计。为避免传统工作设计的欠缺，管理人员采用了重新设计或改变员工工作结构的方法。

1）工作轮换。也叫交叉培训法，是在员工觉得一种活动已不再具有挑战性时，轮换到同一水平、技术要求相近的另一个岗位上去工作的设计方法。在保证工作流程不受重大损失的前提下，给工人提供发展技术和全面了解整个生产过程的机会，可使厌烦和不满情绪减到最低限度。其缺点是：培训费用增加，轮换后生产力会下降，成员关系要调整；管理人员指导、督促工作量增加；对愿在自己专业领域深入研究的员工不利。

2）工作扩大化。这是一种横向扩展工作的设计方法，主要是扩展工作任务的种类，把多种属于或低于同一水平的不同工作任务结合在一起交给一个人操作，原则上增加了工作任务的数量。这样有助于减少单调感，可以吸引注意力，员工感到自己担负了更多的责任，从而自觉地对工作进行自我控制和创造发挥。但对员工活动注入挑战性和重要性方面没有多大作用。

3）工作丰富化。工作丰富化是在双因素理论基础上提出的，是工作扩大化的发展，是一种纵向的工作扩展。它让工人有自主权，有机会参加计划与设计，获取信息反馈，评估和修正自己的工作，从而增加他们的责任感、成就感和对工作的兴趣。工作丰富化包括对任务的控制力、承担责任、绩效评估反馈、在组织目标范围内可自定工作速度、成就以及个人成长与发展等内容。优点是能够提供更大的激励和更多的满意机会，提高了生产效率和产品质量，降低了离职率和缺勤率。缺点是企业增加了培训费、设备费和工资等。其优点大于缺点，因而正在被许多大公司所广泛采用，但在实践中工作丰富化还存在一定的问题。

(3) 工作设计发展的新趋势。当今自主的工作思想和新技术的出现给工作设计带来了新的发展趋势。

1) 新技术对工作设计的影响。新技术主要指微电子信息处理的一类技术。这些技术可靠性高、能力强、成本低，应用前景广阔。新技术可以分为两类：一类是具有信息处理能力的技术，如文字处理机等；另一类主要是应用微处理技术来控制外部生产机器设备，计算与控制部分较小，主要是由外部机器设备生产产品。新技术在工业中的应用循着两个方向发展：一方面，在制造高精尖产品过程中引进新技术可以提高产品质量，制造出熟练工人也无法制造的产品；另一方面，把需付出极大体力和在危险环境中生产的工作交由机器完成。这些对工作设计都有深远的影响，同一种新技术对不同的工作设计和工人态度的影响是不同的，对工作设计有影响的新技术因素还有：生产批量的大小、所处文化、人的需求和心理适应问题、操作人员的新技术能力水平。

2) 自主工作小组。自主工作小组是工作设计的一种新形式，小组成员的参与机会极多，自行管理，看重个人能力，成员归属意识较强，运作成本低；行政指定的领导只能起秘书的作用，随着情境变化每人都可起实际上的领导作用，其他部门对自主工作小组的评价也很高。

3) 在家办公。在自主工作思想和新技术的影响下，现代社会工作制度也逐渐发生了变化。首先是每周的工作时间压缩到了 4 天或 5 天。有的公司还采取弹性时间工作制，允许员工在特定的时间段内自由决定何时上班，或是允许两个或更多的员工通过平均负担的方式来共同做满一周 40 小时的工作，实现工作分担。

网络技术的飞速发展，使得在家办公成为可能，这是一种近乎理想化的工作方式：不用往返公司上下班，工作时间灵活，穿着随意，几乎没有同事的打扰。员工可以在家里，通过与公司办公室联网的电脑来接洽业务，填写各种报表，分析处理信息。它是目前发展最为迅速的工作安排方式之一，而且还出现了家庭式友好组织。

4) 企业再造（又称业务流程重组，Business Process Reengineering，BPR）。20 世纪 80 年代末 90 年代初，“企业再造”理论对传统的管理学赖以存在的基础——分工理论提出了挑战，主张对企业的生产工艺流程、管理组织系统进行重组再造。1993 年，美国著名的管理学家迈克尔·哈默与詹姆斯·钱皮撰写了《企业再造工程》一书，总结了过去几十年来世界成功企业的经验，阐明了生产流程、组织流程在企业在市场竞争中取胜的决定作用，全面提出了应付市场变化的新方法——企业生产流程再造。通过对组织运作过程再设计，最大限度地发挥过程的增值作用。据说，1994 年美国 3/4 的顶尖大公司都展开了再造工程。IBM 信用公司通过流程再造用一个通才信贷员代替过去多位专才并减少了九成作业时间的故事更是广为流传。

哈默强调要摆脱企业以往陈旧的流程框架，重新设计“流程图”，“一切重新开始”。哈默认为，企业再造工程必须组成团队来进行，要使信息在各个部门得到充分运用。再造工程一旦推行要达到以下巨变：

- 工作单位划分的基础从职能变成流程；
- 工作内容从单一变成丰富；
- 人员的角色从被控制转变为有决策权；
- 获得工作能力的方法从没有系统训练变成有全盘计划的教育；

• 绩效评核与奖励方面从观察单一活动转变为观察其整体活动的结果；
• 决定晋升的因素由以绩效为主转变为兼顾绩效与技能；
• 在价值观方面将为主管而工作变成为顾客而工作；
• 生产线上的管理人员由监督者变为教练；
• 组织结构由层级式变为扁平式；
• 高层主管由事后评分变为对员工主动引导。

1997 年，哈默发表《超越再造工程》，对企业再造的得失作了总结，也澄清了实践中的概念乱用。企业再造理论为企业的发展带来了新的思路，但是，企业再造也有很高的风险，国内企业在运用这个理论时必须慎重行事。一般来说，不是处于极度危机之中的企业不宜采用革命性再造方式。企业再造是流程的再造，它不注重过程中每一环节的功能和作用，而注重整体流程的输出是什么。所以说，企业再造是过程的再造，而不是组织的再造。

资料链接：BPR 的核心

根据哈默与钱皮的定义，“BPR 就是对企业的业务流程（Process）进行根本性（Fundamental）的再思考和彻底性（Radical）的再设计，从而获得在成本、质量、服务和速度等方面业绩的戏剧性的（Dramatic）改善”。

在这个定义中，“根本性”“彻底性”“戏剧性”“业务流程”是应关注的四个核心内容。根本性表明业务流程重组所关注的是企业核心问题，如“我们为什么要做现在的工作”“我们为什么要用现在的方式做这份工作”“为什么必须是由我们而不是别人来做这份工作”等。通过对这些根本性问题的仔细思考，企业可能发现自己赖以存在或运转的商业假设是过时的甚至错误的。

彻底性意味着对事物追根溯源，对既定的现存事物不是进行肤浅的改变或调整修补，而是抛弃所有的陈规陋习及忽视一切规定的结构与过程，创造发明全新的完成工作的方法；它是对企业进行重新构造，而不是对企业进行改良、增强或调整。

戏剧性意味着业务流程重组追求的不是一般意义上的业绩提升或略有改善、稍有好转等，进行重组就要使企业业绩有显著的增长、极大的飞跃。业绩的显著增长是 BPR 的标志与特点。

最后，业务流程重组关注的是企业的业务流程，一切“重组”工作全部是围绕业务流程展开的。“业务流程”是指一组共同为顾客创造价值而又相互关联的活动。哈佛商学院教授迈克尔·波特将企业的业务过程描绘成一个价值链（Value Chain），竞争不是发生在企业与企业之间，而是发生在企业各自的价值链之间。只有对价值链的各个环节（业务流程）实行有效管理的企业，才有可能真正获得市场上的竞争优势。

6.2 组织文化

我国学者张岱年先生指出，中华文化优秀传统的核心就是“天行健，君子以自强不息”“地势坤，君子以厚德载物”。它们是中华民族延续发展的思想基础和内在动力。因此，中华民族才能在改革开放 40 年中创造了中国速度；才能历经磨难、愈挫愈勇；才能在面对2008年汶川特大地震时，坚毅果敢地向世界昭示这个民族“具有一往无前的精神，它要压倒一切敌人，而绝不被敌人所屈服。不论在任何艰难困苦的场合，只要还有一个人，这个人就要继续战斗下去”的大无畏气概。只有从文化的角度入手，才能破解一个民族的生存密码。同理，只有从组织文化入手才能破解企业生存的根本之道。组织文化是一种客观存在，是一个组织的灵魂。对于企业管理者来说，花大力气去认识企业文化是值得的。凡是成功的企业都有明确的组织文化，从价值观的高度培养员工为实现组织目标而自觉行动；凡是出状况的企业，其深层原因也在企业文化之中。

6.2.1 组织文化的含义与功能

组织是由个体和其相互关系构成的，其中产生的基本文化价值观与规范会深深地影响着组织结构和工作任务的设计与变革。在组织文化的影响下，员工的激励、技能和承诺可以成为组织竞争的利器。

1. 组织文化的含义

文化是个内涵深邃、外延很广的概念。文化有广义、狭义之分，简而言之，广义的文化是指人类思想、行为及其结果的总和，有“文化即人化”之说；狭义的文化特指人类精神产品及行为方式。文化的积极成果被称为“文明”。

组织文化则是在一定的历史条件下通过社会实践所形成的并为全体成员遵循的共同意识、价值观念、职业道德、行为规范和准则的总和。组织文化有四个方面的含义：

（1）组织文化是一种特殊的社会现象而不是简单的叠加与组合。

（2）组织文化是在特定历史阶段中多种因素相互作用的产物，这些因素主要包括民族文化、社会物质生产方式、政治模式等，其中民族文化与生产方式是起决定作用的因素。

（3）组织文化具有多项功能特征，如导向、规范、凝聚、激励、创新等。它对组织中人们的行为和态度具有持久、顽强的影响，最终使人们形成总体的行为倾向。

（4）组织文化表现为一定的共同意识、价值观念、职业道德、行为规范和准则等。

一个好的组织文化是组织生存和发展的基础与动力。因此，从创业之日起，组织创业者就必须自觉地、有意识地倡导和培育与本组织相适应的组织文化。

企业中通常称组织文化为企业文化，是指企业在长期生产经营活动中，自觉形成并为广大员工恪守的经营宗旨、价值观和道德行为准则的综合反映，是当代崭新的管理理念。好的企业文化是现代企业之魂，是企业的无形资产。“企业文化”这个概念最早是由美国学者迪尔和肯尼迪提出的，是从日本企业成功的原因中总结出来的。日本在第二次世界大战后短短20年的时间里就迅速崛起，成为世界第二经济强国，而且在20世纪80年代直逼美国，对美国刺激很大，一批学者由此而致力于研究日本为什么成功。他们发现，日本强大是因为经济强大，经济强大是因为企业强大，而企业强大主要是人的精神因素起了主要的作用——成功的关键就在于有好的企业文化。于是创立了企业文化理论。企业文化是企业员工实际行为过程的反映，是企业员工多种意识要素的综合。当我们确实了解了企业文化，再面对企业中那些难以理解的现象时，就会感到豁然开朗。现在大家公认企业文化是决定企业效率高低的重要因素。日本的劳动道德跟工业政策一样，为日本经济取得成就发挥了重要作用。日本员工以高度热情全力投入工作，他们工作满意度高的原因有：对公司高度的认同，企业亲和力，人事制度与首创精神，社会保障，员工的意见受到重视，为自己的企业感到骄傲等。日本企业管理层对容易引起员工内部矛盾的事非常敏感，总是采取各种办法予以杜绝。例如，从不搞员工间的评奖活动，认为评奖易引起员工不和。

资料链接：日本经济奇迹的重要原因

据日本官方统计资料：在1955—1970年间，日本几乎掌握了其他各国需要半个世纪才能取得的全部科技成就，其中包括引进美国先进的管理技术，使其国民生产总额超过了10 000亿美元，人均产值达10 000美元。1987年日本人均收入达23 000美元，居世界之冠。同年美国的人均收入只有18 000美元。日本经济的迅猛发展为世界所瞩目，被称为"东洋的奇迹""来自日本列岛的飓风"。

值得关注的是日本经济迅猛发展与其企业文化的因果关系。在期待中国经济可持续高速发展之际，这应该引起业界决策层的深思。

2. 组织文化的功能

（1）导向功能。在激烈的竞争环境中，一个组织如果没有统一的目标，是很难在竞争中求得生存和发展的。组织文化的导向功能，就是把组织整体和组织员工个人的价值取向及行为取向引导到组织所确定的目标上来，从而建立内部的动力机制，得到成员对组织目标的认同。

（2）规范功能。组织文化是用一种无形的思想上的约束力量，形成一种软规范，制约员工的行为，以此来弥补规章制度的不足，并诱导多数员工认同和自觉遵守规章制度。

（3）凝聚功能。文化是一种极强的凝聚力量。它把各个方面、各个层次的人都团结在本组织文化的周围，使之对组织产生一种凝聚力及向心力，将员工个人的思想感情和命运与组织的安危紧密联系起来，使之对组织产生归属感和认同感，从而感到个人的工作、学习、生活等任何事情都离不开组织这个集体，将组织视为自己的家园，认识到组织利益是大家共存共荣的根本利益，以组织的生存和发展为己任，愿意与组织同甘共苦。

（4）激励功能。组织文化强调以人为中心的管理方法，核心是要创造出共同的价值观念和人人受重视、受尊重的文化氛围。良好的文化氛围能产生一种激励机制，使每个作出贡献的成员都能及时得到其他员工及领导的赞赏和奖励，由此激励员工为实现自我价值和组织发展而勇于献身、不断进取。

（5）创新功能。建立具有良好的、积极的、富有个性和具有鲜明特色的组织文化，是组织创新的一个重要方面，是激发员工创新精神的源泉和动力。

（6）辐射功能。组织文化塑造的组织内外部形象，除对本组织产生很大影响外，还会对社会公众、本地区乃至国内外组织产生一定的影响，在提高组织知名度的同时，构成社会文化的一部分，因此，组织文化具有巨大的辐射作用。

6.2.2 组织文化的结构与内容

文化的结构可从人类文明（精神文明、物质文明、政治文明）的角度，分为精神文化、物质文化、制度文化；组织文化也是如此，下面的分法突出了纵深的层次性，尤其强调了作为核心的价值观这一根本的识别标准。

1. 组织文化的结构

一般认为，组织文化的结构有三个层次：物质层、制度层和精神层。

物质层是组织文化的表层部分，是形成制度层和精神层的条件，它往往能折射出组织的经营思想、经营管理哲学、工作作风和审美意识。对企业来说，它一般体现在企业面貌、产品的外观和包装、技术工艺设备特性、纪念物等方面。

制度层是组织文化的中间层次，又称为组织文化的内层。它集中体现了组织文化的物质层及精神层对员工和组织行为的要求，主要是指对组织员工和组织行为产生规范性、约束性影响的行动准则，主要包括工作制度、责任制度、特殊制度、特殊风俗等。

精神层是组织文化的深层，主要是指组织的领导和员工共同信守的基本信念、价值标准、职业道德及精神风貌。它是组织文化的核心和灵魂，是形成组织文化的物质层和制度层的基础与原因。它的有无是评价一个组织是否形成了自己组织文化的主要标志和标准。一般包括组织经营哲学、组织精神、组织风气、组织道德和组织目标等。

2. 组织文化的内容

组织文化的主要内容一般包括价值观念、组织信念、组织目标、规章制度、职业道德、组织情感等要素。

（1）价值观念。它是组织对其内外环境的总评价和总看法。它是组织经营的哲学思想，是组织文化最基本的内容，是组织发展的驱动力，常表现为组织目标和组织方向，使员工产生共同的价值取向和行为取向。

（2）组织信念。它是组织的精神核心，是组织员工在组织活动过程中逐步形成的对组织生活和活动过程的固定看法。它是一个组织的灵魂，是组织成员关系联结和维系的纽带，常以厂风、厂歌和厂训等形式来激励每个组织成员，使他们自觉为组织目标努力奋斗。

（3）组织目标。它是组织活动的目的，对企业来讲，组织目标就是经济效益和社会效益。

（4）规章制度。它是组织活动正常开展的保证。合理的规章制度能够协调领导和组织成员之间以及组织内外的关系，调动全体成员的积极性和创造性；相反，不合理的规章制度会限制组织活动的正常运转，造成混乱和破产。

（5）职业道德。所谓职业道德，是组织成员在其履行职责时形成的行为规范和原则的总和。它通过各种形式的教育和社会舆论的力量，使人们具有善和恶、荣誉和耻辱、正义和非正义等观念，以端正自己的行为。职业道德要求成员对组织承担责任和义务，个人道德标准符合职业需要。因此，职业道德作为社会完善和个人完善的动力，对于增强各种组织的内聚力具有极大的作用。

（6）组织情感。它是指组织成员对组织态度的一种体验，表现为好恶、爱憎、美丑感以及由此产生的亲疏感等。组织情感的产生不是理性的结果，而是日积月累的知识与经验的积淀。如果组织成员在情感上把组织当作自己的家，将组织的事当成自己的事去办，那就会极大地提高组织的绩效。

资料链接：东风日产的快乐文化

东风日产成立于2003年，2010年产销量居中国第四，增长速度是国内汽车行业平均增速的3倍，年复合增长率为60%。东风日产的制造管理水平提高迅猛，2010年制造管理水平年评估中，东风日产的花都工厂在雷诺日产联盟全球34家制造工厂中排名第一、襄樊工厂排名第二，超过日本成为联盟的标杆。这跟东风日产把产品质量、企业业绩跟员工紧密联系起来有关，也跟企业营造快乐的文化相关。

如何让员工快乐？重要的一点是为员工提供有竞争力的回报，并与公司整体业绩紧密联系。从薪酬水平看，东风日产跟同业其他企业相差不大，各有侧重。优势体现在薪酬结构设计上，尤其是在薪酬回报水平与绩效的关联力度上较其他企业更为密切。比如，年薪10万元的员工薪水中的30%～40%属于绩效部分，员工收入跟公司业绩紧密联系，只有公司做好了，有了效益，员工才会有更高的收入。绩效考核时，公司指标、部门指标和个人指标连在一起，个人指标只占三分之一，前面两个指标很重要，如果表现不好，直接影响收入。总装员工刘江涛说，每一位员工都知道，永远要给客户提供百分百的良品，每一道工序都不能有“不良”，因为对于客户而言，这就是百分百的“不良品”。公司生产现场有“三不”原则：不接受不良，不制造不良，不流出不良。

公司领导说：“员工是企业最大的财富，是企业成长和成功的动力。如果员工和企业、员工跟员工之间没有相互认同，没有拧成一股绳，即使企业有再好的战略和资源也没用。”

在东风日产，上上下下弥漫着一种快乐的气氛。总经办翻译科张媛一进公司，就看到一面面笑脸墙，每位员工脸上都挂着微笑。她说：“企业所倡导的快乐文化吸引了我。面试时招聘人员介绍公司的文化是‘快乐工作、快乐生活、快乐成长’，入职之后感到公司前辈很愿意帮助新来者，是一个团结的地方，更加坚定了我留在公司的信心。”商品规划部的谢安说：“我刚来第一天，就看到领导和同事都很热情、很友好。第一次在食堂吃饭，遇到日方的领导，他特别热情地跟我打招呼，我感到很高兴。另外，我们新人的住宿条件也非常好。”

东风日产希望成为充满人文关怀的公司。员工只会挣工资是不会成功的，也不会感到长久的快乐，必须有理想、有追求。公司通过各种形式丰富文化活动，有“东风日产节”趣味运动会，有“我爱我家”工厂开放日，让员工带家属参观工厂，让他们感到公司如同一个团结友爱、互帮互助的大家庭。每年公司的年终表彰大会，会请中央电视台的人来主持，晚会也在中央电视台播出。这么做，公司所有员工都感到很自豪。

东风日产不断改进现场条件，让一线员工有良好的工作环境。公司提倡作业改善，利用人机工程，不断降低劳动强度。总装工刘江涛说：“以前总装比较烦琐，每个组装部件全凭大脑去记，容易装错，常常错了也不知道错在哪里。现在工厂有中央电脑控制，按照指示灯来装配，并引入AGV（无人搬运机器）自动导入系统，员工出错的机会大大减少，工作压力相应减轻，效率提高，产品质量有保证。”东风日产还有专人帮助员工洗工作服，员工每天早上都能穿干净衣服上班。

2009年以来公司产品供不应求，工作量较大，必须保证员工合理休息，于是，公司采取三班两倒作业模式：为了让生产设备效率最高，安排三班人，每周员工每上四天班休三天，每天有两个班在工作，另外一个班休息。这样既保证工厂最大化生产，又提高效率。

考虑到来自农村的大学生入职后几个月生活比较困难，公司特别为新入职的大学生预付部分生活补贴。考虑到员工的住房问题，公司建设了“风神公社”住宅小区，以成本价销售给员工。其中一部分房源按市场价格对外销售，取得的收益补贴员工购房支出。新员工没有能力买房，公司就提供租金便宜的宿舍，内部生活设施齐全，但过三年后宿舍房租会提高，以鼓励他们拥有自己的住房。刘江涛、孔祥星、黄加彪三位工人师傅的住房都是从公司购买的，售价比市场价最少低20%，他们觉得公司倡导的快乐工作和快乐生活已经实现。

东风日产的价值观中最核心的就是注重结果和良好的工作环境，兼顾了组织目标的两个重要内涵，东风日产还有塑造快乐工作和快乐生活的具体举措，从行为上体现了以人为本的价值观，展现了优秀组织文化应具有的特征和原则。

6.2.3　组织文化建设

好的组织文化的形成不是偶然的，它始于创建者和组织成员已有的经验，并且能够被发扬光大。一个组织新文化的塑造过程，同时也是学习和传授的过程。这是组织的长期任务，重点在于搞好所推崇企业精神的培养工作。

1. 加强组织文化建设的基本方法

一般来讲，塑造和增强组织文化最有效的基本方法是：

（1）领导者重视调节和控制。领导者要注意和评论组织信仰与最关心的事物，并经常对这些事物进行调节和控制，使那些只适合某一方面的个别建议和问题也能像常规控制方法和措施那样有效。为增强企业凝聚力和向心力，还需要对组织成员强化相互关心、发扬民主和团结协作的精神。

（2）领导者对重大事件和企业危机作出适当反应。领导者处理危机的行为方式创造了新的规范、价值观和工作程序，包括要求组织成员顾全大局，具有把个人利益与企业利益和社会利益统一起来的主人翁精神。在文化的创造和传播过程中，危机使人们拥有共同的感情经历、体验非情绪化地处理包容关系，从而提高了习得的强度。

（3）领导者进行详细的角色示范、教育和培训。领导人自己公开的行为可以对其他组织成员进行传播信息和价值观的教育，这一点对改变员工的思想意识很重要。

（4）制定分配报酬和提升的标准。它能与奖惩结合起来，使企业领导人很快地向员工宣传其思想倾向和价值观念，并使员工理解和认同。

（5）确定招聘、挑选、提升、退休和解聘员工的标准。企业挑选新成员是内化和渗透文化最核心的一个方面，而且是最有效的方法。

（6）可应用的具体方法有企业组织结构的设计，企业的制度和程序制定，对重大事件和重要人物的宣传，企业宗旨、纲领和章程的正式说明等。

2. 组织文化必须体现到行动上

前面说过组织文化是一种客观存在。企业文化是来自创始人的哲学，把这种思想和行为灌输下去，必须在行为上有所印证和体现。很多企业都将所标榜的企业文化浓缩成了“口号”，张挂传诵。但“口号”不一定能代表企业文化。如何辨别一个组织的组织文化呢？

首先，文化是一种工作态度。许多大学毕业生更愿意去外国公司任职，而不喜欢去国有企业或国内大公司，原因并不完全在于待遇，而是不认同本土企业文化。国企的企业文化有两个特点：（1）人际关系非常重要，必须花很多时间去处理人际关系；（2）同工同酬也不见得同样有晋升机会。很多人选择在国企磨炼，等到经验、技术成熟了再跳到外企去，根本原因是很多国企没有搞好企业文化。

其次，文化是一种价值观，会融入血液中、体现在行为中。所谓企业文化包含三方面的重要内容：（1）是不是大家都认可；（2）是不是大家都有这种想法；（3）是不是每天在工作中、在行为动作中把它表现出来。如果答案是肯定的，它就是企业文化。反之，只是在口头认可，行为上另做一套；或是在单位一套，出了单位是另一套，就值得考虑了。

所以要强调作为核心价值观会在意识和行为里表现出来这一根本的识别标准。

3. 要克服国民文化中的消极因素

国内组织在建设组织文化之际要了解中国文化的特征，知晓传统农业文化的实质，要有自知之明，克服国民文化中的消极因素。中国漫长的高度中央集权与老死不相往来的小农经济奇妙共处，是制约中华民族传统文化性格的主要因素。其中，自给自足的小农经济又是最根本的原因，它往往导致专制政治。传统文化实际上是农业文化。这种文化有其优秀一面；也有其强势一面，比如“集中力量办大事”的奇迹、“君命不可违”的不计成本的高效率、“普天之下莫非王土”的高度一致等。这种文化性格（包括思维方式、行为习惯、为人处世风格等）根深蒂固存在于我们民族的血液中，有时会表现为企业的“家长作风”和“浮夸风”、明里暗里的地方保护、矿产资源的掠夺式经营等。这正是其消极面的表现，是我们经济弊端的一大原因，极大地妨碍了组织发展，需要在改革中加以警惕。

首先，要警惕农业文化中血缘基础上的封建宗法观念，在组织行为方面的表现主要是唯我独尊、人身依附、裙带关系等；其次，要避免农业文化生活方式上的散漫习气，在组织行为上的表现主要是纪律性差、自控力差、患得患失、时间观念差等；再次，要克服农业文化生产方式上的保守粗放模式，在组织行为上的表现主要是孤陋闭塞、不思进取、不求冒尖、不讲细节、不作协调；最后，要反对农业文化思想上的畏缩奴化意识，在组织行为上的表现主要是不知维权、不善参与、不敢创新、公共意识差。国民文化中的消极因素使人的价值观产生偏差，阻碍良好组织文化的建设。

资料链接：组织文化认识的误区

组织文化认识的一个误区是过于放大企业文化的重要性，认为企业的许多事情通过建立适当的企业文化就可以解决。这是个比较严重的错误认识。当企业遭遇恶劣的外部竞争环境或经营困难的时候，优秀员工的流失是不可避免的，指望企业文化留住他们，让他们“爱厂如家”，勒紧腰带忠诚于企业，只有少数人能做到。没有一个强有力的盈利模式和业务战略，企业很难依靠文化回天。

另外一个误区是管理者认为企业的文化环境或价值观体系涵盖得越全越好，导致企业没有一个清晰的“文化定位”。你能说清某个企业提倡的“创新、合作、勤奋、服务、效益、和谐”的核心价值观是什么吗？事实上，许多成功企业的价值体系高度聚焦。苹果公司的“创新”、沃尔玛的“成本意识”、丽思·卡尔顿酒店的“上帝般服务”、亚马逊电商的“快捷和靠得住”等都证明，既简单上口又能帮助员工落实到行动中的价值观最有效。

6.2.4　跨文化研究的取向与作用

1. 跨文化研究的内涵与意义

（1）跨文化研究的内涵。跨文化研究又称“泛文化比较法”或“文化比较研究”，是指以全世界各种不同文化为样本，以其资料作比较研究，以验证对人类行为的假设。这是近年来为众多学者所注意的一种行为与社会研究的重要方法。跨文化研究与传统方法相反，它将个人行为的差异当作恒量，把文化模式当作变因，以研究不同文化中的行为差异，从而探讨人类行为的假设是否适合于不同文化，即了解某项行为原则是否普遍适合于所有文化。

一般来说，不同的组织有其不同的文化，从而为人们带来价值观、信念、态度、情感等方面的差异。这就需要用跨文化的观点去思考和解决组织面临的问题，追寻有效的管理结果。人们认为，一种稳定的社会文化作为企业管理的背景，它所提供的价值观、思维方式、语言、文字及民俗，都必然为员工所依从和接受，企业管理也必须适应这一背景。

资料链接：麦当劳的企业文化

麦当劳的企业文化是一种家庭式的快乐文化。同事不论级别彼此称呼名字，感觉像一家人。员工只要不严重违反公司规定，就不会被开除。公司提倡对人公开表扬，分享经验而不是高压。麦当劳不靠人员流动而主要靠培训来解决员工的发展和提高问题，每年仅培训费用就达1 000多万元。员工进入麦当劳，家人都说他们变了，做事更有条理、更随和了。

麦当劳企业文化的组成有：

（1）“Q+S+C+V”精神：质量、服务、清洁、价值。

（2）麦当劳的作风：顾客第一；高效、快速；“苛刻”的管理。

（3）麦当劳的营销策略：麦当劳叔叔；以情感人；连锁经营；知人善任。

麦当劳企业文化的三个层次如下所述。

1. 物质文化层

和蔼可亲的麦当劳大叔、金色拱门、干净整洁的餐厅、面带微笑的服务员、随处散发的麦当劳优惠券等消费者所能看见的、外在的麦当劳文化，象征着麦当劳永远是大家的朋友。

2. 制度文化层

麦当劳创始人雷·克洛克认为，快餐连锁店要想获得成功，必须坚持统一标准，并持之以恒地贯彻落实。餐厅制定了规范化的行为标准，员工们严格按标准的程式运转。主要有四个方面：

（1）麦当劳营运训练手册（Q&T Manual），它详细记载了各项工作的政策、程序和方法。内容每年修改和完善。40多年来，已成为指导麦当劳运转的“圣经”。

（2）全部工作分为20多个工作站，每站都有岗位观察检查表（Station Observation Checklist，SOC），详细说明该岗位职责及注意事项等。新员工要接受岗位培训，有专人辅导操作练习等。

(3) 管理人员袖珍品质参考手册（Pocket Guide），载有诸如半成品接货温度、储藏温度、保鲜期、成品制作温度、制作时间、保存期等指标以及机器设备数据。管理者据此可以随时随地进行工作检查和指导，发现问题及时纠正，保证产品质量能够达到规定标准。

(4) 餐厅培养高级管理人才的管理发展手册（MDP），这是餐厅管理教科书，既结合麦当劳的实际情况，讲解餐厅管理的方法，同时给出大量案例，要求经理们结合实际工作来完成。要想担当餐厅经理，还须到美国汉堡大学进修高级营运课程。

3. 精神文化层

麦当劳有一套独特的经营理念，用四个字母来代表，Q、S、C、V。Q代表质量（Quality）、S代表服务（Service）、C代表清洁（Cleanliness）、V代表价值（Value）。这是雷·克洛克创业之初提出的，几十年贯彻如一，说服一个又一个的消费者来品尝麦当劳的汉堡。

为保证食品的独特风味和新鲜感，麦当劳制定了一系列近乎苛刻的指标。所有原材料在进店之前都要接受多项质量检查，其中牛肉饼需要接受检查的指标达到40多个；奶浆的接货温度不超过4℃；奶酪的库房保质期为40天，上架时间为2小时，水发洋葱为4小时，超过这些指标就要废弃；产品和时间牌一起放到保温柜中，炸薯条超过7分钟、汉堡超过10分钟就要扔掉。

上述资料中值得关注的，除了可供借鉴的企业文化构成与保障举措，还有与粗放农业文化形成鲜明对照的西方精细文化和几十年贯彻如一的执行力，以及其内在（对顾客与员工两方面的）以人为本的企业文化内涵，也见证了麦当劳至今在用的“科层制”结构之生命力。

(2) 跨文化研究的意义。随着全球经济贸易一体化的最新发展，跨文化研究更具重要意义：

第一，有利于有效地吸收西方的管理理论和经验。要结合本国文化，在更高水平上选择吸收和消化境外的管理理论和经验。

第二，有利于进一步吸引外资和改善投资的“软环境”。可以让外国人理解中国人的行为，让中国人理解外国人的行为，找到组织在开放环境中生存和发展的恰当方式。

第三，有利于消除组织内外冲突，消除人们沟通上的误解和偏差。

第四，有利于跨国公司适应当地的自然与人文环境并得到发展。

2. 跨文化研究的模型

(1) 文化、组织、个体三者的关系模型。跨文化比较组织行为学，是要了解文化和组织在影响人的态度和行为上的关系。一方面，研究组织对人的态度和行为的影响，能否用文化因素来解决；不同的组织风格是否起源于文化本身的传统观念和价值。这是当前跨文化比较研究的主流。另一方面，研究组织气候、参与方式、规范化的程度与组织绩效、人员满意感、成员义务之间的关系是否仅与文化因素有种偶然的关系。目前这方面的研究还比较少。从这两方面可以整理出文化、组织、个体三者的关系模型，见图6-9。

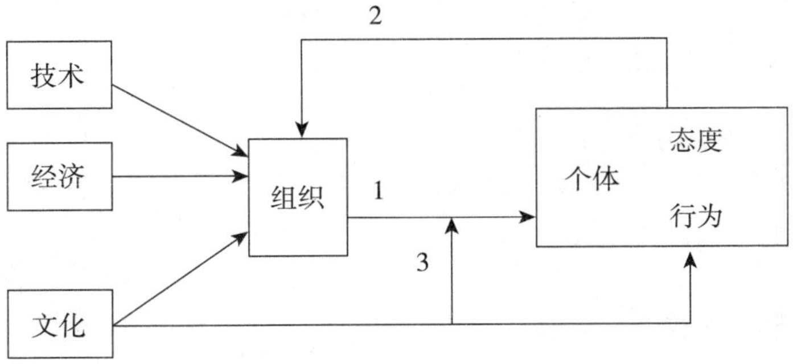

图 6－9　文化、组织、个体的关系模型

从图 6－9 中可以看出，文化通过技术、经济的复合作用，对组织产生直接影响；同时组织又去影响个体的态度和行为。文化也直接影响组织成员的态度、角色知觉和价值，这是构成组织风格的基础，也影响到组织的实际行动。文化也是组织与个体的态度和行为之间的中介或调解因素。这个模型使我们明确了跨文化比较研究应包括个体水平、组织水平和国家水平等不同层次。

（2）朗顿的管理模式和文化倾向关系模型。从 20 世纪 60 年代起，人们对文化差异的研究注重以组织活动为基础，研究文化对组织中成员态度、价值观、冲突的产生和解除方式、人际行为、语言和交流、激励水平、工作满意感、领导行为等多方面的影响。1986 年，朗顿对文化的倾向性和组织特征进行了研究。他认为在企业和国家的组织文化中，存在一种系统性的变化，这种变化的重要因素是民族文化的倾向性。他以这一倾向性为基础，比较了不同文化系统中的“管理”的差异性，结论是：不同文化环境中的组织均有其独特性，与共同模式有一定的差异。当外部环境变化时，组织便选择与自己相适应的方式，而不是选择理想模式为变革手段。

（3）不同文化中组织的特异性与一致性。麦克利兰和阿特金森从成就、关系和权力三层需要上，爱德华·劳勒和莱曼·波特等人从马斯洛提出的需要层次上，对人们的价值观作了大量跨文化的比较研究。结果发现，不同文化中，儿童教育的成就激励都有益于经济的发展，文化水平的高低直接影响到人们的各种需要和工作价值观。这说明，尽管不同文化中的组织各有特异性，但相同的组织分工、组织功能和组织活动内容又表现出组织间的更大程度的一致性。因此，我们可以借鉴和吸收西方组织文化中一切有用的东西，为我所用。

资料链接：“中国打法”与小聪明害死人

2009 年，以中国中铁旗下公司为主组建的中海外联合体中标了波兰的高速公路项目，采用典型的“中国打法”：夺标报价低于政府预算一半以上，夺标之后再进行变更，将价格慢慢抬上去。但是这一惯常方法在波兰行不通，工程实施中的变更得不到业主方的承认和相应补偿，中方不得不垫付资金以继续施工，结果不得不中途放弃，致使声誉扫地。

6.3 组织环境

组织不可能作为封闭系统来运作，任何组织都在特定环境中从事活动。环境是组织生存发展的土壤，既为组织活动提供发展的条件，又起着限制作用，特别是对组织文化的形成具有不可估量的影响。

6.3.1 组织环境概述

必须正视组织环境给组织行为带来的影响，这种影响有直接或间接不同程度的差别，要学会顺环境之势而为，并利用机会避开和化解其对组织的威胁。

1. 组织与环境的关系

美国学者菲尔德曼用权变观点指出了组织与环境的关系：

第一，组织环境的类型影响到应采用的组织结构类型。两者适应，组织就会更加成功。

第二，组织中的不同部门或事业都必须与不同的环境相适应。下级单位的结构应随着各自环境类型的不同而有所不同，并非所有的下级单位的结构都要千篇一律。

第三，组织应该调整战略以适应环境，究竟如何调整应视环境的不利程度而定。

总之，组织环境调节着组织结构设计与组织绩效的关系，影响组织的有效性，我们必须把握住它的特征，明了它的种类，以便有效地改善组织的内外环境，形成更好的组织气候，提高组织效率。

2. 组织环境的特性因素

环境常在有利和不利之间变化。有利的环境促进组织的发展，不利的环境阻碍组织的发展。从这个角度来判断一个组织所处环境的特性，可考虑以下四个因素：

（1）稳定性。环境的稳定性是指环境变化的快慢程度。稳定环境并非不变化，而是指环境的变化很慢。例如，商品纸张业相对来说较为稳定，能对便笺簿、擦手纸、棉纸生产和销售产生影响的经济、技术和政治气候方面，很少有很快的变化。相反，动态环境就是那些变化很快的环境。如民用航空行业的环境就是瞬息万变的，放松调节政策、价格竞争、新的竞争对手以及消费者在旅行时花钱的方式等变化都是很快的。一般来说，动态环境对组织发展是不利的，动态环境中，高层管理人员难以准确地预测出其市场变化，也就难以相应地调整经营战略。

（2）有序性。环境与组织均是一种开放性的系统，是根据某种性质发生关系的要素的集合。各要素间未发生关系时，系统处于无序状态或混乱状态。日本学者松田正一称系统为非混乱状态或有秩序状态的要素集合。结论是，环境还是常常处于一种有序的状态之中，尽管这种状态是混沌状态的一种特例。

（3）复杂性。环境复杂性是指环境影响组织的因素的多少。简单环境中影响组织的因素很少，而复杂的环境中影响组织的因素多。国内企业常处于非常复杂环境之中。例如，北京首都钢铁公司经营种类繁多，除钢材外，还涉足远洋货轮、银行业等，这就必须对不同市场的多样化作出反应；它同国内外的许多企业都有业务关系，即在每个地方的商品市场上都有不同的竞争对手。这种复杂的环境会给高层领导人带来预测和控制上的困难，因此，对组织来说较为不利。

（4）不确定性。这是指管理者所掌握的重要环境因素信息量的多少。如果对于影响到重大经营决策的环境因素有非常详尽的资料，那就说明这种环境是确定的。相反，若对影响经营决策的环境因素情况不甚了解，那就是处于不确定的环境之中。如玩具公司的环境就很不确定，因为估计出消费者对新玩具的偏好十分困难，玩具的走俏时间难以预料，竞争对手众多等。

6.3.2　组织的内部环境

科学划分组织环境类型，有利于我们更清楚地认识环境、把握环境。一般来讲，以组织界限（系统边界）来划分，可以把环境分为内部环境和外部环境，或称为工作（具体）环境和社会（一般）环境；如果根据环境系统的特性来划分，则可将环境划分为简单-静态环境、复杂-静态环境、简单-动态环境和复杂-动态环境四种类型。本节采用第一种分法。组织内部环境是指组织的具体工作环境，包括工作的物理环境和非物理环境（即组织气候）。

1. 物理环境

物理环境的要素包括工作地点的空气环境、光线环境、声音环境和颜色环境等要素，它对于员工的工作心理、行为及工作效率都有极大的影响。

2. 组织气候

组织气候是一种心理环境，对组织成员的行为有着直接的影响。它一般由企业经营者的领导方式、管理方法、员工之间的关系以及社会环境等因素相互影响构成。组织气候制约着成员的士气、创造力乃至组织效率和目标的达成。通常以员工的工作意识和团体意识同组织目标的吻合程度来作为测量组织气候的尺度。二者吻合程度越高，组织气候越好。

（1）心理环境的要素。组织成员受客观的组织环境中某些因素刺激后，就会产生心理反应，并根据自我认知和理解，逐步形成主观意向，产生一种持久的心理环境。一般来说，导致刺激的客观因素有：组织结构是否健全，员工待遇是否合理，管理者的领导方式是否适宜，功过赏罚是否严明，责权利是否明确，人际关系是否良好。心理环境包括员工的责任心、归属感、服务精神、团体意识、合作精神和对组织的忠诚心等。员工的主观愿望与组织的目标和要求一致时，组织气候必然是奋发团结、生气蓬勃的，组织的目标就能够得到有效实现；如果二者不一致或有较大差距，则组织气候必然流于消极颓废，死气沉沉，矛盾重重，组织因此濒临崩溃。所以说，一个组织心理环境的好坏，对组织的兴衰成败有着关键性的影响。

（2）组织气候的测量。要搞好组织气候的测量，关键是要确定测量的维度和变量。

1968 年，李特文和史汀格在《激励与组织气候》一书中，提出了测量组织气候的八个变量：

1）结构，指组织成员在组织中感到拘束的程度，如法规、程序的限制。

2）责任，指个人在组织中感到自己有自主权而不必事事请示的程度。

3）奖酬，指个人感觉待遇、升迁、奖励是否满意和公平的程度。

4）风险，指个人在组织中及工作上所担负的风险性及挑战性的程度。

5）热情，指个人在组织中感到成员之间和睦融洽的程度。

6）支持，指个人在组织中感觉到上级和同事在工作上所给予的协助与支持的程度。

7）冲突，指个人在组织中感受到上级和同事听取他所提出的不同意见的程度。

8）绩效标准，指个人对组织目标及所要求的绩效标准所具重要性的重视程度。

利克特在研究组织气候时则设置了测量系统的七个变量：领导过程、激励力量、沟通过程、互动和影响过程、决策过程、目标设立、控制与考核。

6.3.3 组织的外部环境

美国学者赫尔雷格尔和斯洛克姆认为，考虑组织外部环境时，首先应记住三个重要观念：第一，必须认识到一个组织所面临的并与它有相互关系的环境不只是一个单一的环境，而是具有多个次级的外部环境；第二，这些次级环境之间存在着差异，因而需要用不同方法来对企业进行组织和管理，以适应某个具体的次级环境的特点；第三，一个组织通常碰到这样一个问题，各个次级环境的需要远远超过它所能提供的资源。

组织外部环境是指组织所处的社会环境，又可分为一般外部环境和特殊外部环境。

1. 一般外部环境

一般外部环境是组织的宏观环境（大环境），主要包括政治法律、社会文化、经济、技术、自然等因素，对任何一个不同使命的组织都会产生影响，而且这种影响通常不会因组织使命不同而有多大差异。

（1）政治法律环境：不同国家有不同的社会制度；不同时期同一国家的制度也会发生变化。

（2）社会文化环境：包括人口数量及其发展趋势、国民受教育程度、宗教信仰、风俗习惯、审美观念、价值观等。

（3）经济环境：包括宏观经济环境、中观经济环境和微观经济环境。宏观经济环境主要指经济发展阶段和发展水平、经济制度与市场体系、收入水平、财政预算、贸易与国际收支状况等。国内生产总值（GDP）、国民生产总值（GNP）和国民收入（NI）等都是反映宏观经济状况的主要指标。中观经济环境指部门经济，如工业经济、商业经济、农业经济、林业经济等。微观经济环境指企业所在地区或所需服务地区的消费者收入水平、消费偏好、储蓄水平、就业等。

（4）技术环境：特指物质设施基础。

（5）自然环境：就是“天时、地利、人和”中的“地利”，包括地理位置、气候条件、资源状况。

2. 特殊外部环境

特殊外部环境也被称作组织的任务环境，通常由供应者、顾客、竞争对手、政府机构及特殊利益团体等要素构成。这些要素在发展变化过程中通常带有一定程度的不确定性，会导致决策产生一定程度的风险，必须设法减轻。

供应者要提供组织活动所需的各类资源和服务，如劳动力、原材料、设备和零部件等。资源短缺会给组织造成严重困难。

所谓顾客，指所有组织的产品和服务的现实和潜在的消费者。组织必须对消费者需求的变化很敏感。

所谓竞争对手，是指与本组织存在资源和市场争夺关系的其他同类组织。对资源的竞争不仅包括消费者而且包括供给者。成功的组织会花费大量精力监控竞争者的活动。

政府机构作为社会经济管理者，对企业的经营行为需要从全社会利益角度进行必要的调节和控制，特殊利益团体也会对企业经营行为产生某种影响和制约。

以上要素对组织的影响是迅速、直接的。组织要有效地运转，就必须时刻注意其变化。

每个组织的特定外部环境的变化可能来自六个方面：环境的容忍力、环境质的相类似性、环境的稳定性、环境的集中与分散程度、组织范围的一致性与不一致性、环境的紊乱程度。

3. 营造可持续发展的组织环境

组织所处环境是动态的、千变万化的。要保证组织的持续发展，组织就要适时调整经营战备，注意营造适合组织发展的环境。在营造组织发展环境中，管理目标可持续发展的观点值得注意。

（1）可持续发展的概念。1987年联合国世界环境与发展委员会提交报告《我们共同的未来》，将可持续发展定义为：既满足当代人的需要又不损害后代人满足其需要的发展。

1992年世界环境与发展会议在巴西召开，第一次把可持续发展由理论和概念推向行动。我国的《国民经济和社会发展“九五”计划和2010年远景目标纲要》明确提出实施可持续发展和科教兴国两大战略。

（2）可持续发展的特征。可持续发展的最大特征是时空上的整体性，主要包括：将资源与环境融入经济一体化发展；人类在时间和空间上的共同发展；企业管理目标的可持续发展；企业与外部的可持续发展；企业内部的可持续发展和企业的社会责任等。

（3）营造适合组织可持续发展环境的措施。面对变幻莫测的环境，组织的管理者要善于观察企业外部环境的变化，制定有效的战略措施，保证企业在动荡环境中的生存与发展。通常可以采取以下措施：

1）明确长远发展的方向和目标。长远方向和目标可以确保组织的发展后劲，持续增长。

2）明确组织在环境中的地位。地位明确可以使组织制定切实可行的发展战略，强化组织的竞争力。

3）提高组织的获得能力。组织的获得能力是发展的基础和保证。

4）强化现代管理理念，提高管理思想，优化管理方法，全面推动现代化管理进程。

只有认清了组织环境的特性及相互关系后，组织设计者才能设计出实用有效的组织结构和工作任务，组织领导者才能引领组织适应艰险繁复的现代环境，成为“长寿公司”。

6.4 组织变革与发展

组织变革是组织根据自身功能和组织环境需要，运用科学管理理论和方法，有计划、有组织地整合组织要素，以期提高组织运作能力和组织效益的行为。组织环境的千变万化促使组织不断变革，只有适应环境的组织才能生存和发展。因此，现代管理理论认为，绝对的变动性和相对的稳定性是现代组织的两个基本属性。

6.4.1 组织变革概述

科学技术的不断进步对组织结构、组织管理层次与幅度、组织的运行要素等都带来了巨大的影响。如电子计算机的发明与使用使组织中的信息处理、决策等一系列管理过程与管理方式都发生了重大变化，这些变化推动着组织不断地研究变革。

1. 组织变革的基本动因

组织变革的原因很多，归根结底是由组织环境的变化引起的，有内外两个方面。

（1）引起组织变革的外部原因有：1）科学技术的进步；2）国家有关法律、法规的颁布与修订；3）国家宏观经济调控手段的改变；4）国家产业政策的调整与产业结构的优化；5）国际、国内经济形势的变化；6）国内政治形势及政治制度的变化；7）国际外交形势及本国外交政策的变化；8）国际、国内市场需求的变化及市场竞争激烈程度的加剧。

（2）引起组织变革的内部原因有：1）管理技术条件的改变；2）管理人员的调整与管理水平的提高；3）组织运行政策与目标的改变；4）组织规模的扩张与业务的迅速发展；5）组织内部运行机制的优化；6）组织成员对工作的期望与个人价值观念的变化等。

2. 组织变革的要求

系统管理理论大师弗雷蒙特·卡斯特认为，环境、目标与价值、技术、结构、社会心理、管理等，都是组织变革的动因。卡斯特认为，稳定性和适应性对于组织的生存和发展都是必不可少的，企业管理者的责任是通过对实际情况的诊断分析和当前条件的调整，来使组织获得动态平衡。因此，组织变革应当满足以下四个方面的要求：（1）足够的稳定性，以保证实现当前的组织目标，完成既定的组织任务；（2）足够的持续性，以保证组织目标不断得到发展，管理方法不断得到改进；（3）足够的适应性，以保证组织对社会环境所提出的要求和所提供的机遇以及组织内部各种因素的变化，做出适当的、灵敏的反应；（4）足够的革新性，以保证组织不仅适应于目前，而且在将来条件发生变化时富于改革的主动性。

3. 组织变革的内容

引起组织变革的环境往往是由组织成员、组织目标任务、组织专业技术和组织结构的变化引起的，所以组织变革的重点就集中在这四个方面。下面介绍各个因素引起组织变革的具体内容。

（1）人员因素引起组织变革的内容。这种变革由人引起，通过对人员的知识、技能、行为规范、态度、动机等变革达到组织变革的目的。

（2）任务、技术引起的组织变革的内容。这种变革通过对组织工作流程的再设计，对完成组织目标所采用的方法和设备的改变以及目标体系的建立达到组织变革的目的。

（3）组织结构因素引起组织变革的内容。这时可以通过对组织目标体系、权责体系改变和角色关系调整等达到组织变革的目的。

（4）组织环境引起的组织变革的内容。这种变革是以调整组织环境为中心的变革，此时应主动调整各种环境以使组织适应环境变化。

引起组织变革的各种环境不是独立的，它们相互依赖、相互影响，因此，组织变革要统筹考虑，整体设计，有所侧重。

4. 组织变革的阻力与消除

组织变革的目的是提高组织的工作绩效和生产力水平，更充分地调动组织成员的积极性和提高组织成员的待遇。但在变革过程中会遇到各种阻力，从不同方面阻碍着组织变革的开展。只有分清组织变革的阻力性质及影响，有效消除这些阻力，才能取得变革的成功。

(1) 组织变革的阻力。组织变革过程中会遇到各种各样的阻力，总的来说有来自组织成员个体的阻力和来自组织的阻力两个方面。

1) 个体阻力。变革中个体的阻力源于人类的基本特征，如习惯、安全感、经济因素和恐惧感等。

第一，习惯对变革的影响。人类是有习惯的动物，正如人们去饭店吃饭，常常会去几个固定的饭店。人们面对组织中的变革也是如此，组织变革意味着人们可能不得不改变许多习惯，这也成了组织个体成员阻碍变革的理由。

第二，安全感对变革的影响。安全需要较高的人可能抵制变革，因为变革会给他们带来不安全感。例如，当西尔斯公司宣布要解雇 50 000 名员工，福特公司要引进新的机器人设备时，这些公司的许多员工感到自己的工作受到了威胁。

第三，经济因素对变革的影响。如果人们担心自己不能适应新的工作或新的工作规范，尤其是当报酬和生产率息息相关时，工作任务或工作规范的改变会引起恐慌。

第四，恐惧感对变革的影响。变革用模糊和不确定性代替已知的东西，造成恐惧变革。

2) 组织阻力。组织本身就其本质来说是保守的，它们会抵制变革。这种现象随处可见：政府机构想继续从事它们干了数年的工作，不论其服务是否仍有需要；大多数学校现在仍在使用与多年前本质相同的教学技术；很多商业公司也强烈地抵制变革。抵制变革进行的组织阻力主要有以下六个方面：

第一，结构惯性。组织有其固有的机制保持其稳定性。例如，甄选过程系统地选择一定的员工流入与流出；培训和其他社会化技术强化了具体角色要求和技能；组织规范化提供了工作说明书、规章制度和员工遵从的程序。

经过挑选符合要求的员工才会进入组织，组织又以某种方式塑造和引导他们的行为。当组织面临变革时，结构惯性就充当起维持稳定的反作用力。

第二，有限的变革点。组织由一系列相互依赖的子系统组成，不可能只对一个子系统实施变革而不影响到其他的子系统。例如，如果只改变技术工艺而不同时改变组织结构，技术变革就不大可能被接受，所以子系统中的有限变革很可能因为更大系统的问题而变得无效。

第三，群体惯性。即使个体想改变他们的行为，群体规范也会成为约束力。例如，工会成员可能乐于接受资方提出的对其工作的变革，但如果工会要求他抵制资方作出的单方面变革，他就可能会顺从抵制。

第四，对专业知识的威胁。组织变革可能会威胁到技术群体的专业知识。20 世纪 80 年代初，引进可以使管理者直接从公司主要部门中获得信息的个人电脑，遭到许多信息系统部门的反对。原因是分散化计算机终端的使用对集中化信息系统部门所掌握的专门技术构成了威胁。

第五，对已有的权力关系的威胁。任何决策权力的重新分配都会威胁到组织长期以来已有的权力关系。在组织中引入参与决策或自我管理的工作团队的变革，就常常被基层主管和中层管理人员视为一种威胁。

第六，对已有的资源分配的威胁。组织中控制一定数量资源的群体视变革为威胁，变革可能意味着其预算减少或人员减少。那些最能从现有资源分配中获利的群体常常会对可能影响未来资源分配的变革感到忧虑。

（2）消除阻力的对策。变革推动者在处理组织变革阻力时可以采取以下六种策略：

1）教育和沟通。这种策略的基本假设是，产生阻力的原因在于信息失真或沟通不良。如果员工了解了全部事实并消除了所有误解的话，阻力就会自然消失。沟通可以通过个别交谈、小组讨论、备忘录或报告来实现。当变革的阻力确实来自沟通不良，并且劳资关系以相互信任为特征时，它是会有效的。如果这些条件不具备，它就不可能成功。

2）参与。组织个体很难抵制他们自己参与作出的变革决定。变革决策之前，应把持反对意见的人吸引到决策过程中来。如果参与者具有一定的专业知识，能为决策作出有意义的贡献，那么他们的参与就可以减少阻力，并提高变革决策的质量。但这也可能带来劣等的决策，并浪费很多时间。

3）促进与支持。变革推动者可以通过提供一系列支持性措施来减少阻力。当员工十分恐惧和忧虑时，给员工提供心理咨询和治疗、新技术培训或短期的带薪休假都有利于他们的调整。这个策略的不足之处是费时，另外，实施起来花费较大并且成功的把握小。

4）谈判。处理变革潜在阻力的另一方法，是以某些有价值的东西换取阻力的减小。例如，如果阻力集中于少数有影响力的个人身上，可以商定一个特定的报酬方案满足他们的个人需要。当变革阻力非常强大时，谈判可能是一种必要的策略。缺点是潜在成本高且有一定风险，一旦对一方作出让步，就可能面临其他权威个体的勒索。

5）操纵和收买。操纵是指隐含的影响力。手段有歪曲事实使事件显得更有吸引力，封锁不受欢迎的信息，制造谣言使员工接受变革。收买是一种包括了操纵与参与的形式。它通过让某个变革阻力群体的领导者在变革决策中承担重要角色来收买他们，取得他们的允诺。相对而言，操纵和收买的成本都较低，并且易于获得反对派的支持。但如果对象意识到自己被欺骗和被利用时，结果会适得其反。

6）强制。强制是直接对抵制者实施威胁和压力。如果员工不同意削减工资，而企业管理者真的下决心要关闭工厂时，那么这种变革策略就会具有强制色彩。其他例子还有威胁调职、不予提拔、消极的绩效评估和提供不友善的推荐信等。强制的优缺点与操纵和收买相似。

6.4.2 组织变革的基本模式

推行变革有几种常用方法，具体而言有三步模型和活动研究模型。

1. 勒温的三步模型

勒温认为成功的组织变革应该遵循三个步骤：解冻现状，转变到新状态，固化新变革使之持久，即解冻—转变—固化。

组织变革往往会打乱原来的群体关系、环境、习惯、工作程序等，会招致群体的反对和阻挠。勒温设计了组织变革的三个步骤，以应对群体阻力。第一步是解冻，重点解决由于变革带来的迷茫、震惊、不安全感、预期损失和骚动反应，其措施以追求群体对变革的心理适应为主。第二步是转变，不能仅仅下达变革指令，而是需要形成变革情境，同时要尽可能保留有益的习惯和非正式关系，尤其是要做到使群体成员分享变革带来的利益，可以采用谈判方式解决变革带来的问题。第三步是固化，使变革成果稳定化，推动新的群体形成，促成新的群体规范产生，并形成新的习惯，直到新的群体稳定运作。

现状可以视为一种平衡状态。要打破这种平衡状态，必须克服个体阻力和群体的从众压力，因此解冻是必要的。解冻可以通过以下三种方式之一来实现：(1) 推动力，指引导行为脱离现状的力量；(2) 约束力，指阻碍偏离现有平衡状态活动的力量；(3) 以上两种力量的结合。

一旦合并变革付诸实施，要想成功，需要重新冻结新形势，这样才能长时间维持它。如果不采取最后这个步骤，变革就可能是短命的，而员工也会试图回到以前的平衡状态。重新冻结的目标是通过对推动力和约束力二者进行平衡使新状况更为稳定。

2. 活动研究模型

活动研究是一种变革过程，首先，系统地收集信息，然后，在信息分析的基础上选择变革行为。其重要性在于为推行有计划变革提供了科学的方法论。

活动研究的过程分为以下五个阶段：

(1) 诊断。变革者首先从组织成员那里收集变革需要的信息。在活动中，变革者提出问题，与员工面谈，考察记录，并倾听员工所关注的问题。这种方法与医生诊断病人相似。

(2) 分析。要对诊断阶段所收集的信息进行分析。员工认为哪些过程是关键的？这些问题以什么形式出现？变革者把这些信息综合成以下几个方面：主要关心的问题、问题的范围和可能采取的行动。

(3) 反馈。反馈是让员工共同参与前两个阶段的工作，发现问题，寻求解决的办法。在变革者的帮助下，制订有关变革的行动计划。

(4) 行动。进入活动研究中的“行动”阶段，付诸具体行动来改进所发现的问题。

(5) 评价。最后，变革者评估行动计划的效果。以资料为参考点，对随后发生的变革进行比较和评价。

以上都是十分科学的方法，它们有两点好处：第一，以问题为中心。变革推动者客观地发现问题，问题的类型决定了变革行为的类型。第二，员工的大量参与减弱了变革阻力，积极参与使变革过程有了自身的动力，参与变革的员工和群体就成为变革的持续的内部力量源泉。

6.4.3　组织变革的环节与措施

1. 组织变革的环节

组织变革的环节是指在组织变革中那些对变革的各个方面都会产生强烈影响的关节点或中心环节以及与此相关的变革的配套环节。

(1) 变革的关键环节的选择。

1) 分析组织变革的现状。即对组织管理原环节现状进行深入分析，从管理思想到实践，从静态到动态，从组织运行到组织结构，进行全面分析，务必要揭露组织管理各方面、各环节的弊端及原因，为制定变革对策提供可靠依据。

2) 明确应变革的问题。在上述分析基础上明确应变革的问题，包括明确变革的任务与目标，变革的主体与实体，变革什么，由谁来实行变革；明确变革的组织程序及变革的程度；明确变革的环节，分析各环节之间的关系；明确变革的关键点、影响强烈的关键点，寻找变革突破口或中心环节。

（2）组织变革的其他配套环节。

配套环节有两层含义：第一，不是主要的环节，仅起辅助性作用；第二，既然要配套，就应当形成完整的成套体系。要从外部环境和内部结构两方面进行分析。要有主次之分，对于那些主要配套环节的分析应务求全面。忽视配套环节同样会导致变革失败。

2. 组织变革的措施

组织变革的措施从作用对象的角度可以分为三类：

（1）以人为中心的变革措施。

1）调查反馈：要求以数据为基础，综合应用调查法和活动研究；由外来咨询专家和组织工作人员合作进行，包括收集和分析数据、小组讨论和过程分析。

2）群体建议：是对组织群体进行诊断，协同工作并进行有计划的变革，包括分析问题、完成工作任务、协调群体内部关系、改进群体和组织的活动过程四方面。西方学者认为这是最主要的组织变革干预性措施之一。

3）咨询活动：是应用智囊力量帮助个人或群体考察采用什么方法来完成任务的过程；主要是通过设计变革人们的态度、价值观和个人技术，改变群体规范和内聚力，以及改变其他活动过程的变量来达到变革目的。

（2）以任务和技术为中心的变革措施。

1）工作再设计：是精心地、有计划地重新安排工作方式的一种方法。其主要内容包括工作扩大化、工作丰富化、自治工作群体、工作轮换等。

2）目标管理：是管理者和他们下属共同为组织绩效和个人发展确定目标，对规定目标的情况进行评价，以及把个人、部门和组织的目标有机结合起来并制定目标的过程。实践证明，它是组织变革的一项十分有效的措施。

3）建立社会技术系统：是指为了提高组织效益而同时集中于技术和社会两方面的变革。这种方法强调组织的技术和人的因素的最佳结合，强调对完成工作的方法重新设计。它是现代组织变革活动中较为流行的方法之一。

（3）以组织结构为中心的变革措施。

主要包括建立必要的规章制度，确定合理的奖惩制度，完善信息沟通系统，调整管理层次与管理幅度，建立矩阵组织，采用弹性工作时间制等。

3. 变革管理

变革管理（Change Management）意味着组织变革应该成为组织行为的常态，随时准备针对组织内外状况的信息反馈进行研究，对组织行为作出迅速的调整和改革，以适应瞬息万变的市场需要。具体而言，要注意组织发展出现迟缓，内部不良问题苗头产生，遇到无法适应的经营环境的变数时，企业就必须作出组织变革策略。而变革管理的整体着重点应该是内部层级、工作流程以及企业文化三方面，通过必要的调整与改善管理，使企业顺利变革转型。

6.4.4 组织发展

组织是一个随着环境变化而变化的开放系统。随着社会发展、科技进步以及人的能力和素质的提高，组织形式和内容也随之不断发展和变化。罗宾斯认为，在管理变革的讨论中，不包括组织发展就不够完整。组织发展（Organizational Development，OD）很难作为一个单独的概念，这个术语包括了建立在人本主义的民主价值观基础上的有计划变革的干预措施的总和，它寻求的是增进组织的有效性和员工的幸福。

1. 组织发展概述

组织发展是根据组织内外部环境的变化，改进组织效能，解决存在问题，提高组织效率和士气，实现组织目标的过程和方法。组织发展是有计划有系统地、自上而下地变革组织的各个方面。组织发展的目的是要培养组织管理者和成员的创新品质和适应环境、解决问题的能力。

进行组织发展，往往要在一些专家的指导和帮助下，运用管理心理学和其他学科的理论和技术，实现预定的组织变革计划和目标。组织发展比较强调正式的工作群体的作用，它的主要对象是工作群体，包括管理人员和员工。这一点不同于传统方式的组织改进活动，传统的办法集中于个别管理人员，而不是群体。全面的组织发展还包括改进群体间的相互关系以及整个组织系统等方面。

组织变革与组织发展有十分密切的关系，组织发展可以看成是实现有效组织变革的手段。与组织变革和组织发展密切相关的另一个概念是组织创新，组织创新是指运用多种技能和组织资源，创造出所在行业或市场上全新的思路、产品或服务。

现在，组织发展领域正受到全球化和信息技术趋势的影响。许多国家和世界性组织正在应用组织发展，这就导致了一整套新的干预方法的产生和对传统组织发展实践活动的适应。另外，组织发展必须使其方法与组织所使用的战略相适应。随着信息技术继续影响组织的环境、战略和结构，组织发展就需要管理变革过程，使之可以与信息技术相结合。

2. 组织发展的趋势

（1）组织体系的发展趋势。组织已经表现出分化和一体化相统一的趋势。

（2）组织结构的发展趋势。现代的社会组织随着结构形式多样化的发展，不同程度地由集权走向分权。未来的组织结构将在权力结构、信息沟通结构等方面出现新的重要变化。U 型组织是一种集权型组织，H 型组织是一种分权型组织，而未来组织将是一种介于集权与分权之间的 M 型组织，各个部门既有自己的独立性，又相互依赖。

（3）组织管理的发展趋势。在未来的组织中，管理将变为一种更智能性的活动，而且将要求更有效地使用知识，管理者知识老化的时限将变得更短。未来组织中，未来的管理者必须既应付技术经济问题，又应付社会心理问题，并把这两方面结合起来，以便达到技术-经济效率和人的满足这两个目标。为此，他们必须是管理科学家，又是行为科学家。

未来组织即学习型组织的内容参见本章 6.6 的内容。

3. 组织发展的特征

组织发展是提高全体员工积极性和自觉性的手段，也是提高组织效率的有效途径。组织发展有几个显著的基本特征：

（1）组织发展包含深层次的变革和高度的价值导向。组织发展意味着需要深层次和长期性的组织变革。许多企业为了获取新的竞争优势，计划在组织文化的层次实施新的组织变革，这就需要采用组织发展模型与方法。组织发展涉及人员、群体和组织文化，包含着明显的价值导向，特别是注重合作协调而不是冲突对抗，强调自我监控而不是规章控制，鼓励民主参与管理而不是集权管理。

（2）组织发展是一个诊断-改进周期。组织发展的思路是对企业进行“多层诊断”“全面配方”“行动干预”“监控评价”，从而形成积极健康的诊断—改进周期。因此，组织发展强调基于研究与实践的结合。组织发展的一个显著特征是把组织发展思路和方法建立在充分地诊断、裁剪和实践验证的基础之上。学习和解决问题，是组织发展的一个重要基础。

（3）组织发展是一个渐进过程。组织发展活动既有一定的目标，又是一个连贯的、不断变化的动态过程。组织发展的重要基础与特点，是强调各部分的相互联系和相互依存。企业组织中各种管理与经营事件是相互关联和影响的，应从整体出发，既要考虑各部分的工作，又须从整个系统协调各部分的活动，并调节其与外界的关系。组织发展着重于过程的改进，既解决当前存在的问题，又通过有效沟通、问题解决、参与决策、冲突处理、权力分享和生涯设计等过程，学习新的知识和技能，解决相互之间存在的问题。

（4）组织发展的手段是实施有计划的再教育。组织发展不只是有关知识和信息等方面的变革，而更重要的是在态度、价值观念、技能、人际关系和文化气氛等管理心理各方面的更新。组织发展理论认为，通过组织发展的再教育，应该使干部员工抛弃旧规范，建立新的行为规范，并使其建立在干部员工的态度和价值体系优化的基础之上，从而实现组织的战略目的。

（5）组织发展具有明确的目标与计划性。组织发展活动都是订立和实施发展目标与计划的过程，即目标订立与目标管理活动。大量的研究表明，明确、具体、中等难度的目标更能够激发工作动机和提高工作效能。组织发展的一个重要方面就是让组织设立长远学习目标和掌握工作计划技能，包括制定指标和计划、按照预定目标确定具体的工作程序以及决策技能等。

（6）组织发展的一般流程：1）认识变革的必要性；2）内外部顾问的进入；3）确立顾问与变革组织的关系；4）收集信息；5）诊断；6）确定行动计划及方法；7）检查、巩固；8）结束组织发展规划。

4. 改善工作生活品质

工作生活品质（Quality of Working Life）的理论基础源于英国塔维斯托克人机关系研究所。人力资源管理及组织发展学家发现，组织发展的目的不应该只是追求绩效的提升，也应该重视人员的满意，甚至是增进组织全体人员的幸福。

推行工作生活品质，对员工做“全人关怀”，帮助其成长，可以增加员工的快乐感受及向心力。改善工作生活品质可以从根本上消除工作压力。工作生活品质的主要范围包括：

（1）身心发展（健康与安宁）。给予员工一个安心工作、健康的环境，可以学习、很少污染、可以分享、可以终老、愿意待一辈子的工作环境。

（2）工作环境（安全与卫生）。安全、舒适、经济、有益的环境可以改善工作绩效，提高人们的工作意愿。

（3）生涯发展（教育与训练）。这一项是高科技产业员工普遍重视的，公司必须在生涯规划、教育训练与升迁报酬等层面上做有系统的规划，员工才会满意。

（4）决策参与（适才所适）。公司让员工参与决策，有良好的沟通，可以满足员工内在的成就动机。

（5）工作保障（权利与福利）。工作权的保障及各种福利措施的设计，满足不同员工不同阶段的需求。

（6）资讯分享（公开管理）。对于有些人而言，工作不只是工作，如果不能够分享资讯，会感觉自己像个生产的机器。反之，资讯分享可以提升员工的认同感与满意感。

研究发现，整体工作生活品质满意度对工作绩效有显著正面的影响，简单地说，有满意的员工才有满意的顾客。让员工有满意的工作生活品质，可以提供高品质的服务，替企业创造绩效。企业只有重视工作生活品质才有竞争优势，才可达成永续经营的目标。

提高和改善工作生活质量在美国工业企业里也还是一项正在发展的新事物，它体现着一种新的工作规范，这种规范非常重视职工的工作满意感和人力资源的价值，因而受到普遍的赞扬。对此，我们应在认真分析的基础上吸收有利于我国经济改革的内容，而不能生搬硬套。

5. 危机管理

组织发展应该重视危机管理。危机管理又称风险管理，是指如何在一个肯定有风险的环境里把风险降到最低的管理过程，其中包括对风险的量度、评估和应变策略。理想的危机管理是将可能引起最大损失、产生最大危害的事情优先处理，而风险相对较低的事情较后处理。事实上，对于事情的风险判断往往是一个很难决策的问题，这会遇到机会成本的问题，即得到这一机会而失去另一机会的损失或成本的大小。

在危机到来之前能预防并避免是最低的成本，所以预防风险是组织中减少或避免损失的最好方法。做好预防工作最重要的是提高企业的自身免疫力，这需要：第一，强化全员的危机意识，使其形成于组织文化中；第二，加强信用管理，树立良好的公众形象、良好的组织形象；第三，加强公共关系管理；第四，强化团队精神；第五，提高管理能力和责任心。

6.5　工作压力

过多的压力会对工作者的身心健康造成很大损害，对组织也会产生消极影响，所以工作压力管理应该引起更多的重视。

6.5.1　工作压力概述

1. 压力的含义和作用

个体在一种动态情境中，常常要面对与自己所期望的目标相关的机会、限制及要求，并且这种动态情景所产生的结果被认为是重要而又不确定的。这就是我们常说的压力，即人在对付那些自己认为很难对付的情况时，所产生的情绪上和身体上的异常反应。它是人和环境相互作用的结果，是机体内部状态，如焦虑、强烈的情绪和生理上的唤醒，以及挫折等各种情感和反应。压力在心理上产生的作用就是紧张。压力状态由两方面的因素构成：一个是威胁，也称“紧张刺激物”；另一个是由个体生理上可测量的变化和个体行为组成的反应。

压力又总是与各种限制和要求相联系，“限制”会阻碍一个人去做自己想做的事，“要求”则会使自己丧失所渴望得到的事物。当你在工作岗位上参加绩效考评时，你就会因面对各种机会、限制和要求而感到有压力。例如，好的绩效评定结果可能带来晋升，更大的责任，更高的报酬；而较差的绩效评定结果则可能使你失去提升的机会，很差的绩效评定结果还可能导致被解雇。但压力本身不一定就是坏事，尽管一般讨论的是其负面影响，可它毕竟也有积极的、有价值的一面，即它是一种潜在的收益机会。又如，运动员在“紧要关头”常常利用压力的积极作用抓住机会，超常发挥出的他们最高水平，从而创造出优异的成绩。

2. 压力的体验

组织行为学家的研究成果表明，个人是否能够体验到工作压力，主要取决于知觉、经历、压力与工作绩效关系、人际关系等因素。这是因为每个人所具有的这四个因素的情况不同，所以压力的体验完全是因人而异的。

压力所引起的情感反应因人而异，受性别、文化背景、遗传、环境和对付压力的方法等各种因素的制约。人是有区别的，具有不同个性的人，对同样的压力会有不同的反应。

3. 压力的生理反应

人们体验到压力之后，就会有反应。这种反应可以是畏缩或者奋争。这种反应影响到肌肉、眼睛、呼吸速度和心跳速度，使躯体做好临敌逃脱或奋勇抵抗的准备。大脑向位于两肾上端的肾上腺发出指令，该指令迅速得到辨认，人体便开始分泌肾上腺素，肾上腺素会引起下列身体反应：

（1）心跳开始加快，把血液最大限度地输送到人体周身，并做好采取任何行为的准备。

（2）呼吸速度加快，从而血液可以把大量的氧气带进肌肉，使之能够有效地工作。

（3）血压增高，从而能够充分地向主要器官供血。

（4）皮肤和内脏里的血管自行收缩，使躯体能够获取比平时更多的血液，进入临阵状态。

（5）瞳孔放大，从而使我们既能瞧见威胁自己的东西，又可看清逃离的道路。

（6）血糖急剧上升，提供了大量的能量用以抵抗或逃离“敌手”。

6.5.2 工作压力来源

一般来说，压力来源于环境因素、组织因素和个人因素三个方面。

1. 环境因素

环境的不确定性不仅会影响组织结构的设计，也会影响组织中员工的压力水平。因为工作环境中的任何事都可能是某人的压力源。不好的工作环境，如严寒和酷暑、噪声、光线太强或太暗、放射线和空气稀薄等，都可能使员工产生压力。此外，商业周期性变化带来的经济不确定性，在经济紧缩时，人们会为自己的安全保障而倍感压力，人们在政治不确定性的地区和国家中也会感到较大的压力，另外，新技术革新使一个员工的技术和经验在很短时间内过时，也能引发人们的压力感。

2. 组织因素

组织中的员工常常会因以下情况而感到压力：所做的不是自己愿意做的事，或在有限时间里完成工作，工作负担过重，上司令人讨厌，同事难以相处等。与工作压力有关的组织因素包括任务要求、角色要求、人际关系要求、组织结构、组织领导作风、组织生命周期等。

（1）任务要求。员工所担负组织交给的具体任务也是压力的主要来源之一，它无论什么时候都存在。所担负的任务不同，就会有不同的期望和要求。在模棱两可的任务下，工作职责存在不确定性。冲突也与模棱两可的任务一样，是组织压力的重要来源。有时员工担负的工作量太多或太少和不同的工作条件也能产生压力。

（2）角色要求。个人在组织中扮演的特定角色也会带来压力。

（3）人际关系要求。群体对组织中人的行为具有很大的影响，人与人的关系是组织生存和压力的潜在来源的关键部分，良好的人与人之间的关系可以促进个人和组织目标的实现，而不好的人与人的关系就会产生压力和其他不愉快的后果。

（4）组织结构。组织结构所界定的组织层次分化水平、组织规章制度的效力、决策的地点及有效范围等，都会成为压力源。如果组织规章制度过多，员工缺乏参与决策的机会，员工在工作中就会因此而受到影响。

（5）组织领导作风。这是指组织高层管理人员的管理风格。有些公司主要负责人的管理风格会导致一种以员工的紧张、恐惧和焦虑为特征的组织文化，他们会使员工在短期内产生幻觉式的压力。

（6）组织生命周期。组织运行一般要经过初创、成长、成熟、衰退这四个阶段所组成的生命周期，这个过程会给员工带来许多不同的问题和压力，尤其在初创和衰退阶段，更是压力重重。

3. 个人因素

员工个人因素包括家庭问题、经济问题、员工个性特点等方面。

一个人担负很多任务或起很大作用，但只有部分是与组织相联系的，这也是压力来源之一。人们个人的目标和需要也许与工作有冲突，从而产生压力。人们个人的需要与他们的家庭需要可能有冲突，从而产生压力。人们个人生活中的许多压力是来自离婚、结婚、家庭成员的死亡等重大变化，这些压力可能使人致病。国外对5 000多病例病因分析研究的结果表明，得病的根本原因是他们脱离了原来的正常生活，即生活发生了重大变化。同时，主要的压力源与员工个人终身经历发展有密切关系，这包括工作安全、提升、调动和发展的机会等。

但这些压力因素都具有可加性，因为压力是逐步积累和加强的。每一个新的持续性的压力因素都会增强个体的压力水平。单个压力因素本身可能无足轻重，但如果加在业已很高的压力水平上，它就可能成为“压倒骆驼的最后一根稻草”。因此，要评估一个员工所承受的压力总量，就必须综合考虑他所经受的机会性压力、限制性压力和要求性压力。

6.5.3　压力的后果

压力产生的后果有积极和消极两种，但通常更多的是表现在消极方面。在美国，研究人员发现，每年由与压力有关的疾病导致的劳动生产率下降的损失高达600亿美元。压力的消极作用表现在生理、情绪和行为三个方面。压力对生理的影响包括：血压升高、尿频、易怒、缺乏食欲等。压力对情绪的影响包括：发怒、忧虑、意志消沉、影响自尊心、智力功能降低、神经过敏、激动、对领导人的愤慨以及对工作不满等。压力对行为的影响包括：工作绩效降低、缺勤率高、工伤事故率高、有冲动性行为、难以沟通等。

压力的消极作用集中表现在对健康和工作绩效的损害方面，这种损害程度与控制能力和个人对压力的态度有密切关系。

资料链接：27 种过劳症状和因素

1. 经常感到疲倦，忘性大；
2. 酒量突然下降，即使饮酒也不感到有滋味；
3. 突然觉得有衰老感；
4. 肩部和颈部发木、发僵；
5. 因为疲劳和苦闷失眠；
6. 有一点小事也烦躁和生气；
7. 经常头痛和胸闷；
8. 发现患有高血压、糖尿病，心电图测试结果不正常；
9. 体重变化大，出现“将军肚”；
10. 几乎每天晚上聚餐饮酒；
11. 一天喝 5 杯以上咖啡；
12. 经常不吃早饭或吃饭时间不固定；
13. 喜欢吃油炸食品；
14. 一天吸烟 30 支以上；
15. 晚上 10 时也不回家或者 12 时以后回家占一半以上；
16. 上下班单程占 2 小时以上；
17. 最近几年运动也不流汗；
18. 自我感觉身体良好而不看病；
19. 一天工作 10 小时以上；
20. 星期天也上班；
21. 经常出差，每周只在家住两三天；
22. 夜班多，工作时间不规律；
23. 最近有工作调动或工作变化；
24. 升职或者工作量增多；
25. 最近加班时间突然增加；
26. 人际关系突然变坏；
27. 最近发生工作失误或者发生不和。

研究者认为：在上述 27 项中占 7 项以上即是过度疲劳有危险者，占 10 项以上就可能在任何时间发生过劳死。即使占不到 7 项，在第 1 项到第 9 项中占两项以上或者在第 10 项到 18 项中占 3 项以上者也要特别注意。

有过劳症状和因素的人，应立即到医院检查或按医嘱改变晚回家、饮酒、吸烟等不良习惯。有过劳死因素的人不一定要吃营养药或住院，而要重建或养成健康的生活习惯。总之，白天努力工作，晚上下班就回家，充分休息并适当吃些营养品，是防止过劳死和保持健康的最好办法。

1. 工作压力与健康的关系

研究人员发现压力与冠心病有联系，伴随着工作而来的其他健康问题有酗酒、滥用药物、身体的失调和病痛，以及各种思想问题。最近还发现压力与癌症有联系。虽然这种压力对健康的影响作用很难精确地表示出来，但无疑大量病痛都是与压力有关的。与压力有关的疾病的产生，涉及人力和组织力的耗费。这种花费对个人来说，有时比对组织力的耗费更为严重。

2. 压力与工作绩效的关系

运动员和销售经理都可以利用压力的积极影响而取得最优的成绩，而大医院急救室的医护人员常常因忙于病人的生死而变得麻木，并导致绩效水平下降。可见压力与工作绩效有很明显的关系。压力从低到高的变化对工作绩效水平的影响是不同的。在低压力的情况下，人们可能不警惕，工作绩效不能达到最高水平。压力达到中等水平时，它有助于刺激机体，增强机体的反应能力，就能改善工作绩效水平，这时候个体的工作会做得更好、更快，并且个体也更加具有工作热情。对任何工作任务来说，均存在一个最优的压力水平，过了这个点后工作绩效就开始变坏，在超过压力水平的情况下，员工会过分焦虑从而影响他们取得好的工作绩效。

管理者很想知道他们自身和下属的最适宜的压力点。然而，这个信息是很难取得的。例如，员工可能由于工作枯燥乏味（压力太小），或因为工作过度（压力太大）而经常缺勤。某种程度的压力对做某一特定工作的员工来说，可能是合适的，而对另一个员工来说，可能就不合适。对特定的人所担负的某项任务来说，某种程度的压力是最优，而对这一个人所做的另一种工作来说，这种压力也许就是太大或太小了。

3. 压力与工作要求和控制能力的关系

研究成果表明压力与工作要求高低成正比，与控制能力强弱成反比。工作要求与控制能力的关系可能形成四种格局，这四种格局对个人产生的压力也是不一样的，如图6－10所示。

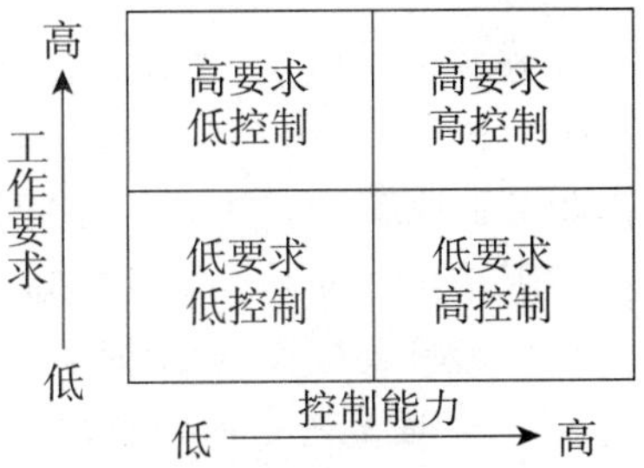

图6－10 压力与工作要求和控制能力的关系

（1）高要求，低控制。就是指在工作上提出完成工作量大、质量高、时间紧迫、与别人协作、采用新的工作方法和手段等高的要求，而个人对工作数量、质量、方法等的决定控制权力很小。在这种情况下，员工受到的压力最为明显，是四种情况中压力最大的一种。

（2）低要求，高控制。这与高要求、低控制相反，员工受到的压力最小，是四种情况中压力最小的一种，但是员工受到的挑战和促进前进的动力也最小，进步不快。

（3）低要求，低控制。这种情况对个人压力较小，如长期如此，会使员工丧失作出独立判断能力和接受挑战性工作的能力。

（4）高要求，高控制。在这种情况下，虽然工作对个人提出了高要求，有时甚至使员工对完成任务感到吃力，但由于个人工作的控制力强，有较大程度的参与决策的机会，因而，员工受到鼓舞，激励力也较大，员工的满意度最大。

4. 不同人员对压力的态度

工作压力是客观存在的，但同样的压力在不同人的身上却可以产生不同的后果。澳大利亚的行为科学家斯皮拉那曾用下列公式来表示两种效率高低不同的管理人员对待压力的不同态度和造成的不同后果。

高效率管理人员的公式是：压力→积极态度→激励

低效率管理人员的公式是：压力→消极态度→苦恼

斯皮拉那以管理人员为例，把人们对压力的不同态度进行了如下的对比分析。低效率管理人员的态度是：很难经受挫折和困难的考验，怨天尤人，不切合实际的自负，对别人的依赖，回避矛盾和问题，缩手缩脚，受传统和习惯的束缚，对未来缺乏信心，对人对事采取求全责备的态度，不能控制自己的情绪而完全受外界的影响等。高效率管理人员的态度是：努力克服困难，并使事情向好的方向转化，多看别人的优点和长处并善于激励别人，有很高的期望，不怕冒风险，能独立思考和行事，正视矛盾和问题，毫无怨言地努力工作，勇于创新，有开拓精神，把解决问题和克服困难看作是生活和工作的全部意义，并有较强的自我控制能力等。

6.5.4 应对压力的措施与方法

我们在前面说过，低于中等水平的压力感有助于员工提高工作绩效。但经受的压力感水平过高，或中等水平压力感持续的时间过长，都会使员工工作绩效降低。这时就需要管理人员采取行动。其实压力感对于员工满意度的影响并不直接，虽然低于中等水平的压力感有助于员工提高绩效，但他们仍然认为这种压力感令人不快。对付压力的方法很多，一般可以采取以下措施。

1. 通过组织途径来改变行为方式以减轻和抵消压力

有效的管理者认为，首先要善于识别并指出压力的所在及其影响，以改变工作习惯和行为方式来对付太大的压力。管理者的任务在于积极寻找对待压力的行为方式，帮助员工正确对待压力。如重新确定目标，改善工作环境，重新设计组织结构和工作职务，提高工作职务的明确性，进行工作职务的分析等。员工对于特别不易承担的压力，应对领导说出具体困难，以便采取解决措施。如果不反映，上级也不知道你是否能够承受这些压力，这将直接影响到工作的完成。

2. 通过员工个人的解决途径来减轻和抵消压力

员工首先要善于识别出压力所在及其影响，改变自己的工作习惯和行为方式来减轻和抵消压力。可与人讨论，寻找正确面对压力的行为方式，互相帮助、共同承担和缓解压力。除了与同事、上级领导沟通外，还应该进行自我调理，可积极参加体育活动。研究成果表明，散步、慢跑、打网球、处理家务等，对于抵消和减轻压力都是有益的。任何一种活动都可以增加输入到身体和脑部的氧，促进血液循环，增强抵消压力的本领。员工个人解决压力的有效策略除了加强体育锻炼、进行放松训练外，还可以通过实行时间管理扩大社会支持网络等方法，来减轻自己的压力感。

6.6 组织学习

当今，组织学习不能再像以前那样只是一种辅助性能力，而应成为组织战略的核心。

资料链接：企业学习成为企业战略的核心

企业必须具备快速调整或者提升员工技能结构的能力，这样才能应对新的市场需求和抓住新的机会。例如，在美国，尽管面临经济衰退和高失业率，市场上仍然存在200多万个岗位空缺，这说明现有劳动力技能与市场需要的技能结构之间存在严重的不匹配。

企业应该根据市场需求、工作环境和每个员工自己的学习习惯，在合适的地点和时间以合适的形式为员工提供学习支持。

微软公司的“移动学院”(Academy Mobile) 提高了组织灵活性和学习能力，有效缩短了微软销售人员掌握某个产品或解决方案的时间，从而能更及时地把握市场机会。

“移动学院”提供的永远是新鲜的信息，也就是其他销售人员正在尝试并且产生积极效果的项目。学习材料一般以视频短片的形式推出，其内容来源既包括产品专家和销售人员，也包括各种电话会议、介绍以及第三方供应商。

在微软公司内部，“移动学院”拥有约22 000个用户，并且它还向分销网络上近5 000个合作伙伴开放。如此庞大的用户基础每个月可以产生500多段视频内容，它们极大地丰富了销售人员对于产品、竞争对手和最佳销售实践的认识。

另一个快速学习能力培养的例子来自芝加哥医疗服务公司。该公司的学习培训部门经常制作一种10分钟左右的网络培训短片，这种短片在公司内部被称为“绩效解决方案”，员工可以在自己的电脑上观看和学习它。

该公司还聘请学习培训团队深入到公司最重要的工作岗位考察，然后根据这些经历制作成为期数天的培训项目。这一做法不仅改良了传统的教学模式，同时还使整个学习流程更加切合公司业务需求。

6.6.1 组织学习概述

组织学习的概念目前理论界尚无统一认识。一般认为，组织学习是指组织成员不断获取知识、改善自身的行为、优化组织的体系，以在不断变化的内外环境中保持组织的可持续生存和健康和谐发展。学界普遍认为组织学习意义重大，业界前沿动态也表明“学习”已经成为组织战略的核心，即已进入生产流程，成为一种常规，支撑着企业日常经营，成为组织敏捷化的关键构成部分。

1. 组织学习的意义

美国著名管理学大师德鲁克指出，现在已经进入一个管理的新时代。在这个时代，知识越来越比资本、土地等其他东西值钱。21世纪的人，应该是能够系统思考的、不断自我超越的、不断改善心智模式的、积极参与组织学习的、能在共同愿景下努力发展的，不仅把学习看作人的天性，而且视为生命趣味盎然源泉的“学习型”的人。

学习是人类自我发展的需要。21世纪是强调“把人作为发展中心”的世纪，根据这一特征，教育成为人的发展和社会发展的主要途径，教育是社会和经济发展的首要推动力。教育不再是发展的手段，教育本身就是社会发展的基本内容和目标。人的发展，需要学习型组织。

学习是适应新的知识经济环境的需要。增强企业生命力，延长其组织寿命，已成为全球企业界和理论界关注的焦点。现代企业经营环境发生了根本性的变化，买方市场已经形成，同类企业的关系由单纯竞争转向共生化，学习型组织是企业顺应知识经济时代内在要求而产生的一种组织管理新模式，也是组织生命周期内在规律发展的必然结果。传统管理模式是以亚当·斯密的分工理论、泰勒的科学管理为基础，以职能分工的“金字塔”形组织结构为特点，随着知识经济时代的到来，企业必须把“金字塔”形的组织结构转变为柔性化、扁平化、信息化结构，形成多个以任务或合同为对象的有关职能创造型的团队，并使这种团队成为最基本的组织学习单位。组织所有的目标都是直接或间接地通过团队运作来达到的，最大限度地将决策权向组织结构下层移动，让基层单位拥有充分的自主权，并对相应的结果负责。

学习是企业人才开发的需要，更是企业应对技能型人才匮乏的需要。对于21世纪的企业而言，人是最关键的。在大多数企业人员结构性矛盾突出、整体素质较低的前提下，亟待研究面向未来建立学习型组织的问题，以提升企业人员的整体素质。

2. 组织学习的方法

有效的学习方法是保证学习效果的重要手段，组织学习一定要选择恰当的方法。常用的方法有讲授法、案例分析法、角色扮演法、研讨法和向优秀组织学习法等。

（1）讲授法。组织学习中最常见的方法是讲授法。它是采取集中办班的形式，在固定场所由教师和专家讲授有关知识、技能等，使学习者消化吸收并运用到组织行为中去的学习方法。该方法最大的优点是学习时间短、见效快，不足在于学习者多为被动学习、参与性较差、针对性不强。

（2）案例分析法。案例分析法是 20 世纪初哈佛大学首创的教学方法。它把实际工作中的真实情景加以典型化处理，编写成学习案例，通过学习者相互讨论、研讨的方式来提高分析问题、解决问题能力。哈佛 MBA 学员在学习期间，要接触 500 个案例，这与其毕业生的高薪与抢手有着某种因果关系。案例学习是一种调动学习者广泛参与的学习方法。它一改以往学习中单向教学的形态，强调学习者的主动性，将学习重心从知识转向能力，是一种教学相长的学习方法。

（3）角色模拟法。角色模拟法是提供一种真实的情景，要求学习者担当某些特定的职位角色并模拟实际操作，用以提高学习者的自我控制能力和随机应变能力的学习方法。这种方法不仅能提高参与者的能力，而且观看者通过观察模拟者操作、事后讨论评价、换位思考，也能提高解决问题的能力。角色模拟法的要求是，模拟的内容要与组织目标和任务有直接关系，否则组织学习就失去了意义。

（4）研讨法。研讨法是一般先由指导者介绍问题概念，然后由学习者围绕某一专题进行讨论的学习方式，是一种普遍采用的学习方法。其中“深度会谈”（又译“对话法”）模式，加上讨论法成为学习型组织团队学习的重要方法，具体要求见下文“彼得·圣吉的五项修炼”。

（5）向优秀组织学习法。组织想成功最直接的方法是向优秀组织学习。初涉商场一般都从模仿入手，这已经成为组织行为的规律。模仿都需要典范，要取法乎上。振华港机就是从模仿日立产品开始的，其成功之后保持优秀的诀窍，还是向优秀组织学习。

资料链接：找一个典范去模仿

没有苏格拉底就没有柏拉图，俄国冰球队学习加拿大队，马蒂斯取法高更的绘画技巧……这些都说明一个道理：各行各业都有模仿的对象。寻找典范或向赢家求教，效果惊人。眼镜制造商“西柏视力”前董事长东尼，其企业得到彻底改变的诀窍就是善于寻找榜样，肯向赢家学习。成功经营者松下出色的重要原因之一，就是在他心目中还有一个更加出色的经营者的形象——前通用汽车董事长阿尔弗雷德·斯隆。松下认为斯隆的确是最值得效法的理想经营者。

各行各业中的成功人物，他们早已成为别人的榜样，却仍不断地寻找典范，始终鞭策自己接受新挑战，再建新目标，超越自己。美国康涅狄格州有家超级市场，经常定期带员工参观同业，并要求每个员工必须至少找到一处别家超市比自己强的地方，而且要提出迎头赶上甚至超过的点子，称作“一个点子俱乐部”。如果你想成为自己所在行业未来的霸主，就必须客观地评估自己的目标和能力，然后找一个典范，作为模仿学习的对象，努力成为甚至超越原来的学习对象。在这个过程里，每一个经理人都应该自觉地要求自己，从专业知识到职业技能，从管理手段到说话方式，从画好一张表格到接好一个电话，写好一个E-mail，到日常生活的一点一滴，都向典范看齐，目的是使自己随时能够接受更高的挑战。

3. 学习的理论

学习的理论有“经典条件反射理论”“操作条件反射理论”“试错学说”“社会学习理论”，以下介绍其中三种。

（1）经典条件反射理论。20世纪初俄国生物学家巴甫洛夫通过对“狗听到铃声能够分泌出唾液”的试验而得出经典条件反射理论。

试验内容分三部分：1）给狗一片肉时，狗的唾液分泌量明显增加，肉片藏起，狗不再分泌唾液；2）吃食物之前先听铃声，多次反复后，狗只要听到铃声就会分泌唾液；3）狗只要听到铃声（没有肉片）也会分泌唾液，这说明狗已经学会新的反应。这种无条件刺激物的肉片必然会使狗作出分泌唾液的反应，称为无条件反应。最终，只有中性刺激物铃声而没有肉片出现，狗也分泌唾液的反应即为经典条件反射。该理论告诉我们：将具有吸引力的刺激物与中性刺激物结合在一起，中性刺激物具有无条件刺激物的性质。即在组织中，当某种事件发生时，人们以某种特定的方式进行反应。这可以帮助人们解释一些简单的行为。

（2）操作条件反射理论。哈佛大学心理学家斯金纳是操作条件反射理论的创始人。他认为，行为是结果的函数，并不是由反射或先天决定的，而是后天习得的。人们通过学习获得想得到的东西而逃避不想要的东西。操作条件反射理论指出，主动或习得的行为不是反射或先天的行为，该行为是否得到强化影响着这一行为的重复倾向，即强化物可以强化并增加重复的可能性。在组织中，如果人们的行为得到了积极的强化，则最有可能使这种行为得到重复。如恰当的奖励会强化组织中的积极行为，这种得到奖励的积极行为也最容易被重复，反之，则不会被重复。

（3）社会学习理论。亦称模型模仿论，是美国心理学家阿尔波特·班杜拉提出的，是操作条件反射理论的扩展。这一理论源于行为主义学派的强化学习理论，试图阐明人怎样在社会环境中进行学习，认为行为是结果的函数，而学习是通过观察和直接经验两种途径进行的，通过观察生活中重要人物的行为而学得社会行为，榜样的影响是社会学习理论的核心。

资料链接：一个新奇的梦想可能成就一个好公司

美国西北大学管理学院的MBA教授谢夫斯凯一开口，就把MBA这门热门课程贬了一通：“在中国，还有比MBA更‘吃香’的工作——自己当老板！我的许多美国学生，读书读到一半，自己就跑去开公司了！两三年以后，这批辍学学生反而要比他们的同学富有得多！”谢夫斯凯还写了一本书《企业家是培养出来的，而不是天生的》（*Entrepreneurs Are Made Not Born*），鼓励每个人都来当老板。

在谢夫斯凯眼里，一个新奇的梦想能成就一个好公司。“只要你能想到别人想不到的东西，就能开创一个成功的公司！”谢夫斯凯解释说：“商机往往就隐藏在你的身边，只不过你没有留意到罢了！”

全球快餐业巨头麦当劳的老板雷·克洛克，当年只是个负责卖奶昔制作机的销售员，后来他发现，一个叫“麦当劳”的汉堡包店里，奶昔卖得特别好，于是筹钱把这家店盘下来，改成一个快餐店，发展连锁快餐店。

在谢夫斯凯调查过的所有公司里，联邦快递公司大概是最成功的一个梦想。20 年前，美国递送业被国家邮政局垄断，直到有一天，一个叫弗雷德·史密斯的耶鲁大学学生向导师提交了一份家庭作业，提出一个发展私人邮政业的计划书。虽然计划书被导师批得一文不值，作业评分也是 C 等，但弗雷德·史密斯得到了投资集团的支持，最终实现了梦想。

6.6.2 学习型组织（Learning Organization）

著名学者罗宾斯在他的《组织行为学》中认为：20 世纪 70 年代，企业热衷于全面质量管理理论的应用，80 年代企业开始热衷于企业再造，90 年代中期，积极推广学习型组织管理理论。当今世界每八个月就会产生一种新理论。但真正对人类社会产生重大影响的理论 100 年来只有 35 种，而学习型组织理论是当今世界最前沿的管理理论。

1. 学习型组织的含义

学习型组织是指通过营造整个组织的学习气氛，充分发挥员工的创造性思维能力而建立起来的一种有机的、高度柔性的、横向网络式的、符合人性的、能持续发展的组织。

当代管理大师阿里·德赫斯以兼备管理的理论性与实践性而闻名。1988 年他在《哈佛商业评论》上发表《计划即学习》，首次提出了“组织学习”的概念。他认为，“计划不是高层管理者制订出来的，是管理者及员工通过群体学习，改变原有思维模式，即改变对竞争者、市场、顾客的固有看法，从而建立一种适应环境变化的学习能力的动态过程”。在德赫斯看来，学习和汲取知识是管理活动的核心。“未来公司唯一持久的竞争优势，或许是具备比竞争对手学习得更快的能力。”“当世界更息息相关、复杂多变时，学习能力也要增强，这样才能适应变局。企业不能再只靠像福特或华生那样伟大的领导者运筹帷幄和指挥全局了。未来真正出色的企业，将是能够设法使各阶层人员全心投入，并有能力不断学习的组织。”

罗宾斯概括的学习型组织特性有：（1）有一个人人赞同的共同构想。（2）在解决问题和人事工作时，摒弃旧的思维方式和常规程序。（3）作为相互关系系统的一部分，成员对所有的组织过程、活动、功能与环境的相互作用进行思考。（4）人们之间坦率地相互沟通（跨越纵向和水平界线），不必担心受到批评或惩罚。（5）人们摒弃个人利益和部门利益，为实现组织的共同构想一起工作。

美国麻省理工学院彼得·圣吉教授认为未来组织所应具备的最根本性的品质是学习。20 世纪 90 年代他在著作《第五项修炼》中提出了学习型组织的概念，试图通过一套修炼方法提升人类组织整体动作的“群体智力”。现代企业和其他许多组织面临复杂多变的环境，只有增强学习能力，才能适应种种变化，未来真正出色的组织将是能够设法使组织各阶层人员全心投入，并有能力不断学习的组织，也就是“学习型组织”。

学习型组织采用了横向结构，废弃了使管理者和工人之间产生距离的纵向结构，同样也废弃了使个人与个人、部门与部门相互争斗的支付和预算制度。团队是横向组织的基本结构。伴随着生产的全过程，人们一起工作为顾客创造产品。在学习型组织里，团队成员负责培训、安全、安排休假、采购，部门之间的界限被减少或消除，而且组织之间的界限也变得更加模糊。新兴的网络组织和虚拟组织是由若干个公司组成的，为了达到某种目的而联合起来，公司之间以前所未有的方式进行合作。这些新的组织结构提供了适应迅速变化着的竞争条件所需的灵活性。

2. 创建学习型组织

（1）彼得·圣吉的五项修炼。彼得·圣吉在《第五项修炼》中提出建立学习型组织要进行五项修炼的观点，介绍如下：

1）个人自我超越。自我超越要求组织中的每个人，首先要学习不断厘清并找到自己内心真正的愿望和追求，然后集中精力、全心投入，不断创造和实现自我，这样每个人才会成为真正的终身学习者，组织也才会成为真正的学习型组织。彼得·圣吉认为，组织整体对学习的意愿与能力，植根于每个成员对于学习的意愿与能力；每个成员内心的真实渴望是学习型组织的力量源泉和精神动力。

2）改善心智模式。心智模式是根深蒂固于人们心中，影响人们如何认识世界，以及如何在这个世界中采取行动的各种假设、成见或者图像、印象。它不易被人察觉，但对人的影响巨大。当环境变化时，过去的心智模式不利于人们适应新的环境，因此，人们有必要学习改变心智模式。从个人来讲，要改善心智模式，首先要学会看到它。所以，彼得·圣吉认为，心智模式修炼的步骤是：首先，将镜子转向自己。通过这种方法，人们可以学习发掘内心世界的图像，使它们浮到表面并严加审视；其次，进行有学习效果的、兼顾质疑与表达的交谈，这种交谈能有效地表达自己的想法，并以开放的心灵容纳别人的想法。

3）建立共同愿景。彼得·圣吉认为，在一个组织中，只有领导者的愿景是不够的，领导者必须通过一种有效的方式，建立一个能够让大家都向往的、激动人心的理想和目标，这种共同理想能够凝聚大家的力量。有了共同渴望实现的目标，大家会积极努力学习，追求卓越，不会产生被要求去做的想法。

4）团队学习。组织学习的基本单位是团队。组织学习需要人们学会如何在一起工作和交流，以提高整个团队的学习能力和智慧。研究表明，经常在一个管理团队中，尽管大家都认真参与，每个人的智商都在 120 以上，但是最后团队的集体智商只有 62。当然，也有集体智慧高于个人的特殊情况。因此，要掌握团队学习的方法，“深度会谈”就是其中之一。深度会谈要求每个成员都要谈出心中的假设，真正一起思考。这样能使团队中各种想法自由交流，就能产生远比个人认识更深入、更有意义的见解。

5）系统思考。组织要更好地学习，还必须具备系统思考的能力，而系统思考是五项修炼的基础。任何一个人、团队和组织，都是处于不同层次的动态变化的系统之中，这些系统中各种因素及其活动，都会相互影响和变化，而身为其中的部分和个体，由于置身其中很难看清事物的整体变化，很难从根本上解决问题。组织在学习过程中，必须运用系统的而非片面的思维方式，这样才能看清事物的内在特征和其变化的规律性，并了解如何有效地掌握变化，开创新局面。

（2）阿里·德赫斯的商业风暴中生存方式。阿里·德赫斯通过对 30 家百年以上历史的长寿公司的研究，写出了《长寿公司》一书，被评为“为所有领导者准备的书”，描述了长寿公司人格化的特征，为创建学习型组织提供了典范，介绍了组织长盛不衰秘诀的四个维度：

1）对环境反应敏感。阿里·德赫斯认为，长寿的公司总是对自己周围的环境非常敏感，而且能对周围的环境随时作出反应。研究发现，这些长寿公司虽然经历很多变幻莫测的事情，如战争、经济萧条等，但总是善于调整自己，使其与环境和谐。

2）整体意识。通过对个案的研究发现，当公司处在不断变迁的环境中时，组织成员间有力的联系对组织的生存是关键的。长寿的公司都很有凝聚力，主要表现是：组织员工对公司有很强的认同感，而且无论他们之间存在哪些差异，他们都认为自己是这个组织整体中的一部分。长寿公司在类似这种事情上，总会采用各种有效的方式来增强员工的整体感，如从内部提拔经理等。

3）宽容型管理。长寿公司强调多元化，对各种边缘化的行为总是宽宏大量，鼓励创新。这些公司认为，在公司本身很有凝聚力的前提下，有些边缘行为、大胆的尝试以及一些古怪新奇的想法，都会有利于公司多考虑一些可能性和拥有选择的余地，对公司的长远发展是有好处的。另外，长寿公司总是鼓励分权，避免使用集权化的管理，只有这样才能保障前面所说的多元化和多样性。

4）偏保守的财政政策。所有的长寿公司在财务管理上采取的是偏保守的财政政策，它们都非常注重成本和节俭。它们对金钱的理解就是要特别注意保持一定的节余，认为只有手中有钱，公司才有非常大的灵活性和独立性，才能作出竞争对手不敢奢望的选择，从而赢得成功。

阿里·德赫斯认为基于长寿公司的人格化特征，组织管理者应该：

第一，重视员工胜于重视资产。长期经营的公司会有多次转变，任何一种转变中，必然体现出优化员工比优化资产更重要。

第二，放松控制，给予员工形成新思想的空间。对创新的关注超过了对遵守规则、政策和程序的考虑，强调惩罚与奖励间的平衡。

第三，加强组织学习，公司鼓励群体行动，在互动合作中不断创造出新知识，使组织能够更快地适应新的环境。

第四，构建人际社区。员工从同事那里学到的要比从培训课上学到的东西多。公司应提供人际交往的有效平台或渠道，鼓励来自不同背景、学术领域，具有不同经验的员工进行交流，对组织学习很有效果。

3. 知识管理

与学习型组织相伴而来的是知识管理的实施，职业经理人应该对此给予极大关注。所谓知识管理，是指20世纪90年代后半期西方企业管理界和理论界总结和实践的一种新的企业管理办法。它是指企业作为一个组织整体上对知识的获取、存储、学习、共享、创新的管理过程，使企业能够比竞争者保持至少一步以上的领先。世界500强大企业中已经有一半以上建立了知识管理体系和战略，并且产生了非常显著的效益。

我国现在绝大部分企业知识管理水平非常低下，认识上、实践上都存在许多问题，必须加快实施我国的知识管理战略：第一，各类企业都要从战略的高度重视知识管理，要认识到它是决定企业生存的大问题；第二，要重视和强调中小高科技企业内知识的共享，努力做到个人知识完整转化为企业知识，减少企业的命运掌握在少数几个关键知识所有者手里的风险；第三，要转变组织中资本和权力决定一切的思想观念，树立对知识的尊重，真正搞清楚知识经济时代，是知识决定企业命运；第四，还应该促使高科技企业尽快建成学习型组织，塑造一个基于共同价值观的优良企业文化，可参看第 1 章资料链接“小公司效应”。

本章小结

组织结构是达到组织目标的重要手段。它可以解释和预测员工的行为，对员工态度和行为有重要影响，基本要素是工作专门化、部门化、命令链、控制跨度、集权与分权和正规化。组织设计是对组织结构进行设计，即把任务、责任、权力和利益进行有效结合和协调的活动。组织结构的最新发展趋势是分立化、扁平化、柔性化和虚拟化。

工作设计可以提高员工的工作水平。企业流程再造强调摆脱旧流程框架，一切重新开始，重新设计流程图，必须组成团队来进行，使各个部门充分运用信息，最大限度地发挥过程的增值作用。

工作压力本身的存在并不意味着工作绩效的降低。低于中等水平的压力有助于增强员工的敏锐性、反应能力，提高工作绩效，但仍然令人不快。

组织文化是组织生存和发展的灵魂和精神支柱。优秀的组织文化必须体现到行动上，建设组织文化要克服国民文化中的消极因素。

组织环境对组织的生存和发展起着决定性的作用，只有把握其特性，才能使组织在激烈的竞争中永远立于不败之地。

组织变革是由多因素相互作用的综合结果。组织发展与工作生活质量是关于组织变革重要的相关部分，组织发展的干预措施通常建立在人本主义的民主价值基础上，其最终目的是激发组织的创新和创建学习型组织。实施知识管理战略刻不容缓。

【案例分析与思考】

华为居安思危创新长青三十年：所有一切皆要变化

2018 年 4 月 19 日，美国著名商业杂志《财富》（中文版）发布 2017 中国最具影响力的 50 位商界领袖榜单，华为公司首席执行官任正非再次荣登榜首，上榜理由是：

“三十年河西、三十年河东，我们三十年大限快到了。”这位素来以低调示人的华为掌门人，在近期的一次战略预备队建设汇报中袒露了自己的忧虑。作为中国第一家、全球第三家智能手机年出货量过亿的厂商，如今拥有 17 万名员工，年销售额超过 6 000 亿元的华为已经超越苹果、三星，稳居中国智能手机市场份额之首。2016 年，其以 25.6%的营业额涨幅位列《财富》世界 500 强榜单第 129 位，较 2015 年提升 99 位；同年的全国科技创新大会上，任正非更是笃定提出了“2020 年销售收入超过 1 500 亿美元”的目标。不过在任正非看来，2017 年仍然是充满变数的一年：“不想死就得新生，所有一切都要变化。”

这里显示了任正非高度的忧患意识与危机思维。在华为近 30 年来充满艰难险阻的历程中，他不断警示大家，带领华为人进行着不间断的变化与创新，化解了一次次危机并促使企业进入了发展的更高境界。正如基辛格所言：“严重的危机感往往使危机本身得以避免。”从这个意义上讲，“危机就是机遇！”目前华为公司是世界第一大电信与互联网设备制造商，早已进入了竞争最为激烈的国际市场腹地，面临着巨大的挑战和压力。掌门人任正非行为低调，从不接受媒体采访。华为至今仍是世界500强（Fortune's Global 500）唯一没有上市的企业。欧洲一家通信制造商的高管在一个非正式场合这样讲：过去20多年全球通信行业的最大事件是华为的意外崛起，华为以价格和技术的破坏性创新彻底颠覆了通信产业的传统格局，从而让世界绝大多数普通人都能享受到低价优质的信息服务。

华为的创新是广义的，包括技术创新、产品创新、商业模式创新，还包括制度创新、组织创新等。这里就其创新中的“股权所有”“领导体制”“哲学基础”进行介绍。

一、华为制度创新之“工者有其股”

这应该是华为最大的颠覆性创新，是华为创造奇迹的根本所在，也是任正非对当代管理学研究带有填补空白性质的重大贡献——如何在互联网、全球化的时代对知识劳动者进行管理，在过去百年一直是管理学研究的薄弱环节。从常理上讲，任正非完全可以拥有华为的控股权，但创新一定是反常理的。在1987年华为创立的第一天起，任正非就给知识劳动者的智慧——这些非货币、非实物的无形资产进行定价，让“知本家”作为核心资产成为华为的股东和大大小小的老板，持股参与分红。截至2009年12月31日，华为控股通过工会实行员工持股计划，持股比例为98.58%，任正非持股1.42%。持股员工为61 457人，持股员工占公司总人数的64.69%。这形成了巨大的内部利益体，大大提高了员工工作积极性。现在华为有将近8万股东。最新的股权创新方案是，外籍员工也将大批量成为公司股东，从而实现完全意义上的“工者有其股”，这无疑是人类有商业史以来未上市公司中员工持股人数最多的企业，也无疑是一种创举，既体现着创始领袖的奉献精神，也考验着管理者的把控能力。

二、华为决策体制创新之轮值CEO

2004年开始七位常务副总裁轮流担任COO，每半年轮值一次。轮值COO进行了8年，结果是轮值COO的成功实践，促使华为开始推行轮值CEO制度。EMT管理团队由7个常务董事组成，负责公司日常的经营管理，7个人中3位是轮值主席，每人轮值半年。4年来的运行效果是显著的，最大成效之一是决策体系的动态均衡。如果上任轮值主席偏于激进，那么整个公司战车隆隆，但半年以后会有偏稳健的人上来掌舵，把前任风格调节一下，而过于稳健又可能影响发展，再上来的人可能既非左又非右，既非激进又非保守。这套体制的原型来自咨询公司的建议，但华为做了很多改造和创新，包括从美国的政党轮替制度里借鉴了一些东西，融入华为的高层决策体系。美国传统的政治制度设计和运作方式给华为的高层决策体制创新也带来了很多重要的启示。还有借鉴英国的“虚君共和制”使华为组织创新避免了山头问题。任正非认为，华为实行的轮值COO、CEO，与西方公司相比，制度优越性要大得多。西方公司是“一朝天子一朝臣”，一个人做CEO，他的哥们全跟着鸡犬升天，这个人干得不好被干掉，一帮人跟着被干掉，这在西方公司是很普遍的。而华为的轮值COO、轮值CEO制度，从体制上制约了山头文化的形成，为公司包容、积淀了很多五湖四海的杰出人才。同时这种创新体制也使整个公司的决策过程越来越科学化和民主化。今天的华为已经从早年的高度集权，演变到今天的适度民主加适度集权这么一个组织决策体制。轮值CEO制度，相对于传统的管理理论与实践，可称得上是划时代的颠覆性创新，在有史可寻的人类商业管理史上恐怕找不到第二例。有中国学者质疑这一体制的成功可能性，但至少迄今为止的8年加4年的华为实验是相对成功的。未来如何？由未来的历史去下结论：创新就意味着风险，意味着对本本主义、教条主义的反叛和修正。

三、华为创新哲学基础之开放与务实

客户与市场的需求始终是华为创新的源泉，而市场导向则是创新成败的根本。无论是模仿创新、连续创新，还是颠覆式创新，无不基于客户（用户）显性或隐性的需求，重要的在于追求市场上的成功。而开放式创新则是一切创新的哲学基础。华为从来不讲“自主创新”，任正非有个形象的说法，1＋1是西方人发明的，难道我们还要从1＋1重新开始吗？资源整合基础上的商业模式的创新，代表着未来创新的主潮流。

华为投入了世界上最大的力量进行创新，但华为反对盲目的创新，反对为创新而创新，华为推动的是有价值的创新，极具务实性。战略资源的整合，建立在商业模式基础上的创新，可以说是创新之根本。我们今天看到的很多互联网行业的新兴巨头快速成为巨无霸，其实大多是靠资源的整合——技术资源、人力资源、资本资源，以及各种资源的快速而有效的商业整合，而不仅是靠某一项技术带来的颠覆。华为在研发体制上的重大创新之一，是与全球诸多大客户包括沃达丰等运营商建立了几十个联合创新中心，这不但是创举，而且华为的竞争对手们曾经仿效，却由于成本等因素，而鲜有模仿成功。正是这种创新体制，使得华为在面向未来和面向客户中长远需求的研发领域，赢得了无数先机和众多突破。

东方民族在模仿式创新方面非常有智慧，但在颠覆性创新方面，在另辟蹊径的创新方面，与西方国家尤其是美国相比有很大的缺陷。但这也不完全是坏事。几年前有两位美国学者评价说，中国人的创新本质不在常规的突破层面上，而在于对现有突破的商业化运筹方面。换言之，美国人认为，创新应是一次大飞跃，而中国式创新是通过一连串的增量式步骤逐步完成的。这里面包含了两层意思：一个是中国式的追随型创新，更多是建立在商业层面；另一个是一种增量式的突破，而非爆炸式的突破。这篇文章的题目叫做“建立连接——中国电信巨人的崛起”，文章对中国电信企业尤其是华为的创新实践是充分肯定的。

【附】华为的“狼性”企业文化

华为非常崇尚“狼”，认为狼是企业学习的榜样，要向狼学习“狼性”，狼性永远不会过时。华为总裁任正非说：“发展中的企业犹如一只饥饿的野狼。狼有三大特性最显著：一是敏锐的嗅觉；二是不屈不挠、奋不顾身、永不疲倦的进攻精神；三是群体奋斗的意识。同样，一个企业要想扩张，也必须具备狼的这三个特性。”

作为最重要的团队精神之一，华为的“狼性文化”可以用这样的几个词语来概括：学习，创新，获益，团结。用狼性文化来说，学习和创新代表敏锐的嗅觉，获益代表进攻精神，而团结就代表群体奋斗精神。狼能够在比自己凶猛强壮的动物面前获得最终的胜利，原因只有一个：团结。即使再强大的动物恐怕也很难招架得了一群早已将生死置之度外的狼群的攻击。所以说，华为团队精神的核心就是团结。

【参看】第1章资料链接“市场新进入者的后发优势”。

思考：

1. 怎么看待华为的“工者有其股”？你愿意为华为工作吗？为什么？

2. 华为组织文化的核心价值观是什么？怎么理解“不想死就得新生，所有一切都要变化”？

3. 全面分析华为的组织行为。

（提示：第1题从员工个体角度考虑，第2题从组织层面考虑，第3题从经理人角度考虑。）

【复习思考题】

1. 现代组织理论的主要思想是什么？
2. 组织设计的原则、要素、步骤是什么？
3. 工作设计的发展趋势是什么？
4. 企业流程再造的概念及程序是什么？
5. 组织文化包括哪些主要内容？
6. 组织外部环境有哪几个重要的观念？
7. 什么是组织变革？哪些措施可克服变革阻力？
8. 试述组织发展的意义。
9. 如何正确认识和对待工作压力？
10. 应该掌握哪些组织学习的方法？
11. 学习型组织的核心内涵是什么？
12. 如何才能使组织长寿？
13. 知识管理的重大意义是什么？

【管理技能实训】

1. 书面设计题：结合本章有关工作设计、企业再造的理论与6.1中的资料链接“5W1H分析法”与“BPR的核心”，对你所在企业或到你附近的某一企业了解企业原来的流程，画出旧流程图，试加以分析，找出不足，尝试优化旧流程，重新设计并画出新流程图。

2. 讨论题：对照本章所学理论，结合本章末的案例、第1章有关华为的小资料，全面评价华为的组织行为，以“华为优劣之我见”为题，以小组为单位展开讨论。网上参考资料：任正非：《华为管理哲学》，http://t.cn/RScY6Vj（区别大小写）百度文库免费下载。

（提示：学习型组织的核心因素是具备系统思考的能力。本课程的目的之一就是鼓励读者摆脱关于行为的直觉观点，学会系统地分析人的行为，提高方法论水平。只有学会系统分析，才能提高解释行为和预测行为的准确性；请试用系统分析的观点，从华为组织目标、业绩、组织文化、内外环境等方面综合考虑，说出你的见解。）